圖書在版編目（CIP）數據

治平通議 / （清）陳虬撰. -- 北京 ： 朝華出版社, 2018.9

（清末民初文獻叢刊）

ISBN 978-7-5054-4329-7

Ⅰ. ①治… Ⅱ. ①陳… Ⅲ. ①民權－政治思想－中國－近代 Ⅳ. ①D092.5

中國版本圖書館CIP數據核字（2018）第173387號

治平通議

作　　者　[清]陳　虬

選題策劃　楊麗麗　尚論聰
責任編輯　趙　倩
特約編輯　孫　開　秦錦霞
責任印制　張文東　陸競贏
封面設計　劉敬偉

出版發行　朝華出版社
社　　址　北京市西城區百萬莊大街24號　　郵政編碼　100037
訂購電話　（010）68996618　68996050
傳　　真　（010）88415258（發行部）
聯系版權　j-yn@163.com
網　　址　http://zhcb.cipg.org.cn
印　　刷　藝堂印刷（天津）有限公司
經　　銷　全國新華書店
開　　本　880mm×1230mm　1/32　　字　　數　74千字
印　　張　10
版　　次　2018年9月第1版　2018年9月第1次印刷
裝　　別　精
書　　號　ISBN 978-7-5054-4329-7
定　　價　75.00元

出版前言

中國自一八四〇年鴉片戰爭以來，傳統的農業文明在西方的堅船利炮轟擊之下徹底被顛覆，有擔當的知識分子苦苦追尋，思索社會改革的途徑。從最初的『師夷長技以制夷』到『民主制度，天下之公理』（梁啓超語），他們發現要『强國富民』，首先要『開啓民智』，祇有民衆擁有了獨立思想和批判精神，國家纔能實現真正的强大。在此後一百年的時間裏（一八四〇—一九四九），思想者們從社會變革深入到國民性的改造，用每一部作品見證着中國近代化的遞變歷程。這是一個極其重要的時代，《清末民初文獻叢刊》正是收録了這一時期的作品，大部分書籍都是早期版本，有着極高的文獻研究價值。

清末的中國經歷了『三千年來未有之大變局』（李鴻章語），大清王朝面對西方列强的艦炮，表現得驚慌失措。尤其是鴉片戰爭，使『天朝帝國萬世長存的迷信受到了致命的打擊，野蠻的、閉關自守的、與文明世界隔絶的狀態被打破了』（《馬克思恩格斯選集》）。一批士大夫知識分子，尤其是在歐美諸國擔任使臣或者游歷的知識分子最先覺醒，着眼于對西方國家的考察，進而反省本國政治制度的劣勢，可以視作『啓蒙』的端倪。如曾擔任駐英公使（兼任駐法公使）的郭嵩燾在《使西紀程》中以日記的形式記録了自己對歐西諸國的觀感，他在考察了英國的政治制度之俊，發現英國政府官員收入超過三百磅者與普通老百姓一樣同等納税，他説：『此法誠善，然非民主之國，則勢有所不行。西洋所以享國長久，君民兼主國政故也。』他明確提出了『民主』，在國家的管理問題上，人民也有參與的權利。他在該書中所披露的西方政治、經濟、文化等領域優于大清帝國這一事實觸動了保守派的神經，立刻遭到保守派群起而攻之，進士何金壽彈劾他『有二心于英國，欲中國臣事之』，他家鄉湖南的民衆對他更是痛加詆毁，以至于滿城揭帖，誣蔑他『溝通洋人』，在這種群情汹汹的情况下，朝廷最後下旨將《使西紀程》毁版，從而使該書成了禁書。然而，書雖被毁版，却不能堵死民衆的傳播與閱讀的途徑，上海的《萬國公報》依舊連載該書，張佩綸曾説：『朝廷禁其書，而新聞紙接續刊刻，中外傳播如故也。』從某種意義上來説，啓蒙是時代的需要，盡管清政府發諭旨禁了該書，民衆乃至一些朝廷大員却依舊在私下閲讀，以便瞭解外部的世界。進步的社會是開放性的，任何企圖『閉關鎖國』的努力都意味着歷史的倒退，祇有開放，與整個世界文明保持同等的步伐，纔能實現真正的强國之夢。當大批知識分子走出閉鎖的國門，親歷了文明的洗禮之後，也就把啓蒙的智識帶回了中華大地。容閎的《西學東漸記》，梁啓超的《新大陸游記》，崔國因的《出使美日秘日記》等一大批作品介紹了海外諸國的政治、經濟、軍事、外交、文化。雖然這些作品在認識上仍然帶有時代的局限性，然而却是那時最爲珍貴的聲音。

另一方面，在學術上，中國文化母體内『經世致用』思想與資産階級思想相結合，也唤起了變革，以康有爲、梁啓超爲首的改良派試圖通過自上而下的革新以實現變革。康有爲的《新學僞經考》《孔子改制考》就是借經學之表論資産階級學説之裏的著作，康有爲的弟子梁啓超更是通過《新民説》一書提出國民性改造。與早期啓蒙者『師夷長技』的器物文明引進不同，梁啓超上升到形而上的精神領域，從文化心理上更加徹底地進行變革。梁氏是清朝末年到民國初年一個橋梁式的人物，被譽爲『輿論之驕子，天縱之文豪』，其影響力不但在學術領域，同時還在文學領域，他所倡導的『詩界革命』得到了譚嗣同、黄遵憲、丘逢甲等人的響應，黄遵憲的《日本雜事詩》，丘逢甲的《嶺雲海日樓詩鈔》都體現了這種主張。這一主張要求反映新的時代和新的思想，用『我手寫我口』（黄遵憲語）的方式直抒胸臆，對長期占詩壇主流的擬古主義、形式主義產生了巨大的衝擊，解放了寫作者的心靈和頭腦。

與社會變革同步的是早期對西方思想著作的翻譯，這裏面影響最大的是嚴復，他翻譯的《天演論》《社會通詮》等書直接孕育了民國一代的知識階層。魯迅、胡適等人在文章中都曾提到《天演論》對他們思想所產生的震撼。與嚴復略有不同的另一位翻譯家是林紓，他的譯作雖然參差不齊，但却在更細膩的心靈層次對讀者産生影響，許壽裳曾回憶，他和魯迅都熱衷于林譯的小説，如《巴黎茶花女遺事》《黑奴籲天録》《迦茵小傳》等作品。

辛亥革命之後，進步社會思潮成爲主流，比之清末思想啓蒙者『求存』的追求，民國以來的知識階層深入到了更加細微的肌理，一方面呼喚社會變革，另一方面進行點滴的建設，革命并不能使所有的一切一蹴而就，在更加深廣的領域，事物的改變是由微觀而宏觀。通俗地説，比之于革命，建設的意義更大。如《中國商業史》《中國教育史》《中國倫理學史》《中國哲學史大綱》《中國小説史略》等一大批作品都是進行系統的梳理與建設的理論作品。其中，以胡適和魯迅二人的影響最大，他們的作品一紙風靡，從而成爲新文化運動的主力人物。

《清末民初文獻叢刊》收録的文獻大致上可以分爲三個階段，其中龔自珍、張之洞、魏源、郭嵩燾、薛福成等人的作品可視爲『早期啓蒙』，康有爲、梁啓超、黄遵憲、嚴復、林紓等人的作品可視爲『中期啓蒙』，胡適、魯迅、蔡元培等人的作品可視爲『晚期啓蒙』。當然，這種劃分并非嚴格意義上的，大部分啓蒙思想者隨着時代的變化，其思想在不斷進步。縱觀整個近現代史，可以發現，要求變革不是在某一個領域，由某一類人發起和完成的，而是全社會的要求。

變革，已經成爲全社會的共識。

從清末民初的文獻中，我們能够發現一種豐富性。這些作品涉及政治、經濟、軍事、教育、外交、宗教、心理、情感等方方面面，從内而外地净化着中國兩千年以來的封建積習。它不祇是對社會的改造，更是對人心靈的重塑；它首重國家社會之建設，同時亦重靈魂心智之喚醒；它是宏大的，也是微觀的；它是嚴肅莊重的，也是活潑靈動的；這些作品結構精巧，思想内容深刻，擁有濃厚的人文主義色彩，對推動社會主義建設，實現中國夢有重大意義，是近現代中國一百年來最宏富的智識與情感的寶藏。因此，整理這些文獻作品，無論是出于資料保存的目的，還是爲圖書館提供資料副本，都有不可估量的意義。

特定時代下的文獻，當它一旦形成（既指草擬，創作的完成，也指其成爲一個載體），就不可再複製了，也就意味着它將面對消亡。對于文獻資料而言，越接近歷史事件發生的時代記録，越具有研究價值。文獻本身具有不可再生性，它衹會消亡，而不會增多。盡管文獻本身的文字可以保留下來，并進行傳播，却失去了當時的時代氣息。當時的作品可能在技巧上，文字的成熟度上不及當代，但它所負載的信息，創作者的情感都反映了當時的歷史，也就是説，它具有不可替代的歷史意義。

影印的版本有三個特點，第一是擁有文獻的『原始性』；第二個特點是『未經改動的』；第三個特點是『歷史的原貌』。所謂『原始性』，也就是説，它足第一手資料，而非轉述的，回憶形成的；『未經改動的』，是指未被篡改、删節、挖補的；『歷史的原貌』是指在影印製作過程中，完全依照文獻的原來模樣……這樣製作出版的作品，無异延續了文獻的壽命。

近現代思想史上的一個最重大的思潮就是『開放』，從林則徐的『開眼看世界』到蔡元培的『兼容并包』，都是在倡導一種開放式的胸襟。而《清末民初文獻叢刊》最有魅力的部分就是『開放』這一主題，衹有融入到世界文明發展的進程中，中華文明纔能歷久彌新。

《清末民初文獻叢刊》編委會

二〇一七年四月十四日

凡例

一、《清末民初文獻叢刊》（以下簡稱『叢刊』）爲影印本，舉凡所用之底本，均爲該書之早期版本。有清末刊本，亦有民國印本。

二、《叢刊》均依底本影印，未予删改，僅代表作者個人觀點，不代表官方立場；原刊本有誤，不予校改，以保留文獻之原貌。

三、《叢刊》所用之底本，因時日久遠存在漫漶的情况，均進行了修復；底本闕文、印刷不清，均保留原貌。

四、爲讀者閱讀之便，《叢刊》中之舊底本目録未標記頁碼者，編了目次；原底本有頁碼和目録，未予重複編目。

五、爲保持文獻的原始風貌，影印本保留了原書書影（原書爲多册，則保留第一册書影）、扉頁等信息。所用底本無相應信息者，則不予妄添，以免錯訛。

目録

蟄廬先生治平通議八卷

蟄書之二

許苞署

光緒十九年仲冬鐫

甌雅堂藏板

序

上古神靈首出開天立極幀六合析八紘立乎中央而化馳無外察倫明物一原於道道渾於事衍於數而寄於法與時舒卷不可方物時移勢易法或窳而不變則道散而無統道散法窳斯亂成矣顧其亂也朝野之間規時勢攷古制則亂極而又治書史以來四千年間時局三變治術遞更曰封建曰郡縣曰通商此繫乎時局也而君師師儒之局卽轄乎其間治術從此遂分今古法雖國異而代不同而道則終古不易與治同道罔不興與亂同道罔不亡固未之有異也則論道經邦講議之功尙焉封建之初政教修明生其下者順帝則食舊

德睢睢盱盱竦身而載視聽故曰天下有道則庶人不議蓋天下既已治矣治則無可議也封建既裂而郡縣起古法於是蕩掃無遺諸子百家于時立說各以蠡測管窺之見自託爲知言見道溢湧飈起遂成一處士橫議之天下而先聖之道遂從此長夜已悲夫

聖清勃興囊括宇內而通商之局適成攷泰西各國講富强工製造雖形下而頗進乎道且各國皆設議院尙深得古人議事以制之旨通商啟而議院開局遂大變則時爲之也時變矣而猶欲襲先業守舊敎恭已無爲坐致治平是猶持方柄而周員鑿其不得適也必矣古之聖人知其然也好問察言無遺小大故懸鞀設鐸善

旌諫鼓不絶於道而又設輶軒之使以周知上下之情凡以求其通也三代以降君師之局變而爲師儒蓋古者以道制治後世始一切皆持以法孔子生周之季不忍先王之道將墜於地於是祖述堯舜憲章文武删述六經垂教萬世門弟子間身通六藝者七十二人故道統之傳訖於孔子而師儒之局遂開漢承秦後去古未遠一二大儒如賈誼桓寬劉向揚雄王符仲長統徐幹之倫皆嘗著說集論力規古治而江都董氏尤爲通博而得其正自是以後於隋得河汾王氏於宋得安定胡氏而吾永嘉先生實得其傳有其志與學矣惜皆無專書於道未昌有明瓊山邱氏衍補大學始翹起而講治

平使古大學之教先王之道見尊於世不至惑於功利浮淺者邱氏以外不多覯焉其間非無閎博之儒勤求典禮如三通作者然考古則有餘論治則未切博而寡要實亦未見其果通也他如賈誼王吉二劉（向歆）二蘇（綽威）父子高景王朴安石之徒庶幾遇矣或行之而未果與行之而助暴僨事使三代後不克早覩聖人之治者殆數或限之矣蓋運會之始絪緼元氣首鍾於上故亶聰作后君而兼師及泰極而否則賢人隱而下多魁奇閎達之材儒始以道得民運積既久貞下起元扶輿清淑之氣始盡發無遺君相竅領於上師儒撟掇於下驅駉元化自上下下厥道大光將昆蟲草木咸得其所一統

之盛比跡泰康此其時乎間嘗上下古今之際時局治
術之變約俱二千年而大轉皆亡秦當其衝而
聖清開其朔天人合發數過時可非偶然也虬甌東之
鄙人也生永嘉先生後七百年矣聞道遲暮敢自附於
作者之林特以生長
中朝涵濡
聖敎牖其知覺頗欲述帝憲明王制遂其立達之願躋
斯民於仁壽懷此亦有年矣値此車書大同
上下求治雖與計偕不得隨漢氏文學公車後議五帝
三王之道六藝之風冊陳安危利害之分與公卿辨議
其指意因積心愁慮規切時勢綜貫政要僭爲此書其

於古今治術之間蓋兢兢焉嗚呼當吾世而苟見諸施行使虬親見其盛益得以匡所不逮固爲吾道之幸如不然者世有元鑑之士申王道摭古法博綜數術貴是而同今古欲修新聖人書者倘不沒其欲利人之功比于芻蕘其亦將有取焉時

光緒十有九年歲在昭陽大荒落陽月東甌陳虬志三撰

治平通議總目

經世博議序

聞之呂覽治國無法則亂守法而不變則悖悖亂不可以持國世移時易變法宜矣譬之若良醫病萬變藥亦萬變病變而藥不變嚮之壽民今爲殤子矣然則法者治之具王者制法而不爲法所制欲法先王亦法其所以爲法而已上古之時鴻濛初判人物雜處狉狉獉獉有聖人出爲之制衣冠禮樂之節修明政教牖其知覺範吾大同如日月之經天江河之行地廣運無疆雖以之治萬世可也學術不明大道分裂於是百家諸子競以其所見牒衍成書簧鼓一時然用其術亦頗足以救弊持傾則時爲之也將聖人亦不能無取焉通商以來

時局大變拳毛深準自古侏儞不通中國者羣挾其智巧技能與吾爭聲名文物之盛尋其所治皆僅得六經諸子之緒餘乃或立足致富强亦可見吾中國聖人之教普也況乎其更有精焉者乎孔子曰魯一變至於道淮南亦云當於世事得於人理順於天地祥於鬼神則可以正治矣天下豈有常法哉故曰變古未可非循俗未足多亦慎其所變求不悖聖人之法而已矣時光緒十八年歲次壬辰冬月陳虬志三書於瑞安城東虞池之蟄廬

治平通議卷一目錄

經世博議

卷一

卷二

擬援公法許高麗爲局外之國議

治法在嚴刑賞議

經世博議卷一　治平通議一

東甌陳虬志三

法天

天果無常乎其而春而夏而秋而冬固歷萬古而不異也天果有常乎何古今星紀之異中外氣候之殊相去不可以倍蓰計大造若幾不能以自主天之無常歲差之異也法果可變乎其三綱五常雖極干祀而難革也法果不可變乎何官家民主君主古今中西之異局也法之變國勢驅之也天以陰陽五行化生萬物遊其宇者莫不隨其寒暑風雨之節栩栩以生于于以死大造無私所以化成王者以兵刑禮樂驅使天下牖民以德

圜民以制以藐焉中處之身親臨萬民之上天下喁然
從風畏其神亦服其敎也故三王不相襲禮五帝不相
沿樂爲治不同同歸於道而巳乃衛鞅王安石之徒起
而議變法持之甚堅成之甚效而禍亦甚烈者何哉蓋
變法以自營其私則背天理之公下情不通則上天不
佑乖君民一體之義昧天人一氣之原任法而不順理
雖有趙武靈魏孝文之爲君率仟百衛鞅王安石之徒
執法以號天下未有不再紀而敗者也迨法窮弊生禍
亂既成乃歸咎於變法夏商周以來其末造之所以失
豈皆由於變法所致耶不知所以變與變之不得其道
耳夫所貴乎王者操天下之利權調劑以彌其缺陷而

已固無所私也故任地者霸得人者王法天者帝

變法

孔子曰周監於二代郁郁乎文哉蓋言其盛也乃與顏淵論爲邦則曰行夏之時乘殷之輅顯乖乎不背不違之旨者抑何也蓋風氣無十年而不轉法制無百年而不變因勢利導則民自化儒術當矣乃漢初以黃老治蜀漢以申韓興若易其時則亂矣民主官天下也公矣乃美利堅以民主而治俄羅斯以擇賢而亂（俄貝德第一改廢舊章國不傳子而擇賢實開華盛頓之先未百年保羅乃復傳子舊制立長而女不得嗣統）若狃其說則悖矣然則法由水也注之方盂而方注之圓匜而圓隨器而轉移而吾惟務得其平而已裘皮以禦寒絺綌

以禦暑若冬而病溫非襢裼裳衣不能效溝渠以潴水陡閘以備澇若大潦時至非决掘隄防不爲功欲圖自强首在變法

變法一

皇上法天愛民容保無疆當先躬節儉之化歲定天祿之數內廷御用織悉不外假裁內務府織造等官其朝廟一切度支儀制可按部分辨孟子言君十卿祿蓋古昔盛朝君皆制祿載在禮經可推而知也沈彤作周官祿田考據君十卿祿之說稱王自食二萬有四百八十夫后世子與王子弟之未官未封者婦官女給事王宮士庶子之食皆於王所自食中給近美利堅伯理璽天德歲俸四萬圓蓋僅視中國督撫之數云京外職官秩同者祿皆一體酌定俸廉之數改稱曰祿古制京官之祿重於外漢唐以來則外重而內輕

任內應辦事務准開支公項繁劇處所增添員數內官以吏戶禮兵刑工分屬外官以省道縣爲綱官設九品文曰正武曰從滿漢一例內外陞轉裁併改設以省繁惑罷宰相而重六部裁宮銜而復三公稱都察院隆以師禮不任職事一命以上皆得入告出御史以巡各省如此則綱舉矣九品之法文則太師太傅太保六部尚書各省總督爲一品六部正卿外省御史稱某省監察御史駐省而內屬吏部爲二品六部少卿各道刺史爲三品省設使四曰宣慰主吏戶禮工四科曰刑獄主兵刑二科四經歷主雜務曰檢法糾察全省各務與京秩郎中均爲四品知縣爲五品在內則各部員外郎主事爲六品在外則試用縣道以下設宣慰刑獄經歷檢法四副使內爲

令史則皆七品縣以下曰判官（主刑名）曰主簿（主錢穀）曰典獄（主捕盜）曰推官（主雜務）曰巡檢（主察縣內事務）與內之司務則皆八品九品則在內曰給事在外曰吏目皆令入流其陞轉之法知縣必由主事試用始得陞補知縣以上則內外對轉庶騐歷中外得以練達朝野掌故武職則分禁省爲二軍內分九品曰將軍曰都統曰副都統曰參領曰遊擊曰守備曰校尉曰千總曰百總外則改都統爲提督改副都統爲總兵改參領爲鎮城都督遊擊以下同官止八等禁軍統於兵部省軍統於總督縣設守備以下四等道設鎮城都督以下六等省設提督以下八等武皆自轄其所屬一統於文有事檄道縣聽調遣重

提督鎭城都督守備之權使皆得自以軍法治其所部
罷武科重行伍內外守備以上則參用文職一歸兵部
於是裁各寺科道於內省藩臬守牧於外汰冗員設專
司損益古今之制按部改設一倣周禮惟京師另設都
察院衙門主以三公中設議員三十六人每部各六不
拘品級任官公舉練達公正者國有大事議定始行試
辦有效視大小加恩賞賚其緣事添設辦事之大臣是
爲欽差分辦者爲隨員皆量給薪俸制定乃修改政典
勒爲大清新法頒行內外

變法二

改知縣爲五品而改州爲縣隸於總督刺史縣設試用

縣一代理一切政治刑賞而印官主其成歲終冊報本管上司而已遇有大事得專摺奏事另設判官主簿典獄推官分治縣事其驛尉閘曹等官皆以九品吏目爲之是爲文職武則設守備校尉千總百總等官以資守禦員數視所治廣狹增設辟秀才爲吏目分科辦事裁敎諭訓導興書院聘致仕鄉宦有名望者爲祭酒如今山長稱先生仿漢五經博士例邑無貴賤皆入官學不准私就師師無出身者不准敎授費則出於公捐縣各設議院大事集議而行凡薦辟刑殺人皆先狀其事實於議院有不實不盡者改正又設巡檢一秩視判官巡視境內檢舉利弊以達於縣縣再下議院由縣而上則爲本道刺史

考成而已道設檢法副使監視縣令賢否以六條計吏薦辟當儀制肅田疇闢盜竊清訟獄平製造興上治狀於總督省設監察御史秩二品巡按所屬視黜陟之當否省道各屯練軍備非常三年大計有黜陟乖方者聽平民詣闕上告得實總督刺史以下本管官皆治以失察應得之罪夫今之縣令古諸侯也地大者數百里少者亦不下百餘里乃丞尉以下如贅瘤而無所事事府道以上又節節掣肘束縛之使不得少行其意而且遷調無常官舍如奕雖戴星出入猶恐不給倘欲其奏絃歌鳴琴之績哉故講富强當首重縣令始

如此則大綱畧舉矣尙有爲綱中之綱者則科目之法宜變也夫科目者人材之所出治體之所係也今所習非所用宜一切罷去改設五科曰藝學科曰射曰算射取中的算試九章曰西學科分光學電學汽學礦學化學方言學六門試以圖說繙譯曰國學科須　大清會典六部則例　皇朝三通試以疏判曰史學科取　御批通鑑集覽當另刊皇朝新史頒行學官試以策論曰古學科經則五經周禮語孟八經子則管孫墨商呂氏五家試以墨義備五場者始得錄如此則由淺入深實事求是國無異學士皆全材治平之道基此矣鄉試拔尤取入邑庠曰庠生庠而試於道曰廩生廩而

試於省曰舉人舉而貢於京錄者曰進士皆三年一考
定期三月朔須文格圖式於學依問直對不取詞章楷
法已仕已進十年而不能通者給原品頂戴勒休稱前
進士舉廩庠生做此所取之士郎分充部曹及京外七
八九品等職取進額數約逾品職三分之二另立陰陽
學醫學不以設科五年一考取其尤者舉以爲師給單
准行十年大考優者得食祿秩九品食祿滿十年與大
計課最得增秩但不得逾七品以示限制京外一例禁
私學犯者以枉法論

變法四

綱舉矣而目亦有不得而畧者一曰戶口詔戶部籍天

下戶口分四等未及十六者曰少十六以上曰壯三十六以上曰大五十六以上曰老隋制設黃小中丁老九等今既免丁之役故僅分四等以周知民數婦女一例塡帖張於門首家自爲戶父子已分析者統於長房八曰口舊稱丁者謂可應役也故未及十六有不丁之目辭甚不順茲取古人八口之家及漢世口錢義每帖總計一戶四等男婦共若干幷註明逃亡物故謂本年新死者新增縣歲造冊存檔三年狀其總數以上於道道上於省省達於戶部如此非特賦稅保甲配鹽等項法無可隱而其間老少强弱之形南北男女之數與凡死生婚嫁皆可按籍而稽矣攷之周禮司民掌登萬民之數自生齒以上皆書於版辨其國中與其都鄙及其郊野異其男女歲登上也下落也其死生

及三年大比以萬民之數詔司寇司寇及孟冬祀司民之日獻其數於王此貴賤老幼廢疾九州男女之異司徒職方所以能舉其職歟

變法五

一曰稅則國家歲入有常猝逢意外之需不得不取資於捐輸蠢餉然皆一取之於民也捐輸則報効於國者千取償於下者萬蠢餉則民輸於官者十官得於民者一餘悉供漁利之徒中飽耳宜一切罷去而倣古租庸調制與泰西招牌稅等法而變通出之田地分則科銀僅征數分而富民坐收十倍百倍之利名爲減賦以蘇民力然此實繼富之政於貧民毫無益也一店新開地

方之抽分雜役之抽豐筵席之糜費均有不免而並無涓滴奉上此亦非情理之平也擬定四項之賦於田曰田餉分上中下三則地曰地稅區爲九等人曰口賦照戶口冊分四等徵銀舊制民丁之外有軍丁屯丁匠丁竈丁站丁土丁漁戶寄莊丁口寄糧丁諸名各有科則康熙五十三年是歲人丁戶口二千四百六十二萬二千五百二十四著爲額征滋生人丁永不加賦雍正三年從直撫李維鈞議丁銀攤入田糧之內然至乾隆四十五年直省人已二萬七千七百五十五萬四千四百三十一口店曰牌銀分九等如牙帖之式如歲出不敷則酌加先期榜示國家誠能於吾民之養生送死諸大端百計先彌其闕則挹彼注茲多取之而不爲厲尚何竭澤之足慮哉

變法六上

一曰農政井田之法猝不可復矣於是水心葉氏倡爲

買官田之說大爲黃氏東發所譏其說辨矣虬謂可就近日瀕海之塗田（閩廣兩浙等處）迎水之沙田（江南通州廣東等處）及失主之山田（江浙皖楚等處）報而未墾者悉籍之官官自招佃（沙塗但有微漲刁衿土棍輒預向場衛處所爭先首報數年之後即可開墾陞科後轉售畝可得錢十數千不等若報至百畝以上者是不廢一文可坐收千餘金之利官僅畝收三分上下稅銀而已利之所在豪强佔噬從而械鬥死傷者歲有所聞曷若入官之爲得哉）另開屯田於邊塞（屯田本使衛軍自佃今衛所僅坐收稅銀而已宜另修屯政）葑田於澤國（架木爲埂而附葑泥於上作田可隨水浮泛自不淹沒）因地土之宜廣求樹藝之法十年之後而官祿不假外求矣夫田有主而欲井而入官與田在民而官自向買勢或有所難行情或有所不順今施之於天生浮漲無主官荒（舊黃河故道淤廢未墾者尤多）水鄉澤國又奚憚而不爲

哉

變法六下

一曰限田自井田之法廢富者動連阡陌而貧者或無立錐之地於是有爲限民田之說者虬謂平民辛苦起家尙屬自食其力其富宜也唯士人一行作吏郎滿載而歸產業多從貪墨所得不可不爲之定限法令印官服政之初着地方官查具實在產業田地店業册報備核區九品爲九等不許違限定賞格聽告發得實籍其家富民入貲封爲尙義郎論品頂戴奉朝請嚴定品制衣服宮室冠婚喪祭不使踰越則多財無所用而兼幷之風或庶乎熄矣

變法七

一曰鹺法嗚呼鹺政之不綱至今日而極矣平民禁把持行市而獨任票商之壟斷且商亦未見其利也輸之於官者一費之於私者七而商僅收其二乃尙有倒綱滯銷折閱者而吾民則已全受十分之害綱鹽票鹽票鹽始陶文毅行之於淮北繼陸建瀛行之於淮南後左文襄行之於閩浙票鹽由是漸廣其實明時已有之官運晉省川省商運事同一例然則上下孳孳日夕所講求者祇以供狠胥蠹吏之魚肉已耳豈計之得哉農而耕商而貨不以爲非獨至販鹽之平民不守引岸輒目曰私曰梟夫背公曰私不孝曰梟民自出其資本逐什一之利爲事畜之資安得率稱爲私爲梟文報中竟有稱粵私閩私潞私川私

私梟鹽梟梟徒者實可駭異光天化日之下安得突有此稱名不正而言不順一至於此至罔利之奸商骫法之猾吏反勸之縱之而獨若有甚恨於鹽販之徒務欲盡致之法販而爲張九四譚阿招蔡牽也者殺之可也販而爲衣食計驅而戮之毋亦有不安於心者歟古今議鹽法者夥矣顧氏炎武據李雯議鹽宜就場定額一稅之後不問所之此祖劉晏之法而不知持其後者也故主者半而駁者亦半主之者道光時御史王贈芳太僕寺少卿卓秉恬光祿寺卿梁中靖翰林院侍講學士顧蒓孫太史鼎臣駁之者襄平蔣相國鹽政福森安化陶文毅馮桂芬然皆得失參半邱氏濬謂令官給鹽盤任民自煮每盤以一引爲則每引先取舉火錢若干此變桑孔之術而不知隘其利途之旨也或謂諸場廣袤數百里火伏有先後

勢不能逐竈而驗猶其淺焉者也然則鹺政遂無善策乎曰亦斟酌古今參而用之可耳攷明制有戶口支給之鹽令戶口赴鹽運司關支食鹽而納米鈔男子成丁婦人大口各支鹽四觔五兩納米八升六合五鈔不成丁小口半之計口授鹽法似密矣然實倣自朱子朱子嘗奏浙東鹽課狀稱臣生長福建竊見本路下四州軍舊行產鹽之法令民隨二稅納產鹽錢而請鹽於官然其弊也官鹽不支給而民間日食私鹽朱子乃謂有司既[redacted]得產鹽稅錢亦不復問其私販雖非正法然實兩便夫納稅而給鹽則鹽必足今鹽亡而稅在便於上則有之恐民未必以爲便也朱子賢者乃亦爲此言耶明

則後鹽亦不復支而納米鈔如故夫既曰請鹽於官而收其錢鈔乃又令其食私是重累吾民也宋鹽錢二稅之制不可考明則口納米八升六合零以每石今制四千四百之價計之（此就吾溫折徵而論）已人納鹽課錢三百八十文矣平民八口之家其何以堪然則法當何如曰擬定制每口稅鹽課錢三分僅於產鹽之所（如池鐵井竈等處）配鹽較大之處（如蛋戶醬園之類）酌大小定爲稅則而任令商竈自行煎運綱舉目張似亦變通之一法也攷　皇朝文獻通考乾隆四十五年總計直省人口已二萬七千七百五十五萬四千四百三十一口今滋生日衆版圖漸闢據道光時林文忠摺稱湖北湖南兩省報部人數約共五千萬人有零屆今五十餘年加以新疆臺灣又設行

省則各直省滋生又當日衆矣若以每口三分爲率已足抵今鹽課之所入據孫鼎臣說總共鹽課銀九百八十六萬七千八百兩而四川不與焉蓋鹽課實居天下財賦四之一矣課銀歸縣收納縣設主簿一二員而裁鹽院各官省一切緝私兵勇輪船與凡卡局等員經費則商販之力自紓矣姚瑩謂緝私一項歲常數十萬大抵有名無實此蓋僅就當時兩淮而言蓋斷其私於利藪之所在毋論不肖官吏扶同作弊資以白利縱令認眞查辦而大利所在雖有重法不能禁其糾黨持械拚命走私皆可逆料兵少而販多故勢常不及其得規賣放者有之其惜死故縱者實亦有之若改行新法每戸出錢無多官可按簿而稽胥吏不致橫加酷泒郎有拖欠究不至多蓋法行則鹽價自平聞之湖廣江西

安徽之食淮鹽市價每觔制錢六七十文晉省官運官銷每觔制錢三十五文然短折秤兩攙和泥水實僅得六七兩（此已見鄧慶麟疏）則且七八十文矣其實出產之鹽本不甚貴（據各處文報皆僅一二文與吾温場價不殊自經商辦禁閩鹽入浙於是吾郡鹽價頓長至十數文蓋漸有貴食之處矣）層層盤剥始有此數耳自來理鹽政者動以恤商便民裕課爲辭其實皆自欺欺君紙上之空文不揣其本而齊其末未見其眞能知治道也或曰舊時鹽課已攤入地丁今又格外議增恐賦稅之事滅順而加逆且果行之異日必有再議重增鹽稅者是適爲他日秕政之地其說何如曰此書生撑持門面之迂談非識事務者之通論也攤課之舉 聖恩浩蕩民久已

不識不知況吾　朝輕徭薄賦迥異前朝今稅雖增而價實減開切曉諭上下均得其便何不可行之有為問今日之釐捐關稅取之於商乎抑仍取之於民也火起於室當之者無噍類不亟求曲突徙薪之策乃鰓鰓然慮執爨為引火之煤是當令天下復燧人以前之治不火食而後可未為知言也鹽筴之正管子以之富國而後世乃適以病民利權所在旁落於奸商中飽於蠹吏縣官不復過問而惟一切苟且鹵莽之是圖尚何富國之可言哉尚何富國之可言哉噫

就場收稅之法明嘉靖時御史汪鋐已有此奏其實必不可行尚有為諸家駁議所未及者試再申其說

今天下鹽課約千餘萬往前引商皆令先繳課銀之半若散之各場則場戶非殷商可比若隨鹽隨稅責令商販先輸全課成本增重歷屆賓無此辦法害實不可勝言且一稅之後不復問其所之是課銀當全責之場戶任令按季分繳則場戶竈丁類無多產些小賦糧或多抗欠鹽課大綱安能應繳況官既責之場戶場戶不能不仍取之商販無論商販勢不能行縱令商販挪移抵課則場戶持有課銀在手不復計及繳課之時青苗遺毒往事可鑒也若法窮計生場戶亦令商販按季分繳萬一商販倒折是當全輸之場戶也官墊民欠已非政體乃令疲場墊散販之欠

其何能堪不甯唯是從前鹽課極重而商仍不斷者
以有引岸爲之壟斷官取之商商仍取之於民挹彼
注茲持此尙可無慮今旣一任所之弛其引地小販
必多大商旣先輸課銀成本較重恐被小販搶賣閉
運定多小販力不能及遠恐各直省不免有淡食之
虞若倣劉晏常平官鹽之法以濟其窮則攙和泥水
雜以砂礫見楊士達與王御史論淮鹽書一歸官運百弊叢生蓋米
鹽日用之資斷不可令歸官辦晉省賑饑粥廠凡有雜以石粉者倉場漕
務弊尤不勝枚舉此皆硌硌可見者故輒及之

新定職官九品表

一品	二品	三品	四品	五品	六品	七品	八品	九品

文內官	文外官
太師 太傅 太保 六部尚書	各省總督
六部正卿	外省御史 稱某省監察御史駐省而內屬吏部
六部少卿	各道刺史
六部郎中	宣慰使 主吏戶禮工四科 刑獄使 主兵刑二科
六部員外郎	各縣知縣
六部主事 得自辟令史司務給事	縣試用 須由主事外補
六部令史 七品陰陽師 七品醫師	宣慰副使 刑獄副使 經歷副使
六部司務 八品陰陽師 八品醫師	判官 主刑名 主簿 主穀錢 典獄 主捕盜
六部給事 九品陰陽師 九品醫師	吏目 九品陰陽師 九品醫師

武外官	武內官	
	將軍	
提督	都統	
總兵	副都統	
鎮城 都督	參領	經歷 使雜 主 務 檢法 使 主糾 察各 務
遊擊	遊擊	
守備	守備	
校尉	校尉	檢法 副使 七品 陰陽 師 七品 醫師
千總	千總	推官 主雜 務 巡檢 主察 縣內 事務 八品 陰陽 師 八品 醫師
百總	百總	

卷一

內外守備以上可參用文職一歸兵部本部選用

治平通議卷一終

東甌陳虬志三

變法八

一曰漕政漕運之興其昉自禹貢乎禹平水土任土作貢乃九州之終皆言達河蓋不僅四百里粟五百里米而已朱子亦云冀州三面距河其建都實取轉漕之利漢興高祖時漕運山東之粟以給中都官始有漕運之名晉設督運御史始有漕運之官自是以來陸運海運河運法雖屢變然皆以京畿而仰給於外省終非計之得也請施權宜之計而籌經久之策非統歸海運改徵折色京通建倉畿輔興屯不可何言之海運起於秦秦欲攻匈奴使負海之郡轉輸北河而定於

元元史食貨志元都於燕去江南極遠而百司庶府之繁衛士編民之衆無不仰給於江南自伯顏獻海運之言而江南之糧分爲春夏二運蓋至於京師者歲多至三百萬餘石民無輓輸之勞國有儲蓄之富豈非一代良法歟明永樂十三年疏會通河故道成至元二十六年自安民山開河北至臨清賜名會通河便河運洪武二十四年河決原武漫過安山湖而河遂淤至是命尚書宋禮疏復始罷海運嗣是以後遂行河運道光時以清口淤澱陶文毅始倡行海運同治四年從部臣議復試行河運由是河海並運而實以海運爲便黃河北行南行皆穿運河而過漕艘待汛分溜必須借黃濟運於是運以借黃而淤黃以濟運而決歲修堵合費實不貲而漕項之耗折不與焉此海運之便也漕項本不全徵本色所徵者特東南數省耳聞南漕每石費銀十八金據嘉慶中協辦大學士劉權之

疏魏氏雖歷駁其誤然旋爲馮氏所糾正矣虬按秦轉輸北河率三十鍾而致一石漢文時賈誼上疏謂輸將起海上而來一錢之賦數十錢之費不輕而致也蓋自古已然到京旗丁領米易錢合銀一兩買雜糧充食折給已久是每石十八兩歸宿爲易銀一兩之用此眞林一馮氏所謂可長太息者也今蠟茶藥材等方物實多折徵解部但分存其名而已蓋都門百貨充牣何求不獲此改徵折色之便也隋煬帝置洛口回洛倉穿三千三百窖窖容八千是積米多至二千六百四十萬石矣今擬於京通各置大廒貯米一千二百萬石爲三年之蓄折徵既行則酌裁兌費提存入官清釐牛彔章京之耗羨歸公添給丁糧採買倉米復仿漢人入粟補吏之法惟準虛銜封典皆實合以米

上兌如此則丁得增餉民得減賦國家無絲毫之損而天庾豐足太倉之粟已紅陳不涸矣此京通建倉之必不可緩者也畿輔水利言者不一李氏祖陶據包氏說作漕糧開屯議又引海鹽朱尙齋太守之言謂畫地爲四區區百萬畝以開方計之但爲方八十里已得田四百二十四萬畝計其歲入已足抵南漕四百萬石之額然此尙畫餠之談也彼僅知地方八十里已足四百二十四萬畝之數而不知墾費將安出乎然則奈何曰請以千畝爲一區分區四千二百四十考古井田區田遺制修復營田水利府雍正四年設命怡親王董其事周歷三輔開設四局數年得水田六千頃乾隆時嘗特旨修復李氏謂王僅開三百餘畝者欠考擇農部領其事詳勘地

勢繪圖扦界逐年分辨蓋區分則地易闢畝少則墾易集復倣康熙時墾田補官之制康熙十年準貢監生員民人墾地二十頃以上試其文義通者以縣丞用不能通曉者以百總用一百頃以上文義通者以知縣用不能通曉者以守備用損益其數六品而止捐輸不得太濫此要策也官墾則分年而辨招墾則按圖而集裁漕運漕標以下各官歲可節存廉俸經費數百萬以爲墾費期以十年當無有不辦者田闢矣倉將安施聞每廒大者僅容千石是當另置萬餘廒矣費又奚出曰漕艘大小以萬餘計每年給油艌銀五兩三年給小修銀二十兩拆造尤鉅如變艘爲廒畧可相當此畿輔開屯萬不可忽者也盍亦加之意乎遼金元初皆興自北方未聞越大河而南資飛輓以自衛蓋

漕運起而燕冀之水利始廢今誠取四策而次第行之則根本壯而皇圖固民力紓而元氣厚萬邦作貢不難矣尙奚事區區東南數省哉

丁氏顯作請復河運芻言謂全行海運有當慮者四折價採買其害有三請祛其惑輪舟往來如履平地風濤之險一不足慮海軍近設衙門北洋南洋已同陸地海道之梗二不足慮患將來海口之淤必至交兌違限言似徵實事尙鑿空三不足慮一罷河運恐失業之徒嘯聚揭竿此鑒於咸豐初年之事似不可不爲之防然海運既通運河儘可召募招墾安插何難四不足慮至折徵採買之法津通設局收買自無

搭附輪船之弊一害免矣若改折徵之半按月採買每月僅購十餘萬石往歲吾郡偶歉米商雲集四十日中進米四十萬餘石價極昂時每石不過四千餘文非全數取辦於一時況旗丁居十分之八九折徵之半尚不足敷折給採買尚可從省則二害自除旣非泒員購辦三害自無其剌剌萬餘言請規復河運者祇欲施其設地洞引汶水濟運之下策耳博而寡要其丁氏之謂乎

變法九

一日圜法近日錢幣日窮爲救時之說者僉以通行楮幣之議進其法本於唐之飛錢實即周禮質劑之遺吳縣諸生王瑬著鈔幣芻言具述崇禎時部臣議行鈔十

便之說且言果欲行鈔必盡廢天下之銀然後可行魏氏源駁之甚力以爲有十不便而無一便言宜倣鑄西洋之銀錢兼行古時之玉幣貝幣說人人殊將奚適而從曰鈔幣之設本以便民而非以罔利今欲以空鈔易實銀是以奸儈賺錢之術施之於國計支絀之時示人以欺强人以從雖衛鞅復生無能爲也宜備成本若干與鈔票相輔而行省道縣各設寶鈔局郎官銀號使民可納錢換鈔入鈔取錢勿欲者聽出入之間官爲量收微息陸氏世儀亦有此議如此則上下均受利益而無扞格不通之弊矣魏氏之言自鑄銀錢則是其欲復玉貝二幣則非圜法隨時代爲轉移首以順人情爲本魏氏既知漢武帝

造白金三品增價而民廢不用又言白鹿皮爲籠利以古準今其必不行乃欲復古玉貝二幣此亦知二五而昧於十例也虬愚以謂宜於省會各碼頭較大處所設局鑄金銀銅三品錢分兩一定可卽照今洋式鑄成本管上司察驗如成色不符厥罪烹錢價漲跌悉隨時值否則金銀賤則市價高擡金銀貴則成本暗折是倒授人以太阿也錢價五日詳報道省如今雨暘報例道視其漲跌而酌行提撥如大漲跌可請撥省會各局應銷禁元寶銀錠小錢洋錢不用有盜鑄者殺無赦以中國君主自有之利權坐令私鑄充斥於下洋錢滲漏於外魏源謂洋錢鎔淨銀僅止六錢六分而值紋銀八錢有奇譬如世家右族家計漸窘猶視米鹽爲瑣屑縱令

其孑姓揮霍佈施日洄利源而不顧迺亟亟然謀貿易講畜牧未始爲得也一闤之市錢肆林立其勢非能自開採鼓鑄也轉移之間坐收毫息猶足以起業豈有幅員二萬餘里之廣而司農持籌尙有仰屋而歎之日也

變法十

一曰禮節蘇氏轍曰周以文章繁縟之禮柔天下之戾心而去其剛毅果敢之氣故其言天下至久而諸侯內侵京師不振卒廢爲至弱之國爲墨之說者曰國有七患民力盡於無用財寶虛於待客此其一也又曰俛仰周旋威儀之禮聖王勿爲然則大禮必簡欲講富强宜刪禮節夫禮非一端可盡也試舉其概一曰輿服衣冠

參用西制（趙武靈王之改胡服本朝之不守明制皆深得自強之理）儀節一從簡易卑幼見尊長皆僅一揖立而白事文武皆令騎馬禁乘車坐轎隨從不得過四人唯朝賀衙參閱兵諸大典朝儀輿服當遵國典以存告朔餼羊之意一曰昏喪昏以著代喪以送死禮皆不廢顧文勝則情漓而禮反無所麗擬婚嫁禁奩費酒食六禮僅取問名親迎（宋儒孜孜講禮乃於六禮首刪問名而徑改三月廟見爲三日此豈復知禮意哉）貧富不得逾三十千敢以妝奩遣者罰鍰充嬰堂公費（周禮凡嫁女娶子入幣純帛無過五兩是古已有禁矣）喪事以哀爲主以葬爲歸禁浮屠冥鏹定期三月而葬百日薙髮後得墨衣任事准考試補官嫁娶求葬者不得與參夏制及軍營滿州各例省奪情之議三年

服滿釋吉而未葬者罪之已仕革職未仕褫衣頂四民墨衣充力徭官爲貯貲營葬葬畢而除宋河南程氏頤賢者也其言亦曰聖人復出必因今之衣服器用而爲之節文又日行禮不可全泥古須視當時之風氣自不同故所處不得不與古異斯言也可謂知禮之情矣而徇未得禮之用也夫禮者經世之大權故聖人之治天下也通陰陽消息之機察風土剛柔之異原天理順人情損益百王張弛隆殺勒爲典禮皆足以定一朝之制而救當時之弊故五帝不相襲禮而同歸於治何其精也蓋通其原則爲聖功修其制則爲王道矯其弊亦不失爲霸術虬嘗謂禮束人筋骸而固肌膚者也故非強有力者不行在易之大壯雷在天上君子以

非禮勿履實取震雷之厲而繼以天行之健也蓋上後天下澤履以立禮之體震上乾下大壯以盡禮之用世議禮諸儒皆僅知於燦然者見天秩之有序不復深通其創制顯庸之大旨於是三千三百盡付諸曲臺綿蕞之徒競善爲容而禮之用微矣嗚呼安得聖人復起與之詳議因革之方哉

變法十一上

一曰營務兵重務也亦危事也非力不舉非膽不壯非技不精而實非壯年不能辨日操不能成請易古法黜洋操而於水陸重定新操之制力之途三曰臂曰足曰身舉刀以練臂設三等六十八十百斤爲準須隻手高擎旋轉自如爲則不及者汰過者存記奪標以練足先於平原極遠設一標能先到奪標爲上練實以日夜行百里者爲下二百里者爲

中三百里者爲上躍溝以練身溝以一丈二丈三丈爲則此之謂力成躍干仞之危峯樵採者熟視若無睹臨萬頃之洪濤榜人徑行而不懾所素習也若易地則各喪其所守矣故膽非練不壯乘女牆而趨臥桅頭而安炮火夾擊而勿亂風濤逆捲而不迷斯膽成矣椗繚抖桅舟師之要技也宜令各兵皆習泅水以伏水久暫爲優劣駕舟各兵須能自操小舟鬥於洪濤中庶應變有其材弓箭鎗炮籐牌行伍之正技也宜補令投石以遠以高爲度打旗大旗手宜專練方精然各兵亦不可不習騎馬須令習騎禿馬踰高如踰城上樹如此而水陸二軍成矣然此皆非壯年不能行請定限年之制人年十六以上至三十六者方准補戰兵違限者退戰作守已赴戰者給戰糧四十六以上則勒休保

甲鄉團一例倣演然後講求伍應敵之法出奇設伏之計得其人而將之五年之後可無敵於天下矣

變法十一下

禁兵省兵道兵皆戰兵也蓋以備非常而梭巡所屬今入伍者類多習業之徒借名糧以衛身家計餉銀以當産値月費糧米郎可免操私頂私替勒定糧價此弊吾溫爲甚每名向索八九十元近經卞制軍札飭整頓猶私定每名三十五元費用十五元有終身入伍不識較場爲何地者如此欲望兵之精其可得乎宜定限地之法凡補伍者須離家在百里以外今文職教官須令隔府而營弁都守以下准就近皆非計也考補以技省道各軍每年調三之一分巡所屬以其二爲駐防更番休息三年一輪視轄境

廣輪爲駐札日數之久暫巡而過其家賞假免操兵行禁騷擾水軍則常駐各汎不准上岸南北梭巡以肅洋面而熟水道近吾邑水師副將有畏風濤者屆會哨則坐轎紆道三日而前禁營船演炮可發一嘆庶有濟乎夫養兵以衛民非借民以充兵泰西人人皆兵猶得古人寓兵於農之遺意而中國乃兵民不分是直無一兵之用矣蒙犬羊以虎皮驅而使鬬猛獸勝負之形蓋不待智者而始決矣

變法十二上

一日刑律嗚呼古今治法備矣患在不行不患其不至也而獨有一事爲堯舜以來四千年中聖君賢相所未及講明協中者則刑法是已殺人者死抵之者誠當矣

於已死者復何裨焉金作贖刑恤之者誠至矣於被陷者又何甘焉且抵矣又何以處愍不畏死與一殺數人者乎卽贖矣何以處貧而無力與多財縱暴者乎生光天化日之中作奸犯科以自陷於囹圄桎梏縲絏不爲過而乃夏則給蒲扇冬則施棉衣因糧藥餌各有差於囚信乎其有恩矣而還問被陷之家一讞之成傾其家而不足所得恤埋不足供么麼走卒之使費死無以葬生無以養是因死其一人而官乃殺其一家死者而有知也其飲泣叫號於冥冥中者三法司亦幸而不聞耳使有得於五聽之外者其將果何以爲心哉請定律爲三條（今律例太繁徒供吏胥舞文耳）曰殺人者（致死）傷人者（成廢）誤人（壞名失財）

者
已得實者聽問官分別議擬用刑刑亦有三殺人者
杖而宮傷人者笞而鈇左足皆墨其背而髡其首僧尼均令
受戒防逃逸誤人者扑而墨衣監禁匝月瘡未愈者驗明
展限二月皆罰令親身力苦定率抵錢扣存貯庫每年
於犯事之日按提責辦於犯事處所荷校徇於境內二
日抵足罰欵始行責赦尋常辭訟酌定訟費誣者着賠
無力者充力役留抵不准以私財抵贖有私逸私替者
追回十日一比取見血三月後照常徭役凡被昭者按
月官皆廩給其家以二十年爲率曰若此將遂廢大辟
乎曰可夫天地以好生爲德人無知而殺人吾亦以其
無知而殺之是亦殺人類也人被殺而吾不知恤其家

八殺人而吾僅從戮其身乎民寃抑不得伸積之既久皆足以傷天地之和而致陰陽之沴相讎相殺兵戈之刼未有艾也不甯唯是好勇鬥狠之徒其慾惡而魄強雖死而實能為厲困之辱之磨之餓之柔之導之以漸消其僄驁不馴之氣使憬然而生其悔悟庶好生之德洽於民心化梟為良無刑之治或可幾乎開之漸者取則於氷也故大易之象而坎主律今水運已臨則以古三元法推得同治三年已亥水運考古得水運者如唐堯商太甲周武王宣王秦始皇漢明帝唐高宗宋太祖理宗明世宗諸君皆能修明政體當有重修庭壁之藏者數十年後吾說其亦將有所施也夫

今日擾害平民之類不一而訟師其首也出入衙署交結書差羽翼旣成輒日肆魚肉善良之計被陷之家其親友雖有諳成律懷公憤者亦怵於幫訟之嫌不克自伸其氣非無嚴明之官長招告暗訪然所懲者狐貍而已豺狼固無如何也請參西法明正律師之目令平民詰告各延律師應訊律師無功名者不准呈無律師者不收訊定律師一例科斷語其指要厥利凡五人得公爲律師律師必有身家則必深明定例嚇詐敲索圖告不圖訊之弊自除利一庸惡險詐之棍徒不必設法拿辦人自無從過問利二原被各破錢鈔而訟師唯知坐收漁人之利謀事之不忠心術因之愈壞使之一例科

罪或自能檢制其利三律師許其上堂則親友矜者儘可自占律師日久自無所得此不禁之禁其利四上下皆明定例則狥私枉法之吏不得自肆其利五舉直錯枉化莠爲良所謂以人治人絜矩之道或亦講治平者之一術乎

變法十三

一曰工政國家自各口通商以來凡一十九處二十七埠皆知自强之道首在理財於是海上之招商局開平之鐵路摸河之金廠粤閩之船政礦務兩湖之鐵政局皆次第舉行顧辦之近二十年矣而權其得失或入不償出者則以要領之未得也夫利出一孔者富事屬衆擎者舉今

誠欲與泰西爭衡而收其利權則虬不敏請以六事進

一裕財用太西百廢具舉億兆之數嗟咄立辦商則各設公司近人鍾氏謂西國每立公司必稟請國家由商部派員查勘事實可憑利亦操券始准開辦每一公司由各股東公保董事十二人由眾董事再推總辦正副各一而每人亦必有多股於中總辦受成於各董各董受成於各股東上下箝制耳目昭著自然弊無由生君則預借國債太西每有大事必告貸民財息僅數釐故各國皆有國債即富強如俄考一千八百七十年單其出利之債共存一千二百三十三兆二十萬三千六十四銀羅般其不出利之債共存五百六十八兆四十六萬七千二十九銀羅般波蘭之債共三十九兆四十五萬七千五百二十四銀羅般總計債銀一千八百四十一兆二萬七千六百十七銀羅般屆今又二十一年矣其積債可知各國雖畧有上下然皆在數千兆以上乃民皆不疑者以利銀則一無錯誤不妨藏富於國也人已俱沾利益財力既厚故能以大而併小以近而奪遠蓋深得管子隘其利途之旨也可設寶

鈔局即官銀號法詳前以裕利源定率以一分爲息塡單註明某年給還存積較鉅者准將關卡稅釐劃交上下既孚官民一氣則保險信局鐵路礦務織布等局官力所未及辦者可准華商包開許其專利若干年須預定貨物貨値不准翻後壟斷居奇財源既濬利途自闢此誠保國裕商之至策也

一興製造有能自出新意製器利用者造成報官給照酌准專利年分其或確能利國者准世其業物勒工名圖成建議而無力自措者官爲按驗核議出示招股泰西工卽爲士中國士不知工故勢常不及非眞智巧之遜西人也若遵前議設科參用西學取士則以士爲師以工爲徒引伸倣製十年之後謂製造不及泰西者吾

不信也一奬工商工商圖私利也然因其私以濟吾之公裕國利民則奬勵之道亦有不可廢者工創物商銷貨皆令有籍可稽給照存執（註明三代籍貫）每人總銷至百萬者以稅則三分爲率是國家已收其稅銀三百兩矣宜奬以九品二百萬者八品三百萬者七品四百萬者六品而止皆賜以利民郎志乘列名逾四萬萬者爵以通侯錫名裕國國史列傳此亦漢武賞卜式意也一講懋遷百工之事遷地爲良今中國習用洋貨其實中國之器玩西人亦嗜之若渴也絲茶大黃無論矣此外如蘇州之顧繡處州之凍石江西之瓷器西人皆嘖嘖稱賞苟再能設局採購各省新奇可喜之器玩載以出洋當

可獲利復設商務各官以總其事開商報局刺取西國器用之習尚與其製作之大概價值之情形附以圖說內地小件附銷者准報官搭賣併小爲大交商運銷所得羨餘公同勻分如此則百千之貨皆可外達五州人人覓利於外洋風氣一開而內地之財不可勝用矣聞之道光末歲鴉片行時中國銀錢輸入外洋者八百萬今洋貨廣銷每歲漏出者且四萬萬（據光緒十三年洋關稅冊中國通商共十九口岸出入口稅釐二千七百一十六萬七千兩）長此不返其何以國若大興商務有報館以通其消息有保險以防其耗折有官局以劑其盈虧因利而行或可少修補牢之策歟一開新埠泰西每次換約輒求添設口岸其得一埠極力經

營還洋房闢馬路整飭華麗出人意表以故百貨輻輳士女如雲商務因之日起而彼得坐收十倍百倍房租之利若另於二十七埠鄰近之處參以形家旺氣之說扼要別開新埠一倣洋式彼高鼻深目之徒當亦嗟無所施也一撫華商華民散在泰西各國者以南洋二十餘埠百餘萬人計之（據戊子粵督張香帥疏）當不下千餘萬其間挾鉅貲尚名義者所在而有近西國淩虐吾民無所不至英俄美法德皆有禁止華工之議或禁設領事（英吉利）或增重人稅（法蘭西）美尤無道設計焚燒蓋祖龍之暴不是過矣同爲皇家赤子一任其推之溝壑坐之塗炭吁天無辜曾莫之援毋亦君臨萬國者有所不忍聞者乎

夫華工之久在西國者於製造機器礦務諸西學濡染旣深當能得其指要若誠能於此時特飭各欽使曉以禍福因勢利導設法招回內地自行開採鑄造徙其餘部署以實邊擇尤授以冠帶越鳥巢枝胡馬依風當有歌頌鼠而來歸者爲湯武敺民此其時乎泰西力求通商中國亦從此而得其格致之學近又力驅華工將自此而弁與其製造之利日中必彗操刀必割時不可失願與權國是者借箸籌之

保民

法變矣而仍不得不取之民者將以桑孔商賈之術施之於周孔禮義之邦乎日不然子夏之言曰君子信而

後勞其民未信則以爲厲已也管敬仲曰下令如流水之原者令順民心也古之爲治者殺之而不怨多取之而不爲虐翳豈無道哉亦視吾民之所甚苦者蠲去其弊病養欲給求力求保民之實而已時則有若嬰堂粥廠棲流所藥局醫院官渡清節堂皆官爲設惠民局一主切善事如恤埋棺木借錢等均是擇紳董其事中國各善堂皆徒博豪舉於事並無實濟如四民無告者當分住各廠給以資本令自食力其實在病廢者方准其虛糜如嬰堂棲流所清節堂萬不可令其酬劵終日致壞有用之身官渡儘可取錢唯貧民免輸計其歲入以充經費藥局醫院實係無力始可酌捨而實莫妙於借錢局不妨起息八口之家若得數貫錢爲資本日贏百數即可無憂此莫大之善舉也至掩骼埋胔施捨棺木尤仁政所不可忽不徒澤及枯骨實足以消疵癘而釀太和之氣云費則攤之各鋪戶蓋治國以保富爲要保富以恤貧爲先人貧而吾

保民而王在斟酌用之可矣
徒席則太史公所謂六家之學實亦有不得而偏廢者
沸生民之禍有爲吾口所不忍言者出水火而欲登之
大變如風雨之颯至火發之勢稍不爲防將魚爛鼎
安內攘外之策籌之宜豫自五州通商以來時局又一
制計之甚詳郡縣以求民爲君謀而恐無以保其生故
封建之初君爲民謀而恐無以遂其生故井田學校之
碑遺愛之祠且不憚剷金從事蓋三代直道猶有存也
耳倘瑣瑣計及於錙銖哉夫州縣官一事之善去思之
生養贍之以仁摩之以義民也激發天良有輸將恐後
不能獨富也國貧而吾不能徒治也誠得良有司休息

治平通議卷二終

經世博議卷三

治平通議三

東甌陳虬志三

治河上

黃河發源西域邐迤五千餘里而至內地水利所在實開九功之先昔者神禹隨山濬川任土作貢遂轉洪荒而爲平成法具於禹貢而道則原於洪範漢魏以後師陻汩之智昧畎澮之制於是全河之利盡失而濱河居民蘊昏墊之災者數千年而靡有定然殷憂啓聖而貞下起元去害興利此其時乎故虬愚請以三策進

導源葱嶺橫繞北徼率順水性循山入江扼中朝內外之防開塞外富强之源以治河爲防邊此策之上也何

則山以水爲用水以山爲體故水以界山山以攝水欲明水道先攷山脈天下之山以西藏極西之岡底斯山爲祖康熙五十九年遣理藩院主事勝住偕剌麻楚爾沁等圖得之山周一百四十餘里高出衆山百餘丈頂上百泉流注在阿里之達克喇城東北三百十里直陜西西甯府西南五千五百九十餘里西三十六度四分極出地三十度五分實諸山之祖居天下之脊衆山皆其分脈分幹有四西北向者爲僧格喀巴布山蜿蜒起伏以趨西域抵吉布察克山而結葱嶺魏源海國圖志謂崑崙即葱嶺衆山之祖乃葱嶺而非岡底斯山所謂河源出阿耨達者乃葱嶺脊上之大龍池証引甚辨唯疑後藏之水多南流入海不知岡底斯山相近亦有四大山其北自僧格喀巴布山而西北爲岡里木孫諸山繞阿里而北二千五百餘里入喀齊國山行必有水特不入中國故未之攷耳自葱嶺而東又分爲三大幹北幹由葱嶺分趨東北循烏什之貢古魯克阿克蘇之穆蘇爾

達巴罕庫車之丁谷山諸地之北至於伊犂格登山在伊犂西南百餘里東北行踰鄂爾和綽爾山循察爾古爾依特山東行起阿爾泰山即古金山一作阿勒坦鄂拉直趨肯特山而結於外大興安嶺阿爾泰山綿亘二千餘里高入霄漢外興安嶺長幾萬里二山山陰水皆東北流山陽水皆西南流故斷爲北大幹其中幹則由騰格里山之空格斯山東南行過喀喇沙爾起博爾圖達巴罕循吐魯蕃羅卜淖爾東行起祁連山遶套外爲賀蘭陰山經歸化城宣府至獨石口外之多倫泊而起內興安嶺東入遼左起長白山回龍穿海陸行而結泰山聖祖仁皇帝謂長白山二幹一幹東至鴨綠而結高麗一幹北折至盛京復西行而南至金州旅順口之鐵山穿海而結泰山故泰山面西南而背東北虬案汶泗水皆西流亦其一證口唐一行創山河兩戒之說謂北戒自三危積石東循塞垣至濊貊朝鮮者誤

不知積石爲北戒之南幹朝鮮爲北戒之中幹而北幹實當以外興安嶺爲紀口魏源以祁連爲上起于闐與天山之脉不相屬者誤山脉以界水爲斷祁連來自喀喇沙爾所循之羅卜淖爾小包爾騰海達布遜池大通河皆其大界水之歷歷不爽者和闐北距葉爾羌七百里南行二十日即後藏東皆戈壁沮洳之塌邏迤而至河源其由天山直趨哈密者餘支也中幹龍脉腰落而起祁連故天山盡於玉關而哈密餘支盡於布隆吉河松筠以祁連山之陽爲土魯番哈密蓋誤以天山當祁連山也其南幹則由葉爾羌經和闐尼莽依山東南行而起巴顏喀喇山一云即古崑崙山今河源之所出也在星宿海西三百里東北至河州界積石關計二千七百餘里齊召南謂其脉西自金沙江南犂石山東來疑誤河爲北條源出藏北江爲南條源出藏南巴顏喀喇山後有那木齊圖烏蘭木倫河托克托乃烏蘭木倫河二大河以爲之界故確定其來自和闐循阿拉克沙爾山過大積石山入終南逾河並雷首底柱王屋太行而結恒山南幹之脉實結於此蓋正龍盡落未落則沙少水多恒山三面界水桑乾滹沱二大河以

及滹河沙河滋河諸小河層層纓鎖龍又焉往魏源但知北幹有二故誤以中幹之脉原於三危積石一行誤以北幹之南幹爲北戒故誤以太行之脉東循塞垣而至朝鮮口所稱中南二幹均就北大幹而分非今堪輿家所言三大幹龍之說也此其概也然則北幹水道可得而言矣議
由天山北路伊犁河西北圖爾根河起逾博羅拉達河
庫爾喀剌烏蘇河安集海河和爾廓斯河葦河烏隴古
河布爾干河德倫時河錫拉河墨特河推河塔楚河翁
金河循達爾罕山北麓入喀嚕倫河搭爾河穿戈壁百
數十里通科勒蘇河達敖嫩河入黑龍江其由天山南
路者則由葱嶺循烏什城河沿開都河博斯騰泊入阿
爾輝河托克遜河蒲昌海哈密河布隆吉河過花海子
入居延澤穿陰山達搭楚河曲曲入江雖開鑿河道滙

巨川堵支流費固不貲然河成實子孫萬世之利也曰
其扼中朝內外之防奈何曰近者俄人逼處吾後踰興
安嶺而南與吾爭東省三江之利又西北新疆之地膏
腴盡爲所占東西横亘萬餘里防不勝防若能特開新
河挖土築堤以置鐵路征兵運餉一水上下俄雖强不
足慮也蓋山險既失則當退而守河夫宋太祖之經營
河朔也雄縣等界皆令多植榆柳以防敵騎之衝突秦
始皇亦特築萬里長城以遏强胡此皆嚴中外之防明
利害之機況以治河爲防邊實一舉兩得之計乎其開
西北富强之源奈何曰西北爲秦隴之屏障燕晉之藩
籬自新疆開設行省以來佈置亦畧當矣然省不過數

十縣城不過數十莊地曠人稀難驟望其生聚蓋沮洳戈壁之場人畜俱困故皆裹足不前耳若大開河道使舟車直達則地大物博懋遷自衆將來練兵籌餉不患無措且由此大修屯政而吾圉固矣顧或者難之曰北路如葦河烏隴古河推河塔楚河之間皆隔有古金山杭愛山等麓布隆吉居延澤東行有陰山以爲之阻又况瀚海之沙磧天山之戈壁又豈可借巨靈五丁之力哉曰地利未轉萬人不能濬一湖風氣既開匹夫可以達五洲往者葡萄牙於印度西南界之孟買開鑿海港建立城邑通行市舶近法人海理色朴以蘇爾士湖橫連亞細亞阿非利加二洲以一人之力鑿而開之聞其

子又將鑿巴拏馬分南北美利堅爲二蓋泰西機器百出穴山而啓鐵路入海而穿電線今昔異時又豈可以一隅之見自局哉然則今日非常之舉亦患其無資耳不患其無具也或又曰今國帑告匱費將安出曰招內地流民以實邊准其自占地利託太西豪商以包工許其酌操利權經之營之十年之後河道大開沙漠之地水草沃饒富庶可坐致也或又謂漢武帝時齊人延年已有徙河塞外之議或謂陰山大脊必不可踰瀚海砂磧必不可疏今吾子所陳得毋撫齊人之剩說而爲通人所見呵歟曰延年之言也可按圖書觀地形準高下開大河東注之海則關東長無水災是僅知徙河關外

內地卽可無憂實不明當日水土之性北中支幹之界誠不免或人之譏然或所說亦一貉之見也瀚海者洪荒以前大河之舊大界水也自神禹舍陰山而鑿龍門截中幹之界水東入內地於是漠北之地始盡成砂磧龍門可鑿陰山獨不可踰乎有以知其不然矣或又曰如吾子所議艮然豈神禹當日亦見不及此歟曰非也唐虞之時地僅九州荆揚邊地視同甌脫故禹僅就中幹之水鑿龍門使歸內地而又於冀兗下流播爲九河所以漠北水利不甚計慮蓋秦漢以前地氣鍾於西北內地魏晉以下東南始盛沿及金元漸趨塞垣東北此天時地利人事之自然而然者非真聖人之知有不足

也或又曰今者回匪初平哥老會黨又所在而有民情浮動當持之以靜猝有非常之舉其不爲元氏賈魯河之續者幾希曰元氏之亡亡於國政之不綱非石人之謠所能動也文作靈臺而庶民子來秦築阿房而戍卒揭竿固別有所以致之也況全河外徙則內河可墾之田當以億萬計仿軍屯之例使人得占田自力拔尤使衛邊以招撫爲解散卽以解散爲召募利益豈有涯哉或又曰河大禹之所道也聖人作事爲萬世功通於神明恐難更改英明如漢武亦爲是言將吾子之說終不可行乎曰是又不然河自周定王五年南徙砀礫遂漸移而東已非復禹之故道矣自是以來三千年中屢修

屢決害靡有止夫河自鄭州以下南流東徙皆其故道何歷考遷徙大抵決而北者十之八決而南者十之二蓋行北地者三千六百一十餘年其南行者僅五百一十九年（據光緒十三年翁同龢等疏）故蘭儀銅瓦廂決後仍改道北趨蓋山不離祖水必歸壑亦可曉然於北幹之水終不能以人力挽之使南也天地之氣以漸而開河源之說始自張騫唐宋以來談者如夢元世祖遣都實窮四閱月始僅至阿喇腦兒至本朝康熙五十九年遣理藩院勝住等直窮至阿里以西三百里而真源始得蓋天算輿地皆歷久愈明近者英人之治印度河（一日之內水可陡漲五丈）德人之治蘭因河（源流二千四百里水濁多泥亦籍機器）埃及之治奈而

河（建閘蓄放）他如意大利與國等國水患皆奚過黃河今皆一例順軌或者五德之說水運將興以古（三元法推得同治三年交上元水運詳虬所著三元運統表）四海自此遂永慶安瀾乎是在有志澄清者次第舉而措之其可也

治河中

天地有不涸之倉國家有莫大之利則內地之礦務塞外之河防是矣礦務之利近稍稍有知之者而河防則從未之及夫內外蒙古起自元初已六百年矣以文武之聖東遷以後國勢孱弱尚不能自立况亡國遺裔其爲再實之木乎比聞其俗趨便易少機警習喇嘛敎吸鴉片煙奄奄無氣息其不肖者至狗偷鼠竊無所不爲

朝廷雖設有辦事大臣增添卡倫然戍兵無幾僅足供更番候望之用而已其甚者亦且相從而靡蓋俗之不振甚矣蒙古之衰敵之所喜而吾之所甚憂也卧疲羊於餓虎之旁籠乾鵲於饑鷹之側欲求其不噬其可得乎故欲收爲唇齒之益當重以腹心之寄非大興水利而實邊防不可擬堵黃河南行故道使由河套北路圖爾根河東北行達德布色黑河繞墨厥圖驛踰納林河循察罕鄂博入昭哈河堵東洋河達七七哈那河踰哈那台河沿哈拉馬蘇河旼穿內務府鑲黃旗牛羣牧場循察漢托羅海嶺北麓疏烏蘭克勒大馬庫朝古者五河爲數不及百里堵五可兒河而滙五河之水入烏蘭

城上都河北流轉東復折而南浮於庫兒奇勒河於郭家屯北堵灤水截使東北行循郭里嶺東行穿蝦蟆嶺入英金河沿西剌木倫河達大遼水入海疏鑿水道改寬河身厥利有八而形家之說亦寓焉矣萬里來源環衛神京外固長城以作金湯其利一區內外蒙古爲水陸二防以外蒙古爲江北之濡須淮南之合肥舟車四達接應利便其利二黄河自鄭州合龍以後時有決口隨其北行之性則畿輔有漸車之慮挽就東行故道則東南無安堵之期若改道使出河套則河身盡古爲田隄埝悉令種植五年之後富可敵國其利三水草沃饒荒漠之地頓致富强備邊之道莫大乎此其利四地闢

入衆貨物充牣關外鐵路由此大開其利五全河外徙則秦晉兗豫四省水利不能不開開渠置閘人自爲力四省之地可期富庶其利六河工歲修之費往時定五百萬近經裁節猶六十萬而意外之費不與焉乾隆四十六年青龍岡之役費帑二千萬嘉慶十六年上諭河南近年以來年年漫口前此已費三千餘萬今鄭州之役奏銷亦一千二百萬度支有常而漏卮無底病國厲民曷其有極若全河北徙百弊盡蠲其利七俄國近於西比利亞新造鐵路橫亘新疆蒙古東三省上策或難猝行得此河亦可少折其鋒昔粵捻諸逆竄擾昔濟幾無虛日然未能過黃河一步以河爲防不無少補其利八若夫形家之說雖爲體國者所不道然澗東瀍西周公亦嘗借之以

營洛而朱子亦云冀州正是天地間好風水（但仍說以山脈自雲中發來故取前面黃河爲案）若大河北通上都則萬里來源纏後而爲蔭龍之水大小遼河爲領龍之順水津門七十二沽爲到局之逆水旅順登萊對捍海中爲固局之水纏護聚會永壯皇圖此豈復漢晉中興後之國祚所可擬其萬一哉夫古稱博求能浚川疏河及徵能治河者皆謂其熟悉形勢而參以時局之人不然修隄築壩之工鑲埽戧水之法此河上老卒之事耳尚有待於求而徵之哉循北幹大界水之舊順地脈而循天紀竟神禹四千年來未竟之功故謂之上策若夫據中外之形勢固國家之基業利及萬里功在當時故曰中策也試言下策

治河下

河自神禹奠定以後六百餘年至商始有水患然不過遷都以避之非有潰決漂沒之痛也周秦以來河患史不絕書至本朝尤夥順治間河南爲甚康熙六十年決詹家口乾隆十八年決銅山四十六年決蘭陽嘉慶朝河南屢決靡費至三千餘萬道光二十六年決開封次年又決中牟咸豐三年決河南蘭儀銅瓦廂徑入大清河遂復北行故道同治七年決滎澤四月決十二月堵合十年決侯家林漫南旺湖始分入南運壬申二月堵合十二年決石莊戶張支門漫牛頭河始由南陽河徑入運河十四年三月堵合賈莊普建南隄北流斯定而大清乃全受黃河矣光緒四年大清河兩岸旁決小

口不一至丁亥十三年八月十三日鄭州上南廳之決口寬三百餘丈尤爲百餘年來所僅見而近之爲河防之說者其書汗牛充棟其說膏潤液美究其治法不外鑲埽築壩戧水圈埝重隄放淤包灘下埽與修九河之遺跡復南行之故道而已而大旨不出乎漢賈讓增高陪薄勞費無已之下策潘季馴束水歸槽借水埽沙之成規然其法固具在也何患仍未已乎嗚呼治河其果無善策耶何昏墊之災終不能免也夫善解鬭者批亢而擣虛善滅火者曲突而徙薪河雖決於東南然其源固自西北來也聞之黄河入境至榆林府府谷縣北水深不過八九尺至榆林府西納入無定各河則水漲至

一丈一二尺至孟門壺口納入汾絳各河則水添至一丈三四尺至西安府三河口納入渭涇滻灞澧各河又至華陰納入北洛河則水添至一丈八九尺出潼關至河南鞏縣納入伊洛二河則水添至二丈三四尺至武涉縣納入沁丹各河則水添至二丈六七尺至鄭州則已受大支河十六道小支河一百六十餘道除五十里小河不計故三汛之期黃河頓漲數丈而橫決不免矣斯言也蓋得之陳君繼本云君字華亭本浙山陰人幕遊陝西二十年矣刻意考求河道庚寅來東條陳河務遇於濟南其言治法亦言請於山西陝西河南等處歸入黃河之大小支流添建水閘以時啟閉殺水上流之勢此亦不刊之論也夫昔禹之治河也下流既播為九

河而又濬畎距川乃孔子稱其盡力而孟子贊其無事意豈相妨哉誠以水出高源而實以海爲尾閭若能於上下流分殺其勢則水自順軌此道本易明也後世昧溝洫之制萬川歸爲一泒下流不分支河不得不爲增庳陪薄束水歸槽借水刷沙之策水由地上行已謂之害今河身日淤齊河等縣水皆高出城上水地脉也張脉僨興八事當有隱釀其害而不覺者豈僅潰決放濫之失哉考古西北水利之書鄭白二渠無論矣他如召信臣之造鉗盧陂（在穰縣）增田至二萬頃後魏裴延儁之修督亢渠（范陽郡）溉田百餘萬頃魏刁雍之鑿艾山河（在富平）溉官私田四萬頃唐雲得臣開渠自龍首引黃河溉

田六千餘頃（唐武德中）宋程師孟引河水淤京東西沿下田九千餘頃至明徐貞明（萬曆時御史）陳西（北治水十三利）汪應蛟（萬曆時巡撫）皆劇言西北水利此皆載在史策班班可考今盍一倣其法乎曰請問上流蓄水放淤之法曰當於內地上流多濬大渠相地形之高下定渠底之淺深下流設石閘以時節宣離閘數里先築小壩一二處不必過高底視閘口畧深留淤不使外放蓋水性潤下盛漲之來所挾泥沙皆從地底而下非從水面而過有小壩以爲之瀦其漫出壩上由閘入河者水當漸清矣（內地既開設多渠水勢自殺不必以小壩壅水爲疑）沿渠居民歲使淘沙挖泥各一次若多窪下之地更可倣重堤放淤之法漸成高阜法具治河各

書可考而知也曰下流多開支河是固然矣近有請分黃入馬頰河者僅六百三里耳樞臣勘議約挑河築堤之費已三百餘萬兩而遷徙村戶（五百七十六村三萬九千餘戶）墳墓（三萬一千七百餘塚）估買民田（六萬餘畝）一切之費皆不與焉支河之開談何容易曰上流既廣穿大渠瀦水則水勢自減而所謂支河者口不必其過寬（原議口寬四十丈）隄不必其過高地價夫工均可從省又安可以難自阻哉近全河北徙所恃爲尾閭之洩者僅東省利津縣之牡蠣嘴而已虬愚擬請仍張曜舊議於齊河以下李家岸趙莊之間引河使入徒駭（計地不過十里）使由流鍾口入海更於章邱縣東山頭店東通獺河滙滸山泊入小清河此其概也（水以北行）

爲性南省不必再開支河曰黃潮衝擊久自成淤淤高則倒灌橫決故往者雲梯關積淤高至六七丈故河改而北趨近聞牡蠣嘴又漸淤矣然亦他日之雲梯關也禦之之法將奈何曰出口之淤由中溜挾泥沙而出潮水性鹹而力勁頂衝而入剛柔相搏陰陽相盪故積淤必堅鐵門關以下之鐵板沙亦卽此理故鹹水淡水相錯之處所生魚蝦必味厚而性剛今擬於出口之外唇束竹爲樁扦作三角形斜入海中挑水移溜則害自除試申其說聞之大海捕魚之法扦竹爲扈相間數尺蓋潮水値竹則逼流入網視溜勢之大小爲扈竹之遠近此卽河工減水壩之遺意若能量口門之寬狹作角形之長短則大溜由中直趨出海而潮水之迎溜而來者

自分邉於兩邊所有沙泥皆直出而積於出口之外海風潮鼓盪横衝斜齧海中流瘀安從凝積此計之上也有逼溜分潮之功無閘瘀束沙之患費省而功大有利而無害一得之愚或亦有可取者乎或疑河流過大竹不能禦此皆不悟以柔制剛以輕運重之法瓠子之揵竹即近日之稭埽力皆勝於磚石不出里門之儒真有萬思不得其故者況此策得行上流既殺其勢支河又多分其流各口所出之水視今日當減十之七八又何不能禦之有西北之廣渠既開東省之支河盛啓誠於此時於汾水發源處使繞管涔山東麓通入滹沱河清北幹南條之脉興畿輔大利之源雍正四年設營田水利府命怡親王董其事設京東京西京南天津四局數年之間得水田六千頃成規具在盍推而廣之乎窮其原於未入關之上竟其委於既出口之下實事求是水利或自此大興乎或曰

鯀陻洪水五行何以汨陳箕子言彝倫攸叙道備於洪範九疇願聞其說曰剖判以來一氣生人而水爲之祖地球之上地得一分水得三分故王者不修祭祀時則有水災據後漢書五行志說郊天用元酒亦取報本之義也禮本於大一其降曰命故元酒之尚不敢用褻味而貴多品所以交於旦明之義也蓋水爲天一之氣所生故卽取其氣以交於天實非此則不能交其義甚精非僅貴質而已故曰郊之祭也大報本反始也漢唐以來解經家皆未見及此嗚呼此禮樂之所以不復興也水於卦屬坎於人屬腎坎爲律而腎爲命水不順軌則天紀亂而地脉紊人生其中則性情隱爲改變而失其常度律奸而命無以立六極備而三德微矣然則布五事立五紀修八政豈能外水而治哉故洪範九疇獨詳治水道原於範而治具於禹貢一經一緯皇極之

所以建也蓋禹之明德遠矣民免其魚猶其小焉者耳嗚呼安得神禹復出使得陳說五行大義從童律庚辰後一探陰隲之原乎雖然維皇錫福富壽可期拭目以俟其清可也

治平通議卷三終

東甌陳虬志三

籌海

國家愼重海疆於南北洋各設兵輪又特創海軍衙門以爲之統顧宏綱雖舉而目則未詳謹採摭諸說畧參末議敢再以六事進一定洋汎沿海自廣東樂會縣起接安南界萬四千里而北抵鴨綠江朝鮮界衛所櫛比營汎鱗次密則密矣然以當今日之西師則螳臂類也海疆委命於舟師乃將弁則浮冒尅扣船窳兵單不之顧終日營營皆侵上剝下之計軍國大事未嘗有絲毫慮曩吾瑞拆造塔波營船報欵三千兩某協僅費包工千兩乾没其二船成底薄不敢哨洋安放內港待修而已今年

聞屆大修之期又可領費二千兩往歲大修安三營船
領費五百兩司房扣去五十兩包工一百兩餘三百五
十兩則副將都守四六均分船未放洋而滲不堪駛瑞
安額設水師一百六十名歲需餉約三千兩近副將都
守扣去二千兩無復舊規瑞安如此其餘可知某協性
畏風濤不敢赴哨嘗紆道乘轎踰嶺而過烽火營吏可
一嘆虬嘗謂天下有兩等
人心肝壞極闒吏營官也然則今日之水師將弁直孫
恩徐道覆徐海汪直之徒耳此可爲痛哭者也虬請罷
沿海防汛更營制設兵輪分海畺爲四近制以煙臺南
北分爲二洋北
洋轄於直隸總督南
洋轄於兩江總督自成山以北至遼瀋爲北洋而設
提督行署於登州之威海衛在文登縣北九十里至煙
臺水路一百三十里從前
北洋僅知嚴防旅順其實地利不如威海有險可憑攻
守均便也近險隘處設影燈施電報分建礮臺築鐵馬
頭立水師學堂遂成北洋
雄鎮以之添建行署儘便成山以南至閩之五虎門爲
東洋而設提督行署於浙之招寶山五虎門以南至廣

東樂會縣爲南洋而設提督行署於瓊州每洋各設水師提督一南北梭巡按季輪防使得於平時練習南北沙水風線內港另籌魚團海軍以備不虞再練外洋水師一枝遊駛新加坡蘇門答臘等處無事則保護華民出洋有事則斷其歸路形格勢禁此致人而不致於人也經費稍裕自備兵商巡船數號每年環球一周商以貿易兵以測量糾合公司逐漸添置五年之後謂富强無期者吾不信也一設經署四洋既設水師提督矣宜就海軍衙門中特簡經署大臣以轄之斟酌長江水師營制添設將弁而倣西法考補攷太西各國兵輪之制由四副三副二副大副而後陞至船主皆親身駕駛以

技而陞不階別級無棄材無躐等故技以考校而愈精
今宜破除積習超補一皆以技四提督皆歸經署節制
旅順臺灣各設經署大臣行署分駐半年旅順東達朝鮮北鎖津沽與煙臺一水相對洋面僅六百里耳誠北洋大門戶也國家經營費逾數百萬近漸廢棄然地利終不可失也
夏秋南北遊巡校閱水操而海軍成矣夫英美德法各
國其國都不足當中國數省地越重洋八萬里稱雄海
上者恃有戰艦之力耳此不可不求所以制之也一製
兵船近日籌海防者均以鐵甲船爲急致太西各強國
皆有鐵甲數十號似中國不可不爲之備然一船之費
數在百萬金以上且仍購自外洋是拾其所棄攻其所
出駕御稍不如法直齎盜糧耳非計之得也竊謂禦敵

之道當以柔制剛以小制大岳武穆之破楊太林文忠之困義律未聞皆以輪舟與之相角也本國兵輪以外可畧購英之碰船價僅二十餘萬能破鐵甲英之快船近英國阿摩士莊新出快船快炮鐵甲魚雷均不足恃價未詳數號餘悉編取蚊子小舟以漁勇爲之蜂屯蟻附四散遊徼相機而動困之於水使不得銳意登陸則鼯鼠之技窮矣夫西師之來不過十數艘耳併力禦之於外洋上策也魏源海國圖志謂守外洋不如守海口守海口不如守內河此亦淮陰侯背水陣張仁愿受降城之遺意也縱之不善用之則自抉其籓籬能無開門揖盜之慮耶縱之入內合各洋之師孰爲正兵孰爲應援孰爲後襲四面包抄以逸待勞聚而殲之亦其次也中國不求自精其製造之法一一購之外洋講求三十年其成就乃竟若

此則事事過守成規不能變法改制之所致也一改砲臺扼之於外海則有兵輪禦之於內港則恃炮臺近日爲炮臺議者夥矣然僅保護臺基升降炮位而止耳夫番船之來其快如風少縱卽逝是一臺僅供一炮之用也且炮力之里數本有定率敵若購求視吾畧遠之炮先施以轟擊吾臺是一臺幷無一炮之用也以死禦活勢常不及然則奈何曰於沿江地段較長扼要必由之處平築鐵路二道炮座皆施活架隨船上下左右更換如此則砲位無定敵難轟擊炮不必多而沿江有備更能自製礮彈戰船礮彈必須自製左文襄光緒十一年近守口之礮彈皆購自外洋久必損缺萬一有事各國旣守公法一概停賣則由難而少由少而無誠有不堪

設想者擬就舊船廠開拓加增興工鑄造雖經始之費
需銀五六十萬兩而從此不向外洋買砲即以買砲之經
費津貼砲廠當
亦有贏無絀云

如法演放何太西之足慮哉

砲臺之設
當先明砲
力之重數築基穩固方可演放大沽旅順北洋之要扼
也記光緒十四五年間兩處砲臺有因雨傾圮之處因
震坍斃之事皆未深究建置之法也虬謂實砲臺之法
當以太西爲精披英吉利每因山爲砲臺故堅不易摧
砲位不覆以屋故煙不自蔽穴山以儲火藥故不爲敵
砲所燃兵房建於山凹故能以山自障此因山爲臺也
其無山之處則畧做比利時北都愛司勾阿砲臺之法
如今式砲臺分內外上中下三層中空而圓磚石向內
砌畢外四圍皆培以土斜拖而下而覆其頂每層數步
留砲眼遠視但見大土堆而已按美金楷理所譯兵船
砲法諸說謂砲彈透土難於透木故欲阻彈者土牆最
宜取用亦最便日間擊壞之處夜間可以修補但須築
之甚厚則大彈不能透過若此則中國所有舊城皆當
廣濬濠河挖土培城此一舉兩得之計急宜未雨綢繆
也者

一編漁團左文襄之督江南也值中法失和創辦漁
團後大憲以辦理者之滋弊也遂概行停辦虬謂漁團

必不可撤可汰水師各兵就漁户中挑選丁壯補充足額練成海軍其餘丁倣照江南舊章設立漁團局給以薪水各授以操練之法沿海七省十萬人不難致也不急爲之地其傑而有材者恐不免有楚材晉用之慮矣一開海山國初懲臺灣之亂懼奸民之濟匪也定遷海之令於是瀕海居民皆令內徙海中各與不准搭蓋承平日久禁網遂寬縣胥營弁資爲利藪而國家無絲毫之益也他如山東之砣磯島北隍城島江南之大小洋山浙之普陀山大小落伽山閩之大小柑山等處島嶼紛出大者容千數户小亦數百户誠爲一一經理添設官氾陞科起稅可即以其費充海軍之需夫鄭經之據

臺灣張煌言之守南田許朝光吳平明海寇之巢穴南澳皆乘明季清初多事之秋竭十數年之力僅乃克之今內寇外患蠢焉欲動先事之謀其烏能已豈可遷延不決致再爲澳門香港之續哉朝廷於沿海防務致之未嘗不力購鐵甲設礮臺南北二洋水師又定爲會操之制亦似能自振作者乃議及海戰則皆如談虎色變者以事事僅知摹仿門面未嘗深求其命脉弊病之所在極力整頓改絃更張實事求是之故也吁洋務豈易言哉

籌邊

今日邊防之急者東北則保滿蒙以衞本根西南則護

衞藏以固藩籬虬愚以謂宜倣籌海遺意特設四部經畧大臣各練騎步數萬輔以鐵路以爲策應遊擊之師用人行軍朝廷不拘以文法資格予以全權使得便宜行事而邊防始可言矣國家自各口通商以來泰西各大邦闖然而來吾國然諸夷癬疥也俄羅斯則心腹之疾也俄與我接壤之區東西幾二萬里近又築西卑里亞鐵路可由俄京而達東省俄若用兵於吾必當數道分出以疲吾師東則出琿春以窺吾東三省西則出倭穆司克以窺吾新疆伊犂約近俄里二千南由俄都近畿而託穆司克而恰克圖斜探蒙古而窺吾直北之邊託穆司克至恰克圖約二千里距比得堡四千一百八十五里然鐵路數日程耳其逼高麗出黑海以

牽制各國者又皆必至之勢此不可不豫爲之防也西藏地處邊徼東界滇蜀四川雅州府打箭爐廳及雲南之瀾江怒江東北界青海西北踰大戈壁界伊犁南界怒夷西至巴達克山痕都斯坦計橫亙五六千里環印度而接緬甸爲西南之藩籬俄近屢遣使臣相視藏地此可爲寒心者也　朝廷雖設有駐藏大臣然額設馬步兵六萬四千而駐防綠營兵僅六百有奇蒙古駐防亦不過三十九族餘皆唐古忒土兵也全藏所轄六十八城亦僅官舍民居塹山建碉而已僧多於民者十之七相安無事羈縻之可也強鄰壓境其能以數千騎稞壩黑帳禦之乎議分東北西及三藏爲四部而各設經

署大臣以爲控制東部則東起混同江及吉林盛京全省轄境西至賀蘭山南界長城北距瀚海內蒙古六盟之地屬焉而駐東部經署於伯都訥城北部則東起黑龍江全省轄境西界阿爾泰山北界俄羅斯南界瀚海而外蒙古四盟地屬焉與東部轄境作輔車之依而駐北部經署大臣於土謝圖西部則東起阿爾泰山西盡新疆北界俄羅斯南以喀什噶爾河塔里木河爲界而駐西部經署大臣於塔爾巴哈台而三部舊屬之辦事參贊大臣皆擇形勢所在增改爲將軍都統順天府尹新疆巡撫與蒙古王皆受約束聽節制三藏則併駐藏大臣爲經署而駐後藏之札什倫布以便四面策應北

轄青海和闐東通滇蜀增損三部之法布置得宜於以開拓緬甸印度不難也英俄雖狡其能禁我之所欲爲哉其舉辟用人之法則擇取京外滿漢曉暢兵事通達邊務耐勤苦者使之嫻習所部內外語言文字以備邊材而設駕部郎參贊等職駕部郎則分巡所部凡邊郵之險塞防務之張弛將領士馬之賢否强弱一一周知假以舉劾之權優者後入爲參贊以規畫機宜駕部郎參贊無定員人數視所部廣輪到部未三年者不得補已補者不得改調別部及內省勤幹久任者倣宋人五等之制計功給屯田爲世祿示激勸年屆六十者經畧各官皆告退夫滿蒙全境攷者謂丁口約得四百餘萬

回疆又聞不下三百萬益以三藏之衆與屯保甲因卡
倫鄂博之舊築土城掘重濠樹雜木以防敵騎之衝哭
又授滋生宗室以散秩招外洋華工以實邊徙內地囚
犯以墾荒繩以兵法使之成軍生聚教訓期以歲年將
農服先疇官有世祿以守爲戰二十年後北庭南部非
復俄英有矣國事倉皇之際類皆設鎮分藩冀收捍衛
之力然守禦無資將率無方張空拳而鬥戟士勝負之
形有不待兵交而可決者夫治國之道有備無患用兵
之策先發制人吾不能禁敵之不來要在吾有以制之
而已朝廷於東省新疆防務亦似力求整頓而各部則
置若罔聞然試問今日之卡倫鄂博其能當士克柏與

敵騎之衝突否乎內外蒙古台吉班禪達賴丁布木其能當噶噶林擑爾亞非士之理財治兵否乎辦事大臣徒擁虛號其能號召羽士雲馳電掣使左右轟擊東西馳突如他邦鐵道電線之利便否乎新疆東省固若金湯力能自守無事後路之策應否乎敵騎四出各處驛騷防不勝防禦無可禦敵人一旦狡焉思逞將遂任其長驅直入已乎盜者穴牆撬壁隆隆有聲而主人猶鼾睡在牀思禦之於堂除之間何其憊也吾朝之於俄英皆有可取之勢而均失之於前準噶爾之強也徵諸屬國控弦之士數十萬　聖祖三駕親征盡降其部落於是自阿爾泰山以東皆隸版圖拓喀爾喀西境千餘

里不以此時沿烏爾會河直取俄都此計之失也道光二十年廣東禁煙之議起罷英吉利互市泰西之與英讐者美法皆請助兵船爲國効力俄羅斯亦欲約中國兵由緬甸西藏夾攻印度廓爾喀亦白駐藏大臣願率部兵攻東印度英夷皇然四顧有岌岌之勢不以此時直取印度又其失也雖然昭烈不云乎事機之來甯有終極果能應之於後未爲晚也夫　聖祖之收雅克薩尼布楚二城也經兩朝　聖人數十年之力始克力驅羅刹　高宗之征緬甸也用兵二十餘年始歸屬國定十年一貢之期其征廓爾喀也用兵三年始克深入今俄踰興安嶺與吾劃黑龍江而守緬甸廓爾喀

相繼折入於英而西藏又有錫金之釁准通商締造昔
何其艱難守成又何其不易東隅既失其可不以脅陽
之戈爲桑榆之計哉或曰衆建親賢分藩宗室計亦良
得不知封建之制創制需時當行之於全盛無事之日
應變救猝似以添設經畧爲當然勝國之季亦嘗特設
經畧矣關門内外西北一隅千餘里之地而有總督四
巡撫六總兵八防務不可謂之不密弊在十羊九牧事
權不一且廣甯巡撫擁兵十四萬而熊經畧關上無一
卒失在有經畧而不知所以用豈經畧之果無益哉是
在得人而已嗚呼時變之來近在眉睫而議者猶築室
道謀畏難偷安一任其鼎沸糜爛而不爲之計如秦越

人之視肥瘠漠然不以動其心國事將奚賴哉雖然
祖宗玉斧之所區金甌之所奠固將遺孫子以萬世
之利今一旦拱手而讓之於人吾意天下之大必當有
起而議其事者姑以吾說發其凡可也

腹地廣置木路議

嗚呼鐵路之在今日其眞不可以已乎近之爲富強計
者動曰築礮臺更練營設商局精製造然無鐵路以爲
之緯則呼應不靈終歸無用鐵路其終不可以已乎顧
或者謂腹地之設鐵路籌費不易養路須資宜先就通
商口岸舉行蒙獨以謂鐵路者軍國之大計非商工之
末務當視輪舟不及之處宜先由西北而後及於東南

鐵路之費誠鉅矣無已則請先以木路進攷木路之始有新金山人馬斯孟於其地初開行鐵路之時勸用木路以引火輪車作書一卷極言木路之利便普剌薩又試之於倫敦嘗以杉木爲條長約九尺方六寸其火輪車重十三噸所牽五座客車各重二噸每日行十點鐘平常之速每點鐘行七十五里可行八千次而並無損傷至木路火輪車之價與一切修費約省鐵路一半有奇且成路所費之時又約爲鐵路三分之一譯其舊說參之時局其利有十能速成利一成費大省利二銷磨甚少利三能易行灣曲之路與斜路利四如正輪忽斷則輔輪能受車體之重行甚穩當利五車行時並不搖

動且不發響利六因各項之費用少則運客之價可便而主人易於得利利七木條內地各足無須洋鐵財不外滲利八木作土工易做民無失業利九木廠視鐵廠簡易天淵便利速成利十有此十利胡不做而行之其取道之法請由宛平良鄉涿州正定（計六百六十里）出井陘（計一百五十里）壽陽榆次至山西太原（計四百里）循汾河南下而至潼關（計一千七十里）另達西安（計二百二十里）過商州商南鄖陽而迄襄陽（計一千一百十四里）之江陵（計五百五十里）以爲幹地計長四千一百六十四里再由西安至咸陽西北由興平乾州達甘肅皋蘭西南由興平武功沔縣達成都此備之於西北也復由潼關循黃河東行至鄭州歸德以及宿州而以宿

州爲一匯由宿州滁州北上歷滕縣濟甯德州景州保定達通州以衛神京再由宿州鳳陽歷滁州江浦達江甯由江甯北達揚州南達江蘇而止於浙江如此而東南之聲勢壯矣復由鄭州至郾城歷遂平應山下達武昌再由鄭州許州陳州太和壽州廬江而至安慶由安慶至九江達南昌再由九江東行至鉛山廣信玉山左達浙江左達福建復由九江南下至臨江由新淦達廣東由新喻袁州達廣西星羅碁布節節可通而全路成矣夫泰西各國皆各有鐵路數萬里其成皆近在數十年之內有開必先甯可畏難而自畫哉蒙之爲是說也取道似紆用費似繁然實有深意存乎其間焉甌邦之

剏鐵路也其始祇取便商而後乃假之行軍中國則當以軍務爲急而輔以運載東南沿海臨江之區旣設有海軍長江水師矣輪舟四達形勢利便似不慮其單弱所可慮者獨西北之策應不靈耳萬一江海道梗輪舟之利與敵共之則倚爲臂指之助者非秦晉川楚之兵而誰耶古來兵衝四要之區得之則足以制人失之皆足爲吾患剏中國從來未有之舉朝廷不憚持以全力乃僅斤斤於目前養路之費不顧將來之全局非計之得也且養路亦不患其無資也西北膏腴之地素稱天府特無鐵路以開其風氣耳利豈眞薄於東南哉全路猝不易辦當先舉幹路計長不過四千餘里若徑改烏

斜更可縮省木路旣視鐵路省費過半當不過一千餘萬期以三年每年僅需三百餘萬似不患費無所出曰然則費果將安出乎曰國家度支有常近歲出不復可計當另籌裕財之法若俟臨時而始議費款未有不急切從事者使由吾前各說先爲之地則以天下之財辦天下之事尚何有支絀之日哉夫泰西各國其歲計可攷而知也開辦之初可先就幹地次第舉行而後及支路山徑過峻水道較闊猝難施功者不必穴山架橋視平地告竣始行從事目前尚可省費十分之七而人已大得其便利利源稍裕再易鐵路當易爲力全路若成輔以輪舟十八行省之兵徵調往返不旬日而麕至闕

下靖內寇禦外夷節餉需裕利源進可以戰退可以守豈非萬世不拔之基哉夫秦皇之備胡也特築萬里長城近俄人亦新添鐵路計長七千餘里合之中國亦不下萬餘里豈有以堂堂中國四千餘年聲名文物之邦甘自局於一隅而不思急爲變計哉蓋有非常之人而始有非常之功在變通行之而已

擬建洛陽爲西京議

國家發祥遼左應運入關遠法軒轅近沿元明定鼎燕京　天戈橫指幾盡亞洲　神謀睿斷遂爲中國四千年來帝王所未有然憂盛而危明者聖居安而忘危者殆虬愚以爲欲固祖宗萬年之基當廣漢唐兩京

之法請擇根本重地改建洛陽以爲西京開鐵路練兵
勇備器械廣積貯另簡親王鎭守以曲突徙薪之計爲
深根固蔕之謀　皇上又倣熱河避暑故事裁減鹵
簿歲　幸其地緯武經文增其式廓則我國家萬年
之基鞏於磐石矣何則成周之興也武王都鎬而成王
旋建洛邑宋仁宗慶歷二年范仲淹請修東京汴京以爲
乘輿不出則聖人坐鎭四海而無煩動之勞鑾輿或出
則大臣居守九重而無回顧之憂夫成王聖主也慶歷
盛時也而周公仲淹豈眞知有東遷南渡之舉而爲此
蟲足兔窟之謀哉蓋卜年卜世思患預防先天下之憂
而憂謀國之道固如是也今俄羅斯踰興安嶺而南劃

江爲界逼近東三省而且左盼高麗右耽蒙古倭奴又屢欲跳梁萬一狡焉思逞徧師直入將遂以都城爲澶淵之舉乎此可爲寒心者也曰其必以洛陽奈何口自來談形勝者曰太原曰長安曰金陵曰武昌曰洛陽此皆歷來王伯之基然形勝之論係乎時局各海口自通商以來輪舟直達長江之險已與敵人共之故金陵武昌不足恃也太原長安僻處西北在今日僅爲自守之國欲以規復東南難矣洛陽居天下之中形勢利便而且達離海口無引敵之患雖四衝之地以守則不足而進則可以從事湖湘退可入關自衛鐵道一成佐以火車輪舟則秦晉吳楚之師可指日而齧至闕下所謂以

守爲戰以退爲進又何外敵之足慮哉或曰東三省不既有　興京　盛京矣乎日本朝東省之二京雖非僅有部豐沛之比然遼瀋門庭也洛陽寢室也有國有家者金玉寶藏之守其在門庭乎抑在寢室乎此固不待智者而可決矣

擬援公法許高麗爲局外之國議

高麗我屬國也於藩封中臣服最久貢獻每年不絕崇德二年封李倧爲朝鮮國王賜龜紐金印誥命定每年四貢高宗純皇帝嘗御書東藩繩美賜之自光緒初年樞臣偶失檢公法准與各國通商聽其自立和約按萬國公法與人立約惟自主之國得行之藩屬無自主之權不能擅立按之國書則本爲朝貢之邦例以公法則幾失保護之

權於是俄夷誘之於北倭奴瞷之於東逆番煽之於內（西人穆麟德德尼使高麗時均私助俄定約）國王亦遂岌岌四顧首鼠持兩端一誤再誤聽歸俄邦保護此眞聚六州之鐵不足以鑄大錯者也朝廷舊雖設有駐防之師然國境東西二千里南北四千里爲道者八統郡凡四十一府三十三州三十八縣七十三面環海北界鴨綠江而且釜山仁川元山三口開埠以來五洲兵商輪馳轂擊防不勝防非僅豆滿江月尾島水源馬山浦諸險要而已也夫日俄之欲逞志於高麗也屢矣（日本明萬歷時征服國旁小國已并欲滅朝鮮二十年渡海直逼王京朝鮮使來告急乃命李如松等討之互有勝敗久之其關白死諸倭兵始退關白者華言宰相也時其名爲信長爲下所殺光緒甲申洪英植之亂日人又直入皇京名爲保護實則刼掠）俄攻高

麗必數道並出以牽制我新疆滿蒙東省諸師倭奴在
前明時么麼小寇耳而東南沿海數省大受其創況今
維新以後兵船鐵甲頗足自雄若以數艇先擾江浙而
潛出二軍一由對馬島直趨釜山浦爲正兵一由箱館
渡青森入圖門江北搚其背前後夾攻而吾分防則兵
單而力弱南北罷於奔命一有疏虞恐顧指失臂有爲
今日所不忍言者則噬臍無及矣然則若何曰開鐵路近山海關已經開辦此路若成至高京僅四日耳練海軍設礮臺與軍屯久任
駐防大臣九年一更六年之後許其自舉屬員幫辦任
滿郎以其人奏請換防唯參贊簡自朝廷部署一定怵
以兵威相機而動使不敢再萌異志者此爲上也若自

揣力不能辨則莫如明告各國以公法甌州均勢之議

按萬國公法歐羅巴大洲內倘國勢失平諸國即驚懼張皇且必協力壓強護弱保其均勢之法蓋一國強盛過分恐有不遵公法而貽患於鄰國也

請照摩爾達薇拉幾塞爾維以阿尼戈拉告五邦舊例許高麗爲局外之國各國共相保護佈告天下不許他國強犯無論何國兵旅無論何故皆不得過其疆界當亦公法之所許也

按萬國公法凡國特他國以行其權者人稱之爲半主之國如摩爾達薇拉幾塞爾維三邦憑俄國保護而聽命於土耳其此土俄歷歷有約而定爲章程者也此於近日中俄議高麗事相近一千八百十五年間英奧普俄四國立約於法國之巴勒城其一條云以阿尼諸島合成一國自立自主者名爲以阿尼合邦第二條云此國全賴大英君主並其後代保護第五條云以阿尼合邦既蒙此保護當任大英君主屯兵於其關口砲臺等處其合邦之兵亦歸英將之麾下第七條云合邦商船並本國舊旗亦當統帶英旗此恐合邦新立不能保其自主之權故護主之權特重然

亦泰西所僅見一千一百二十二年維也納公使會以波蘭之戈拉吿一城並其轄下土地公議立爲一國出告示許其永爲自主自立局外之國憑俄奥普三國保護按公使會第九條俄奥普三國互相應允不強犯戈拉告局外之地並不許他國強犯之又告諸天下無論何國兵旅無論何故皆不得過戈拉告之疆界又互相應允戈拉告城內城外皆不准罪犯逋逃藏匿若他國之有司追討逋逃之罪犯戈拉告之官立當捕之護送出疆交還蓋各國互相保護一國卽不得獨擅其權此雖名爲自立自主太西均稱爲半主之國皆爲公法所認虬謂今之日高猶虞虢也高亡日亦隨之日雖垂涎高麗然僻處於中俄不敢竟發難端巨文島之役英嘗制俄東出俄法雖近聯盟然俄人欲佔土但波一地法國終未之許蓋太西於地利形勢所在持之甚力刻英俄美德日本等各國於高麗皆駐有公使領事此約近日各國或能互相允應也

夫今日之俄羅斯戰國之強秦也五洲諸國皆有約縱之意故俄欲出紅海併歐州則英法扼之於土耳其俄既不得志於西將鼓棹東向朝鮮英人又踞巨文島以制之現此島仍歸高麗

近又營鐵路於西卑利亞將次告成由俄京達高麗十五日耳俄若得志於東非唯中高無窮之慮抑亦太西之所深患也況太西最重古蹟中國衣冠文物猶存古制者琉球日本朝鮮三國已耳近中山夷爲冲繩倭奴改從西制獨朝鮮片土猶存箕子遺規誠能按照公法推均勢之例共相保護使地球之上永存三千年前之衣冠以視賽珍會羅列古玩當更別有利益或亦太西諸雄國所欣然樂從者歟或曰近者中國於山海關新開鐵路且設有泰安鎮海操江湄雲四兵艦派往仁川常川輪流駐港何吾子之又有異議也曰中國之保高麗非貪其土地也亦僅欲相安無事永爲吾國之東藩

已耳許以局外而中朝仍不失保護之權公之萬國而太西可遂均五州之勢環球之安危繫焉豈僅中高唇齒之慮而已哉

虬嘗議聯五洲設一大公法會於五印度主持公法取其地居東半球之中也若准以易理朝鮮其次也明入地中明夷君子以莅衆用晦而明（易明夷稱內難而能正其志箕子以之而陳疇演範獨受朝鮮之封必非無意）三十年後上離用事明夷之九三將起而應之南狩之志乃大得也吾說或亦將有所施乎

治法在嚴刑賞議

法果可恃乎何以周公官禮之精未千祀而壞法果不

可恃乎何以管仲衛鞅之材不數載而興然則法者治之具而尙有所以濟法者道何在在法天之刑德以嚴賞罰而已春氣至則艸木產秋氣至則草木落或使之也古之人審其所以使故物莫不爲用棄灰徙木之信僞矣而秦可霸烹阿封卽墨之舉晚矣而齊亦治其霸也其治也皆以能行其法也舟行而致吳越車行而適燕秦人有所利而吾乃可裹足而至藏鏹在窖不敢攫遺糧棲畝不敢拾人有所懾而吾乃可高枕而臥賞罰者馭世之大權國勢之盛衰繫焉市集之墟貿易無方里塾之師功課不立猶不能以有成況國乎國不必其強弱法存則張人不必其賢否法行則理攷之古今參

國家忠厚開基失在
之中外固有應其不發者
有賞而無罰宜大申然合一持以法有不介之賞然後
可以奔走天下之豪傑有不測之誅然後可以攫馭天
下之英雄漢宣帝之詔曰相東有日有功不賞有罪不誅
雖堯舜猶不能以化天下矣宣帝非真能求治者而言
則是皐陶之謨曰天命有德五服五章哉天討有罪五
刑五用哉命討皆稱天而行明人主之不得而私也息
息爲天地贊化育事事爲民生謀利病廓然大公春二
無私故王者一喜而天下春一怒而天下秋亦法天之
刑德嚴賞罰而已其於治也幾矣

治平通議卷四終

救時要議序

學者生孔子後皆稱儒術自秦漢來未之敢異而太史公論六家要旨獨曰儒者博而寡要果何說也蓋儒道其常而子權其變故諸子之功救變與六經同譬之於醫儒爲粱肉子爲藥石無病而服藥石與病而强粱肉人必無生矣孔子曰學在四夷猶信荀子曰法後王豈非以時哉時也者如四方八位十二節二十四度各有敎令順逆存亡皆意當爲之消息焉可慢也 國家自通商以來局又大變華夷雜處巧力相高有未可概以儒術治者則諸子近法亦將有取焉夫良劒期乎斷不期乎鏌鋣良馬期乎千里不期乎驥驁循表而導溺

契舟以求劒自謂能法古不知時已徙矣而法不徙烏在其能儒也撫時感事因掇其要爲救時要議一卷備借箸者他日芻蕘之採焉時光緒十八年歲次壬辰冬月陳虬志三書於瑞安城東之蟄廬

治平通議卷五目錄

汰僧尼
稅妓博
搜伏利
彙公產
開鼓鑄
權度支
更服制以下强策
簡禮節
變營制
扼要塞
開鐵路

改礮臺
廣司官
倂督撫
弛女足
求材官
限文童
練僧兵
禁煙酒
限姬妾
優老臣
廣外藩

開議院以下治策

廣言路

更制舉

培人材

廣方言

整書院

嚴舉主

疏閒曹

定戶口

權盈虛

嚴嫁娶

救時要議　治平通議五

東甌陳虬志三

議目

何以立國曰富何以禦夷曰强何以致富强曰在治人人不自治治之以法富之策十有四設官鈔定國債開新埠墾荒地興地利廣商務遷流民招華工汰僧尼稅妓博搜伏利彙公產開鼓鑄權度支强之策十有六更服制簡禮節變營制扼要塞開鐵路戉礮臺廣司官併督撫弛女足求材官限文童練僧兵禁煙酒限姬妾優老臣廣外藩富矣强矣非人不治治之法開議院廣言路更制舉培人材廣方言整書院嚴舉主疏閒曹定戶

口權盈虛嚴嫁娶定喪葬彙祀典正詞戲新耳目申誥
戒目亦凡十有六治不必其果通要在救時之窮刪繁
舉要請言其畧

設官鈔以下富策

何謂設官鈔今商民百金以上卽就錢莊換票其實錢
莊銀號之倒閉者月有所聞何如省府州縣各設官銀
號使上下均沾其利益尙爲便民裕國之要着乎

定國債

何謂定國債攷泰西各國每有大事必告貸民財息多
不過六釐故各國皆有國債均在數千萬以上無論君
主民主國事雖有移易而債息則皆一例措償今若稍

增其息註明年限許持鈔票向附近州縣支領若官銀號更便則藏富於國當亦殷富所樂從也

開新埠

何謂開新埠泰西各國每交換約輒求添設口岸其得一埠極力經營置洋房開馬路整飭華麗出人意表以故百貨輻輳士女如雲商務因之日起而彼得坐收十倍百倍房租車稅之利其實地氣無三十年而不變若參用形家言於各埠近處另開新埠風氣一開洋商皆將俯而受廛此亦人棄我取致人而不致於人理財治兵之道二而一者也

墾荒地

何謂墾荒地東南人浮於地而西北則曠土尚多其實東南荒僻未墾之處亦尚不少宜令戶部分飭司員協同省委各官逐處履勘招民佃種地方官督勸居民赴佃量給遺費到佃後官給耔種三年始行科則當無有不樂從者若邊外興屯尤爲攘外之要策

興地利

何謂興地利地利之在中國者即種植尚多未盡瓜果桑麻竹木非如藥材之當確守道地今地氣變遷即道地亦未盡可守近日本廣種藥材而東洋庄充斥市肆每年獲利無算田少人多則示以區田之法塲地荒闊則爲講溝洫之制水澤之區皆可植桑內地塘塍須種雜樹若能相土宜而廣藥材則利益更大每

省各派精通化學植物學者巡視轄境專辦其事視有成效冊報存檔優以不次之賞其利未可以億計也

廣商務

何謂廣商務修工政廣製造似可杜洋人外滲之利然機器之學步趨泰西彼因吾船勢常不及雖精其術收效尚在數十年之後爲今之計莫如廣修洋船爭利於彼都蓋懋遷之事遷地爲良新奇可喜中西一理宜飭出洋大臣剌取西國器用之習尚與價值之情形附以圖說函致商局又廣搜內地玩好之物開其風氣能自整洋船者官爲減稅保護酌加獎勵小件附銷准報官搭賣公正無欺而商民勸矣天地之氣無往不復自通

商以來中國利源日竭流入外洋者歲幾四千萬此據光緒十六年江海關造報通商各關華洋貿易總冊而言進口貨值銀一垓二京七兆零九萬三千四百餘兩出口貨值銀八京七兆一億四萬四百餘兩以雜口之入爲牛後之出長此不返其何以國設法挽回或亦天人合應之期乎

遷流民

何謂遷流民天災流行國家代有故安集流民不可不先爲之防近遇災荒流民輒千百成羣所過州縣沿途糾擾其荒僻之鄉則大肆劫掠宜於西北及關外等處安插使有定所督令墾荒食力

招華工

何謂招華工華工之散在外洋者不下數百萬近美國

行基利例驅逐華工聞華工之在彼都富或逾百萬宜特簡大臣廣爲招徠處以關外等處隨其貲財區爲數等使之興屯招佃劃地而守倣土司之例世襲其地以實邊陲此不可失之時也其有仍樂經商者由商局設法保護調劑將吾圍固而洋務與保庶保富之道其在此乎

汰僧尼

何謂汰僧尼開奸盜之路爲邪淫之媒其今日之僧尼乎其確守清規者千不遇一道場施捨使天下有用之貲財盡供其慾壑不止爲曠業之游民已也若勢不能去宜修祖宗定例以示限制年逾四十方准招徒

一人未四十卽行招受及招受不止一人者照違令律笞五十虬謂披剃後當卽就本師求戒頂上施艾丸六穴庶逃犯盜賊不得混充如年十六以上而必求出家者則先報官閹割幽閉而後許披剃

稅妓博

何謂稅妓博妓博法所當禁而勢無可止其場面較大之區官吏皆有所染指何如明正其稅則之爲得乎禁私倡私博犯者重罰其鍰或曰稅及妓博恐傷國體不知趙宋有官妓之名廣東收闈姓之費此皆載之史冊達之天聽況鴉片公班明知爲害人之物而洋藥稅釐特嚴者亦因時制宜之策也尚何疑於妓博之不可稅

哉

搜伏利

何謂搜伏利曰五金礦曰煤曰礬曰硝曰磺曰腦曰鹽曰製糖此皆山澤自然之利所在皆具但有衰旺耳誠得精於此道者到處履勘廣開利源而財不可勝用矣

彙公産

何謂彙公産無論宗祠廟宇及一切公項善堂皆令公舉董事報縣註冊各董約計歲入之數酌提二成交官銀號代爲生息俟本利積有千金仍行發還本處着其逐漸添設善堂如育嬰恤嫠施醫捨藥瘞園粥厰各以其所積次第舉行先行之於一族一隅而後廣之於一

邑一縣數十年後舉國無貧民矣

開鼓鑄

何謂開鼓鑄今洋蚨私錢充牣市肆而圜法失其利法當嚴私錢之禁通飭各直省勒限收賣私錢分等給價限滿而仍有攙和行使者初犯重罰其鏹再犯則嚴刑以治之設官兼衛主其事蓋禁私鑄則法或有所窮嚴私錢則勢自易及事固有節流而源自塞者銀蚨來自外洋利多外滲宜自行仿造併添金蚨而開洋亦多備焉近開洋多來自日本曩閱西報稱長崎一帶鑄銀局每日趕造約八萬元可知其獲利之厚鑄錢自以雲南爲便利可即令就地開鑄倣閩省例重以八分五釐爲率防私鑄運給各省而省京銅之運費

權度支

何謂權度支量入爲出理財之要務而於今日之國勢則有不盡可行者國家歲入有常而意外之出款究非可定近歲入六千餘萬雖視前驟增聞欠洋債亦尚二千餘萬皇上宜躬節儉之化會計出入之數大加整頓施之下者嚴其浮濫施之已者力歸撙節泰西議院歲終約計明年出款之數攤之稅則似宜可倣其制擬定四項之賦於田曰田餉可僅分上中下三則地曰地稅區爲九等人曰口賦照戶口冊分四等徵銀近有按東華錄彙核各省大吏年終奏報人數摺片單等稱乾隆六年男女共一垓四京三兆四億一萬一千五百五十九名口至道光二十二年共四垓一京四兆六億八萬六千九百九十四名口每十年內添人八次至少一京六兆人至多六京五兆人減人兩次至少三兆人至多七兆人計一百一年內所添之數共二垓七京一兆人均

勻牽扯每十年內添二京七兆一億人約合添一大省分之人屆今光緒十八年又積五十年當又添一垓三京五兆五億合前約人五萬五千萬餘每人一分爲率歲可驟增銀五百萬兩餘視稅釐半歸中飽者得失較然店日牌銀分九等如牙帖之式如歲出不敷則酌加先期榜示國家不於無事之日先權度支萬有意外而一切苟且之政起矣此不可不急思變計也

更服制以下强策

何謂更服制趙武靈王之改胡服本朝之不守明制皆深得自强之道蓋褒衣博帶甚不便於操作且隱消其精悍之氣故便服一切宜用西制施以等級唯朝賀銜參諸大典一遵國制

簡禮節

何謂簡禮節自古興王崛起及豪傑不羈之材無不倜儻寬簡蓋繁文縟節非所以待權奇任大之器今上下苦於儀注人材遂爾不振宜一從簡易卑幼見尊長皆僅一揖立而白事文武皆令騎從禁乘車坐轎

變營制

何謂變營制粵匪之亂皆謂綠營不可復用而專事募勇其實無賴之徒烏合之衆不可以當節制之師狃用其說必將有中其毒者綠營非眞不可用但當整卒之耳請照博議變法十一上營務條以練兵而將官皆當署通文義須輯一韜鈐簡明之書使令平日講習而非親歷行間者不得補主帥

扼要塞

何謂扼要塞禦海寇者當於沿江各築長堤堤以沙土爲之不必過高基闊數丈外削而內斜堤上植竹木內設長溝溝畔栽樹而再緯以活駁臺約地二里再設一溝以多爲妙非僅防敵亦資水利禦內寇者視形勢便利數村爲一堡堡設土城而各鄉之隘口則築大土城以堵其入寇之路酌提團勇以爲守城外皆設深溝溝畔不必栽樹蓋海寇誘令登岸則內外隔斷而敵氣自喪土寇施以堅壁則四面受敵且盜糧無資是謂以守爲戰策之上者也若籌海籌邊議另詳經世博議編

開鐵路

何謂開鐵路鐵路者行軍之要務輔以商務爲養路之費經世博議卷四有腹地廣置木路議可攷也全路猝不易辦則由潼關循河東行至鄭州由鄭州至郾城歷遂平應山下達漢口與津通三百里此路必不可緩此路若成輔以輪舟則聲勢自壯而內地無單弱之虞矣

改礮臺

何謂改礮臺近日扼要之區多築礮臺然以虬視之皆無用也非徒無益而且有害夫番船之來其快如風少縱即逝是一臺僅供一礮之用也且礮力之里數本有定率敵若購求視吾略遠之礮先施以轟擊吾臺是一臺并無一礮之用也以死禦活勢常不及平時既假礮

臺以張聲威一有疎失全軍喪氣敵若據吾臺假吾礮用以反攻則子無虛着而害不可勝言矣法當於扼要必由之處分設數臺畧如今式臺中空而圓磚石向內砌畢外四圍皆倍以土留礮眼護以大堤平築鐵路二道（木路亦可）礮座皆施活架隨船上下左右更換如此則礮位無定敵難轟擊礮不必多而沿堤有備此策之上也（按西書礮法諸說謂礮彈透土難於透木故欲阻礮彈者土牆最宜但須築之甚厚則大彈不能透過若再能因山爲臺如泰西諸國法更佳）

廣司官

何謂廣司官山鄉窵遠之區教令不及易致抗糧滋事宜廣置分司而督令嚴行保甲及徵糧事

併督撫

韓子曰吳起之教楚悼王曰損不急之枝官謂非要急之官也若急而枝則害尤大矣今內既設六部矣而復重出卿寺外既設三司矣而復重出各道皆枝也林一馮氏嘗起而議汰冗員謂如漕運河運鹽務各衙門及內務府各關監督等官皆可裁汰虬謂今既不能變法更制則各員各有專責勢難一掃而空究其流弊尚不過費冗糜祿已耳於軍國大計無礙也莫甚於督撫當併不併督撫事皆樞要名分敵體同城辨事易致猜嫌憤悞以督謂無能耶何令兼轄數省以督爲能耶何須巡撫留之皆足爲累十羊九牧猶屬其淺如湖北廣東

雲南三省巡撫皆可裁歸總督以一事權

弛女足

何謂弛女足泰西男女入學故材亦相等山鄉女多大足故可代工作裹足之禁不嚴承平之日已漸遏其生機中國生八根基漸弱末必非毋氣被遏所致亂離之秋無異坑之死地宜嚴禁裹足又設女學以拔取其材分等錄用此自强之道也且以中國丁口約五萬萬今無故自棄其半於無用欲求爭雄於泰西其可得乎

求材官

何謂求材官有智勇過人精神異常者宜加物色以備錄用

限文童

何謂限文童今之謀富强者皆謂游民宜汰然尙有爲游民之最者文童是也一縣之中應試多者千數少亦數百而學額曾無十分之一新舊相繼是中國長有此數百萬無用之士蠹安得不弱不僅唯是文童既無實學又無別業不得不以訓蒙自給以一訓十計之中國又增將來數千萬之謬種敗壞人材化强爲弱莫此爲甚宜定限年之制年二十五而未入庠者皆勒令改習別業八年十六尙未習業一體勒限違者罰苦徭

練僧兵

何謂練僧兵僧尼若猝不能去可卽因而用之緇流飽

暖縱慾日以拳勇自衛者十人中而九其蹻健迴出兵勇之上可曉以大義示以激勸亦可收其指臂之效昔唐太宗曾以少林僧兵破王世充其明徵也令其中傑出者練成一軍假以義僧軍之名使之自率所屬以備軍旅不可謂無姚少師其人在也

禁煙酒

何謂禁煙酒煙酒耗散眞氣漸減人之熱度積久皆覺委頓欲振刷精神首宜此禁內地禁栽種進口重釐稅所以禁煙酒則不許致醉犯者罰重鍰職官犯煙酒發煙瘴充軍

限姬妾

何謂限姬妾傷精之事不一而房勞爲甚人不幸中年無子許置一妾三年而仍無所出者退還其妾准再置職官一例犯者重治其罪唯優游林下者聽便蓄置不在此例

優老臣

何謂優老臣人生精神有限健者亦僅能供二十年之用若年届六十者概令休致無任衰庸久得戀棧國有大事安車聘令參議

廣外藩

何謂廣外藩今宗室滋生日衆宜令挈眷遠徙外洋隆以親王之號優給皇俸儲爲他日曲沃椒聊之用元氏

廣建宗藩今蒙古回藏倘皆多其遺亂自古宗室之久盛從無其匹

開議院以下治策

何謂開議院泰西各有議院以通上下之情顧其制繁重中國猝難倣行宜變通其法合各直省札飭州縣一例㪚設議院可即就所有書院或寺觀歸併改設大榜其座國家地方遇有興革事宜任官依事出題限五日議繳但陳利害不取文理議式附下為承議某某事竊以謂其利益有幾其弊害有幾實係利多稽少似輙舉行口口年月日某都某處某某謹議擇尤議行院中列名某年月日某事遵某某等幾人議行三年彙詳分等請獎

廣言路

何謂廣言路古時設鐸懸鞀善旌諫鼓無非求通民情故夏書曰工執藝事以諫今制外而督撫內而科道始得言事以中國人民之衆事務之繁可以言事者不過百人安望治理宜令內官自司員編檢外官自各道以上各許直陳時事不由本官直達通政司若遇大事變則下詔求言無論軍民概許上書

更制舉

何謂更制舉帖括猝不可更則請以策問爲頭場策凡六道卽就吏戶禮兵刑工六部內掌故時務出題發問庶平時有所肄習臨期方不至茫無頭緒

培人材

何謂培人材曰內臣曰外臣曰使臣曰邊臣國家皆資以有事內臣宜令堂官按月一課試以策論外臣令道府按季彙其門簿而默次其材具之高下爲大計地使臣周歷外洋宜多帶學生廣其識見非任參贊者不得充欽使非充學生者不得舉參贊尤要者令隱訪華民之在外洋傑而材者予以誥敕使以兵法部勒華民而欽使爲之保護萬一有事卽可率之以行邊臣議另詳經世博議卷四籌邊篇

廣方言

何謂廣方言學聘方言教習一人生員不諳方言西學不得補廩食餼行之數年而中外一切語言文字無扞

格不通之患矣

整書院

何謂整書院今書院所在多有聘請山長按月課試名爲造士其實所益無幾虬謂延師不如購書聽人自擇（宜備洋報一切西書）各縣宜各設大書院稍籌經費爲游學之資（凡游學者由地方官給照所到書院酌助路費）

嚴舉主

何謂嚴舉主科目資格既不足以得人則薦舉之法有不可廢者愚謂薦舉當求實績職官則臚其治行士庶當考其著述庶詢事考言一洗私援虛聲之弊然非嚴定舉主之刑賞則夤緣標榜仍恐冒濫多而眞材終不

出也

疏閒曹

何謂疏閒曹內而詞林部曹外而候補各員數歲不得差皆有臣朔饑欲死之慮虬謂宜定制翰林未開坊者不准考差而編檢另試一場策其高下補鄉會之同考官及各省學政之幕賓而翰林清矣部曹無所事事宜遣出其半分發各省各以其部之事興剔利弊又特設分巡之職使之周歷州縣以濟道府之不及而部曹清矣候補者將用以爲道府州縣也宜令藩臬道府州縣各置幫辦數員任以一切而任官但主其成坐嘯畫諾無傷也庶精神有餘而事治夫設官以經國也乃先不

何謂嚴嫁娶婚嫁之糜費至今日而極多者數千金少

嚴嫁娶

籍可稍撙節而吾乃可施其進退之計

何謂權盈虛州縣每年於出產百貨之進出皆令有

權盈虛

耗

則科派皆從此出不可不嚴其法且可以知民生之登

約計其數多不以實宜逐歲轉造冊報蓋保甲放賑稅

何謂定戶口國朝自地丁併入田畝後所報丁口冊皆

定戶口

能自給其身尚望其宣勞於君國哉

亦數十金其費數百金者則視爲尋常無足異宜令嫁
女之家不得以奩遣娶婦者自備新衣一襲與接新婦
其敢再以片絲銖金私遣者罰入嬰堂充費聽告發以
二成充賞特司以主其事

定喪葬

何謂定喪葬官設殯宮及義塚數處家中不許停柩宜
令移置殯宮三年而未葬者入義塚

釐祀典

何謂釐祀典今淫祠充滿天下而廟祀正神與名宦鄉
賢反無過問宜罷淫祠而改祀名宦鄉賢須令教官禮
科每祠疏其生前功德及不朽之故禮宜廟食者榜之

神座蓋聰明正直之氣久鬱不伸淫昏恣暴之鬼皆能出而爲厲故黛正祀典不獨敎忠敎孝可以竹民志氣實足隱消疵癘於無形此亦燮理之要務也

正詞戲

何謂正詞戲唱書曰詞梨園曰戲仍俗稱也勢無可廢宜剌取史傳中忠孝節廉急公尙義確有其人者節爲傳本改令肄習以作男女之氣而一切長慾道淫與無稽鄙野者設禁以治之

新耳目

何謂新耳目國家勵精圖治與民更始上下皆當振刷精神而耳目不可不新宜更官制以振國憲變要塞以

窺伺內匪未靖天災時行萬一有事則上下恟憂其害
下之至意宜令有司於宣講聖諭之餘告以外寇
八圖奪破倫被敗之形皆國讎未復觸目驚心激厲上
宜激發天良孜孜圖治昔唐莊宗受三矢以誚前驅近法
要挾此上下臣工臥薪嘗膽之日非粉飾太平之時答
八戡定夷疆始克拓地萬里今邊患日削諸夷又屢肆
何謂申誥命　祖宗百戰而得天下經鑾朝　聖
申誥命
蒸蒸日上之勢中興之機庶有望乎
一切服飾旗幟階除耳目所接之處皆當煥然一新有
挫敵謀又為之齊冠服以昭等威定啟閉以節勞力而

不可不先圖自强而　皇上亦當下罪巳之詔曰以
國事夷氛詔監史如夫差故事將一成一旅古籍以興
況以中國行省二十有三丁口四百餘兆　主聖臣
賢上下戮力大一統之治何難再見哉

治平通議卷五終

東遊條議序

光緒庚寅春明被放道出山左時勤果張公方開府濟南公號稱能得士幕府皆一時傑虬條陳八事摳衣入幕縱談經世略大蒙欵接敬禮有加所以慰留之者甚至訂重來約瀕行發傳牌一面令沿途各防營一體派撥兵勇護送異數也歸自海上聞伯氏之喪匍匐南下而先太孺人旋於秋間棄養苦塊餘生不復知有人世事而公次年又有騎箕之命嗚呼痛哉昔人謂得一知己死可不恨況賞識者爲有氣力之當代偉人哉豈虬不足與於斯道之數耶何奪吾張公之速也遭家多難學植荒落恐不復堪爲世用有辜吾公相知之雅因錄

爲此卷以誌一時之遇或不僅一八一世事乎時光緒十有八年歲次壬辰冬月陳虬志三書於瑞安城東蟄廬

治平通議卷六目錄

東遊條議

東甌陳虬志三

上東撫張宮保書庚寅五月

虬白虬聞今日爲經世之學者動曰欲天下長治久安非復古法行封建不可然則郡縣以來天下果無治耶爲救時之說者每扼腕太息而言曰今紀綱壞極矣非大變法不可然則四千年中獨商鞅王安石爲得耶乃太公封齊三月報政而魯公則遲之三年夫齊魯接壤也二公皆聖人也何論治亦各不同乎然則緩急張弛果自有其道在耶虬甌東鄙士閱歷未深何敢妄論天下大計顧維狂夫之言聖人擇焉故生平頗有論述冀

以芻蕘一得之長爲朝廷收鉛刀之用乃九度槐黃始
離席帽春明一戰鎩羽空回鬱鬱無可言者將居出都
長沙徐師慫慂來東以爲公當代偉人也若可紆道一
見以抒其胸中所欲言虬受命不敢違日昨摳衣進謁
命延入內出其幕府諸君上下議論使虬得恢廣其見
聞激發其志氣幸甚聞虬有治平通議各書且言將來
當爲代付剞氏勤勤懇懇儀文備至如父兄師長之慰
勉其子弟虬何人斯躬逢此遇且感且悚不知所措頗
以倉猝不獲盡言退因條陳八事酌古準今以因爲剏
無過高之論無難行之事如蒙採納一轉移間當立有
起色幸留意焉昔漢文帝漢之賢君也亦曰卑之無甚

高論度吾所可行者誠以爲治不在多言顧力行何如耳倘微言可錄立見措施或飭下
各直省疆臣一例舉行使𧈢數十年伏案講求之苦心得於吾身親見其盛則感且不朽𧈢元髮始燥即事舉業弱冠以前治詞章訓詁二十以後留心經世旋以過勞得咯血不寐疾旁攻岐黃家言歷試不售折而之他遁入釋老百氏之書略皆寓目年逾立境始專心身心性命之學思范文正良相良醫之旨一意於醫治之又十年矣自分駑駘之質不復堪爲世用留心撰述冀成一家之言然於國計民生與地方一切利害每有見聞輒棖觸而不能自已伏櫪之志仍未忘也跧伏里閭無

所事事又秉性戇直遇事敢言與世多忤居嘗撫髀咸慨以謂茫茫海內終當有知吾者己卯客遊金陵以文字受知於沈文肅公頗蒙獎借旋以試事回浙而文肅遂有騎箕之命身世遇合之間有足慨者昔韓荆州尋常一刺史耳李白乃言不願封萬戶侯但願一識韓荆州請賜階前尺寸地吐萬言爲快蘇子由之上韓樞密也言此來於山見嵩華之高於水見黃河之大於人見歐陽公而以未見樞密爲恨虬雖才不及李白而所歷之境雅近子由荆州不足道而公則固今日之韓太傅也聞吾朝有林少穆江岷樵左季高三先生者當其平居落落好大言志趣豁然也陶文毅曾文正駱文忠三

公一見即能相識如虬無似豈敢遽望三先生然遼東出豕亦頗自詫其白頭意欲求陶曾駱三公者一見以決行止舍公其尙誰屬耶如虬材尙可造當歸而鍊其筋骨養其知慧徐以增益其所不能期爲吾公供他日馳驅之用若材具福澤不足以肩天下事則虬不朽之業自在將謝絕人事閉門下關窮年矻矻求所謂立言之舉暇當繕成清本郵請指正息壤在彼亦將於吾公有厚望焉虬年四十矣尙未有子行將爲似續之計又手創利濟醫院猝難畢工家門二十餘口歲需五百餘金倚虬以活然鼴鼠之技尙能自衛此來並無所求誠欲得公一言決終身行止以去耳吾公其許之否行有

日矣將游泰岱尋東封遺址登日觀最高處左右四顧慷慨悲歌招齊魯二公之靈起而翼公以甸海宇蒼生幸甚天下幸甚狂瞽之言罔識忌諱語多逾分幸原宥焉再署中如有東三省及新疆黃河等圖爲外間所未有者祈賜數幀以壓歸裝則不盡之望也

一曰剏設議院以通下情

國家威德覃敷懷柔所至泰西各國競以長技入輸當道諸公師問官之意旣節取其寸長以爲土壤涓流之助如礦務鐵路電線製造諸法以及廣方言館水師武備等學堂皆一一倣行虬愚以謂泰西富疆之道在有議政院以通上下之情而他皆所末議院之設中上未

闕然其法則固吾中國法也攷之傳記黃帝有明堂之議實卽今議院之權輿管子大匡篇凡庶人欲通鄉吏不通七日囚鄭子產不毀鄉校其知此義矣蓋古聖鐸鞀之設輶軒之使皆誘之使言凡以求通下情而已今牧令以數千里外語言不通之人貿貿然親臨其上父事兄事猝不得其要領不得不委之無識之吏胥於是施其鬼蜮狡獪之計朦蔽長官嚇詐平民上下壅格而弊不可勝言矣請於省垣外札飭各州縣一例剏設議政院卽就所有書院或僧道寺觀歸併改設大榜其座與民更始一年四課每季一考於書院經古之外另策以近時利弊疾苦所在與興革按撫之方論議策答隨

題而施卷面令直書姓名不准捏名冒替拔取前列數名不時延請入署慰問勸勉遇有大事則尅期集議輕輿減從親臨議院與地方父老周咨詳問互相駁辯議定而後行務使上下之間煦煦咮咮如家人父子之自議其私則詩所謂樂只君子民之父母雖三代之盛不難復也泰西云乎哉

一曰大開賓舘以收人材

我朝沿前明舊制以帖括取士士之懷異材者常苦格於有司之繩尺温温無所試軍興以來宰輔疆臣膺五等之封建千古之業者有不盡由於科目於是有志之士爭濯磨砥礪冀以功名自見雲蒸霞蔚人材輩出實

爲亘古所未有昔日之材常患其少今時之材日見其
多虬以謂材少可慨材多尤可慮今俄羅斯橫亘東西
蝦夷島海參崴皆爲所占鐵路四達逼近東三省朝鮮
頗聞近有異議倭奴常蠢蠢欲動西南又有英法緬甸
越南之役貿然四顧有識寒心則收羅人材尤今日切
務中之切務也三年蓄艾十載樹木在直省疆臣當無
不知以臣事君之道虬愚顧鰓鰓過慮者以爲　國
家厚澤深仁淪肌浹髓垂三百年士食舊德斷無不感
激涕零願効馳驅之用然人情叵測萬一有不逞之徒
如張元徐海牛李其人者鋌而走險則疊臣旰食之日
方長矣請於省垣及有海關道處開翹材館以鼓舞而

羈縻之則於求賢之中寓弭患之意此誠一舉兩得之計也或謂經費太絀位置實難又將奈何虬謂大臣之視人材當如父兄之得佳子弟甯減其家常不急之浮費培植以使成材斷無久任其埋没之理夫人抱不世之志爲人所難爲挾策遠來其爲衣食計則可憐其爲國家計則可感甯有唐唐中國遂無涓滴以蘇尋尺之鱗也況以天下之人材辦天下之大事當無有不興之利不給之虞彼人材者肯一籌莫展彈鋏求魚甘受當途之豢養乎哉知必不然矣宮保當代龍門求賢若渴歸者如巨魚赴壑鱗甲稍異者無不燒尾而去此周公平昔所優爲似可無庸再及願特樹風聲爲各直省豈

臣勸故敢再以元公三沐待士之誠阿衡一夫不獲之
思爲公進

宋太宗使南唐諸臣脩太平御覽饒有深意虬謂可
仿就今日之書局詳定章程擇取切用易銷民間罕
見之本委令局員分任校勘實事求是札發各州縣
就近督銷并可移資外省各局彼此滙兌則於興利
養賢之中寓振作人材之術亦開源之一道也

一曰嚴課州縣以責成効

牧令親民之官也牧令得其人則畺吏坐亯其成而天
下治矣漢宣帝有言與我治天下者其良二千石乎今
天下牧令之賢者練達有守實事求是固自不乏人而

恇怯闒茸公事積壓者亦復時見當嚴行督課不得以空文詳報請飭令印官於到任後尅期下鄉攜帶圖志輕車減從巡閱境內一週所到之處延衿耆問疾苦與一切利弊所在採訪入冊復修召伯茇舍之典就近放告案情較輕者卽予訊結重者方令來縣對簿同署後擇其應先行禁革興辦者赴議政院集議舉行條列其籌辦之法年月之期限三月內申詳此蓋就各處地方情形不同者而論也更有爲闔屬所當一例遵行者凡六事焉視教官舉報優劣之式劣者三曰地痞曰訟棍曰猾吏閱實勿遽加以刑勒令出具改過自新現習何業甘結有再犯者治之以法無赦三者當榜其名於衙

署之門首十年無犯削去名字以還其廉耻唯猾吏則
當禁錮終身永遠不准更名入卯此除暴之法也勸善
之方科亦有三曰經明行修卓然人師曰孝親睦族獨
敦古道曰急公好義力激頹風訪聞確實擇尤旌表其
門歲時存問以示優異到任後一例冊報三者皆指舉
貢及平民以下而言若紳宦則固無籍激勸矣歲終着
將興革各項事務各造四柱清冊彙詳存檔備核任滿
而應辦事件未了者協同新任留辦交卸後不得遽行
回籍若此則州縣無不興之利無不成之事三年之後
百廢具舉人材起地利出而富强之術在是矣近日官場積弊
印官解任後盤項一清卽可置身事外任內興革事宜
一切聽之後任履新任者每多自換局面置前不理往

往功敗垂成甚爲可惜更有以官爲市者將屆任滿力翊公舉冀以善後爲久任之計故當於禀報時覈其任事之久暫核功程之深淺量爲判准近日官場習氣太深嗜好太重皆足爲風俗人心之害庸者視爲傳舍貪者居爲利藪名爲知州知縣問以刑名錢穀則皆平勃宰相材也在任十年有不識地方廣輪之數終年有不坐堂皇者酣眠晏起終日昏昏如登場傀儡冠盥需人吸鴉片煙打馬戰牌裝腔扯架作官樣文字已耳嗚呼剝削下民之脂膏斲傷國家之元氣終亦自劉絶其種類而已習俗所移賢者不免醉生夢死曾莫之省虬謂其貪者可恨其庸者尤可矜也由吾之說推而行之將期月已可二年有成則公之造福於天下國家者豈有涯哉

一曰分任佐雜以策末秩

今之牧令非盡不賢也其拘謹者亦能留心公事顧處分患考成疲精懲神治官文書䚯䚯恐不得當中夜數起如永州之說捕蛇然不過錢刑兩端而已他利害不及計亦不遑計也虬謂知州之下有同判知縣之下有丞尉在今日尤閒冗之尤者顧朝命所在不可遽行裁減宜因而假之以事權分州縣之職守以策副貳之精神變贅瘤爲臂指計莫善於此矣今判丞尉簿之結銜皆兼有水利河防鹽糧驛務諸色目而尋其所治與歲入之俸曾不得與州縣吏爭一日之利權無怪其頫首結氣坐私衙打屈棒甘爲豪富奴隸州縣四季雖代報

有並無擅愛民情之結然此特其文焉而已非真實事也彼既不能自重朝廷大吏亦遂以不甚愛惜之官視之雜流之壞於斯已極夫人有一命之責卽當爲朝廷効片長之用豈可令逍遥閒署終日哦松養成無用之身哉其甚者直冠帶猳虎縱之以搏噬平民耳可怖也法窮則變是所望於柄國鈞者

教官之在今日亦贅瘤也宜責其徵收文獻舉報優劣有不實不盡者論如例

一曰酌提羨銀以濟同官

古者封建之法行分田制祿宦不出鄉身膺一命卽俯仰寬饒上中下士祿以次登無所謂缺之肥瘠實亦不

必計也今則不然需次之員遠者萬餘里近亦不下數千里傾家挈室間關赴省歲週不得差則富者告貸而貧者典鬻幸得補缺矣而初任每多試以簡缺盤項先虧責後賠前私債既充加以公項公私交迫進退狼狽壽命不長累及妻孥宦海蹉跌如墮鬼道唏可憫也其缺之肥者一人奉公百家仰食如屠沽張市非不熱鬧徒供人飽名雖優肥滲漏亦多然則今日之宦途無往而非荆棘已非大加釐剔而調劑之不可缺之肥瘠省異而郡不同

陝甘雲貴爲最瘠而易於得缺江浙多優而難題補然頗易得差豫閩山東以及川省多係中中廣東臺灣近經釐定漸不如前至如浙之嘉湖等縣江之上海南滙華亭江陰安徽之宣城蕪湖湖北之漢陽陝西之臨潼寳鷄有視簡缺相去廿餘倍者安免臣朔侏儒之慨此皆就見聞所及而言並未見有楮墨尚屬道聽之談

然倍蓰之理則實有之請札飭各州縣手實羨餘分上中下三缺下者免議中上酌提羨餘解省歸公以濟需次人員之用憶左文襄公撫浙曾將糟糧耗羨大加裁革僅留少許歸入平餘解省充公蓋州縣今日之挪移即不免他日之虧空將來公捐私墊仍皆取之同官與其攤賠於後何如推解於先況肥缺既經上司抽提則投靠者自少一切無謂浪費之應酬亦可從而大減通盤計較損或無多似亦實心報國者所不吝也夫人當儒素窮居之時量入爲出可守昔賢一介不取不與之節然分金多取鮑叔不以管氏爲貪觀人之道抑亦別有在焉迨一入仕途苟可自顧其身家得以其餘分潤於鄉黨宗族即當爲國家効犬馬之勞不當

爲子孫作馬牛之計今之爲州縣者需次則衣食常苦不給得缺則酣豢無所不至同爲國家倚顧之人吾處其肥人當其瘠易地而思毋亦有耿耿於心者乎治國之道不外均平是在大力者主持之而已

一曰廣置幕賓以挽積獘

嗚呼今日之天下胥吏之天下也患在士大夫不諳吏治始虬嘗謂欲天下長治久安必盡革胥吏拔取廩增附分曹辨事倣漢人自置掾吏之例京秩自司官上至部院陞補皆以其曹不得外轉庶得以專門久任練達公事今變法之議既不能施之今日當飭令州縣於議院之中延聘廉樸曉大體者爲幕賓而移胥吏之權每

有禀報着其另紙簽明係某人主稿旁註履歷庶上司平時得以熟識其人收爲夾袋之資而人亦得以自奮於功名不敢以苟簡之心施之案牘今儒者一履仕版所習非所用公牘文字不得不諉之胥吏且檔案山積非資熟手不能查核故此輩遂得以久踞衙署昔人所謂官無封建吏有封建誠慨乎其言之也嗣後印官交卸皆着幕賓約纂牧令須知如歷城則日治歷須知兩冊一以移交後任今辦移交僅就案卷並未詳及治法一以解省彙訂摘要刊給需次各員肄習五年一彙按部增入又何必以吏爲師出斯相之下策哉李斯所稱以吏爲師吏本是儒與今日之吏迥別今內自部院卿寺外自道府州縣大小各衙門一切文報皆主之吏本官并不知其中作何語臨發署紙尾而已

一日鈐束賤役以安商賈

商賈挾百金之值出里門數武即不能自致其力於是水行需舟陸行需車日與篙工轎埠夫頭挑脚爲緣此輩皆無賴小人見有衣服異常語言不同遠來之客輒任意留難把持嚇勒冀飽其慾壑而後止而爲其所苦者以主客勢常不敵誰甘以隋珠彈雀輕於一試且或以荒僻之地無可投訴縱蒙即理而所費已多故皆隱忍吞聲默受其虧折而已夫王政之大不遺細物將與之國賓至如歸此豈無道以處之哉法當令舟車轎馬之類概行烙牌懸掛詳書其里居姓名年齒而派委以司其事設匭招告

商船烙牌已有新章江湖小船亦當
一例挑夫扁担烙字鹽公堂之禁私

梟亦曾行之口但不可官爲定價過多則羣相爭役過少則農忙無人應役暗中阻礙反致主客兩傷市井一切物值官但可治其已甚過煩則擾矣旅店門首着照門牌式改懸大栁牌一面幫伙須令繫有腰牌方准入房使行李往來者萬一稍有異常之折挫可以默識姓名向匭投書重懲一二而道路始帖然矣天下事有雖公而不可歸之官辦者有雖瑣而必當歸之官辦者嬰堂也義渡也粥廠也醫院也文成會也借錢局也或名因利局甚便貧民與夫地方一切義舉均當委之公正練達之紳董地方官不得從而掣肘但獎勵其成而已一歸之官則董紳輒不得自由往往良法美意僅足供里胥土豪牟利之藪而實際之及民少矣由此前說事雖猥瑣似非政體所在然闆

官三百六十屬虞衡柞薙之各有掌梟炭荼蠠之各有司顧獨詳於治下者誠知此道也若夫北方之鏢客鏢局近日已成努末聞直東兩省不過百餘人人歲不過百餘金卽南方之包頭宜悉籍之於官而仿伢戶之例給帖杜私充弊懸牌令人視而可識此等亦有公私之别私者北方謂之臭鞭臭疑爲草之誤今時人以物之劣者爲草其實草又爲雌之誤蓋對雄而言也其在南方則有吃白食爛腳分倒路死諸名目此皆在嚴明官長一紙之力耳萬家生佛一路福星公盍加之意乎

一曰變通交鈔以齊風俗

國家聲教遠訖琛賮來朝比戶可封固宜道一而風同矣乃錢法反錯出而無統虬甚焉用銅其正也而晉閩間或有徑用鐵錢者當一其正也而直東兩省則有

當二當十之目名雖當二實止當一京錢雖稱當十其實亦止當二至攙和私鑄私鑄則有白板砂殼剪邊新砂鵞眼等名目甚有用粗劣厚楮染以砂油攙夾行使者此事頗駭聽聞留底短陌自古有之今則千文有扣去六文者有或扣十文者甚有二十文三十文不止者折扣大錢南省錢凡三等有淨錢即制錢也有通淨有通錢制錢則有九折或有八五折者則又郡異而縣不同至於銀一也而有紋銀一曰高銀松江銀規銀對冲銀紋銀爲最松江次之規銀則但據以入算對冲則市舖所作售僞介乎錢銀之間又有所謂番錢者來自外洋故又曰洋錢流入內地歲耗不貲唯浙東間用坤洋係台人趙坤呈準開鑄然僅行之鄰近數郡出省則廢此外名目則有鷹洋面作鳥形亦曰鳥洋本出美國故稱英洋或云出墨西哥國未知孰是蘇淨即花邊洋本洋即鬼臉番日本洋正書年號開洋即小洋錢有對開四開以

至十六糙洋郎各洋挖刮太甚有又有夾銀開者打戳者刮洋重僅四錢者等項啞板諸雜洋悉數不能終江南則向行蘇淨安徽則獨用本洋糙刮僅可施諸甌閩雜洋但可行於滬瀆此爲異也銅錢銀洋之所籍以權輕重者等子也乃京師所用之市平視庫平每兩弱四分山東所用之濟平視庫平每兩弱一分六釐是濟平又強於市平二分四釐也至於漕平規平蘭平川平湘平廣平諸目紛歧雜出閩中則有福建等又無能一一數矣客行賚千金馳萬里稍不留神核計南北往返數月後囊中物無事而坐耗其半矣此亦今日病民之一大端也虬愚以謂天下大計當令直省開鑄當一大錢以楊石帥督閩開卯八分五釐爲率與通行銀蚨近張香帥督粵面以雙龍爲號而官

卷六　十三

設鈔庫以濟銀錢之窮李爵相曾有官銀號之議爲言者所阻虬謂鈔票之議終當舉行萬一度支偶絀接濟未前大可持此以爲挹注之原況順治八年亦嘗每歲造鈔十二萬後以國用充裕而止咸豐初年京秩亦嘗搭放鈔票所行等碼一以庫平此皆祖制成案之歷歷可徵者爲準度量准此似亦同量衡之要舉也然茲事重大非倉猝所可言請遵戶部開源節流二十四條中令滙兌號商給帖與陸桴亭之議札飭各州縣及碼頭較大舟車孔道之處設立官銀號而派委以主其事陸之言曰當於各處布政司或大府州縣處設立銀券司朝廷發官本造號券令客商往來者納券取銀出入之間量取路費微息則客商無道路之虞朝廷有歲收之息桴亭本朝之賢者也其言如此則虬之說庸亦有可採者乎虬謂

今日理財之法有三有商賈横取之利有官吏中飽之
利有國家隱伏之利此皆於下無損而有益於上令一
孔之儒哭聞理財之說便以桑孔相詬朝廷安望有振
興之日乎又嘗綜論中西大勢以爲富强之道利權二
者而已太西實能搜其利於權之所不及權在而利愈
興中國不能行其權於利之所在利散而權將替富强
權利之間天下之大局繫焉蓋所貴帝王者宅中治外
轉移天下之利權調之使平而已無所私如是而已公
誠行之一省而効將請　旨飭下各直省疊臣一例
奉行則國寶流通無遠勿居有不鼓舞驩欣共慶大同
之盛哉

右都八事皆就今日疆吏及牧令所得行者約畧言之而大旨尤在賞信罰必以持其後令天下之病萎痼極矣振之雷霆以達其陽氣潤之雨露以遂其生機未有不勃勃起色者若夫河工善後之宜山左形勢之議則公歷試諸艱身經百戰老成碩畫豈下士所能贊其高深况虬初來山左閱歷未真何敢摭拾陳言以影響之談干布鼓雷門之誚故概不贅論云

治平通議卷六終

治平三議序

治平三議者虬癸未病中之所爲書也虬昆季五人局闒枕藉自相師友皆薄有時望而尤以幼弟叔和爲翹楚器宇軒翥開敏邁諸兄羣冀倚成以事業壬午春以病瘵亡虬時悲不欲生顧影孑孑嗒然若喪其軀歲暮遂病病幾死呻吟卧牀簀者二百餘日藥鼎茶鐺昕夕相對蓋裘葛忽忽已兩更矣自維先世隱德勿曜幸有子能讀書矣而皆未見用不克大陳氏閭恐一旦溘先朝露薾然與草木同腐長此寂寂何以慰先靈於地下念生平稽述皆皇王經世略烏可令斬焉無傳乃於癸未之秋鏤膚鑽髮伏枕畫被口繹以詔四弟國琳筆之

於書病尋愈磨丹漬墨竟不能再加筆削爰補十科表於後行焉雖慘張綱目於今未必盡可通然大抵杝元皇極牒闡聖功洞然於民物登耗人材否泰之故體羣經剳諸子損益中西斂爲治術嶽立儒先間要亦一家之學有足多者錄而存之或天不欲其遽死使增益所不能終得聞乎內聖外王之旨吾兄弟異日當更有進焉未知可也名山石室待乎其人姑以此錄先爲之券云時光緒十年歲次甲申春王月陳虬志三書於瑞安城東之利濟堂

治平通議卷七目錄

東甌陳虬志三

宗法議

孔子曰吾觀於鄉而知王道之易易也孟子曰天下之本在國國之本在家然則欲治天下者亦務其親者近者而已矣天下之子無不孝也天下之弟無不弟也父無不慈也兄無不友也以父兄之無不慈不友也而子弟乃有不孝不弟何則甚愛則狎甚狎則犯子弟而狎犯其上斯亂成矣然則親近而無法雖與之天下猶不能以一朝居也欲善其道則莫如宗法法於一鄉之中姓立宗子一人而復設宗正以爲之輔凡事皆決於宗

正朝廷皆給以圖印文曰某鄉某氏宗子之印某鄉某氏宗正之印宗子以長宗正則以德由闔族公舉宗正以下設宗史一宗卒二皆爲制俸宗各設祠前以聽訟獄藏器物後以處鰥寡孤獨之無後者乃制爲冠婚襲繼之法凡男子年十六父兄爲告於宗子乃擇吉加冠於宗祠宗史祝未冠者不得議婚違者髡其首沒入爲奴素問上古天真論丈夫二八腎氣盛天癸至精神溢寫陰陽和故能有子冠取成人之義故改從十六婚之法男自十九以上女自十七以上至三十皆可婚之時婚定三月而遣嫁屆期壻具新衣一襲奠雁以迎新婦禁奩費違者籍其資於宗而火其無用者凡議婚先時遣嫁後期者則離異罪其家督如男女無行年三十無與爲婚者男沒入

爲奴女没入爲妾娶三月而廟見無婦道者還準再醮醮再被還者亦没爲妾古人三月反馬煞有深意宋儒徑改爲三日廟見便失其旨夫三日豈能知其無婦道哉垂三出兩去之法以制室家婦忤逆翁姑虐待前妻子與辱詈丈夫者出丈夫而交匪類與習下流無恥者婦得自請去交匪類謂行刼偷盜入教黨下流無恥謂窩家逼娼總爲五條此皆與本婦罪名名節有關故得自請去不可妄列多欵致有以妻乘夫之病按古秋胡與晏子之御及朱買臣之妻皆有下堂求去請去之事是古原有此法也今擬復之冠婚之禮所以遂人之生而喪繼則於送死之中寓親睦之意焉父母年五十者皆當爲製棺槨後事先事者聽而宗子復多設以待不時之需五服之喪有不舉者罪之禁僧道佛事喪服五等擬別以冠履帶三事凡斬衰用麻齋衰用苧大功用線繹縐巳小功用布緦服用黑布葬以三月

爲限違者宗子則以族葬之法行之柩不得露宿於外未葬者不得相嫁娶犯者科以不孝之刑（停柩在堂而行婚嫁吉禮此實不祥之大者以骨肉至親而露宿其柩於外視同陌路此豈復仁人孝子之心哉）禮大宗不可絶小宗可絶今變通其制唯同父之子始得相繼繼不異祖所以睦兄弟也大宗則不拘未娶者不繼繼而復絶者不再繼繼者不兼祧無後者没入其貲於宗而喪葬祠墓之事則一主於宗子歲四中月宗子率族人會祭於宗祠先期三日集射以興賢能（射取其志正體直練習筋骨以便他日游藝之基）中選者得與執事祭畢列坐以齒宣講令甲無使或忘凡刑有十輕刑五重刑五曰朴以治罷輭曰鞭以治頑梗曰笞以治鬭毆曰枷以治毆傷曰黥以治

傷人成廢者凡傷人成廢者別視輕重以罰鍰貧者沒爲奴官爲給貲曰矐以止博吸洋煙者同科按矐刑非古也然古實有是法史記荊軻傳秦始皇善高漸離擊筑重赦之乃矐其目字本作推前漢五行志高后支斷戚夫人手足推其眼以爲人彘註推謂敲擊去其精也類篇矐失明也義本相仍漢書翟方進傳多辜推爲姦利者王莽傳豪吏猾民辜而攉之知霍寉古多相通索隱謂矐以馬矢熏令失明恐非本義亭林顧氏謂當復宮以止奸復刖以止盜予亦欲設矐以止博與犯煙曰宮以止奸曰刖以止盜曰經曰殺則皆死刑殺人者死賜死曰經戮死曰殺經以處誤殺以處故凡黥之法初犯刺背再刺臂三刺面面而再犯者經毆尊長者初卽刺臂視平人加一等不孝者初卽刺面再犯則殺而梟其首以徇誣告者坐輕刑宗子得自決之重刑則勘實而上於朝閱實其罪乃麗於刑宗設小學女學各一師則命自朝廷

凡俸糧皆取給於朝官曰俸民曰糧計一宗田畝糧賦應出之數而扣足俸糧納其餘於鈔科歲終則核計闔族丁男及衛丁若干人分三等未及十六爲幼丁六十以上爲老丁餘爲壯丁壯丁八人選一爲衛丁載其名字身材生日次年則不必全載唯計開除新增而已十六年而一更造冊以上於兵科朝廷有事則下其符於宗子宗子復推其法於各房房有長長以率其房而專其責於家督如宗子不能自舉其職者聽詣闕告免禁錮終身而攝以宗正此其法也一闕之市有鬥焉者他人勢格理禁而不能止臨之以父兄則其氣自息者情輸於所親氣阻於所尊人也而天動焉矣盤庚之誥曰古我先王暨乃祖乃父胥及逸勤予敢動用非罰其在詩

曰宗子維城無俾城壞其知此道矣後世宗法不立而天下亦能少安者胥吏之天下耳豈足以語天德王道之大哉

封建議

議者曰封建不行故宗法不立予則曰宗法既立然後可議封建上古之世狉狉獉獉自人其人迨生齒繁而倫序定然後人有其家於是先王下坎上坤取象乎比設爲萬國以封建諸侯然則由己以及人由親以及疏天下者固一家之所積也今乃曰宗法由於封建嗚呼此非探本之論也今宗法已立矣而封建之道復何如夫道亦視宗法所未及者推而廣之而已矣法以今省

府廳縣之大小爲公侯伯子男等國國有君君有傅曰太師太傅太保是謂三公凡國之大事君以爲然三公以爲否則格不行君以爲然三公或然或否則詔本科太宰及左議曹等參議謀衆乃從國設十科曰歷曰醫曰農曰工曰禮曰樂曰刑曰兵曰訓曰鈔另詳於表埘首曰歷歷者欽若之初政敬授之急務故首之醫者後燮理陰陽登民仁壽故以爲次農以養人工以利用皆民生所急故歷醫後卽次二科而通商之事則埘於工夫子策衛富庶之後始繼以教故禮樂刑兵又次之訓者道也謂以道自任也左氏傳攷告之訓典注先王之書書康誥矧惟外庶子訓人鄭注訓人師長蓋上自天子下至庶人箴糾闕失宣揚文教皆主以是科凡十曰鈔會稽國用流通貨泉宜設專科故以爲殿科六等曰太宰曰少宰曰左議曹曰右議曹曰司曰給事給事則初升於鄉學者卽所謂一命之士也凡銓選各

以其科科設司六給事遍六司乃得升司司五轉乃得至議曹各司以上各以三年爲任未任滿者不得調少宰以上則不計事有損益司上其事於議曹議定曹牒其事於少宰少宰乃簡其要者著爲書頒賜給事使肄習之太宰以馭吏議曹以下皆主於太宰少宰以上則君主之此黜陟之法也一命之士倍農夫之所入祿約五十千司三其祿議曹則倍之左議曹以上各以其一登合三公之所入當其君之祿此制祿之法也自三公至給事廝等凡七卿自士以下曰農曰工曰商曰生(署通文墨而無常業者)曰隸曰奴(指有罪而髡者)等亦有七所以明上下別流品也國君一娶五女后一嬪四取備五姓議曹以上

得置二妾諸司以下置妾一此制等之法也官制既定然後井田學校可次第而復焉顧或者難之曰今井田法廢已數千年矣一旦欲復其法非壞人廬舍夷人塚墓其法不行又有爲之說者曰今之時貧者無立錐富者連阡陌今欲計戶分田爲貧者計固得矣其如富者之不便何井田不復而欲復古學校之法吾知其難也然此皆非所慮也夫善用古法者師其意而不襲其迹相地形之廣狹以損益其溝洫去公田之法而定什一之賦又安在非井也入田百畝以上者封爲下庶長千畝者爲中庶長萬畝者爲上庶長上庶長之秩視議曹下庶長視分司歲時得奉朝請而免其子孫傜役名有

差上庶長三代中庶長二代下庶長一代如是則富者有所勸矣學校之制鄉各有宗法改今之都爲鄉宗有小學所以習幼儀也十三而入鄉學則教讀司領其事教以六藝六藝禮樂射御書數也今御已失傳予請以騎射俏舞拳勇等法當之三年汰其無用者使歸農學成則教讀司給以單而貢於朝分科肄業乃處以給事任之五年而燕老君親臨之六十以上各賜鳩杖以年之旬爲差凡此皆學校中所有事也於是復設爲三稅之法以御國用田有租說文租田賦也長箋且古祖字田賦用以給宗廟故从且市有廛周禮地官廛人掌斂廛布而入於泉府注廛市者貨賄諸物邸舍之稅王制市廛而不稅注廛市物邸舍稅其舍不稅其物人各有賦說文賦斂也周禮天官太宰以八則治都鄙五曰賦貢以馭其用注賦口率出泉也爾雅釋言賦量也注賦稅所以評量亦是此義計三項之所入以其三十

之一貢於天子以其九為羨餘而以其餘制國用不足則加賦而一切公旬徭役與夫關市鹽鐵雜稅胥免焉國朝仁皇帝有永不加賦之諭故軍興以來賣官鬻爵設關立卡無所不至而獨不敢議及加賦其實科派雖多僅供猾吏奸胥中飽而已何如加賦之尚屬均攤無損乎孟子曰君一位卿一位大夫一位上士一位中士一位下士一位凡六等然則君去庶民僅六等耳其尊非獨絕於人也君十卿祿卿祿四大夫大夫倍上士上士倍中士中士倍下士下士與庶人在官者同祿祿足以代其耕也君為制祿然則祿之外君不得有所私矣後世名法家倡為尊君之說於是乾綱獨攬居其位者輒以犬馬之道馭其臣民威福自專復侈然日從事於聲色苑囿狗馬之娛而篡

弒之禍烈矣唯以世及之尊歸之於君以絶覬覦復以獻替之權還之保傅以綜綱紀有君之尊無君之禍有治民之實無厲民之患所謂於封建之中寓傳賢之意者此也由其道行之雖百世可也然則封建宗法亦一而已矣

大一統議

或問於陳子曰史稱黃帝之時地過日月之表意者聖德廣運覆載無遺今中西一家偶俱無猜電機所發杪忽萬里聲敎之訖無遠勿届環地球以遊半載可週蓋駸駸乎有大一統之勢矣敢問其道何如陳子曰唯唯吾聞孟軻氏有言天下之定定于一蓋七曜齊明光不

敵日百川競流終歸於海何則萬國並建天必篤生非
常神聖之人與天地合撰與日月合明使之憲章往古
開闢中外亙古今未有之盛治故於萬國之中羣推以
爲君然居是位者豈惟是異徽號改正朔議明堂講辟
雍制郊祀之禮已哉非德足以綏遠威足以止暴必不
能長駕遠馭使天下翕然從風法當損益十科之法以
治王畿而復約於東西半球之中設監二各隆以王爵
文曰宣文駐印度武曰靖武駐美國文則須正朔行夏時
齊冠服常服可如其俗朝服當歸于一通鈔法均量衡同文字文有四曰小篆
日番書曰華番草書小篆多主形番書多主聲各有義理亦不可沒草書華番皆有當另勒成書以便遵行今
定凡朝賀大事當用小篆尋常公牘華夷各如其舊通行可用草書隸變古楷入俗均屬字妖概行擯棄
正

音讀當另勒韻書刪經史經收古注而約採後儒之說以坿之史收正史而酌收野史之近正者一切穢濫無用之書皆雜拉燒之不必以祖龍遺法爲病也開學術融會中西分門肄習修公法酌修中西通行者數十條以齊天下之耳目以一萬民之心志蓋道一風同固王者之隆軌也王歲出巡歸乃須來年之歷於各國而上各國之貢稅於天子元旦則設御座以受各國之朝賀焉武則統率各國之衛丁井出一丁秋冬習擊刺是爲衛丁以備非常無事則各居本國有事則飛檄兵科二宰統之以行諸侯有篡弑叛逆不庭者監內各國共討之夷其城郭分爲數小國銷天下之鎗礮有繳而未盡及私鼓鑄者十家同坐此其大較也然後廣輪舟鐵道之制以通中外之氣國有水旱饑荒不能自賑者

詳其狀於二王勘實檄取鄰粟以先賑徐行奏請帑銀以還鄰國餘如河防海運以及不時興革之費皆均攤於各國而朝廷泒大臣以掌之凡此皆以爲吾民也故聖人之治天下也操天下之利權而調劑其盈歉以天下之利還之天下而已無所私焉夫聖人之爲是兢兢者豈無故哉以爲天之生斯民也粗衣糲食苟卒其常皆各有其百年之用迨嗜欲勝而本真喪人始有逆折者矣攻取繁而殺運開人始有横死者矣造物能生人而不能必人之生於是誕生聖主俾以聰明勇智使出吾民於水火而登之以袵席而猶慮尚有擾吾民之生者故分田制祿立國設監使上下各相安於無事負嵎

之虎出柙之兕肆其狂噬之威無所不至一旦處以圈
牢檻阱之地時其飲食久之而馴良如羊豕矣聖人以
一人安天下而後世乃以天下奉一人嗚呼此豈造物
立辟之意哉或者曰煌煌大言吾既得聞諸吾子矣請
問其兆曰讖緯之術難以喻人請毋以數而以理夫理
亦視夫聖人之教而已今者耶穌天主之教闖然而來
吾國其實彼教之所以來正吾教之所以往如周孔之
教遍天下則人各明其五常之性如昏而得旦羣星掩
光而日乃出而經天矣吾子懸盼以望河清可也曰顓
蒙之識願聞其詳敢問一統之勢將由中併外耶抑由
外併中耶曰斯義也吾嘗受易學於仲兄矣二兄仲舫師精易數

所言多驗仁冠五常乾統四德此其彰明較著者將來亦視其國之習尙何如耳孟子曰不嗜殺人者能一之斯言也豈僅爲七國發哉曰吾聞君者羣也王者民所歸往也皆於人起義天子亦人君耳而號獨稱天子者何也曰若天下一統分國以億萬計地醜德齊莫能相長天若特生一子以子元元安天下所謂昊天其子之也故曰天子然則天子者固乾坤之一大宗子也吾故曰宗法之道通其變可以致治平者此也作治平三議

十科表一

太宰　少宰　左議曹　右議曹　各司　給事

掌議本科之政典宣布綵　簡本科之治要以著　凡國有大事則　凡各司有事則　科設司六司無　由鄉學考取給

十科表二

歷科

太宰　少宰　左議曹　右議曹　靈臺司　給事

綸澄敘官方以六事馭吏黜者三日貪日酷日庸貪者黥酷者刖庸者朴而免之陟者三日廉日明日能各榮以章服奏請璽書褒美宰設左右監以應陞左議曹未得缺者補之準集議監設長史

爲書頒賜諸司給事使肄習之宰設左右監以應陞右議曹未得缺者補之準集議監設長史

詔本科太宰少宰集議於左議曹議定而後行曹設左右掾吏無定員以曾任各司者補之

集議於右議曹議定然後上其事於左議曹曹設左右掾吏無定員以應陞各司未得缺者補之

定員隨時添設陞轉之法視表右轉以三年爲任

事遍六司乃得升司

掌測候推步之政考驗天算修改歷法

歷算司

掌天算輿地之事詳二差以定歲里測二極以分經緯

測驗司

掌占候測驗之事占雲物以備旱潦紀災異以修政令

時憲司

掌憲書吉凶之
事
刻漏製晷立表
鳴鐘
定晨昏啟閉之
節詳寒暑衣服
之宜

堪輿司
掌建置葬埋之
事
鑿凶地以翦暴
設義塚以惠民

選擇司
掌諏日擇地之
事
禁私家選擇

太宰

少宰

左議曹

右議曹

蘭臺司
掌大小男婦之病歲終冊報以定考成

保嬰司
掌小兒痘疹之病兼理嬰堂事務

外科司
掌瘍科正骨之事工推拏以調嬰孩精鍼灸以起痼廢

豢龍司

給事

掌醫牛馬之病

精膳司

掌飲饌之政譜食物以節寒温講烹調以示宜忌

水火司

掌水火之政取燧火潒水泉爭理救火烝汔事務清街衢潔溝瀆禁燒穢物以靖疫氛

農科

太宰

少宰

左議曹

右議曹

墾田司

給事

掌農工之政物土宜以廣種植精化學以培地力

清塲司

掌山塲河塘之事

水利司

掌水利之事

種植司

掌種植之事相土宜以植名木搜隙地以蒔雜樹

畜牧司

掌畜牧之事家畜雞三雛一

雌二鵞鴨驢便
井共畜牛羊豕
各二

青苗司
掌給貸耔種之
事春放秋收酌收
微息一主以穀
不準折錢

工科

太宰

少宰

左議曹

右議曹

營繕司
掌營繕製造之
事禁淫巧懲違制

商務司

給事

掌中外通商進出口貿易之事

清市司

掌市街貿易之事

礦務司

掌開礦之事

機器司

掌機器之事

考工司

掌工作之事

禮部

太宰

少宰

左議曹

右議曹

儀制司

給事

掌朝野五禮之制

譜牒司

掌譜牒之事

誥勑司

掌誥勑之事

祠祭司

掌考禮祀之典去淫祠修廢祀

文定司

掌婚嫁之事

主客司

掌四裔職貢之禮

樂科

太宰

少宰

左議曹

右議曹

協律司

掌撰述樂章之事

行人司

掌輶軒之事

象胥司

掌中外語言文字之事

繙譯司

掌譯外番各部文字之事

鴻臚司

掌宣講唱贊之事

給事

刑科

太宰

少宰

左議曹

右議曹

給事

慎刑司

掌赦恤之典

律例司

掌比例駮案之事

承訊司

掌訊究刑名之事

督捕司

掌督捕盜賊之事

佾舞司

掌佾舞之事

十五

稽察司 掌稽察獄囚工作之事

提牢司 掌管獄卒囚犯衣糧之事

兵科

太宰

少宰

左議曹

右議曹

方畧司 掌方畧之事

安插司 掌安插之事

保甲司 掌保甲之事

給事

巡徼司
掌巡徼之事

擊刺司
掌擊刺之事

驛務司
掌驛務之事

訓科

太宰

少宰

左議曹

右議曹

封事司
掌劾諷之事

顧問司
掌備顧問之事

給事

十六

起居司
掌紀註之事

教讀司
掌鄉學教讀之事

宣講司
掌宣講經史之事

採聽司
掌採聽時事以備獻替

鈔科

太宰

少宰

左議曹

右議曹

職方司
掌輿圖戶口之數

給事

權稅則以制國用彙蓋藏以數民財

會計司
掌歲計出入之務製國服以御豐歉設官鈔以惠上下

賦稅司
掌錢糧稅務之數

倉庫司
掌倉庾雜糧積貯之數

平準司

十七

三公七等十科表三

等	官
一等	太師 太傅 太保
二等	太宰
三等	少宰
四等	左議曹 太宰左 監 太宰右
五等	右議曹 少宰左 監 少宰右
六等	六司 左議曹 左掾史 左議曹
七等	給事 左右監 長史

掌權量之務復古尺度以同量衡權市物價以劑盈虧

鑄造司

掌鼓鑄之政合復五銖錢以遏盜鑄造三品幣以御盈虧

監
上庶長

監
中庶長

右掾史
右議曹
左椽史
右議曹
右掾史
宗子
宗正
下庶長

治平通議卷七終

蟄廬文畧序

虬少孤廢學聞道遲暮顧生平於書無不好於文亦無所不學學焉而間得其近似輒亦頗自喜久而始悟其非夫文者心之華也學成氣充而文生焉若斤斤於義法聲調之間摹繪劈績以爲工品斯下矣學者不求之性情根本之地而徒緣飾經術揞撏語錄自託爲因文見道未爲知言也予既不甚留意於文文亦不自珍惜遂聽其散佚或以爲請曰先生於文雖未爲工然固先生之學術性情志趣氣象之所流露文不必存先生不可以無傳乃偉其言薙獮其蕪雜無用者錄爲蟄廬文集若干卷茲復剌取其有涉於經世者十數篇附於治

平通議後都一卷別署曰蟄廬文畧俅儒觀一節亦可
以得其概矣文云乎哉時光緒十九年歲次癸巳冬月
陳虬志三書於瑞安城東之蟄廬

治平通議卷八目錄

東甌陳虬志三

善舉儘可計利以圖擴充說

人性之善猶火之附薪無以發之則不明善在行不在言在實不在名而實非彊有力者不能行雖行亦不廣以財分人愈分則愈少以火分人愈分則愈廣故君子慎所分今天下善堂衆矣皆惑乎爲善不可計利之說故開辦之始皆踴躍輸捐其繼也皆以費絀而止虬謂可捐則逐年加增而開辦之始則儘可權其子母以爲久遠之計如醫院嬰堂（議均見下篇）義渡（兩岸排列船隻標明渡夫姓名年齒）岸口各設錢櫃擇樸誠人司其事而榜其上曰此爲某渡定例需錢每人幾文貨物照數留難重載向受其害

特設義渡以便行人人數一定放籌照行特告仕商照
舊施錢積有餘貲置船救生再以其餘接修橋梁偶失
攜帶儘可勿輸本係義渡無籍區區**借錢局**始於揚州而邵小村中丞繼行於餘姚或曰因利局皆不
取息茲議人以二千爲率五日一收三月而畢每日應
繳二十五文計息可謂重矣然人得二千文爲母每日
所贏子錢約可得數百八口之家卽可無饑本利帶繳
限滿而貲本長留矣局中造冊後遇家道隆裕者亦當
令其自行酌捐**清節堂**畧倣女嬰堂遺意子年十二先送出堂俟子能娶婦或在堂三十年或年屆五
十方准嫠婦出堂每日亦令繳工作錢二三十文子嗣興
起者勸隨量捐助堂費嫠婦終日無事易起外心否則
日事經齋流爲左道爲害更甚**廢疾院**亦當少收其工作之資等類勢非一地所
可了一時所能辦則欲擴而充之當必有道矣非開常
捐收工價不可夫人當危急之時力有不贍而吾爲之
濟其厄可也若彼力尚能自拔乃竟使之囚首待哺報
劾無門終其身受嗟來之惠永無遷善之日豈立法之

初意哉所貴乎善舉者充其量由一隅而達之天下修其法由一時而被之百世不欲獨居君子之名隱爲錢虜破慳囊明爲無告謀利賴飲之食之教之誨之使人人皆得以自勵庶乎可矣乃昧者惑乎義利之說輒疑二者不可得兼不知必乎利則無義非利必乎義則無利非義以天下之利公之天下而已無所私（即酌收薪水亦屬取不傷廉）一人行之爲學術舉世效之爲風俗將善氣洋溢蒸爲太和翾飛跂息各得其所體天地好生之仁彌堯舜猶病之憾所謂凡有四端於我者知皆擴而充之若火之始然沛然莫之能禦善與人同其猶足多哉　甲申

疾病人所時有而命懸於醫醫關人之生死而道貴精然非幼學壯行則技必不專而實非建院以督之不可院設前後二廳翼以長廊廊左爲診室右爲藥房（平價便民）（餘貲購置公產以其息爲捨藥之資）後以處學徒又建閣藏書以其餘修置客房待遠來之就診養痾者植花木飾亭沼爲怡養地舉通博有志學者董其事肄業學徒擇取聰穎子弟十二歲以上者優其廩給假以十年以五年習醫籍五年覽羣經嚴立程課而學成矣院中潤筆之資視常行酌減貧者免人設號簿午前在院輪値午後各自出診日以十五人爲限在院滿十年者視所入醫資多少不足三十六千則院中代爲補足其數每人歲計所入提

還二成歸院充公費公費除添給薪水外以五成購書以五成置產皆永爲例
權其利益厥凡有八醫道專精貽誤自少利益一書籍
師友隨處獲益修德進業人得自立利益二院設藥房
考驗本草得其泡製收藏之法不特僞藥可捐亦且深
諳物性別資啟悟利益三院設客房以便養疴既可免
其投親租寓之煩又可省其遠地延師之費況有花木
亭沼頤養性情病當易愈利益四減潤出診病家既省
醫藥之費醫者又得薪水之便人已兩利利益五學徒
在院一滿十年每年卽可坐致三十六千節省者可紓
內顧專心志學利益六院醫工便庸醫自絕醫道消長
民命所關利益七院中既得良師益友附驥益彰道苟

不朽俎豆長留利益八夫醫不三世不服其藥十全其六猶爲下工故周禮醫師隸於天官誠重其事也醫道不明雜流競進於是艸澤無識之徒以生人之道爲殺人之具毒流禍積曾莫之悟一二才智之士振興其間者亦復著述之功深診治之日少如性理經濟家言纍空易奇徵實多謬而軒岐之道幾乎熄矣夫百工居肆以成其事君子學以致其道僚之丸基之射庖丁之解牛特一藝之微耳然皆用志不紛乃凝於神況其爲身家之重性命之微可漫然從事遽令其操刀使割耶在有志燮理者廣之而已吾意天心仁愛禍不終窮必將篤生神聖以甦斯民於醫院平卜之甲申虬曩借陳介石孝廉何志石

明經陳栗菴茂才於瑞安城東𠲍建利濟醫院一俟工竣刊發章程以便做行

女嬰堂議

育嬰善政也辦之者往往不得其法男孩尚易爲功女嬰每苦無術虐之如鴇豢之如豕人遂視嬰堂如廢疾院縱至出堂之後或取爲假女養媳鄰右親串亦恥爲伍終其身不能自拔人數過多經費不充於是朝暮更張或刻削衣糧或暗任販賣其隱遭病枉而死者又不知凡幾則直以濟人之所爲坑人之場蒙甚傷焉議於城市隱僻之地公建一堂（即就寺宇修改亦可）五楹兩座翼以長廊井湢圊廁咸皆修廣令可供百人之用（牀鋪須仿北地坑式可臥多人又多開小牖以洩炭氣）堂中自雇壯盛乳婦乳期以十月爲率

濟以粥糜洋乳先後輪哺每婦可養十嬰十月之後即可斷乳輪流更替濟以洋乳故每人可養十嬰須用乳婦十名每名計工食三十千每嬰五千合以使費歲約千金當裕如矣措資之法選勸殷實鋪戶日捐數錢中戶米月數升皆分三等約里千戶歲一千貫不難致也俟堂中公積罰鍰每年積有出息千貫者即行停捐女嬰八歲以後漸督以女工十一歲則每日令織計工作錢十文每年各加五文每日加至三十文即止不加年以十月爲限能自勤作蓄積者有獎年屆十三各令夜課文史及算數書則千字文百家姓蒙求女四書毛詩幼學須知等類以二更爲限初辦則延樸誠老成儒士後則堂中以次輪教五年董事親試優劣各加賞罰定期十九歲而遣嫁須令壻家捐堂費三十千嫁後每年

勸出堂捐三元以爲折禮夫家子嗣殷實者勸其續捐
以廣堂產綜計每人自入堂以至出嫁堂中約需百五
六十千今所得之數畧可相抵計十八年後便可驟得
堂捐三千元每年約遣十八歲又可得堂捐折禮等共
六七百元三十年後堂中歲可坐致千金不患其無措
矣蓋此舉有數善焉收其身價而吾不傷廉緻足堂費
而人無辜恩予以更生之路開其自新之門善一女嬰
聰穎者五年夜課卽一生受用不盡人爭求娶善二督
作女工每日限錢則自趨勤儉目前既可消其邪念卽
爲他日持家張本善三勤幹善撙節者約計嫁期約有
私蓄數十千婿家并無破鈔善四女嬰既畧識書將來

即可教子誦讀可省之師數年之力善五八覲為天
堂不致猥棄并可合良家婦女附譚善六堂產既裕還
漸推行俗美風良燕為鄧沿善七嗚呼父毋能生之勢
不能自存此八道之窮所無可如何者也吾力能收養
而顧使之淪為異類盡然爭雜鶩之食恤乎終其身
與孤貧殘疾等毋亦仁人君子所盡焉心傷者乎吾郡
嬰堂各縣皆有每年出數皆在千金以上外若市鎮之
墟數萬金嗟咄立辦費又不患其無出此在一轉移間
耳亦何憚而不為哉 甲申

滬郡捐緩文成會議

吾郡雖省治一千餘里去京師里約近五千由郡東西

路行皆歷旬日始得達省垣通商以來輪舟雖通費亦
相埒往者大比之年縣不過十數人於是好事者𥘉爲
文成會以資川費郡人士以爲便然法多未備因僭爲
末議四條以備蕘採一曰籌捐捐分三項曰義捐則初
次所開辦者法視尋常一切捐數勸令輸助不得勉强
不捐者聽俟將來集有鉅貲改爲興文社立祠尸祝𥘉
始之人嗣有急公好義能自輸三百千以上者一例𥘉
祀社中勒碑匾詳列義捐姓氏以垂久遠曰學捐每年
取入庠者核其冊銀學費之數酌捐數成歸公歲約可
得百千上下曰仕捐宦成後無論貧富總計從前所得
鄉會川資皆當一一還繳其宦囊較裕者另行公同議

捐舊法無常年之捐且有放無收經費支絀始一續捐其中遺漏苛派皆所不免實非情理之平學捐仕捐似不可少且可以杜他日續捐之煩瑣一曰存管捐數既集多者宜置田產擇地建倉少者散存各典逐年清算而經管之人當優給以薪水舊法輪管並無薪水明似節省實隱多侵蝕富者既勢難代庖貧者又不免染指惟補給薪水方可責其實心任事一曰給放每屆計子錢若干先提二成存貯餘數方行分給鄉試多者不得過十元會試多者不得過五十元約助川資三分之一每人各具領字一紙刻印填領存司事處備核扣發二成每人所少無幾而大宗則銖積寸累二十年後不可勝

用矣舊法盡數分給有多至四五十元者會中既乏公積且易長儇薄子弟旅寓浪費之端欲與文教轉壞士習非計之得也吾鄉鄉會獲售後一切用費甚鉅約需三四百千勢難獨減或即於扣存二成中酌發新貴數成以資使費亦可　一曰公費須合全郡爲之每縣各將應發文成另提二成以爲公用之費春秋兩試客期約過百日人數又將盈千死病在所不免脫有意外其畧知醫道與患者之親友皆將疲於奔命各有難言之隱痛議就本郡延請時醫三數人赴省設局以便延接如病故一應醫藥喪費皆局中代爲先辦回郡計息繳還無力者聽同道相恤亦仁人君子之用心也且既有公費即可暗省私助人已兩利便如何之夫功名者造物

磨礪斯人之具惟稍難始可得之其過於便利者未爲幸也且前人川資之設助困非以繼富恐相形之見絀也貧富故渾於無形一體分給習焉不察遂有視於固然者亦可謂失其本心矣人縱不能慷慨好施爲鄉里稱首顧令清白之躬隱受嗟來之食負疚入地揆之古人一介不取能無愢焉善持其後可也吾樂文成壞極矣近又創爲畫地之議而虬祖居在西鄉鄉多義豪嘗有起而任其事者因作此議以詒之癸巳

記同人集事

吾友[redacted]君[redacted]倜儻有奇氣慨然有四方之志而託其家室於虬虬無中人産而雅多親好力常不贍因

集同人之與[redacted]君有連者人歲出洋五元以資周轉不足則虬自任之名曰同人集取易繫辭斷金義也事雖爲[redacted]舉而法頗有足多者因併記之法聯同人爲十分每分歲出洋五元定期拈鬮輪收已得值者歲恒出洋十元以五十元歸值收餘入公積十年而畢計每分出洋五十元收數亦足相抵若得善爲經紀者歲以二分爲息即可得公積洋四百元約可置田四五十畝定章輪值永爲各家世業或疑得值之人歲出十元慮將不繼不知得洋五十歲可別贏子錢十元即購置田產雲江以南可得五畝不患費無所出若畏煩累自占後者聽輪集一週每人共有公私田產十畝若人生平手

舉五集即可得業田半頃人已兩利斯亦惠而不費之一端也是集以[redacted]爲首而介石志石栗菴棣生樸山及虬遇值收則舉而先俾之於[redacted]君蓋六年後君亦當緩緩歸矣歸另捐入公積可劵也吾鄉舊有緩急每多集親友爲成會之舉有至公[於首會外另聯十人人年一會如欲集錢百千第一會出錢十四千五百每會遞減一千第十會僅出五千五百而一會每兼五會二會每兼六會或再以三四兼七八約二八互派以劑其平所謂至公也人數數月皆先預定收期出數序輪無差如遇輪收之人則首會代補其數蓋出入之數亦適相抵云]和合[亦十人爲會如欲集錢百千人歲出十千定期擲骰子爲彩以彩多者先得值定例以免爭端故曰和合]等會名目亦頗公便但無公積以持其後無論會畢一鬨而散而世風澆薄竟有中道罷舉者人遂視爲畏途[惟鄉間猶尚行之]爰類記以供擇宜而用

者借箸之助云壬辰

擬廣心蘭書院藏書引

瑞安値全浙盡處由省垣東南行歷婺括萬山入東甌而縣治屹然斗出濱大江風氣阻上郡故邑鮮以文學功名自見其嶔奇英多之士皆苦無書可讀邑旣鮮藏書家非雅有故者又不易借一瓻之艱與荆州等蓋得書之難古今有同慨也吾友許拙學先生於光緒壬申嘗首創心蘭書社同人以爲便時池廣文竹君林香史金韜甫兩上舍周莊衫林菊君兩茂材及虬兄弟中兄仲舫實左右之定議之初八約二十家家先出錢十五千合三百千購置書籍續置有隔江塗田數十畒歲近又可

得息數十千益務恢廣自開辦以來積二十一年矣尋常文奐署可足用餉遺甚夥於是鄉里皆知有書社云江以南漸有仿行者而拙學已先於丙戌赴道山不及見矣拙學堅定有志操於社事持之尤力慎重不輕舉而虬務爲開拓之論嘗被裁抑君死而尼之者尤衆然使君若稍緩須臾亦當久告成矣議行之始仲兄郇於是年舉癸酉拔萃科歲紀一週登賢書者踵相接乙酉則胡鶴汀福臣戊子則周仲龍拱藻己丑恩科則虬倖綴榜末辛卯則郜梅笛慶章胡蓉村調元本年癸巳恩科則陳介石黻宸蔣茂才星漁嗣君屏侯作藩二十八中五科之內蟬聯鵲起不可謂非稽古之力

也社友以社事之有成也促虬與何志石明經及介石栗菴等落成其事刻已得地於邑之東北隅面城臨水基可二畝餘會毗連有精廬寺僧淫縱爲檀越陳氏子姓所逐虬及門張生煜鄉聳令歸社遂成諾刻議改爲心蘭書院公之合邑另行集議轉訂章程以竟拙學之志吾鄉南宋永嘉之學稱極盛然皆得之師友講肄之功屆今七百餘年山川之氣鬱久必發必將有慷慨閎達之材起而重修其學廣僕等所不逮者於書院乎基之諸君子得無意耶是爲引癸巳

溫州出口土產宜設公司議

溫州自守之國也雜糧魚鹽麻桑油鐵皆足自衛而出

產實苦無多闔郡出口之貨以藥材茶礬甌柑爲四大宗歲約百數萬金近年頗多折閱蓋無公司以持之也擬請練達紳富主其事一切出口貨物皆分設公司郡城上海各設一局揀正貨物平定價目分次出口以我馭人而不爲人所馭方可稍持利權即如甌柑一項外商以進口之少也輒故意驟漲其價及至貨物一齊遂即從而大跌則致於人之故也三項之中尚屬吾郡特產茶則無論印度東洋俄美等邦日漸廣植即就內地而論吾甌亦不敵鄂省之夥宜聘請諳練茶師先於郡局自行嚴揀分等裝箱務使甌茶着實可靠庶甌庄名目大振將來獲益可無算也其公司之法當畧爲變通

郡城設局收買不得故意刻削致礙士民願入股分者先將貨物按時酌値計數給與股票由局運貨到滬滬局自行分等另議價目綜計本値及一應局用外須極力撙節此爲公司成敗樞紐所贏子錢若干照數派還以昭大信管子所謂利出一孔者富可務劵矣再爲定私銷之禁官先出示曉諭如有公司各項貨物違禁私運出口者准報官查拏卽以其物充賞費關卡巡丁及旂長汛兵一例提訊重究不貸如再有走私者到地公司先行貶價以窘之當無有再不入股者矣通商以來天下大局皆以强併弱以大併小久而不知變計將土產小販日窘中國利源日竭長此不返將何以國當道諸公有國計民

生之責者亦盍加之意乎獨温州乎哉己丑

樂清東西二鄉宜急設保甲局議

樂清縣分東西二鄉東鄉界台太及永嘉之枏西溪民俗獷悍每多刼掠敲索搶奪之案月有所聞西鄉地多財富而所苦者則在地痞惡丐宜各設保甲局以爲之衞東鄉村各爲局局舉正副董各一瞭望一人司更一人局勇二十名均帶器械合二十五人闔村輪值署籌油燭火藥之費如何村有警即令舉火爲號鳴金放炮各局齊應皆自守隘口各穿勇衣爲識不必追剿頃刻之間闔鄉齊出堵截賊難飛越自無漏網矣傍山沿海等處宜先約定地段某處有警某某等村局勇當搶先

齊列山麓江干堵其歸路如遇不測除報官請卹列入
義勇祠外另行酌助喪費其途路被索者許附近報局
查究西鄉尚無刼掠之風可數村合設一局有索賴平民皆畏訟累恐氣被勒及惡丐衣服若平民到處兇勒錢米甚有索去六七千者後遂視爲定額糾
擾者許報局代爲送官究辦免其訟費以杜澆風而殷
富之家亦當於平日以恩義結其村民蓋謀國以保富
爲先保富以安貧爲要人貧而我勢不能獨富也欲得
守助之益宜廣收受之策寓井田於保甲其猶足壯矣
哉己丑近吾友呂文起大令於郡城設立保甲局人頗稱便惜尚未廣之各鄉耳

瑞安廣濬北湖條議

瑞城之水發源於城北之集雲山合大小二溪湖流屈

曲入東虞池北兩水門交於署前之正陽橋文廟近在署東泮水合襟故吾邑文風特盛分左右二流匯出東水門東行至九里復折而北與郡城之水會而洩於東山內陡門三間闊二丈五尺四外陡門二間闊一丈一尺此去冬與仲觔兄及諸友履勘而得者上塢名永蔭河新開內陡門闊一丈二尺一寸水出口在天盤乙外陡門闊一丈出口在天盤巽南河郎通海湫共四間闊二丈九尺四寸出口在天盤巽場橋郎龜山陡門共四間約四丈出水在天盤乙海安一間約丈許水口在天盤丙五陡門國初時湖流深廣舟行繞山麓北上可直至嶺腳嘉慶時猶可至頭碓道咸以來滋生日衆梯山爲田如棋枰博弈縈墾至山巔夏秋時潦溪流迅急挾沙石而下全湖渾濁陡漲入城廂故道遂淤登高四望中流一線溓溓如長溝而已旱潦均受其害再久不濬下口日漲如遇大水南西舉等處皆將有倒灌之虞

往歲治前大火城內乾涸救火水龍皆臨河袖手始漸有議開濬者虬不敏因偕爲末議十二條冀供當事者之採擇焉曰設局曰商功曰籌捐曰出土曰束沙曰包工此爲開辦之次第而大旨則以包工爲要着尤當設局以善其後善後又約分數事曰丈田曰護堤曰設準曰繪圖曰計簿曰立廟都十二條倘不以蕘菲見遺於濬務或不無小補云一曰設局擬擇寬敞地如忠義廟等處設局公舉練達有名望者爲董事又選副董二人司會計司事數人供弓算測繪立向分捐督工宜分段便覆勘及皮藏物件另雇局工十數名爲工頭總董外皆給薪水吾鄉公事向無薪水易致富者濫竽材者彈鋏故難責以考成名雖撙節實易侵蝕爲地方謀久遠之利

十三

似不宜惜此小費季路受拯溺之牛不以爲過安得賢者一倡其風令各有地段職事不得推諉弊混功成勒碑記姓氏一曰商功開辦之始當先就湖身畫段測量萬不可先行清丈田畝舉事之始過於紛更不特畏難易止且防掣肘分鬆土新漲堅土老淤計分幾段共長若干丈湖分闊狹二道闊者面開廣一丈八尺底廣一丈二尺八寸狹者減三之一皆以深九尺六寸爲率潭面各徑三丈六尺深皆一丈九尺二寸上周十丈八尺中周九丈二尺四寸五分下周七丈六尺九寸核計應開之湖當出土若干尺每工日出幾方每方百尺統馭以九章商功之法開濬方有把握不至茫無頭緒吾邑工作皆不知商功之法往往以糜費過多而草草了事一曰籌捐捐分三項曰山廠聞約千餘家須查十二都地保門牌冊按戶派工一例捐錢准其以工相

抵切勿派工致令老弱抵數有悮商功章程日田畝聞近萬數須細核十二都冬藏往三號田鱗每畝業佃各輸若干斤不必分等曰城廂閩約四千餘家亦須查保甲冊大戶捐銀中戶輸米設米闢按月一收下戶免又當另借公款或罰鍰以爲先事之舉而城廂湖道則令遵照局章畫段自濬局中派司事以督之一曰出土縣龍發脈於集雲山內堂龍虎第一山蟠其左趙家山踞其右而左苦其龍神之短右苦其巖石之醜宜於第一山就近出土池東接築沙邱以避牛臥嶺之凹風庶高家陽等處方可生聚高家陽本大村落近巖漸無人煙趙家山就近出土遮培巖石直至外陶尖兩處廣栽松檜柳杉務使蓊鬱成林湖岸兩傍各開長堤上廣四尺二寸下廣四尺八寸高五尺

四寸每丈計可占土二百四十三尺而不盡之土則以西門外竹排頭江邊爲尾閭先行揵木施以樁橛雜料而後填築沙土大可墾田置屋切勿堵塞小浹及填百歲坊之新潭蓋此潭尚宜接通大湖爲妙而出土則宜間用牛板車如省城西與載貨車式爲便利一曰東沙山作勢無可禁預當設法以堵新漲宜濬舊潭以爲東沙入潭之舉查全湖舊有深潭數處舊湖水法確有深意河埭橋之水不使直趨第一山必令紆道折而西北行繞高橋浹逆流入東泮湖則第一山以南皆城橫水之局而又多設深潭潴水令氣不直洩蓋出水過駛實形家所忌今當一一修復約共數處非唯潴水備旱兼取東沙放淤西磡則牛角潭南磡則趙家山前河埭橋則牛軛甩此潭尤要高家陽則牛溪潭牛臥嶺前則李姓墓前龍池蓋五處首受沙淤潭底前後當築小

壩高一丈九尺二寸令與湖底平防沙漲則沙石皆先及五潭而後汎及湖身以每潭中周九丈二尺四寸五分下周七丈六尺九寸深一丈九尺二寸計之可受沙淤一千一百五十尺另四寸計五潭所積約近六千尺每歲可僅就五潭撈淘數次較易爲力此外如沙城頭高橋浹口四板橋坎舊有三大潭雕橋底東垟橋後菱湖陳府廟北皆當一體修復如勢難遍舉則趙家山前牛軛甩牛溪潭沙城頭雕橋底陳府廟北六處必不可少此其要也一日包工所謂包工非令畫段包濬也宜令局工數人自行先濬一處約每工日可出土幾方每船可載幾千斤刻其大木爲識然後分段合濬計船給值出土近遠

倣此須就籌捐所及之處招工不可遠募以示調劑蓋干鍤齊施耳目難周實以包工爲利便但當令就近居民包估出土萬不可畫段計值統令地豪概行承濬致礙局章而施工之先後則以出土出水之遠近爲次全湖告竣然後細按鱗册清丈凡民田被濬者照時值給價舊係湖身者入局招佃此謂丈田沿堤皆令栽樹以護堤身全湖日久方無移佔之虞堤在東者宜桃柳在西者宜梅櫞而皆間以桑竹烏桕禁攀折畫地招佃承管不特四時掩映可增風景儘可兼收其值以裕經費此謂護堤城廂旱乾固由來源不旺然亦各陡門走洩過甚所至宜於治前及篔簹橋與各陡門處所詳定水

則轉設閘夫示以啟閉之節違者重究首告給賞從前閘夫得規陡門日啟以便捕捉走私夏秋水滿之時大潮灌入稻田被浸不少苦無舉告去冬虬借友人曾燕卿廣文等聯名呈禁此風少革此謂設準邑乘水道舊無全圖宜分北湖城廂爲二圖開方測繪存局備稽考此謂繪圖辦過工程一應夫工錢捐等項以及分段督工姓氏一一彙清登簿轉派司事十數人常年輪管湖務此謂計簿吾邑祠宇甚多而獨無水神亦非思源之道宜就河埭橋等處立廟以祀水神湖田堤產概充廟祀廟勒吉金以垂久遠此謂立廟管子曰利陂溝瀆泥滯通鬱閉此謂遺之以利其實水之爲用尚不盡此蠲疵癘消獷悍息火患振文風一皆主之於水蓋水爲天一之氣所生人寓

其間涵濡沐浴動與天游故古人水正設官府事修和釀成於變之化若能參用形家之術修改湖道更以其法遍及各鄉一例開濬利賴尤無窮哉辛巳

斗山陳氏睦族四議

唐天寶間有姓陳氏官永嘉郡經學博士諱竹屋公者清溪郡沙岸人也實爲吾宗來甌之始遷祖五世而太域公廬墓簫臺轉徙樂成二十一世孫松齋公諱登當明弘治正德時參瑞安三港幕吏遂遷瑞安顧三地皆無宗祠保受救葬闕如也屆虬三十二世矣譜又久失修光緒壬午虬乃創訂宗譜詳定義例爲譜者二十序論凡十數萬言五易稿而始克於己丑藏事顧舊散佚者

尤不能盡紀也又葺爲陳氏譜畧六卷將先梓行爲收族計續創建祠置倉族葬宗祀四議願輸百金爲倡有尼之者事未果行因存其議以俟徐圖建祠之法須擇寛敞地前置義倉後設義學以便耕讀義學又分二等曰村學曰蒙學村學則僅取日用諸書留心解說如百家姓千字文蒙求急就章小學韻語幼學須知三才畧等數部三年之後儘可應酬蒙學則擇取聰穎子弟望其大成每年酌提公款添置書籍義倉之法春放秋還加息二成收放一皆以穀不准以錢相抵蓋穀春時多貴秋收易賤名雖收息暗實無損而大宗又歲可得贏此即社倉青苗之優劣實係赤貧另行量助族葬之法當擇平垍地數畝每畝可厝百餘

棺區爲數等畧按行次以待貧不能自舉者隙地仍可種桑及烏桕等樹收其餘息備用宗祀之法所以綿世德也人無百年富無十世君子之澤有時或斬其有子姓衰微祠墓坵墟者即在行道猶爲盡傷況吾宗人然勢不能遍及也今畧參宗法之意以爲尚義者勸凡捐輸祠產計値百金以上者歲祭三百金者派入墓祭數逾千金則三十年一修其墓永爲常例不論子嗣有無皆主於宗子凡此數議非錢不辦議設宗輸之目曰丁曰稅丁則人每三分不分男女稅則畝收五斤佃者減半歲永爲常核計所入先提二成不許動支別置一倉名曰盈餘另開一簿經理得宜族中善舉積久皆可次第舉行虬

嘗謂無論公私世業皆當扣存一二成倣社倉積穀收息法三十年後天下無貧民矣其四民廢疾不能自存者計口給食如此則仁睦之心油然而生范氏義田不能專美於前矣庚寅

均子篇

古聖制禮事可義起治平有基齊家爲首誠以王化之原本於門內故父子夫婦昆弟屬五達道此而勿講追論參贊晚近澆漓父子夫婦尚多循分友于之風漸至聞如追念昔人形影聲響之喻同案傳服之論輒用慨然僕爲此懼特創均子之說庶連枝同氣寒暖可均雖懶雝離跂未可繩武他氏垂之家訓冀後吾者永共遵

焉攷之古法小宗可絶大宗則否今俗皆立繼意猶近厚國朝定制一主親愛然爭繼奪產身後頻聞．訟之興傾家破產手足參商視同胡越覆宗絶祀曾莫之顧固由末俗天性之薄抑以先無良法以劑之也法如兄弟三人甲乙及丙共得七子丁戊己庚辛壬與癸不拘親生須令丁庚癸爲甲子戊辛己壬分後乙丙統以所生先後爲次歲週斷乳卽令繼養女子伯仲悉從一例按序不足可行兼祧獨子無後間取五服以濟其窮約舉此法有數善焉天顯之義勢難戶曉若知子嗣卽出昆弟則人樂多昆友愛倍篤一善也家道成敗半由婦人陰教不修刑于易阻若易子而撫子姪一體妯娌之

間自然無間二善也不孝有三無後爲大父母生子各
冀其成若同父之子無慮乏嗣親心大慰非惟勸悌兼
可致孝三善也子女繁多類耗家財一均之後產自無
偏嗣續家產兩免向隅且可暗杜爭產之風四善也長
房之子常長各房昭穆之間長幼秩然且繼不異祖將
親親尊祖動乎天性五善也變通宗法井田之意均其
勞苦同厥安樂蚩蚩之氓皆將勉爲孝子悌弟民日遷
善而不自知風同道一郅治可期六善也僕少遭孤露
先嚴亡叔弱齡見背遷瑞以來傳世十數羣從兄弟僅
止七八門祚衰微惄焉心傷年逾立境猶虛滕下季弟
劬學未婚又殂倉卒立繼未協倫序昆季之間勢無可

改有後吾者可遵斯旨如乖吾趣春秋麥飯吾必弗歆雖違越禮教見呵儒先而一得之愚頗謂擷經之精執聖之權業以整齊門內提撕孫子其於世道人心亦良有裨知我罪我又何計焉 癸未

求志社記

始吾讀桃花源記而悲之悲夫以淵明之賢坐視典午之覆神州陸沉而莫之援徒鑿空爲避地計何遇之窮也後讀顧況莽墟賦乃始恤恤然疑以爲吾甌豈亦眞有所謂桃源其地耶雖然粵之猺楚之狪閩臺之生番狉狉獉獉自爲君長不復知人間世有神聖皇王事臥倨倨與聘聘縱長年大老亦古裸國民類耳奚貴哉吾

友許子拙學負經世材久不得志嘗欲率同志爲入山
舉擬其名曰安樂村而矚虬議其事虬維吾儕生長
天朝踐土食毛垂三百年値此車書大同而欲長守
渾噩非計也請改其名曰求志取隱居求志義而倣古
法以二十五家爲一社衆皆曰善將擇三十二都之鹿
窠而託焉議合社各穿布衣示同方戒羅綺惟在外宦
學者不禁社中設大院五楹三座中堂榜曰求志堂東
西序爲住房倣滿州防營式房各三楹界以門牆前後
簷下皆闢小門直達大堂前後左右各十二座擇中設
閣如譙樓輪値鳴角其上定啟閉饗食之節中設神龕
祀各姓之祖先廂以處社長堂前爲門門有廳廳左右

有塾備幼讀塾後左以置書籍右以置倉囷堂後有室
便婦女工作室外又設草廠而一切碓厠雜物與曝場
皆具焉周繚以土垣去院門百餘武外當入境隘處建
柵署曰求志社門門前夾植松柏檜槐就近結小廬以
便過客小憩及歸里者更衣之所然後闢田疇修溪塘
藝瓜果植花木約地三頃費萬餘金家出五百貫而事
舉矣社推一人爲長便約束爲定冠婚喪葬四禮冠以
十六爲斷喪仍三年之制婚則男女二八皆當婚歲以
二月之吉父母取男女無喪病事故符年限者不准規避箋
書名氏男配律女配吕枚卜於祠堂男女各按長幼之
序次第卜吉卜定旬日壻家具新衣一襲問名删六禮

禁奩費省合婚之說擇吉成禮葬則倣族葬之例按序
平列墓前修植蔭木勒碑碣社選司會一人採辦二人
教讀二人按班輪值皆給薪水計口給食米大口一升
小口五合其一應魚鹽瑣屑之事均各自便交採辦搭
買公狐家不足以自贍與有四方之志者准外出而社
中代爲經紀其家無父母室人之顧疾病死亡之累可
耕可樵可仕可止可來可去身世俛仰翛然自得生人
之樂備矣不僅唯是河汾之業綿蕝之場皆將於斯社
基之上以紓君國之憂下以傳之其人當是時友朋文
物極一時盛許子拙學外如林子香史王子小雲金子
韜甫池子次滂陳子介石何子志石及虬兄仲舫二兄弟季弟

然使虬異日得稍自見周旋世故十數年後猶將按圖禍懼及友朋聃胡禹裸首變初服而吾志亦漸荒矣雖東甌布衣矣歸自京師忌者尤衆虬恐踵明季諸社之庚寅北上座師太史陳公首相詰問蓋都下亦皆知有甚時流有氣力者頗不便其所爲爭擠爲布衣黨之名不克堅守舊約而社事遂散方事之盛也布衣之名藉謝死者長已矣存者又復如儒墨之異趨爲世所指摘出游江淮鬱鬱無所遇不幸遂死香史小雲又先後殂不各輸所長挾一藝以自贍中更世故事未果行拙學文章掌故以及算數醫卜書畫篆刻擊刺騎射等術無和未間皆能修明絶學供世馳驅自天官輿地典禮樂律

訪故址翦榛蕆開宅里重啟講堂彈琴詠歌與二三故人衣冠揖讓其間仰視天際犬吠雲間雞鳴樹巔楓林槭槭作長嘯聲彷彿若有見風車雲馬囊書矢軒軒而來者得毋拙學諸友之靈陰相予成則斂佩欽祚肅拜而前曰菟裘猶在幸吾子毋忘夙昔幽明共之使千秋萬世後永知吾甌有求志片土喜可知也不然四海之內百世之下必當有同聲欬者古今人胡遽不相及乎社事告成於春秋雞豚之局分吾瓣香則區區不死之心終當於此中託魂魄焉如不沒其蓽路創議之功則願舉盃酒相酹曰先生歸來乎息壤在彼請先書此記以爲之券壬辰

史法章

古史之興肇乎倉頡宣尼筆削迺有春秋邱明受經創爲傳體年經月緯一主編年龍門繼簡始爲紀傳各史因循遂沿不改揆其始作人自爲傳不相雜厠總會人物區詳易覽亦有足多其時漢氏初興去古未遠公私學術尚少分門列之一傳自無不賅魏晉以降英彥鑑起一人之身兼有數長若施以獨傳則踳駁無倫苟以文體遂乖史法於是載筆之徒類多刪削詳其所畧畧其所詳疏闊之譏殆難免焉似宜參用編年如名先年譜畧施小傳次其履歷分年綴事不取文言庶文無泛論按實而書詳實準當可稱史則其儒林循吏職官等

目可倣班氏古今人表區爲九等鈎元提要以示龜鑑明白頭訖之序品酌事例之條雖殊古式自謂頗得事序一得之愚冀有採焉丙子

書校邠廬抗議後

右抗議二卷吳縣馮林一宮允所著書也宮允自序稱桂芬讀書十年在外涉獵於艱難情僞者三十年一官無言責懷欲陳之而未有路鄉居時創小大戶均賦議輒中僉壬所忌蓋當時顧亦未有好之者嗣讀顯志堂集知宮允於辛酉壬戌在滬設會防局襄籌防勦繼又定入皖乞師之策東南大局賴以旋轉又與當道詳減東吳浮賦歿後鄉人追念前勞籲請奏建專祠旋蒙

俞允夫儒者任道之重著書用世皆完吾分內事原不冀異日之馨香然有陰行者必有昭名當時謠啄之徒娼嫉性成百計以撓其議者卒無損乎毫末乃有志竟成俎豆之報且近在身後而遺書亦遂稍稍見採於世士之懷材不遇汶汶於當時者亦何患無見伸之一日哉議凡四十九條與拙著治平通議頗多異同然各有宗旨並存可也夜爐燈火意有所感爰書以自勵　戊子

書顏氏學記後

顏氏聖人之徒也而其學不能無所肴金縢之策曰不若旦多材多藝顏淵曰夫子博我以文郎周孔之教亦

曷嘗以通博爲諱哉勞形神杜聰明孜孜趨時欲規三代之盛殆出入於孔墨間而不能自去其肴者雖然世方役役於詞章訓詁義理之學鄙經制爲粗疏坐視世變而莫之措尋其所志苟以標宗派立師承邀俎豆而已亦安得如先生者振興其間一掃而空懸聖鵠以爲之招哉顏氏囦今又二百餘年矣時移勢易風氣日開車書之盛實有爲古先知能所不及者若通其蔀益廓而大之其於聖學也幾矣 癸巳

治平通議卷八終

東甌詠古齋刻字

清末民初文獻叢刊

劉壯肅公奏議

（上册）

[清] 劉銘傳 撰
陳澹然 編

朝華出版社
BLOSSOM PRESS

圖書在版編目（CIP）數據

劉壯肅公奏議 ： 全2册 / （清） 劉銘傳撰 ； 陳澹然編. -- 北京 ： 朝華出版社，2018.8
（清末民初文獻叢刊）
ISBN 978-7-5054-4291-7

Ⅰ. ①劉… Ⅱ. ①劉… ②陳… Ⅲ. ①奏議－彙編－中國－清代 Ⅳ. ①K249.065

中國版本圖書館CIP數據核字(2018)第151833號

劉壯肅公奏議（全二册）

作　　者　[清]劉銘傳
編　　者　陳澹然

選題策劃　楊麗麗　尚論聰
責任編輯　趙　倩
特約編輯　孫　開　齊　芳
責任印制　張文東　陸競贏
封面設計　劉敬偉

出版發行　朝華出版社
社　　址　北京市西城區百萬莊大街24號　　郵政編碼　100037
訂購電話　（010）68996618　68996050
傳　　真　（010）88415258（發行部）
聯系版權　j-yn@163.com
網　　址　http://zhcb.cipg.org.cn
印　　刷　藝堂印刷（天津）有限公司
經　　銷　全國新華書店
開　　本　880mm×1230mm　1/32　　字　　數　246千字
印　　張　23.25
版　　次　2018年8月第1版　2018年8月第1次印刷
裝　　別　精
書　　號　ISBN 978-7-5054-4291-7
定　　價　175.00元（全二册）

出版前言

中國自一八四〇年鴉片戰争以來，傳統的農業文明在西方的堅船利炮轟擊之下徹底被顛覆，有擔當的知識分子苦苦追尋，思索社會改革的途徑。從最初的『師夷長技以制夷』到『民主制度，天下之公理』（梁啓超語），他們發現要『强國富民』，首先要『開啓民智』，衹有民衆擁有了獨立思想和批判精神，國家纔能實現真正的强大。在此後一百年的時間裏（一八四〇—一九四九），思想者們從社會變革深入到國民性的改造，用每一部作品見證着中國近代化的遞變歷程。這是一個極其重要的時代，《清末民初文獻叢刊》正是收録了這一時期的作品，大部分書籍都是早期版本，有着極高的文獻研究價值。

清末的中國經歷了『三千年來未有之大變局』（李鴻章語），大清王朝面對西方列强的艦炮，表現得驚慌失措。尤其是鴉片戰争，使『天朝帝國萬世長存的迷信受到了致命的打擊，野蠻的、閉關自守的、與文明世界隔絶的狀態被打破了』（《馬克思恩格斯選集》）。一批士大夫知識分子，尤其是在歐美諸國擔任使臣或者游歷的知識分子最先覺醒，着眼于對西方國家的考察，進而反省本國政治制度的劣勢，可以視作『啓蒙』的端倪。如曾擔任駐英公使（兼任駐法公使）的郭嵩燾在《使西紀程》中以日記的形式記録了自己對歐西諸國的觀感，他在考察了英國的政治制度之後，發現英國政府官員收入超過三百磅者與普通老百姓一樣同等納税，他說：『此法誠善，然非民主之國，則勢有所不行。西洋所以享國長久，君民兼主國政故也。』他明確提出了『民主』，在國家的管理問題上，人民也有參與的權利。他在該書中所披露的西方政治、經濟、文化等領域優于大清帝國這一事實觸動了保守派的神經，立刻遭到保守派群起而攻之，進士何金壽彈劾他『有二心于英國，欲中國臣事之』，他家鄉湖南的民衆對他更是痛加詆毁，以至于滿城揭帖，誣蔑他『溝通洋人』，在這種群情洶洶的情況下，朝廷最後下旨將《使西紀程》毁版，從而使該書成了禁書。然而，書雖被毁版，却不能堵死民衆的傳播與閱讀的途徑，上海的《萬國公報》依舊連載該書，張佩綸曾說：『朝廷禁其書，而新聞紙接續刊刻，中外傳播如故也。』從某種意義上來說，啓蒙是時代的需要，盡管清政府發諭旨禁了該書，民衆乃至一些朝廷大員却依舊在私下閲讀，以便瞭解外部的世界。進步的社會是開放性的，任何企圖『閉關鎖國』的努力都意味着歷史的倒退，衹有開放，與整個世界文明保持同等的步伐，纔能實現真正的强國之夢。當大批知識分子走出閉鎖的國門，親歷了文明的洗禮之後，也就把啓蒙的智識帶回了中華大地。容閎的《西學東漸記》，梁啓超的《新大陸游記》，崔國因的《出使美日秘日記》等一大批作品介紹了海外諸國的政治、經濟、軍事、外交、文化。雖然這些作品在認識上仍然帶有時代的局限性，然而却是那時最爲珍貴的聲音。

另一方面，在學術上，中國文化母體内『經世致用』思想與資産階級思想相結合，也唤起了變革，以康有爲、梁啓超爲首的改良派試圖通過自上而下的革新以實現變革。康有爲的《新學僞經考》《孔子改制考》就是借經學之表論資産階級學説之裏的著作，康有爲的弟子梁啓超更是通過《新民説》一書提出國民性改造。與早期啓蒙者『師夷長技』的器物文明引進不同，梁啓超上升到形而上的精神領域，從文化心理上更加徹底地進行變革。梁氏是清朝末年到民國初年一個橋梁式的人物，被譽爲『輿論之驕子，天縱之文豪』，其影響力不但在學術領域，同時還在文學領域，他所倡導的『詩界革命』得到了譚嗣同、黄遵憲、丘逢甲等人的響應，黄遵憲的《日本雜事詩》，丘逢甲的《嶺雲海日樓詩鈔》都體現了這種主張。這一主張要求反映新的時代和新的思想，用『我手寫我口』（黄遵憲語）的方式直抒胸臆，對長期占詩壇主流的擬古主義、形式主義産生了巨大的衝擊，解放了寫作者的心靈和頭腦。

與社會變革同步的是早期對西方思想著作的翻譯，這裏面影響最大的是嚴復，他翻譯的《天演論》《社會通詮》等書直接孕育了民國一代的知識階層。魯迅、胡適等人在文章中都曾提到《天演論》對他們思想所産生的震撼。與嚴復略有不同的另一位翻譯家是林紓，他的譯作雖然參差不齊，但却在更細膩的心靈層次對讀者産生影響，許壽裳曾回憶，他和魯迅都熱衷于林譯的小説，如《巴黎茶花女遺事》《黑奴籲天録》《迦茵小傳》等作品。

辛亥革命之後，進步社會思潮成爲主流，比之清末思想啓蒙者『求存』的追求，民國以來的知識階層深入到了更加細微的肌理，一方面呼喚社會變革，另一方面進行點滴的建設，革命并不能使所有的一切一蹴而就，在更加深廣的領域，事物的改變是由微觀而宏觀。通俗地説，比之于革命，建設的意義更大。如《中國商業史》《中國教育史》《中國倫理學史》《中國哲學史大綱》《中國小説史略》等一大批作品都是進行系統的梳理與建設的理論作品。其中，以胡適和魯迅二人的影響最大，他們的作品一紙風靡，從而成爲新文化運動的主力人物。

《清末民初文獻叢刊》收録的文獻大致上可以分爲三個階段，其中龔自珍、張之洞、魏源、郭嵩燾、薛福成等人的作品可視爲『早期啓蒙』，康有爲、梁啓超、黄遵憲、嚴復、林紓等人的作品可視爲『中期啓蒙』，胡適、魯迅、蔡元培等人的作品可視爲『晚期啓蒙』。當然，這種劃分并非嚴格意義上的，大部分啓蒙思想者隨着時代的變化，其思想在不斷進步。縱觀整個近現代史，可以發現，要求變革不是在某一個領域，由某一類人發起和完成的，而是全社會的要求。

變革，已經成爲全社會的共識。

從清末民初的文獻中，我們能够發現一種豐富性。這些作品涉及政治、經濟、軍事、教育、外交、宗教、心理、情感等方方面面，從内而外地净化着中國兩千年以來的封建積習。它不衹是對社會的改造，更是對人心靈的重塑；它首重國家社會之建設，同時亦重靈魂心智之唤醒；它是宏大的，也是微觀的；它是嚴肅莊重的，也是活潑靈動的；這些作品結構精巧，思想内容深刻，擁有濃厚的人文主義色彩，對推動社會主義建設，實現中國夢有重大意義，是近現代中國一百年來最宏富的智識與情感的寶藏。因此，整理這些文獻作品，無論是出于資料保存的目的，還是爲圖書館提供資料副本，都有不可估量的意義。

特定時代下的文獻，當它一旦形成（既指草擬，創作的完成，也指其成爲一個載體），就不可再複製了，也就意味着它將面對消亡。對于文獻資料而言，越接近歷史事件發生的時代記録，越具有研究價值。文獻本身具有不可再生性，它衹會消亡，而不會增多。盡管文獻本身的文字可以保留下來，并進行傳播，却失去了當時的時代氣息。當時的作品可能在技巧上，文字的成熟度上不及當代，但它所負載的信息，創作者的情感都反映了當時的歷史，也就是説，它具有不可替代的歷史意義。

影印的版本有三個特點，第一是擁有文獻的『原始性』；第二個特點是『未經改動的』；第三個特點是『歷史的原貌』。所謂『原始性』，也就是説，它是第一手資料，而非轉述的，回憶形成的；『未經改動的』，是指未被篡改、删節、挖補的；『歷史的原貌』是指在影印製作過程中，完全依照文獻的原來模樣……這樣製作出版的作品，無异延續了文獻的壽命。

近現代思想史上的一個最重大的思潮就是『開放』，從林則徐的『開眼看世界』到蔡元培的『兼容并包』，都是在倡導一種開放式的胸襟。而《清末民初文獻叢刊》最有魅力的部分就是『開放』這一主題，祇有融入到世界文明發展的進程中，中華文明纔能歷久彌新。

《清末民初文獻叢刊》編委會

二〇一七年四月十四日

凡例

一、《清末民初文獻叢刊》（以下簡稱『叢刊』）爲影印本，舉凡所用之底本，均爲該書之早期版本。有清末刊本，亦有民國印本。

二、《叢刊》均依底本影印，未予删改，僅代表作者個人觀點，不代表官方立場；原刊本有誤，不予校改，以保留文獻之原貌。

三、《叢刊》所用之底本，因時日久遠存在漫漶的情況，均進行了修復；底本闕文、印刷不清，均保留原貌。

四、爲讀者閱讀之便，《叢刊》中之舊底本目録未標記頁碼者，編了目次；原底本有頁碼和目録，未予重複編目。

五、爲保持文獻的原始風貌，影印本保留了原書書影（原書爲多册，則保留第一册書影）、扉頁等信息。所用底本無相應信息者，則不予妄添，以免錯訛。

目録

劉壯肅公奏議

劉壯肅公奏議

劉澤源署檢

劉壯肅公奏議　目錄

卷四　撫番略

卷六　建省略

卷八　理財略

叙

天柱之山自終南東邁矯然特立中幹間江漢河淮襟帶萬里居鄴洪澤鬱爲陜區潁亳淝泗之鄉厥惟千古雄豪之地自管氏徘徊潁上創霸中原厥後陳范滅秦孫曹霸漢楊吳代李徐常造明奇烈迭興大都憲章仲父唯獨崇莊一老異峉縱橫九萬遺迹竟辭楚相高風潔韵曠代罔冡蓋奇勳偉節並著之難如此同治初中國大亂故大學士合肥李文忠公獨創淮軍趨上海規江蘇一時名將程忠烈張靖達吳武壯之倫蹈厲雲興不可一世唯壯肅劉公年最少獨角巾孤劍長嘯其間蘇城既克程公戰死嘉興李公顧諸將唯劉公足勝艱鉅軍無大小一以決之年二十九遂拜提督畿疆之　命於是南平吳越北定中原振旅策勳授封五等而公則浩然歸矣明年　詔督師關中事平輒乞去

更十年俄羅斯難作再　詔入京師和議成復抗疏歸里又四年法蘭西搆兵海上復起督師臺灣血戰經年臺以無恙既授巡撫專疆事撫番清賦建省設防毅然保全台爲七省海疆樞筦　朝廷鑒其忠既晋宮保銜長兵部復　命佐賢邸贊海軍大臣惎之公則堅乞臥山中不出公去四年而日本難作再　詔入京師卒不出而台輒亡公益悲鬱死矣嗟乎人之云亡邦國殄瘁此豈特一人一家之痛酷已耶緊古功名之士每不樂以湖山勝美易軒冕之榮而高蹈之賢又不惜舍天下國家自安林壑故禹稷巢由雖太史無能合傳而專制之君讒賊之相遂不憚犧牲豪傑自騁其予奪生殺之威雖若鄴侯異烈再造李唐代宗之賢至乃放棄衡山以脫元載之娼嫉青田奇畧且陷胡惟庸讒毒而罔或伸功名之際賢者或不克保其令終自古然矣我　朝優禮大臣遠符宋氏然觀甲午之敗其禍實始司農能鐵道禁海軍倉猝無能戰守而東征既

敗雖忠摯若李文忠且將險蹈岳于之慘戮流風摧靡則雖擁強疆稱物望靡
不覥然仰貴臣呼翕以爲轉移夫天下烏有容悅以求富貴而能舍其身以當
國難者痛乎彭剛直有言士大夫出處進退厥惟人心風俗之盛衰而晚近人
才至乃甘奴隸犬馬而不知恥恤以此而當敵國外患有相攜崩角已耳然則
公之醉心嚴翠敝屣節旄其苦心遠抱爲何如哉公才兼文武所著大潛山房
吟稿曾文正歎爲驃姚勁悍類其用兵在官奏牘下筆輒數千言沛乎若不可
禦其大要尤在成敗得失靡不畢達其眞誠絕無一言相誑飾其所自屬草尤
覺英風浩氣磅礴楮墨之間澹然生長江淮慕公三十年不獲一見丙午客海
上公孫荃莊部郎方處京師獨最公事略屬爲墓道之碑既幸得比歐公與名
韓相之堂以爲慶美今秋棲遲都下荃莊復舉公奏議屬爲校勘蓋深見將相
子孫刻其先册大都纖悉靡遺懼不足垂後世自非知言之深烏能及此公疏

凡二十二卷語皆實驗遠異空談洵足以爲世法瀋然懼讀者不獲窺其體要
也謬加釐訂別爲出處謨議保臺撫番設防建省淸賦理財奬賢懲暴凡十略
各爲小序以括其端篇之內別爲圈識提要鉤元篇卒或甄輿論或采遺聞與
時局變遷之不能不具者則爲按語以明槪略庶幾論世知人之君子得窺豪
傑之眞要非荃莊邃古知言烏敢妄圖斯指葢纂述之微固有未易語諸天下
者公性不樂人節度平吳平捻勳冠當時屬在李公未嘗自達於時文牘葢已
唓遺今之所存則自督師關中始而臺事爲獨多淮人言公嘗登基隆山望日
本歎曰彼區區一島國耳吾茍速圖尙可併呑以張國勢不則爲彼虜乎因欷
歔而罷嗟乎文相孤忠安能保嶺南無滅史公奇節安能必江左無亡惟此忠
臣烈士浩氣丹精貫日月薄星辰而與之終古則土疆雖去且將盪激文人之
歌泣鐫入萬世人之心目而使之長存其理固有確乎不拔者悲夫臺灣已矣

神州雖廣何一非臺東患方殷莫知所屆讀公書者俯仰於當時血戰孤危之苦與其後經營締造之艱深念尺土隻民無一非忠臣烈士肝膽精誠所搏聚不使神州大陸坐致臺疆異族之悲斯則荃莊繼述之義者夫光緒三十有二年冬十月桐城陳澹然謹叙於都下桐城館

出處畧叙一

嗚乎大臣出處之際難矣哉或庸闇而乘非據或賢俊而被寵榮是二者大都行殊迹類易進難退千古歎之夫庸闇無論已中興名烈若曾左李巨矣然使曾無津案左辭樞府李謝海軍而皆急退此其爲樂南面王烏足道哉然此三公者既被殊知進退爲能自主李自甲午奇謗退處獨難迹其南北徘徊造物亦若留其身以待庚辛之挽救蓋其心爲獨苦矣吾攷劉公疏十六年四月十四日始准海部咨奉幫辦海軍之　詔越明日疏謝之又四日遽上疏乞去私獨訝之公以武臣拜封爵擁專圻一歲間迭晋太子少保兵部尙書不數月復授海軍重寄綜中國大臣自王公閣部督撫都統將軍提鎭何啻數百人而淸秩之加不過數人而止况乃海軍之鉅實爲國家萬世遠謨總以親藩任之上相及公乃纔四人將帥之尊榮　朝廷之倚畀俱可謂極至者已公獨皇皇引

退若恐弗及者何哉且鐵道之舉海軍之謀皆公之所獨創也其撫臺也疏言
使孤島自強固七省海疆鎖鑰副微臣經營海表之初心其志可謂壯矣今倘
畀方殷而轉渝初志則又何也及舉其生平出處大節而詳考之然後歎公之
志行實有非常度所能測者公始以咸豐九年團練保鄉鄰授千總十年自將
五千人備糧餉解壽州圍同治元年春江督曾文正始奏擢游擊　詔未至五
月仍以千總從李公赴江蘇三年擢直隸提督六年冬東捻平始拜三等輕車
都尉輒稱疾歸引退乃自此始七年　詔再起討西捻滅之於是中原大定拜
一等男　命下復稱疾去八年　詔蒞任遂乞李公奏開提督缺　詔許之蓋
請疾已三次矣同治九年津事棘畿疆重地僅一銘軍公則聞召疾驅中道而
和議定　詔命以原官督陝軍專摺奏軍事十年復　詔出關圖新疆獨三疏
請疾去卒　薦曹克忠代將乃歸光緒六年秋　詔復強入都議俄事乞假兩

月　詔促之既入復三疏乞返光緒十年法事棘　詔強之復出公始泛西湖
謝之　詔復促之出李公益函電速之五月甫至津李公擬請佐北洋軍事座
間示以意公笑謝之閏五月朔方入覲　特詔晉巡撫銜督臺軍九月授閩撫
督臺軍如故十一年六月法事定卽奏辭閩撫請專治臺防不許遂抗疏乞歸
是年冬　詔建省臺灣改臺撫公乞去益堅　溫詔益慰留不許越六年省防
既定海軍　命下復五疏堅乞乃得歸及甲午再召乃堅辭不出矣綜其生平
自始戰江蘇訖臺灣凡五進而辭退乃十有八焉乞退之疏存者乃十有四按
其歲月皆處恩綸稠疊之時實爲千古名將所未有夫豈潔身高蹈如古石隱
者流哉蓋其雄略縱橫不可一世喜勞惡逸樂任人所難尤以奉節度擁虛名
爲深恥當其提督畿疆授封五等中原大定千里謳歌斯亦武臣之至榮矣脫
令優游　輦下坐擁節旄疇復能議此者獨念風塵無警上將虛糜左武右文

已成風氣提臣雖貴展布莫由故决焉舍其官而不屑其督陝軍也異軍特起專達　朝廷不復見制文吏斯亦上將之殊遇矣然關中既靖終類虛縻　詔出新疆更憂餉饋而西陲經略又非可共功名絕塞蹉跎且將牾牴故决焉舍符節而不居其赴俄難也既以主戰而忤相臣復以鐵道而違台諫棲遲海上誰省孤懷故决焉全吾身以待天下及臺疆甫定門戶傾排辭撫任臺庶圖專致此固當時之苦心也而樞臣不察責難紛投設險無資更謀建省大臣治獄復事調停自非制府公忠親相慰助有不决焉逕去者乎厥後撫番清賦建省設防七載憂勞固已歸然自立脫令逍遙海上坐擁巖疆峻秩殊榮睥睨萬國斯亦大丈夫得志之所爲也獨念海軍之重非有實權莫由擔荷以成其志賢王既逝醇王薨在十五年冬大司農已請禁海軍十年毋增器械將以海部虛名內羇賢豪外炫強國而諸臣秘術方挹海軍巨帑莫知所歸一旦強鄰激戰巨艦敗亡

清議之徒且將歸獄於海軍羣帥必致海軍淪喪臺且隨之吾獨奈何罹此厄哉嗚乎公所爲請疾經年脫焉敝屣者此也公去四年而甲午戰作　詔令李公傳　旨促入都李公命長公子函電勸之公復書謂起家行伍身任封疆今乃等之列將吾其何以行哉卒不出李公太息久之夫以翛然泉壑之身明知勢不可爲復致佞臣之掊擊是尙得爲智者哉且軍與將帥未有自請撤軍者公督陝軍時獨首行之其言曰民生凋敝醵餉奇艱臣卽忍恥盧糜抑復何裨大局此其苦志亦可見矣議者不察至謂迭辭　詔命迺類要君是惡覩古君臣之義者乎公始倡淮旅練洋操議鐵道建臺省此四者實創中國未有之奇淮軍馳騁中國三十年高麗越南至今歌泣銘軍諸將尤震赫當時　朝旨至敕諸行省本公練兵爲程法蓋同光閒倚重如此至其平吳平捻奇戰實多方略具存無難考索獨公自平捻歸輒鄙戰功爲不足道當時文牘一以火之而

深嘆古賢王命將之義嘗曰古之拜將也曰閫以外將軍制之故將在外君命有所不受秦漢專制斯義已亡雖曾李奇勳往往坐牽樞部此風不變將帥終莫由自盡其才故其督陝軍也迭　詔遣軍赴烏城守蒙邊復命馳肅州待俄變公度其不可則堅屹不搖及赴臺疆　明詔許便宜乃往厥後用人行政復請銓部寬文法以盡其謀要與辭新疆舍基隆謝朝鮮等所謂卓然自立者耶方公之在臺也銳意與海軍謀日本（嘗聘其名士倉信敦處幕中不令與軍事暇輒對奕以詢其政俗而思爲之備歸後其人猶威公寄日本棋譜於山中公手書答之）甲午之戰西報言日議院聞公出則大驚已聞其不出也則大喜曰劉某不出吾無患矣始公之歸也劉忠誠坤一方督兩江以殺李洪故公作書讓之忠誠大恚及聞公沒拍案驚曰長城頹矣蓋中外推重如此嗟乎身爲名將立奇勳其爲世嫉固已多矣不務審時局以圖進退雖汾陽偉烈不能不牽率於河陽之奔甚乃忠愈奇而禍愈烈將一身不足惜奈國事何

岳忠武熊襄愍之賢夫豈樂高官貪巨祿擁兵戰伐以自豪哉卽是而公乃矯然千古已

謨議畧叙二

公少負奇畧討捻時謨議已聞天下初羣捻日馳數百里官軍嘗逐躡莫能遏其鋒故雖僧忠親王忠勇絕倫卒敗死曾文正代師請設四鎮兵罟之道遠兵單総以不效公獨上書檄列縣循黃運膠萊諸河側建堤塹塞其衝然後盪决縱橫扼其死命復自練奔卒如捻狀躡之羣捻以滅然其書已不可考矣今所存斷自鐵道始伊犁事棘　朝旨促入都公首上書李公爭主戰旣至見廷議之主和也則獨上此疏以去廷臣昧遠略劾罷之中國言鐵道實自公始要其所言道成則一兵可敵數兵之用使兵餉大權盡出　朝廷督撫無能牽制則固中央集權之至略也至其造路之法則請借民債以速其謀當時國力未衰取償且易故蒞臺後益痛切言之使早用其謀何至甲庚之師餉援俱阻償割乃至此哉方公之奉　命赴臺也　詔詢海防策公奏請保商埠改砲臺變水

師譯西籍及其他船械槍砲選將練兵之術尤詳海軍之謀自此始及蒞臺疆所規畫嘗繫天下法事既定　詔令舉將才公獨上言武備過弛請飭海軍部定練章一軍志嚴舉主拔眞才因舉將才以待擢任其他爭口岸保洋稅革漕站綏營夫創郵政則皆當時軍國之大者脊特臺灣一島而巳哉卽以臺論則所陳臺澎善後練兵設防撫番清賦諸策與臺灣建省之宜綏圖則又審時勢以規緩急至若臺戰之危基隆之退撫番清賦之艱則抗辨二疏尤可窺其概略其辨臺戰也曰臣渡臺之日軍械無存礮臺已敝蒼黃接戰歷盡艱危半載孤撑幸無挫失若輕言浪戰內無可據之險外無策應之師必至一敗塗地臣治軍三十年惟求實濟不善鋪張若徒放言高論縱令欺罔　朝廷能不遺笑萬國臣實恥之其辨撫番清賦也曰臺灣一海外孤島耳坐安簡陋何以自強拘守例章何以自保臣所爲任勞任怨者妄計就地籌款不勞仰助隣疆庶幾

孤島自強固七省海疆門戶爲　朝廷建遠大之謨即此以觀論臺事者可以決矣故附諸謨議後使後世談國故者攷焉初同光間公之退處也歲往來秦淮日與諸名士談讌諸名士每促公出公酒酣太息曰公等識之中國不變西法罷科舉火六部例案速開西校譯西書以厲人才不出十年事且不可爲矣吾安能促促與文墨吏爭尺寸哉當時舉國晏然諸名士咸咋舌然則公之鬱抱爲何如哉惜乎當世清流之不悟也悲夫

保臺略叙三

臺灣孤峙閩海中南去廈門且五百里其北乃近琉球固海外絕域也舊制鎮道專摺陳兵事而道益專其勢略與巡撫等顧自道光間姚瑩任臺道禦英人被詔獄後固未有能行者光緒十年法蘭西攻越南岌甚越吾藩國也乞援
朝命滇粵師合救之法人大怒驅鐵艦入南洋倡言奪臺灣要我劉璈者湘軍將大學士左文襄舊部也及是任台道四年歲餉百數十萬金所部軍二萬裨將非進財色不獲將一兵閩督何璟聞其狀廉察之不能治也是年公之蒞臺也閏五月十四日始　詔用巡撫銜督台灣軍事璈性固驕恣見其非閩撫意輕之公念台北形勢制全台滬尾通商而基隆煤產著海外法艦遠來數萬里必踞基隆奪煤廠濟舟師奪滬尾商埠資饋餉基滬相接非速赴基隆保臺北全台且亡獨解兵既久所部駐畿輔江南廣東西諸帥畏法軍輒強留不遣李

公憂其孤往將不能制臺軍也而莫能助公乃率親卒百餘人部將十數奉命纔十日輒抵基隆法艦已縱橫口外閏五月二十四日也初公之過滬也法使數來會探行期公則置酒高會聲言某日乘某艦渡台是夜大風雨公乃微服乘小艇登他艦疾行去岸數時法使乃覺疾發兵艦追之思要之於海比至滬尾則公已登岸兩時矣公既至淮軍至者纔六百合湘士諸卒不逮四千人連奏乞江閩兵輪皆不至礮臺僅五礮當一面臺勢且乖公首捐諸將相勞苦急命築新臺建新壘爲衛六月望日工未蕆法軍已鼓五鐵艦犯我師公急合諸將血戰禦之法艦環巨砲助陸軍臺輒圮公輒誘敵軍陸戰夜令壯士鄧長安梁復初冒雨蛇行潛登法壘毀其砲復初破敵追戰死長安生還躬帥師襲擊之卒破其壘奪其轟追奔至鐵艦乃還既念敵艦多巨砲我軍近海終不足支且臺北一城爲軍餉根本地非舍基隆陷敵師徙軍後山避敵砲扼滬尾以保孤城敵且綴

我師基隆而陰襲臺北則吾且不戰自潰迺陰徙煤礦機器毀其宅斷敵謀移軍截獅球嶺別遣大將扼滬尾而自駐淡水策應知府李彤恩急請塡石塞海口禦之當是時敵既大破閩海軍毀兵輪三十將軍督撫欽使諸大帥擁重兵莫能制也閩師既燼法大將孤拔益鼓勝兵集基隆雪前恥我軍壁山後敵攻滬尾謀臺北大將孫開華章高元禦之張李成以奇兵五百人夾擊大破之法兵死者千餘人半歲法卒不獲徙基隆兵覬滬防窺臺北方閩軍之既毀也朝命左文襄蒞閩督軍事李彤恩者久事基隆精外交孫開華者湘軍宿將也薦其才公任之道員朱守謨浮妄昧軍事公斥焉則嫉李基隆之退朱獨謗李得敵賂鼓臺衆譟之幾大亂朱既去陰結劉璈並謗李於左以撼公初公之督陝軍也左公方督師隴上　朝旨密詢左軍狀公以其久頓也密告之及是左公蒞閩纔一日輒據兩人言劾公退基隆爲李罪公力雪之前序所稱辨臺戰

疏者也於是兩公交惡劉璈益傲睨其間方臺北餉絀公請勸台人募白金百萬助之事未集復乞　朝旨別助之璈獨上言令臺捐二百萬集兵械無關復告左公及新督斷朝援實寢台捐置兵械不問公既苦餉絀命軍凡四十日關餉金一月餉至補焉及冬璈瞰臺北之無餉也故令湘軍發全餉脅淮軍且聲言臺南之餉竭也寔擁金百萬不一佽淮軍激使變始法船之禁海也商船且往還通聲息璈獨告英人曰法禁弛九月法乃嚴海禁併商船搜刼不使通以此坐困三月援餉俱窮而瘴癘更作將士十九病且死軍且絕炊公則短衣草履臥山野戰輒親出當軍鋒一日法兵開炸砲所乘馬忽屈伏於地彈丸從頂上過得毋傷蓋自中國外戰以來未有險絕如此者嗟乎外寇如彼內患且更若此嚮非公孤忠奇略守死不撓內結紳民外拊將士空拳白刃灑血登埤此其爲狀尚忍言哉公之退基隆也深見我軍孤微法軍槍砲精利莫能敵堅令

各軍掘長濠嚴守禦俟精械待援師毋浪戰以損精銳　朝旨屢飭復基隆公
獨守便宜不進八月我軍血戰復基隆江閩爭入告　詔大喜詢狀公知其難
守也寢不言然敵卒不克越基隆乘我左公既蒞閩爭言戰明年春特遣兩大
將六千人潛濟以東　朝廷亦命故陝督楊公岳斌間入台督戰大集官土軍
二萬誓死復基隆基隆山後故有河我軍固壁河北及戰湘軍大將獨慷慨
北渡河當前敵淮軍繼之前敵軍大敗將士死傷如積乃急退河南掘濠塹仍
公策拒之湘軍將乃不復言基隆矣四月盟成法兵退基隆乃歸　朝旨猶以
未克基隆爲公咎方公之舍基隆以啗敵也部將章高元痛哭伏地下阻爲公
大怒拔佩刀砍前案叱曰不舍基隆台北不能保也違者斬乃全師壁後山故
司馬懿論兵謂非上智不能割棄嗟乎戰陣凶危萬變呼息當局且不能喻其
幾樞府書生乃欲制勝萬里之外明之季世復何遠哉故詳著其事告後之任

兵御將者朱劉情狀詳懲暴略中知言君子可並考焉

撫番略叙四

臺嶠生番亙古不通人迹明季鄭成功始逐荷蘭居臺南日經營戰艦西通滇將李定國之師冀獲江海諸行省以存明社未暇內及生番也全台形狀若巨魚尾南而首北前山若魚腹內向廣而平後山若脊梁乃狹生番所處則梁骨萬山中亙山南北七百里番社都八百有奇光緒間衆且二十萬各規地勢爲酋相雄長與黎獞苗猺等蓋大地生人之始類然也番既無衣冠昧倫紀踞深山狎禽獸山中多寶藏居民外至輒艷之用此冶鐵製鏢鎗工戰鬬互市既開西槍入中國奸民假番地爲藪益盜精械濟諸番諸番益橫桀不可制嘗突外山火民居恣殺掠歲殺千百人文武吏瞠視莫敢相何問光緒初日本人入番境番怒殺之日本始遣舟師踞基隆要我　朝命船政大臣沈文肅公葆楨蒞臺北治之事定乃請闢番地設流官然所闢僅後山埤南恆春兩廳縣未幾移鎮

江南事輒罷厥後吳公贊誠理船政復經營番地以病歸閩撫丁日昌繼之亦半途以去最後岑襄勤公踵其事復擢滇督而西坐此番地多犬牙廳縣間非搜瀾不治公始蒞臺覽形勢深念地孤險非財足自守不能以爲非闢番地廣耕桑則財無自出蒞臺十日輒抗疏言之法事定復疏言非淸賦撫番不足言守禦且番地多藪盜不淸其內猝當外患將有腹背受敵之憂武侯謀魏先靖南蠻理勢然也顧番乃人類苟無害安忍殘殺相加卽見虐官民亦非自懲不足平其怒十一年夏法兵告歸臺南副將潘高陞殘殺無罪番虐甚公抗疏劾治之疏具懲暴略中爲番事之始因參劾故別錄之番感通譯言謂新帥一視民番不復袒官吏固已忻忻嚮化矣是年冬彰化新竹淡水間紳民屢上言番殺居民擾耕穫請剿公乃命紳吏挾通譯諭導之降則納不則威以兵淡水馬來番者岑襄勤撫而不至者也及是輒降乃定規約凡十條以社長爲社丁月給勇糧如營制總目月

銀六兩躬至縣署領其銀使與官吏洽社長各遣子弟入城塾讀書使還耕故地軍民奪者罪之番至咸薙髮被衣冠與民齒於是新彰罩蘭番咸就撫以安臺灣故制取屯租備撫番經款屯兵敝久不能軍乃請減屯兵積餉專撫事庶番至日多餉不加勞而用自給　優詔許之故前後六年未嘗一增兵餉此撫番之始也既念番地多僻險非開道不能達也乃命提督劉朝祜首自馬來闢番險百里爲巨道通宜蘭十二年春淡水東南大科崁與新竹棨甕諸番既就撫肆殺如初朝祜率軍逼大科都十三社咸就撫旁社不下者克之惟貓裏翁八社不下朝祜瘴疾歸公乃自將拔之於是棨甕以南六十餘社番畢下春深瘴作方息軍而三角屈尺諸化番忽見殺偵其爲加九岸竹山番也復請剿乃命唐仁元深入百五十里涉蠶叢絕險拔之而北道以靖林朝棟之壁罩蘭也武榮十餘社番虐克之而帶目二十餘社不下乃命提督柳泰和以師往並克

之於是新竹大湖番迭出火民居暴甚兩將闢道四十里深入拔之中路彰新前山番畢克自土匪橫嘉義南道不通特命提督章高元壁嘉義高元別遣將撫後山蓮港六十餘社下之後山統領張兆連亦撫恆春埤南番百七十二社復請自嘉義開道達埤南減恆春道數百里公大喜許之半歲間招撫四百社暑作兵乃歸七月而蘇魯之役作蘇魯番者既就撫突殺罩蘭民復結馬那社繳歸化旗以叛朝棟泰和連剿困山中公大怒特檄澎湖總兵吳宏洛合四將兵親督戰大兵踰絕險環攻一月拔其巢番酋讋天不復反乃訴官民侵虐狀公怒易墾吏劃其地乃安軍欲還而白阿之役作白阿社者亦就撫番也既定復殺民勇二十人學士林惟源請討乃復合諸將越羊腸闢道五十里深入襲之其酋馬來詩昧率妻子以降赦不殺分遣諸將拔餘社畢下之十二年秋冬事也初張兆連之請開中道也遂自後山水尾鑿石磴而西章高元自彰化集

集街鑿石而東峭壁深谿懸崖伐木自冬及春闢道建飛橋百八十里橫澈前後山扼其中萬衆轟騰聲威震疊山腹中不聞王化者皆震怖乞降於是兆連復招後山二百十八社高元撫前山二百六十社都八萬八千人闢田園畝數十萬成功數月不折一兵遂頒憲書奉正朔設條教薙髮立社長束之蓋通道之功如此十三年春夏事也內山既定方檄諸將息其軍而內山疫作隘勇徙山外避之番俗喜殺人禳災於是北道大坝諸番復肆殺竿其頭於門勇勘復見殺諸將請討公曰疫甚不可爲也徐之九月乃請惟源率將討平之而中路裏冷白茆復肆殺林朝棟朱煥明並往討之八月間連戰二十日軍且殆卒攻其穴迭敗之番埋石且誓天不反乃歸呂家望者後山埤南強社也諸番尊其主號曰番王既降矣十四年六月復出殺誅其凶外山匪首劉添汪助之大集四千人以叛所過焚殺無留行全台大震兆連千五百人壁埤南分防六百里

弱甚賊圍廳治及張營攻守十七日幾死急命總兵萬國本鼓兵輪炸砲解其圍別命吳宏洛往討電乞北洋總兵丁汝昌以兵輪炸礮佐之八月賊集鄰番以死拒諸將血戰半月燬其巢於是諸叛番皆乞撫獲匪首劉添汪誅之南路再定而中路萬霧社獨悍虐異他番通判吳本杰令各社壯丁爲營勇犒之輒逃歸肆殺乃下令絕鹽糧火藥入山中萬霧懼乃復降送子入學且爲質許焉惟北路繞食竹加山衣卯京孫兒諸番數十社既降仍肆殺不可制十一月軍至其酋紅衫佩鈴鵠立待戰於是鄭有勤劉朝帶苦戰冒絕險盡拔之獨陳羅剿內溪既定雨作而橋亡疑番之毀陷官軍也斬六級番怒襲殺營官練勇十餘人有勤移軍討之內溪四社復乞撫公怒罷羅軍諸番輒送子爲質北路復安於是全臺番八百社衆二十萬人靡不就撫者此十四年秋冬事也十五年全臺大定方論功而後山之難忽作初八九月間番例殺人曰做享九月副將

劉朝帶請自內山開巨道八十里遙達花蓮港通海岸利耕民道中伏弁勇死者二百人公憤甚察其地近老狗社加九岸也則令吳宏洛統諸軍十一月入內山攻勦十二月大軍至白阿社番酋築碉堡死拒我軍築台山巔用炸砲環擊破其巢獲其酋有敏阿斬之加九岸以平十六年正月公親赴宜蘭蘇澳督戰老狗番去蘇澳深入八十里山高路絕迹且窮乃命軍開道設橋梁以往二月宏洛自南澳循高山以進諸將自溪底赴之社番拒輒破師行十日乃至老狗社隘口兩山壁立絕壑巉岩中道僅一人出入總兵傅柯德鼓勇方入隘伏作死之後軍至已無迹矣宏洛自武搭山巔走西北抄老狗社後與溪底軍懸絕二十里聲息俱窮山險不得下衆番數百人突至血戰破之是日公自登武搭山勘形勢宏洛已去二十里不相聞武搭以西奇峯疊嶂天日不開師危甚土人言老狗諸番無村落散處羣谷間雖深入不獲也獨地狹無田非出山不

獲食大軍誠壁隘絕其糧可不戰下也公從之乃令宏洛毋下山折兵鋭設地雷羣隘絕之開道武搭山南與溪底軍合番夜出求糧値地雷盡死三日餓益甚痛哭送子以降乃振旅而返是役也始以游擊鄭有勤冒餉違節度誅之終以提督李定明失援傳柯德罷其軍奪職萬衆竦然此十六年春事也蓋自十一年冬撫諸番至此乃克大定初臺之撫番也動需兵餉數十萬剿一社輒用兵數十營公既未增一兵餉特奏林惟源任墾事佐之疏請免船貧招閩海貧民墾畝輒數萬使番衆狎居民深慕衣冠文物倫理婚姻之樂羣化無形則耕織自精貨財自殖撫事既定各就墾撫局設義塾番童讀書者千數百人父母來觀輒跳舞歌呼以去使盡其功微特田園百數十萬畝設官分縣富庶在指顧間卽古木名香珍禽奇獸寶石五金之饒利賴甯復可億公經營六年三親絕域蒙瘴涉險不騎而徒彼豈不知暇逸哉其所志者遠也乃番叛粗安公已

不安其位令坐巖疆千里拱手強鄰嗚呼可勝言哉可勝言哉

設防略叙五

台灣南北七百里東西廣者三四百里其海口大甲以南至鳳山沙線闊者五十里兵輪不能泊岸惟大甲以北至新竹港汊紛岐迤邐達宜蘭兵艦皆能近泊基隆滬尾雖可泊而山險猶多部以雷礮尚堪自守惟新竹沿海皆平沙後壠中港三號兵輪皆堪出入非全恃兵力不爲功然以視澎湖猶可爲也澎湖者距臺廈皆二百五十里拳石孤危地不過數十里石沙迷漫草木不生四顧鷩濤莽無撮土礮臺之築待土隣疆此天下絕地也然內深口狹船塢天然據狹口以建礮臺闢船塢以爲重鎭扼南洋之樞筦通臺閩之咽喉別擇臺港增礮臺布雷礮以爲守禦廣置兵輪練海戰縱敵輪飛渡吾且乘便以襲其師敵雖狡卽焉能睨視吾國哉故公嘗言臺澎之防豈特臺澎所以固吾國也初劉璈之久任臺道也歲糜餉百數十萬不聞購一精利槍礮以備軍防故雖基隆

險要礮臺僅足當一面且失勢不能支礮僅五尊莫能一戰公始赴臺也道上海僅購毛瑟槍三千乞江督佽前門礮十後門小礮二十水雷數十備基隆別請巨金四十萬購槍礮當時固未遑也臺地四面皆海無兵輪則聲息俱絕當時台地四輪（永保琛航裝煤台北伏波萬年清兩兵輪專住台南）皆歲久行遲不適用船政故有四輪備台用（澄清登瀛洲開濟靖遠）乃悉赴江南江南新購二鋼船合舊輪已足請飭江督以澄清四船返台灣賚緩急江督止焉及戰乃無一艦僅租英德商輪運兵械遇敵則逃敵無禁海台固已坐困矣伊古軍勢瞬忽萬端自電報與而萬里乃如一室臺居海外乃未一圖故戰急而聲聞俱絕（法禁海時在十年九月公上一疏次年二月始奉批摺其隔絕如此）併此數者公輒痛之和議成亟請設防備不測　詔嘉納之然非巨款不能爲也初公請以左文襄濟臺洋款百萬金助防事十二年春部議借款僅餘六十萬已入海署莫能資請飭臺撫節臺款存儲可次第爲也公抗疏力爭之且言

上年法兵退後臣即飭各員趕造基滬砲臺與洋商定購巨砲三十一尊款銀六十萬全臺歲入初只九十萬臣逐而理之約增十餘萬防軍裁減仍存三十五營月餉并輪船製造各要需歲且百五十萬閩省關協銀四十四萬尚不足百五十萬要需何由撙節　詔飭部速議乃名撥各海關三十六萬誑之以詢各關部撥爲已久矣蓋中國苟安已成故習庚子李文忠奉召至上海陰語所親曰世人詬我海軍不能一戰吾辦海軍名爲三百萬實則每百萬只三十萬餘皆莫知所之事焉能辦法軍退後事已經年　明詔設防實乃若此公憤甚輾轉至冬乃無一錢於是舉全臺細款入告此單現附理財略且言法人圍攻之際宵旰憂勞內外臣工無不以未備臺防爲恨解嚴後　詔由英德購鋼甲快船四隻專備臺澎需款二百萬並開行省竭力經營斯固發憤圖強矣顧從前沿海造一礮臺款輒數十萬臣於澎湖基隆滬尾安平旂后五口購礮築臺請款僅八十萬部推兩載未獲纖毫礮價到期洋人催索何以答之

萬不獲巳擬由閩臺各借洋款四十萬金專籌礮價閩臺各還　詔曰覽乃就借款購巨礮三十一尊備五口爲初十一年夏法軍之甫退也公復請南北洋撥兵輪三艘駐基滬澎湖閩廠撥運輪二艘運城臺物料十四年埤南之變陸道自臺北至埤南千三百里遠甚復奏言前　詔購四快船備臺用巳歸北洋請撥次快兵船二艘臣再購水雷船數艘　詔詢三省及海署未之詳也十三年五月奏言澎湖僅海鏡兵船供差遣此似三省所撥臺北伏波船巳損待修萬年青亦沈沒今各工並舉僅購威利輪價三萬八千金不敷運載復以二萬六千金購德商輪船命曰威定十五年復奏言威利威定皆沈失伏波海鏡皆敝不支臣前由商務局招股購鋼快船二曰斯美曰駕時都計銀三十六萬今諸商允以兩輪爲官物仍作商輪以運貲抵兩船用款運臺官物不費養船之資其價由海防經款陸續籌還伏海兩船歲用六萬今並撤裁卽以此抵新船之價六

年卽可淸償旣於公款無虧所裨於海防甚巨詔許之台之爲港也內淺外深巨輪苦難泊岸十年法事急連購南通北達前美如川四小輪十四年工作復造小輪駁船一無事載運有事乃置水雷又見海口之易塞也復製挖泥機器船備疏鑿通計購兵商輪四小輪六然後戰守可資更慮海外音問之難達也十二年復自基滬至淡水遶彰化達台灣府城分達安平旗后造陸線八百里除木杆需銀三萬兩復造海線自滬尾遶抵石川至福州更自安平澎湖六百里需銀十萬兩都水陸千四百里設水陸報房凡九所又慮海線之斷而難續也以銀九萬兩購鋼輪一艘復以萬兩製修電綫器附之外購測量器凡一電報器凡三運放保險銀二萬兩逾歲成之又廢驛站創郵局然後聲氣悉達自時厥後復就台北府建機器廠百七十間購製造槍彈機器實之更慮軍械之難儲也復建軍械所七十間別建製礮彈廠以待緩急於是澎湖基隆滬尾安

平旗后建台凡十座用鐵水泥十五萬箱購水雷八十具保險運費在內共二萬金艱難締造瘏瘁萬端更謀鐵道達全台通閩阻振商務以速兵機而其心爲益苦矣初公屢上言非鐵道不足振中國淸流無遠慮扼之及鎭台深念省治必居彰化山谿奇險更非鐵道不爲功十三年春特命商局李彤恩函致南洋西貢新嘉坡閩商陳新泰等還臺振商局首集巨資三十六萬購二輪即駕時新美通中外各埠爲之倡乃請自基隆造道達臺南計款百萬金本資就鐵道取償不勞公款公大喜上言臺環盡海雖基滬安旗四口購礮築臺差資守禦而新竹彰化海口紛歧安能設兵遍守建置省城必居彰化不隣水道貨物難通加以大甲房裏曾文三溪大者闊乃十里其次小溪二十餘亦寬百丈春夏奇漲淹溺尤多岑毓英創大甲石壩耗銀幣三十萬元數月衝流乃歸烏有自非鐵橋鐵柱終不足禦橫流省治初開何來巨款今鐵道成即有兵端隨地皆堪飛駛策應無

勞南北流通必經彰化人物易集建省無難溪上鐵橋皆歸鐵道不勞公款坐
致坦途實惟台省無彊之福詔許焉十四年冬復上言李彤恩之謀鐵道也勘
地南北逕直六百里除地價車房碼頭土工外估銀百萬兩議令兵代土工惟
基隆淡水間須闢山洞九十丈大小橋梁百二十座削高補低工程險巨軍士
築台剗社代工莫由商局雇夫民勞費劇今基隆六十里已造坦途鋪軌乃三
十里費夫價橋梁十九萬金始議辦時衆商聞利巨兩月集銀七十萬現收三
十萬金已購兩輪由官墊三十萬及工師細勘土工已須三十萬金衆商觀望
彤恩急公好義慷慨不撓已購鋼軌三百二十里火車七十具自基隆至彰化
材器裕如今彤恩既沒替代無人稟由官辦細叩工師估計基彰三百里按里
需銀三千兩自彰至臺南里需二千五百兩今兩輪入官已還官墊基隆工畢
後屬坦途閩協歲四十四萬尙欵百二十萬金原備建城之用今城工可緩路

工未可稽延請移緩就急詔可之蓋辦事之難如此

建省略序六

臺疆當鄭氏時僅三縣厥後榛莽日闢官吏日增然規模固未備也光緒初沈文肅公始建臺北府固臺北移同知治埤南以固後山建省之議自此始　朝廷憚興作乃議閩撫建行署於臺以半歲駐臺如直督始駐天津制詔從之岑襄勤之撫閩也尤銳意更張親勘彰化爲形勢建省之地東西奔走疲𢲸寡成十一年五月法事初平六月公上言臣病不勝閩撫乞辭專駐臺疆任防守詔強任之當是時醇賢親王參大政銳意厲海軍深計必劃臺疆設臺撫專力經營庶可作東南保障九月　詔改閩撫爲臺撫議分疆十月公奏言臺地分疆必俟撫番清賦措置無遺財堪自立處常處變乃可自全今利未開非閩協無能自給一經劃省督臣雖無畛域司道以下歧視必多請專令閩撫駐臺專臺事閩事一任督臣五年後籌進止復引疾乞歸　詔不可疏再三入詔卒強之

十二年四月總督楊公昌濬躬渡臺視疾兩帥甚歡公深慮臺防之無款也楊公許還閩圖之公見其忠坦四月目漸瘳乃赴閩中籌建省建議臺撫仿甘肅新疆號福建臺灣巡撫兼學政設布政使佐用人理財加臺道按察使銜理刑法所任文武將吏均請敕部寬文法擢眞才初前山彰化嘉義鳳山新竹淡水五縣大者縱橫二三百里耳目難周後山中北兩路延袤三四百里僅劃五區設碉堡無專駐之官尤稱難治乃親巡考圖籍度爲彰化橋孜圖山環水抱氣象宏開全台適中足爲省治分彰化東北境設首府曰臺灣府附郭曰台灣縣改故台灣府曰台南縣曰安平嘉義之東彰化之南自濁水溪止石圭溪長約百里增縣一曰雲林新竹苗栗街左右扼內山之衝地多新墾分新竹西南增縣一曰苗栗裁鹿港同知合彰化及埔裏通判四縣一廳爲臺灣府淡水之北東抵三貂嶺番社紛歧距城過遠基隆爲台北門戶商埠紛煩分淡水東北四

保隸基隆廳改通判爲理事同知重其職此前山也後山形勢北以蘇澳爲總
隘南以埤南爲要區控扼中權厥惟水尾其地與雲林縣東西相值已自丹社
集集街達彰化闢路百八十里貫山中省城既定中權前後脈絡貫通水尾實
台東鎖鑰設台東直隸州駐之左界宜蘭右界恆春地縱五百里橫三四十里
通隸此州而屬諸台道埤南廳舊治設直州同治之水尾迤北曰蓮港新墾既
多海口水深數丈設直州判駐之而均隸台東州此後山也詔從之建置既成
必謀兵備台兵水陸營凡十有八水七而陸十一共額萬四千人三次迭裁陸
存四千五百歲餉十七萬金水師七營分隸澎湖安平滬尾噶瑪蘭諸港船艦
無存今昔勢懸非兵輪不能戰守安平既設副將台灣總兵又駐台南府城距
安平纔七里兩大員並居一地勢等駢枝謹裁水師各營以安平副將駐水尾
爲台東協移北路副將駐埔裏社均改陸師並扼前後山適中地陸兵月餉四

兩五錢視勇糧尤重將貪兵滑簡練莫由請月加考試能中五槍以次者分別補署不論年資庶鑽營可除疲殘自去部議經制副將移改不行廷議不能決也番兵精悍實過綠兵請仍舊額四千人加餉嚴訓練許之澎湖舊制副將與通判主兵地重勢孤非大員不治請以福建海壇鎭移澎湖曰澎湖總兵裁水師以兵輪礮台專戰守郡縣吏緩部選惟其才　詔悉從之彰化省城久定議而籌防既急巨款難資公之始蒞台北也軍餉皆集府城所居淡水縣署幕僚或處草廬城內多水田不能通輿馬輿造既衆局所漸繁不得不暫恃台北爲根本乃先購民田築官道招商設闤闠通貨財商務漸興始就城西北建撫藩行署設兵房銀庫八局所附焉淡水改廳爲縣舊治乃爲新竹縣所居淡水縣令及參將各官多賃居城外非便也因復各署於城內壯之海外商民重神道禮關帝天后益虔則廟以祀之又念船政大臣沈公葆楨吳公贊誠撫番開墾

勞苦實多水師提督林公文察立功海疆親平台亂基隆之戰淮楚將士死者千六百人既建三公專祠復建淮楚昭忠祠以祀爺創西學堂課西國語文測繪格致諸術厲人才建番學教番民子弟復就考試學額以廣振士風臺事粗備乃建澎湖城於媽宮與砲台相聯絡既念省城與分治兩縣之無城署也復合台紳籌捐集造之踰年而公去矣

清賦略序七

台灣一歲兩熟田日闢而賦不增墾戶之租未減也蓋紳民包墾但呈一稟募佃墾荒其私納曰大租屯租番租隘租於公家無與也公上言雍乾之世迭詔減台賦不准升科此蓋全盛之時台無足重今建爲一省財足方可自存舍維正之供一聽豪強之私納而乞濟鄰疆非政體也故當法兵初退首陳善後策即以清賦爲斷斷而其事必以查戶丈田爲簡要十二年春建省議定始令台南北兩知府各設清賦局董其成調官吏三十人履各縣合正紳切勘之其法逐戶問田園多寡然後勘丈以校之前匿者免其罪私租悉革一入公家嚴官吏賞罰爲策勵善者按異績補署賄匿者劾之兩年而事畢原額賦銀纔十八萬兩今溢原額田輒數倍約四百萬畝官屯各地一律清釐歲徵銀七十萬兩按畝瘠腴定賦增減額增於舊民減於前丈畢由藩司給由單杜田畝兩乖之

擾故事劇而民樂趨惟彰化蔡施二族私匿獨多不利官吏陰煽土寇圍縣治撓其成十日之間竟歸殄滅黠者復賂台諫劾之辨疏見謨議略公抗爭持益固卒底厥成其操縱得宜則尤在屯田一事初乾隆間大學士福康安之征台也番目潘明慈以番丁助戰有功亂定選番屬四千人設屯十有二以番社長授千把外委十八人爲屯軍授番地及民田近十萬畝歲折徵番銀四萬元備屯軍俸餉閱歲既久番不能耕輾轉歸民番乃益病公念番丁訓練實過綠營請仍番軍四千人月餉四元今倍之過勇餉而以田歸民畝徵賦爲番餉台鎮主之節賦羨入公家毫強不得擅其利蓋其術皆奪豪強私利入之官故賦溢而民不病嗟乎庚子以來中國之禍亟矣新政日煩賠款益急掘羅竭澤國敝而民志益乖然正賦之供侵匿不知凡幾　朝廷永嚴加賦而豪強蝕蠹官吏吞剝莫敢誰何況乃江湖河海之濱滿蒙新疆之地苟加墾闢且倍正供所慮姑息成

風一媪喧撓萬官辟易富強大計何自而謀得強毅如公舉全國土疆概歸嚴丈闢荒土以富游民內杜豪強外絕隣國十年之後中國其有豸乎惜乎本計無聞日令大司農仰屋而憂坐歎理財之無術也哀哉故綜其事告天下有財政之責者

理財略序八

理財之法莫大乎開源不絕盧靡源何由拓國朝定鼎中原所恃燕齊晋豫吳皖豫章湘鄂隴秦粵東閩越十四行省之賦已耳若至川滇黔桂賦額已等羈縻滿蒙藏海新疆且無不仰資國帑而台無論矣夫天下有一地之土自足生一地之財不即其地以闢其源而徒恃隣疆以求自保嗚乎此豈謀國之道哉公始蒞台即上言闢全台自有之利養全台自守之兵其識固已卓矣然沈文肅有言台局未成譬若啇不費財焉能獲利廷議乃思片言建省遂不相資抑何偵歟當法事之殷戰守不暇自部撥六十萬金購礮外未助其他劉璈既擅財權復謀撓抗蒼茫絕海幾致覆亡自非　廷詔紛綸羣帥環協雖聖者不能謀矣然觀林惟源託身廈島一書遠達卒捐四十萬圓　明詔借捐璈方抗阻一聞公命台人卒以五十四萬捐佽危軍自非英風偉略忠懇動人烏能上下

感孚若此法事既定外濟輒停公奏言全台入款正供外僅恃關稅釐鹽抵餉不過九十萬撤軍而後存者三十五營軍餉雜支至少需百五十萬而設防建省不與焉十二年夏總督親履台疆見公苦心經畫敬之乃定閩省關歲協四十四萬金備建設期厥五年而購礮急需尙賴閩台分借八十萬其拮据如此公首招商股購二輪以擴商務而以官購兵商大小輪十艘助之又設電報達閩疆嚴水陸巡防淸匪盜復謀鐵道闢番途開港口以振農商之氣免船金招墾佃以廣耕藝之謀開海禁製樟腦硫磺以博官民之利然後農商浩樂百物繁興更慮賞罰偶乖莫由鼓人心而驅夙弊也首薦林惟源劉壽鏗以奬其義俠部捐過重則請減成數招徠之捐民被虐則黜縣令奬慰之台吏死難則錫官逋矜恤之奸商路吏則俱懲而更易之局員朦蝕則嚴劾而勒償之然後改貨釐肅關稅推茶捐造田賦既淸歸時歲入且三百萬自購礮借款終已台償

雖平匪剿番迭興師旅建城設署時創巨工未嘗再乞閩援更需部撥惟礦學未興礦謀屢蹶公實憾之初沈文肅之創基隆煤礦也閱年未幾耗折巳多公始蒞台月虧至八千金之鉅核其月報均屢贏餘戰事方興不遑根澈乃奏磁礦道員何維楷任之未至而法踞基隆乃徙機器毀其爐免資敵寇法退張學熙以人工續辦未籌機器積水難勝積虧以去公曰煤之爲用固船廠兵輪機局所必需未可棄也乃約滬局閩廠及臺各湊母金二萬兩知府張士瑜集商股六萬綜十二萬金聘洋師購機器十三年春去積水續之盡歲日出煤百噸支局用士瑜上言基隆浪險難用駁船陸道逾山運資益巨非鐵道不爲功請辭時全臺鐵道方興公念道成煤用既多銷售益利乃自十二月收還官辦聘洋人瑪體蓀以商法治焉令鐵道自礦達基隆期迅捷歲久煤質且窮月虧三四千兩洋師言非集資百萬另闢新基不可於是英商范嘉士願集百萬金承

其乏償舊礦本四十萬兩另闢新窰二所采之十五年五月並議章入告總署奏駁之　詔令擇賢員仍自辦十月洋商已告退另委任之十六年六月公復上言通政司副使林惟源推薦知府蔡應維集洋幣三十萬元與官合辦官一商二期十二年仍繳原礦本銀十二萬兩承局中機器以十萬元爲官本餘按月扣煤礦務歸商官不與而利乃三分得一奏入　詔令戶部及總署議之會議稽延而諸商已定七月朔承其局八月望議上　嚴詔斥止爲謂官商合辦宜主自官而疑議章總管以洋人爲影冒以濬港爲撤藩籬且曰敕議擅行其交部議處部議奪官　詔留任公疏謝仍官辦解之公恢廓大略惡拘牽不樂事朝貴其赴臺也　明詔許便宜及任台撫謀省防屢抗言台疆草創難泥部章乞　旨飭部臣寬文法文墨吏已陰嫉之時醇賢親王當國政所請輒行乃獲稍行其志事王薨戶部嫉公甚已抗疏罷海軍公迭疏方乞退忌者益銜之

故所議如此明年春公乃堅乞以歸實則公赴台時即疏請官商辦礦主自商人袪積弊　詔固嘉納之云

獎賢略序九

天下萬事莫大乎用人顧才俊用人其敗也或加於庸闒何則庸闒可腹心豪傑才俊輒睥睨自尊也公之始赴臺北也所部既分防江海留不遣挈親卒纔百二十人將吏十數當是時劉璈以台道擁湘軍將士二萬人諸將皆位尊勢重孫開華且以湘將出霆軍攝提督與湘將曹志忠並駐基隆相逼甚公乃以直隸提督加巡撫銜未官閩撫主客之勢既已相猜而又無實權以伸其節制且湘淮銘霆之不協二十年矣公道津時李相國見孤身入台兢兢以難制台軍爲公懼公笑謝之其始至也淮銘軍將章高元劉朝祜至者纔六百人湘軍已三千人駐台北法艦逼基隆聞者皆戰色公至即召湘霆將慰勞之疏其才以上縱橫談讌歡若故人諸老將固已震其聲威而樂其風采矣故當時之戰孫曹諸將皆奮死不撓既捷上其功則首志忠次高元尊開華之攝提督也述

其功於前疏而別請獎勵於附摺不敢相屬也朝祜固公從孫行則述其功而
辭其賞而於開華諸將士尤特獎之示大公之無我也蓋自是而湘蓬諸將士
無不竭肝胆効死於公矣　朝廷慮其難協也　特詔開華佐台軍公益剖肝
胆相左右每奏輒偕故雖左文襄視師閩海楊公昌濬且以湘帥督閩疆劉璈
怙湘軍威抗節度促法軍禁海絕其生險絕孤危自分必死公獨從容談笑驚
不一言湘蓬將感其誠益誓死絕未有忍相背負者太史公慕淮陰破趙驅市
人與戰以為奇功誠見公之銳身虎穴肝膽仇讎悲歌歎悼宜何如哉且台民
悍狡易動難馴國家所恒懼者也法事之來　詔諭鄉人舉團練於是狡桀之
徒乘風而起爭請募數百千人助官軍公深見外洋火器之精訓練之久非若
昔時寇盜之可揭竿勝也且起家團練深知鄉民無器無法終不足助官軍而
敗且滋累餉絀則練多益且不支更慮事平而盜益衆也悉謝絕之獨見郎中

林朝棟生長將家負地望則令統鄉練佐之故戰法之後剿匪撫番恆得其死
力而團練亦無尾大難制之憂凡此皆危難可法者軍事之艱莫如籌餉而官
之所忌莫若紳權公獨惟紳是賴林惟源前助軍餉八十萬公至復助四十萬
佽官軍特奏擢京卿以風厲台人故百萬之金不勞而集厥後省城之建台民
復爭請輸巨金皆惟源朝棟之所爲也故凡撫番清賦墾荒諸大政公輒請詔
惟源佐之而亟歎其賢遂自五品卿晉通政副使每奏必挈其銜秩闢官廨刻
關防勢乃與欽使等故凡所規畫靡不坐致其成而彰化之圍朝棟解圍旬日
即中蔡占鼇復解匪黨三十六莊縛其族匪渠以獻主事林啓東不待官檄且
倡練保其鄉卒未見奪官權者而今之大府獨絕賢紳何異去弓矯以自求弋
獵乎哉公肝胆賢豪絕無畛域而用沈應奎陳鳴志則尤奇應奎者官貴州布
政使嬰嚴譴奪官十年多法困臺時左文襄檄令赴臺察團練渡海以東近岸

二十里遇法船砲擊船幾覆舟人大哭應奎獨堅坐不撓卒潛身抵臺北公大奇之抗疏表其狀乞賞原銜爲冒險援臺勸詔稱其罪重不許公獨舉全臺軍餉付之時法軍禁海獨嚴餉援俱絕劉璈復擁巨餉阻民捐應奎拮据萬端勸民捐數十萬察奸商匿稅濟危軍法事定公復上言全臺裁勇留軍餉需屢絀扶危濟困實賴應奎且言臣不諳吏治淸賦要政查戶爲先皆應奎一人所規畫　今上親政復密薦之始詔以湘人邵友濂任臺藩公迭稱其才請勿調己而邵疾去　廷議謂公之嫉湘人也乃命蒯德標繼之公復奏德標與臣同里至交忠勤廉樸然臺居海外情勢多殊應奎久勞此間迭請歸里臣以淸賦煩劇悉賴主持請爲蒯助意蓋以臺藩屬之也己而德標果不至應奎卒授臺藩代公護巡撫乃歸嗚志者湘人也官江蘇候補道劉璈之獄公獨𠦝嗚志代使整治之或曰湘人門戶重臺南將吏皆湘人且將掩覆之也公卒任之嗚志竟

併散局撤冗員歲節銀四萬兩公復迭奏請留閩題奏存記軍機嗟呼黨援門戶牽怒不辜以快其意者多矣今沈來自左陳出自湘公獨堅任不搖而奇劾輒獲抑獨何哉湘軍之戰也王詩正喪師失地吳鴻源援渡無功奏保不行而求恩獎則固英雄之權略者已自古豪傑大都讒謗滋紛而一眚微瑕輒足困非常之士李彤恩謗成重辟公獨請同罪雪其冤鄭漁罪已遣臺公獨惜其才而留爲將選此管仲所爲甘心鮑叔李嚴所爲痛哭武侯者也故雖張兆連始附劉璈卒邀薦達吳光亮因貪罷秩卒被覃恩至乃遠念賓僚奏徵賢士近傷部曲恤及黃泉斯則賢帥之常艮不足爲公異獨其白林文明冤獄足令千載下歌泣不衰文明者彰化林文察母弟朝棟叔父也文察署福建提督同治二年臺灣戴萬生反踞彰化城蔓延三百里文察東渡滅之師還死漳州之難謚剛愍立傳建專祠公疏建祠臺省者也文明從戰浙閩擢副將性粗豪臺民喜

誣告吏不嚴反坐巨室輒危文察之平戴賊也文明實從亂黨多見殺遺種仇
之文明歸兄亡勢且替文明多武斷仇益恨之同治九年遂以謀反告督撫飭
鎮道用便宜時臺道黎某悍甚委吏淩定國蒞彰城牒問狀文明坦然冠帶入
縣庭以爲就質也定國出不意縛殺之以露刃登堂率衆拒捕報其母戴氏年
八十痛子寃四入京控都察院事下督撫輒蔽之光緒七年編修何金壽御史
吳鴻恩孔憲㲄察其寃爭入告舉人邱敏光等復合數十人呈察院雪之　嚴
詔促斷結時久控十三年家已落戴泣留閩誓不歸朝棟念祖母年逾九十羈
省病且危而黎道方擢京卿督船政與總督何璟皆粵人也勢不雪承審吏許
雪文明謀反寃請旌戴氏朝棟乃痛哭用祖母姓氏具結乞銷總督遂據請罷
其獄奏言當時告示謀反一語爲過當未能盡雪其寃也附片乃言林朝棟爲
善於鄉林戴氏深明大義懇　旌表以慰其心戴固不知獄定也死閩時猶執

朝棟手堅囑舍生命雪叔冤自法寇合疆朝棟與文明子朝昌捐餉練鄉軍戰守有功明年法退乃乞辭兩人官追復文明副將白奇冤籍紳益爭稟陳狀公惻焉奏復之　詔不可公復奏建剛愍祠塞其悲然公疏皎然公論已縣日月閩人言朝棟積功晉二品階候選道再平彰亂解圍城踐父志　特賞黃褂寵異之日本據臺朝棟獨華裝不歸日曰吾不忍負劉公也嗟乎林氏三世如此可不謂奇烈哉惜乎執法者之不悟也

懲暴畧序十

臺灣之暴莫大於劉璈而彰化盜次之朱守謨潘高陞則狐兎之屬也昔者李相國之潛兵上海也始至以延建邵道晉二品階督蘇軍處上海絕地上海道吳煦兼布政使攝餉權勢蓋與劉璈等相國歎曰餉軍命也寄命爲軍其可飽乎一夕單騎岸幘入吳廨談謔甚歡瀕行微問曰君司蘇餉月出納幾何其簿帙可一覽觀乎吳坦然出帙示之相國一瀏覽顧左右懷之曰猝難遽罄明且返君矣上馬逕去吳大愕不敢言相國歸摘其隙疏劾罷之卒按吳帙命專官司出納軍以不飢蓋英雄大略固如此公之渡臺也視上海軍危益甚相國知臺軍之難制也誠請一人代臺道始戰既勝卽請授撫帥重公權台難其可蘇乎惜乎兩公雄略之不及此也自古外戰易內戰難內外交攻靡不危且覆者璈之穴此四年矣督撫久居閫璈擁大兵二萬皆湘人生殺號令若大帥一旦

以容帥臨之況乃挾湘淮之見假故帥之威重之以守謨之讒乘之以基隆之退其能帖焉奉節度乎奈何守謨煽譟公不執法以誅且縱其去而不先發以制之也嗟乎左相之來年且八十矣誠若李相之豁焉大度盡遺關陝之嫌則璈與守謨之謗將斥不行李彤恩之難且將不作璈雖跋扈郎烏敢遏民捐挾巨餉激軍變以困新帥促敵禁以絕全臺也且璈之遏餉公既密薦龔照瑗爲代矣江督曾忠襄輒復挽照瑗不使東故公益堅忍刻厲法事既定而後圖之嚮非濡忍歲時即臺北湘軍服公無變而臺南湘將三倍北軍內外交訌臺事尙忍言乎故竊以謂璈之驕淫貪黷植黨鶩財猶爲當時之公罪而激軍陷帥險喪封疆其罪乃不容誅惜乎楊勇慤之賢（諱岳斌故湘帥爲陝督與刑部尙書錫珍勘獄至臺）奉詔以治斯獄終乃調停左相舉彤恩守謨兩罷之而因斥絕守謨示不用以彰其罪璈則遣戍以畢之故公辭臺撫一年幾不復與軍事十二年春閩督楊公昌

濬度公憤親渡臺北慰結之既佽臺餉四十四萬凡五年復借洋款四十萬償購砲公乃慨焉復起爲建設之謀嗟乎貪戾僉壬無責已大臣意氣忍不忍之微其劾乃積於軍國可畏哉可畏哉君子是以歎門戶之足亡天下而楊公昌濬之爲不可及也自璈參劾公以陳鳴志攝之乃得稍行其志以此見任吏之權操之政府官方兵政將必至於不可爲誠以屬之督撫而嚴法以戢其私疆事其猶可治乎循是而公於將吏乃可見矣副將潘高陞璈所任也濫剿化番肆焚掠則劾奪戍之游擊鄭有勤公所奏爲將才使統一軍者也始縱兇番陰勇四十人皆被殺公親出剿復以壟民三百人冒營勇吞其餉及戰復觀望不前則幷其將吏三人斬之湘將提督方春發柳泰和迭保爲將才任統帶者減勇冒餉則并其營官劾奪之傅柯德之死也淮將李定明擁兵不進則並其營官劾降之凡此皆公所奏爲將才者也劉璈之獄臺紳林文欽吳朝棟各減長

夫餉百九十人則嚴劾以督其償既償又原而請復之羅建祥者嘉義令也始勤斷獄滅巨盜則擢知府獎勵之繼任清賦飾虛糜則嚴劾勒償之李嘉棠者彰化令也峻法嚴刑叛紳鼓亂雖守城堅定卒獲亂民終奏劾罷之此固公所奏調特保者也其磊落無私如此故彰嘉多盜巨首至百四十人首飭將吏殄滅之彰化民變叛紳鼓衆四千人冀免清丈快其私終緝亂首叛紳駢誅之嗟乎瘴癘悍疫之鄉絕海驚濤之地風雲萬態起滅無端戰守皆危死生俱幻欲求展布非重賞不足以激人心苟有智才且將掉臂以去故自戰法來戰守協援苟勞寸績靡不頌言　天闕迭沛　恩綸事平之後經綸草昧海國震驚三駕窮荒不增兵餉羣才輳輻戰守交資是遵何道以致此哉重賞而已故凡部臣偶駁抗論不撓不得當不止人尤感之然恩多則怠非殺奪不足振其威賢帥亦將致敗曾文正不能定中原之捻李文忠不能禦日本之師豈必運籌之

未當哉年老則氣衰喜恩賞而惡殺戮其弊固足以致此也然斯二者苟有偏
私微特殺奪致危即恩賞亦將致禍何則一私則功罪不當固無能服天下也
善乎彭剛直疏言人以好惡爲是非臣以是非爲好惡公之保沈應奎也曰臣
統兵數十年獨賴用人無畛賞罰無私差獲勉圖寸効嗟乎是二公者名將風
流並高天壤有以哉有以哉

按銘軍大將自唐忠壯殿魁戰死尹隆河後其弟定奎鎭江陰從沈文肅定
臺灣已著聞矣保臺之役名者惟吳宏洛章高元高元故以師戍臺公至即
歸臺北基隆之退高元痛哭伏地以死爭公大怒拔佩刀砍案角誓曰軍家
大計非若輩所知違令者視此果遭重譴某自當之不累若曹也乃定計全
師而退滬尾之戰高元功最奇袒身銳入敵始退惟嗜酒戰畢乃痛飲爲豪
醉臥不能起孫開華獨以首功聞高元既醒上言公已入告矣厥後甲午遼

戰高元死守蓋州嘗譏宋慶善退慶惡之敵圍蓋州高元孤守纔七百人莫
能敵乞宋援不答事定乃棄軍歸德佔膠州高元實官膠鎮德艦砲環擊爲
乃師公基隆策扼山後絕敵入陸地吭德將大驚陽請爲好會歡飲德艦中
而潛兵襲其壘　詔乃徙高元避之自是竟落拓常不給可歎也宏洛性至
孝篤友愛公困臺北宏洛方守粵督帥強留之屢疏調不遣宏洛聞公急獨
舍軍孤身詐漁服用大雪抵台入軍帳大呼曰吳宏洛來公大驚狂喜出見
其寒且凍也急脫狐裘服之事定乞歸養公以澎湖事函乞乃來皆賢將也

清史本傳

新城王樹枏撰稿

劉銘傳字省三安徽合肥人少有大志會天下亂起倡團築堡寨自衛淮淝里豪並起相雄長一日其父惠途遇別堡大豪爲所辱銘傳躡豪數里奪其佩刀殺之乘馬緩轡而歸時年甫十八耳西鄉諸堡皆怖懾不敢平視咸豐九年率鄉勇從官軍克六安十年援壽州皆有功同治元年江蘇巡撫李鴻章募淮勇東征銘傳以千總率所部從至上海獨立一幟號曰銘軍戰降南匯賊首吳建瀛劉玉林以其衆來屬別賊吉慶元寇南匯擊卻之克川沙連破奉賢金山衛累功擢參將予驍勇巴圖魯名號再踣賊野雞墩解四江口圍擢副將二年會攻福山驅常昭之賊升總兵楊庫汎者沿江要隘也悍賊密布營壘爲死守計銘傳會水師攻之戰六日江陰援賊屢受創不得逞而僞忠王李秀成渡江率五僞王水陸軍數十萬分道來援銘傳合諸軍迎擊大破之乘勢克江陰取無

錫金匱蘇州之勢遂孤詔以提督記名賞頭品頂戴旣大軍克蘇州降賊皆見殺僞護王陳崑書死守常州不下而程學啓又戰死嘉興鴻章亟檄銘傳特將一軍攻常州銘傳遣將壁奔牛鎭降賊渠邵小雙即令扼丹陽斷援賊而躬率敢死士攻城破賊十餘壘降萬餘人僞章王犯奔牛牽我師李秀成復鼓輪船濟師礮擊奔牛饟且絕銘傳聞之宵驅五百人襲賊後內外夾擊呼聲震天地剗賊壘三十餘座斬馘十萬璧諸江三年遂拔常州生禽陳崑書磔之常州平賞穿黃馬褂時湘軍旣復金陵士卒苦戰久諸老將功成名立多散歸而淮軍繼興志銳氣盛銘傳又獨年少勇略冠諸軍銘軍之名遂噪海內會大河南北捻匪大熾四年春僧格林沁戰沒曹州朝命曾國藩督師山左乃奏募淮勇設四鎭重兵特檄銘傳壁周家口連破捻於瓦店南頓解扶溝之圍國藩以其兵精捷改爲游擊之師於是詔授直隸提督仍命率師援鄂克黃陂追北至潁州

破之茅屋店兼旬之間逐賊千七百里優詔褒美銘傳獨念中原平曠捻騎飄
忽分合狼奔豕突動輒數千里我師專主游擊與賊並驅不能制其死命於是
建議築長隄扼沙河蟹賊河南爲聚殲之計銘傳自任朱仙鎭以下河防分汛
興築工甫竣而賊毀汴防以出銘傳分軍躡擊創之於鉅野捻首張總愚遂竄
陝西任柱賴汶光竄山東自是捻有東西之目李鴻章尋代國藩督師銘傳提
所部自鄆城至京山東西數十戰賊望風披靡無敢攖其鋒者六年正月賊走
尹隆河銘傳與鮑超約期會戰不及期失利四月破賊於黃安東追至宛郡屯
信陽整兵再戰於是東自應山黃陂西出安陸襄棗北從南陽至鄭州銘軍常
爲選鋒賊狂奔連日夜不獲一戰乃復議防運河扼膠萊築長墻北起夏店南
抵柳林口以遏賊西秋引兵破沭陽圍賊追北至諸城日照殪任柱於贛榆賴
汶光圖竄青濟間道馳濰邀擊破之賊西走新城爲所截東走壽光薄之於洋

瀰兩河間悉殲其衆河流盡赤諸任既殄絕汶光尋投死楊州東捻平論功以銘傳爲首詔賞三等輕車都尉世職銘傳自剿捻以來血戰四載積勞成疾莫能騎乃乞歸養疴七年西捻張總愚渡黃河突畿疆京師大震詔起銘傳馳抵東昌會師進剿疊破之鹽山滄州德平鴻章仍築長墻困賊賊圖撲運河適馬頰河黃水並溢銘傳會諸將縱橫遮擊賊衆盡殪張總愚挾數十騎走茌平南鎮蹈水死西捻平晉一等男爵詔壁軍張秋九年上命督軍陝西剿北山回匪部署諸軍既定上疏陳大勢復引疾歸里銘傳善用兵能以少擊衆與程學啓齊名其初出也將五百人稍增至七千常敵賊數十萬討捻益騎兵合萬二千人其用械器悉改泰西新式戰髮賊戡捻匪卒以此收功平居持議尤以建鐵路爲自強要圖光緒六年俄人爭伊犂應詔至都因力陳造鐵路之益請修南路由清江經山東由漢口經河南俱達京師北路則由京師東通盛京西通甘

肅其疏略言自強之道練兵造器固宜次第舉行然其機括則在急修鐵路鐵路之利不可彈述而於用兵一道尤爲急不可緩之圖中國幅員遼闊畫疆而守防不勝防鐵路一開則東西南北呼吸相通視敵所驅相機策應無徵調倉皇之慮無轉輸艱阻之虞合我國二十二行省聯爲一氣從此裁兵節餉併成勁旅則一兵可抵十數兵之用而權操在上又不爲疆臣所牽制所以立自彊之基礎者在此所以杜外人之覬覦者亦在此疏上議雖格不果行而中國鐵路之興實自銘傳發之光緒九年法人奪越南擾閩越窺臺灣扼我南洋門戶十年上命李鴻章趣銘傳治軍不之應閏五月法事岌詔給巡撫銜督臺灣軍迺強起條上海防十事行抵基隆巡視砲臺僅存五砲不能軍居七日法來犯基隆臺立碎基隆南距省治臺北府六十里而獅毬嶺橫亘萬山之中法既毀臺更築堅壘置巨礮銘傳移軍基隆山後曉乘大霧選驍將率精卒百人潛入

壘傍空室出不意猝以砲擊壘近陣者半傷死別以鎮兵出僻道超敵後鼓噪薄之敵驚潰爭赴舟多墮水死是役也斃法酋三人斬馘數百奪纛二他兵械數十遂復基隆事聞上嘉獎出帑銀三千兩犒軍銘傳念滬尾爲瀕海要區距臺北僅三十里軍資餉械皆萃台北死守基隆敵且襲後路制吾命且敵艦駛海上我無艦以應之而江督以三輪舟濟師輒敗返此絕域也不舍基隆啗敵避艦攻致陸戰直坐斃耳及徙軍滬尾留將卒二百人扼獅球嶺明日法果以巨艦十二載師至基隆而別分精卒襲滬尾毀壘而進我以羸卒誘近大軍戰移時別將張李成伏兵突出叢箐中腹背夾擊殊死鬬敵大潰蹙至海濱斬千餘人時法人毀我砲臺殆盡我軍全恃肉薄銘傳每當陣一呼將士皆奮躍致死法人既三犯滬尾不得志月眉山之戰將士忍飢冒雨誓死拒營將跣足往來督戰無不一當百法人益驚自此不敢輕試初銘傳之棄基隆也將卒皆力

誎朝士聞之駭然大譁銘傳不爲奪曰兵事變化豈局外人所能遙度耶躬擘淡水策應指揮短衣麻履時親出當軍鋒炸丸墮馬下從容談笑不顧堅持八閱月卒保危疆上嘉其勞授福建巡撫明年媾成朝議臺灣阻海爲南洋鎖鑰當立行省自治乃改銘傳爲臺灣巡撫於是斟酌舊制奏增府一曰臺灣縣三曰臺灣雲林苗栗廳一曰基隆改舊臺灣府爲臺南府臺灣縣爲安平縣卑南廳爲臺東直隸州增設布政司一澎湖鎮一臺灣之立行省自此始生番窟宅台南北七百里與民居犬牙交錯歲戕民千餘盜賊出沒其間士豪假防番醵金募士抗官吏違號令賦稅不以時至銘傳檄將吏分路剿撫時親督大隊入山威懾惠懷南中北三路及前後山生番皆薙髮歸化復集番童教之臺北府久之語言衣食皆如腹地人至不願歸又念足兵必先足食於是丈田畝清糧賦四年溢經額三十六萬三千三百兩有奇其諸所創土田茶鹽金煤林木樟

腦之稅充羨府庫始至歲入金九十萬後至三百萬因築礮臺購火器設軍械局水雷學堂要以興造鐵道爲綱紐輔之以電線郵政穴山梁水闢巨道七百里以通南北臺防益固先是銘傳兩上疏陳鐵路爲強國計既屢沮於朝議至是始建路臺灣創興一切新政其意不但爲保障東南七省已也且將舉一隅之設施爲全國樹之範爲時醇親王載譞督海軍李鴻章佐之皆銳意任銘傳特加太子少保十六年加兵部尚書銜命幫辦海軍銘傳益感奮思致身自效嘗登滬尾礮臺東望日本欷歔曰即今不圖我爲彼虜矣未幾醇親王薨鴻章孤立戶部忽奏請天下海軍十年內毋增艦礮銘傳喟然大息曰人方甚我我乃自抉其藩亡無日矣鴻章爭之不能得銘傳遂三上疏求去去四年而朝鮮之難作銘傳才兼文武治兵喜用奇信賞必罰善於弛張將卒滬尾之戰以千餘疲病之師當十倍強敵嘗令軍中殺敵一級賞百金有哨官朱某者見前

軍不利裸身銜刀大呼衷敵師裂其陣血淋漓至不能辨面目戰歸卽戮前軍之却者以其衆畀朱率之故人人皆樂爲效死然性恬淡功成不居自始出治兵訖居方鎭凡五進而乞退之疏至十八上識者謂見幾而作不俟終日銘傳庶幾近之然觀於士大夫出處進退之間亦可以覘世變矣甲午中日之役銘傳方臥病山居朝廷命李鴻章諭意銘傳不肯出乃以書報之曰朝廷果使銘傳督師則請練兵四十萬以二十萬分屯沿海而以二十萬扼鴨綠江不使日人越江一步兵法所謂先人制人者也時翁同和當國素忌淮軍故但使鴻章促其出而延不降明詔實陰尼之云二十一年以疾卒於家年六十是年臺灣割隸日本遺書入天子軫悼贈太子太保諡壯肅建專祠平生所着有大潛山房詩集二卷奏議二十四卷藏於家

劉壯肅公家傳

江寧程先甲撰

公諱銘傳字省三氏劉廬州合肥人也先世耕邑之西鄉至公而不以屑意有大志嘗登所居大潛山仰天歎曰大丈夫當生有爵死有諡咸豐四年粵匪踞安徽陷廬州六安公倡團築堡賊憚之西鄉豪傑蠭午起數十里間往往堡寨棊置互相雄長亦時有攻伐一日別堡來攻力却槍藥不繼其妻程夫人躬自造藥猶不繼老嫗發其家所窖藥十數甕以進堡卒不動西鄉豪傑莫不怖公矣九年從大軍克六安保千總明年援壽州晉都司銜同治元年李公鴻章攝江蘇巡撫次上海募淮勇雅知公機爲管帶官於是銘軍立焉降南匯賊首吳建瀛劉玉林復南匯建瀛所部三千人玉林所部千人皆屬焉別賊犯南匯擊却之克川沙擢都司晉遊擊銜攻奉賢金山衛克之擢參將予驃勇巴圖魯名號從浦東還援破賊野鷄墩又解四江口圍二年常昭苦賊久會諸別軍攻福

山克之遂解常昭圍擢總兵與水師提督黃翼升同攻楊厙汛六日克之江陰賊復犯楊厙擊却之僞忠王李秀成渡江還救合僞章王護王普王潮王侍王軍水陸數十萬分道內犯公與諸別將各迎擊大破之七月進攻江陰克之詔以提督記名九月攻無錫金匱克之賞頭品頂戴十一月進規常州至奔牛鎭賊目邵小雙乞降受之攻常州小北門大土城克之僞章王犯奔牛欲以牽我常州之師往援大破之僞忠王以小輪船濟兵來爭並擊燬之六日奔牛圍解三年復規常州剗城外賊壘數十環攻之會禽僞護王陳崑書遂克常州賞穿黃馬褂六月江寧殘賊操僞幼主竄踞廣德公從建平往擊克之復追北大破之四年春忠親王戰沒曹州撚大橫曾文正公奉命視師赴山東重公智略奏設四鎭重兵以周家口重任付之公於是屬曾公大破撚於瓦店又破之南頓解扶溝圍以公兵精易爲游擊之師冬率師援鄂克黃陂追北至茅屋店

上褒美之時公已授直隸提督特　命交部優叙其明年公念張牛任賴四撚渠者忽分忽合馳馬隊於中原平曠之地剽忽數千里我師專主游擊非策也於是創扼守沙河之議驅撚於沙河以南以蹙其勢公任朱仙鎮以下河防分汛築長牆俄汴梁隄牆爲撚毁分軍進擊之破之鉅野無何撚渠牛老洪死張總愚竄陝西任柱賴汶光竄山東於是有西撚東撚李公代曾公視師公於是復屬李公督師逐東撚東至鄆城西至京山大小數十戰皆捷又與鮑超軍追擊之安陸四月破撚黃安東又追北至宛郡屯信陽整軍兩月復躡撚逐之東自應山黃陂西出安陸襄棗又從南陽至鄭州日踔百里撚望風奔不得戰於是𢎞防守運河進扼膠萊之議六月與潘鼎新相度膠萊河道形勢乃合諸別軍分築長牆北起夏店南至柳林口秋破撚沐陽南解沐陽圍追北至諸城日照槍殪任柱賴汶光圖竄青濟公從安邱閒道馳濰迎擊之又夜擊之濰東北

大破之撚西走新城截擊之東走壽光薄之於洋河瀰河間盡殲之暴尸四十
餘里河流盡赤諸任殄絕汶光尋自投揚州防軍東撚平李公疏稱是役爲軍
興罕有之奇捷論功公當第一　詔賞三等輕車都尉世職公自四年辦捻以
來轉戰數省略無一日休病莫能騎乃乞假旋南七年西捻張總愚由陝竄河
朔　詔旨促公乃馳赴東昌會諸別軍追擊張總愚於鹽山滄州德平疊破之
撚圖撲運河與諸別將環遮之徒駭黃運間從橫夾擊盡殪之張總愚蹈水死
西撚平晉爵一等男　詔次張秋九年　上命督辦陝西軍務乃之陝秋屯乾
州部署戲下諸將略定未幾引疾歸自號大潛山人蒔花木竹石築盤亭以庋
克常州時所得周虢盤圜棊賦詩若將終身焉　上卽位之十年法蘭西擾海
疆命督辦台灣軍務寵以巡撫銜閏五月甲辰朔丁卯抵基隆行其礮臺僅有
洋礮五且僅守前面不能應敵之旁攻歎曰不足恃也居七日法來犯基隆礮

台果毀公以台灣無兵艦不可與海戰乃移軍基隆山後以誘之且以屏𡉏頃之法登陸趨山巔而陣命章高元鄧長安東西鈔擊之槍斃法酋三法兵百餘奪纛旗二洋槍數十桿帳房十餘架餘卒奔其艦奏入有　詔褒美　皇太后爲頒內帑銀三千兩以勞軍七月法以偏師綴我基隆軍別以五艦犯滬尾滬尾者基隆後路也臺脆兵單去臺北府三十里而器械軍食悉萃臺北府滬尾失則臺北危基隆之師將自潰公乃夜率全師移駐淡水立揮諸將赴滬尾援內地聞公退基隆則駭然公曰兵事變化惡有隔海可遙度者邪不爲奪已而法益增兵艦我軍內薄而柱槍𡉏法艦別游弋滬尾口外匯利萬利華安三輪船又不克濟師其勢岌岌然公一呼勞將士莫不奮激卒大破法師於滬尾斬馘千餘人堅持數月不懈由是雖四夷亦讋公矣公爲人果毅伉爽貌威厲眸子爍爍如巖下電語音喤大戲下見者毫毛竦樹用兵不主故常多機變躬

冒煙彈爲士卒先故人樂爲之死幼不慧十五六歲嘗夜寢見有虎搏已遂敏達喜讀醫藥壬奇占候堪輿五行之書尤好兵家言常以古兵家皆以治兵列奇零之數其正者則在治國故雅不以武功自震襮尤殫精經世之務十一年春和議成臺灣解嚴臺灣舊設府一縣四廳二隸臺灣道軍事隸臺灣鎮　穆宗末年沈公葆楨始增設恆春縣其明年復增設臺北府領淡水新竹宜蘭三縣規模草剏　上念臺灣南洋門戶非改立行省不可公旣以是多由福建巡撫改拜台灣巡撫於是斟酌舊制議增設府一曰台灣縣三曰臺灣雲林苗栗廳一曰基隆改舊臺灣府爲臺南府臺灣縣爲安平縣卑南廳爲東直隸州增置布政司一澎湖鎮一　上悉從之臺灣之立行省自此始生番蔓延臺灣南北七百餘里與民居犬牙交錯戕殺歲至千餘人盜賊出沒其間土豪借防番以釀錢募士官吏莫敢誰何南北四路聲氣堙閡公勦撫四年而南中北三路

若前後山各路之生番咸薙髮奉正朔喁喁向化集番童於臺北府而教育之被衣火食讀書久遂化爲內地人肌膚言語如一至不願歸又倡辦清賦事四年而竣較舊額年徵銀十八萬三千三百兩有奇已溢出三十六萬三千三百兩有奇而公之治臺尤以興造鐵道爲亟其煩費亦最巨初我國之與俄羅斯爭伊犂約也　詔公赴公至京上書曰中國今日非速開鐵道萬不能自強鐵道成非特利於漕務賑務商務礦務與釐捐行旅而於用兵尤急不可緩蓋兵可抵數兵之用此後兵權餉權盡歸朝廷不爲疆臣所牽制利孰大焉　詔下其議於直隸總督李公李公深韙之欲請　朝廷以其事屬公矣而劉參贊錫鴻新使日耳曼還疏爭甚力議遂廢公爲之歎惜者累月至是周覽全臺謂臺南臺北相距六百餘里崇山大澤緜亘上下卒有敵師截其中則消息陡絕

乃奏請開辦鐵道拔林闢塗孔山梁川悉安施鑽軌而駛火車而南北通台防愈益鞏公之素志始於是發舒焉十五年晉太子少保銜十六年賜兵部尚書銜　詔命幫辦海軍事務旋乞病歸邵友濂唐景崧相繼代蓋自中國有台灣巡撫以來起自公訖邵唐而止中日之役　詔旨疊促公海內知與不知皆延項踴足以覬公出卒以病不克赴二十一年冬終於家年六十　天子軫悼追贈太子太保銜賜謚立傳建祠官其長孫朝仰員外郎仲子盛芸舉人三子盛芾亦擢員外郎尋賜祭葬二妾李絕粒殉焉旌祠如例

程先甲曰余兒童時即知海內有公其季子盛芥余同歲生也公嘗第江甯欲見之而弗果後其次孫朝望從余學舍於其家獲讀公之大潛山房詩公之沒數年矣父老往往爲余道公初起時事乃求登所謂大潛山者尋公發歎之所爲想見之焉然滬尾一役血肉相薄僅乃完之日夜靡心力以締構其土公去

五年乃指揮談笑而齎敵人豈不哀哉

贈太子太保兵部尙書銜福建台灣巡撫一等男爵劉壯肅公墓誌銘

桐城馬其昶撰

公姓劉氏諱銘傳字省三合肥人曾祖某祖廷忠考惠世業農後皆以公貴贈如公官爵公生而英特有偉抱嘗登所居大潛山歎曰生不爵死不謚非夫也會天下亂淮淝居民爭築堡寨自衛各相長雄一日有大豪呼公考至馬前責供給不時至訶駡而去公憤甚躡豪行數里奪其佩刀殺之乘馬徐歸於時年十有八矣同治元年合肥李公以曾文正公奏薦巡撫江蘇募淮勇東征公以千總從所將卒號銘軍連擊破川沙奉賢福山解常昭圍合水師奪揚舍汛要隘苦戰六日乘勝下江陰取無錫進攻常州奇兵出奔牛鎭降其酋推鋒直進寇復犯奔牛還軍郤之再攻圍常州先登生獲寇酋陳坤書常州平積功至提督 賞黃馬褂而程忠烈已前定蘇州遂越境應浙軍攻嘉興克之至是公平

常州亦出屯句容以應江寧圍軍於是湘軍拔江寧殄洪寇積苦久遂皆散遣
羣捻復縱橫齊豫吳楚之郊曾公受命督師湘軍將既已罷歸乃益募淮勇設
四鎮重兵公屯軍周家口戰捷於瓦店於南頓於扶溝　詔授直隸提督率師
援鄂克黃陂追賊至潁州大破之公以中原平曠地賊四走疲我乃建議築堤
扼沙河爲守賊潰突汴梁堤追創之於鉅野捻首張總愚竄陝西任柱賴汶洸
竄山東自是有東捻西捻之目李公代曾公督師公率所部自鄆城至京山西
東數十戰賊皆披靡望風遁由是東至黃陂西至安陸襄棗北至南陽鄧銘軍
常爲選鋒復議防運河扼膠萊築長墻北起夏店南抵柳林口遏賊騎西六年
引兵南救沭陽追北至諸城日照還殪任柱於贛楡賴汶洸圖竄青濟閒道馳
濰西北擊破之蹙之海濱殲其衆河流盡赤汶洸自投揚州防軍以死東捻平
論功最給三等輕車都尉乞假歸七年西捻張總愚由陝竄河朔畿輔大震

詔責諸將率公臥疾在家李公假　朝命強起之會師進擊鹽山滄州德平李公仍議築墻臨邑屬之馬頰河墻成値大雨徒駭河盛漲賊不得渡漲總愚赴水死西捻平晉一等男爵　詔駐師張秋資鎭守旋命督軍陝西剿北山囘匪引疾歸論者謂李公江蘇之功推程忠烈平捻功公爲大忠烈攻嘉興遽戰死而公初起將五百人稍增至七千討捻益騎兵合萬二千人西防陝增多至二萬逮後臺灣之役以異數改巡撫位望乃益崇矣自程忠烈始識外國械器利其戰江蘇悉改用新械淮軍竟以此勝而公尤以鐵道實自彊要圖其關於兵事利害爲重光緒六年與俄羅斯爭伊犂約應　詔至都即上言鐵道便利數大端李公因奏公主辦議格不行十年法蘭西擾海疆再起公以巡撫銜督臺灣軍務至七日基隆礮臺燬公以臺灣無兵艦不利海戰移軍基隆山後避礮彈且誘敵登陸尋擊斃法酋二兵百餘奪二礮他兵械數十有　詔褒美法兵

以偏師絓基隆軍別遣五艦犯滬尾滬尾者基隆後路也距臺北府三十里軍資餽械皆聚臺北公夜退師駐淡水犄角滬尾謗議流聞取斷於中不眩時議敵益增艦來攻是時馬江已挫上海用三輪船濟師皆過不達諸將冒風雨跣足督戰堅守八閱月　詔授福建巡撫明年媾成朝議臺灣阻海峙南洋門戶當設立行省自治乃改公臺灣巡撫奏增一府一廳三縣生番窟宅臺南北七百餘里奔狂叫呶風氣湮閼擣虛斧頑釐其馴稚一皆化熟不以異類自疑忿兵制久敝不饒給財用無能革新於是清丈田畝賦收倍經額而諸所創土田茶鹽金煤林木樟腦之稅亦充羨府庫始至歲入金九十萬其後至三百萬因益築礮臺購火器設軍械局水雷局水雷學堂要以興造鐵道爲綱紐輔之以電綫郵政功費大萬百餘公思以一島基國富彊迹所已效威名樹立如其初志累加太子少保兵部尚書銜又特命襄辦海軍事務嘗登滬尾礮臺東望日

本欿歔感發曰卽今不圖我爲彼虜矣已而戶部奏請天下十年內毋增置艦
礮復喟曰人方甚我我顧欲樽俎折之乎遂三疏求去臺灣之立行省自公始
公治臺灣凡七年而歸歸四年而朝鮮難作屢召不出遂以疾終於家春秋六
十是年臺灣割隸日本遺疏入　天子軫悼贈太子太保諡壯肅建專祠史舘
立傳長子盛芬直隸候補道前卒官其長孫朝仰三子盛芾皆員外郎朝仰承
襲男爵次子盛芸賜舉人記名道四子盛芥舉人候選道女四人皆適望族配
程夫人側室有出者曰項氏陳氏絕粒以殉得旌者曰二李氏公以某年月日
葬某鄉某原其諸孫朝望舉人刑部郎中致公所爲大潛山房詩二卷並致狀
曰先公墓碑未刻敢請銘乃銘公所箸別有奏議二十四卷藏於家辭曰
公專閫寄方壯其齒金節琱戈謔浪書史蟄居在鞏公讙無止　皇怵外訌詔
速公起公來岷𨈭彼驕亦駭韜智銜勇創古未有漲天大澤納於一沚公胡遽

歸公歸不竢疆埸成壞彼此一時悲脣雄志雖死而視焯功鑱詞萬古是記

淸太子太保兵部尙書臺灣巡撫合肥劉壯肅公神道碑

桐城陳澹然撰

聖淸光緒二十年夏日本奪朝鮮我師壁牙山不戰　朝命李鴻章傳　旨召故台撫劉公於里第公臥病不出海軍熸明年夏割台灣盟成公輒悲嘯數月竟以是冬薨於家初咸豐間粵寇踞蘇常爲金陵內府同治元年大學士李公鴻章起淮軍東討自將程學啓討蘇松命公與其弟鶴章討常州太倉斷蘇松援賊僞忠王李秀成合五僞王軍數十萬連屯二百里來援公合諸將血戰破之諸列城畢拔蘇援絕乃降僞王陳昆書痛蘇降之見殺也則死守常州不下程公既沒李公亟表公特將逼常州公則遣將壁奔牛鎭斷賊援僞忠王鼓輪礮環擊奔牛軍饟援絕且死公聞宵驅五百人襲賊後夾擊呼聲動天地遂以四千人斬馘十萬壁諸江三年夏竟拔常州磔昆書軍威達於皖浙逾月湘軍

始克金陵當是時湘軍圍金陵三年不下朝論輒推淮軍功駸駸出湘軍上淮
軍固後起公少特起冠諸軍湘中諸老將益驚歎以爲弗及自粵寇據東南淮
捻隴回並起飈蕩數千里中國無甯土者殆二十年公竟以此名震中國同治
四年春僧忠親王戰死曹州　朝命大學士曾公國藩壁徐州統四鎭兵討捻
特拜公提督直隸爲大將壁周口重鎭攝之嘗兼旬逐寇千七百里曾公特表
歎奇之逾年李公代帥壁濟甯公益發舒騁奇略捻騎恆突數千里公則創議
建堤塹扼沙汴黃運膠萊諸河二千里罟之斥巨金練奔卒萬人蹋擊齊豫皖
鄂淮徐五行省之郊血戰三載卒滅東捻王任柱賴文洸病劇乃歸同治七年
西捻王張總愚自關北渡河突畿疆京師大震李公特表公節度諸軍爲上將
血戰滅之中原大定論功第一　詔錫一等男九年回寇突關中棘甚　特詔
督陝西軍爲大帥未幾復引歸自是海內承平公獨寶古周盤築亭大濟山柢

要人不悔嘗角巾往來秦淮上樂詩歌琴管十年翛然若忘天下獨酒酣太息敵國外患輒孤嘯不忍言光緒六年俄羅斯奪我伊犂　特詔入都詢方略輒復歸又四年而台灣難作卒保危台任巡撫八年迺歸初光緒九年法蘭西奪我越南遂盪閩海覬台灣扼南洋要我十年　朝命李公趣公出公方泛西湖未之應閏五月台灣事岌始　詔用巡撫銜督台灣軍事迺強起以東台嶠孤絕海中危甚公至建軍府台北而基隆適當敵衝蒞台十日法將驅鐵艦輒大至基隆僅五礮不能軍艦礮攻台輒毀公曰台北萃餉爲根本地死守基隆敵且襲台北制吾命且敵艦橫海上我獨無江督賃三艦濟師輒敗返此絕域也不舍基隆啗敵避艦攻致陸戰如何哉則徙軍滬尾扼基隆山後斷其衝躬壁淡水策前軍衛軍府朔士大譁堅不動血戰逾年屢破法軍於岸上斬其將法兵死者千數百人軍士至飲溺爲活身爲大帥短衣草履臥山野戰輒親出當

軍鋒一日炸彈墮馬下左右皆驚公則從容指揮距躍奮進衆以是益服其神勇當是時法既大破閩海軍絕台援基滬距台北裁八十里卒不獲奪台灣要我　天子聞其狀特拜福建巡撫寵嘉之蓋自中國外戰數千年未有險絕如此者公自是威名震海外矣十一年和議成朝議建行省臺灣堅國蔽　天子鑒其忠遂拜巡撫臺灣之命公念制敵莫先自守以臺保臺而後可縱橫海上台疆周二千里生番亘山中七百里歲出殺掠苦吾民紳吏貪殘賦財益絀則撫剿悍番六百社廓墾疆懲貪墨清賦稅增設府廳州縣布政使固其民建澎湖總兵移兩副將制前後山扼中權合台鎮張厥武創商輪郵電廣硫璜鹽茶鑿前後山二百里闢巨道謀鐵道七百里縱之擬建省城於彰化鎮全台始至歲入九十萬及歸歲逎三百萬既開製造廠興武校拓營臺廣兵輪鎗砲製水雷當是時醇賢親王督海軍李公佐之皆鋭意任公經營海表　兩宮大喜

特晉太子少保兵部尚書銜幫辦海軍公益慷慨激發銳志闢海軍謀日本爲國家東南保障未幾醇王薨李公孤立戶部抗疏令海軍十年毋增礮艦李公爭不獲公乃迭疏乞骸骨以歸歸四年而朝鮮之難作矣公鐘聲鐵面雄俠威稜爲治用兵曰勤廉簡少讀書喜奇畧功成勇退則益靜研中外得失之林嘗慨古兵法多主奇其正迺在治國故雖年二十九提督畿疆三十五輒拜欽使督關軍顧不樂以武功襮天下居恆目營心摹思躋國家於富強之列事權既不盡屬輒鬱鬱不得發舒晚治嚴疆艱難締造雖績效炳然顧未竟其志性伉爽剛毅謀國一本血誠不顧問流俗毀譽雖李公患難久知獨深及抗論大計輒面赤皆裂李公恒屈下之蓋其縱橫奇俠實有非常度所能測者同治間士大夫方詠太平競黨爭詬西法公獨謂非罷科舉火部案闢西校拔眞才不出十年中國將不可問及伊犂事起獨抗言開鐵道通國脈使兵餉出朝廷督撫

無能牽制然後天下可爲今事敗乃踐公謀患且不可治矣公嘗登基隆山張遠鏡東望慨然曰彼葱鬱者非日本三島耶失今不圖吾且爲彼虜乎及聞海軍罷則頓足歎曰人方盜我我乃自抉其藩亡無日矣故卒歸不出今公歿十年李公亦崎嶇庚子間以死中興諸老盡矣自古憂微之士每不獲行其說於未敗之前衰世之臣每不恤以國家殉其門戸固如此然則公之進退生死其重繫天下爲何如哉公諱銘傳字省三安徽合肥人咸豐之亂年十八獨起誅土豪團練保鄉里嘗登所居大潛山謂大丈夫當生爵死謚安能齷齪科舉間當異軍特起輒思獨樹淮南北不樂隸他人卒建銘軍名天下薨年六十　兩宮震悼贈太子太保謚壯肅賜專祠列傳爵子孫如其志迺最其大者著於墓道之碑銘曰

霍古天柱雄鎭江淮鬱彼間氣蕩厥叢霾赫赫徐常越劉代起曠五百年英風

嚋似既平大難獨藏厥躬元鶴麗天萬籟斯融晚鎮危疆氣吞強敵壯志沉埋

臥我巖壁臺亡公逝函夏安歸浩浩江淮萬古長諠

書劉壯肅公碑陰

桐城陳澹然撰

同治間海內承平文儒喜黨爭競門戶李劉二公皆豪傑尤厭絕之霍山黃從默言號季子白盤者固周宣王十二年所製故物也道光間常州徐燮鈞任陝西郿縣得而寶之常州陷沒於賊劉公克常州得之則大喜築盤亭於所居大潛山爲樂某氏者常熟巨家也出巨金購之公不可則請連婚媾陰圖之公辭益堅則大怒李公之克蘇城也見蘇人頌李秀成碑壯麗甚蘇巨家某氏名皆列焉始固未之詰也既克蘇軍多餉益絀取富捐佐之蘇人劾諸朝李公怒曰若輩頌賊酋吾不問乃假此懟我哉則命五百人匝其碑將按治蘇人大懼歛餉金數十萬謝之乃已苗沛霖之亂淮北也某氏之兄方撫皖結師弟右之亂作逮諸朝其父固師相貴甚乞皖人疏救之皖人持不可益大恨仇皖益深同光間兩人方以名士主朝局奔走清流二公益傲睨不下李公常笑曰若曹但

善走東華門耳烏足與言天下事哉自西人之起二公輒深憂太息非變科舉重西法練海軍開鐵道不足圖存淸流溺文字目不見西書益大譁以爲亂法故李公困畿疆二十年疑謗紛拏終不獲行其志公益痛心不出厥後鐵道之阻海軍之罷甲午之戰嫉者固未達中外强弱之殊要其議主自李劉則固有不惜舍封疆以殉門戶者方朝鮮之亂作也我師壁牙山寡甚桐城陳澹然方報罷客京師擬疏乞某公達諸朝請拜劉公欽差大臣督朝軍與李公相表裏某公不可强爭之不獲則請某給練達之翌日而廷寄命李公傳　旨召公出公曰吾任封疆即引歸固大臣也今　廷寄等之列將豈　朝廷所以待大臣之義哉辭不出八月朝軍潰復　召之卒不出其明年同里張雲錦過謁公叩之公嘆曰朝事方起　朝廷苟命吾爲帥督前軍吾當重扼鴨綠江保全遼瀋觀釁而動邊事尙可爲也迨平壤既敗其事尙可爲耶且觀吳大澂之出何啻

王化貞之撫遼夫已氏之處樞廷伺帝葉向高之爲相微論鐵道不興海軍久罷事固未易謀也卽勉圖一出有不千橈百折致吾熊襄愍之纍哉嗚呼此公急流勇退之不可及也公偉幹雄豁始年十五尙不慧一日夢虎搏己驚而寤輒奇敏絕人年十八土豪假團練虐其父豪去公自書塾歸怒謂諸兄曰丈夫當自立安能耐此辱哉徒手躡豪馬請決戰豪顧狂笑曰孺子敢當我哉吾授若刀能殺我則壯士也公喜手豪刀猝斬之乘其馬手其頭登高大呼曰某豪虐鄉里吾斬之能從我者當保若里壯士大喜歸者數百人遂築堡寨爲其長寺中有銅佛數百尊寇僞之輒死公獨冶銅佛製砲佛竟寂然里人益相驚以爲天授當是時官軍寇盜錯肥西公輒奴下之謂莫足當吾意者嘗思獨樹幟淮南北賜其奇人不獲同里張靖達公樹聲言于李公請召之李公因曾幕入自請討蘇州則召公以出始將纔五百人及防陝銘軍乃至二萬淮軍獨行中國

三十年銘軍輒冠其曹告歸所部輒戍重邊當一面其討捻也捻方阻河冰自固諸將爭演劇禱河神河神者狀類蛇微甚獨奇變若神嘗平地湧水數十丈朝廷敬憚之所封某大王者也及是公獨手佩刀擲神案叱曰吾奉天子命討捻明日冰不開當斬汝是夕冰竟豁然其自臺歸也有巨物擁其舟海濤壁立舟蕩甚軍將大恐請曰龍物送公返請謝之公出命發砲揮赤幟遣之巨物竟去風濤晏然其神勇天授蓋有非人力所能爲者公性傲睨厭華士得賢才輒尊禮之和州李煌言其師朱景昭者號默存合肥優貢生奇士也博學多奇識英果敏公翰撫皖重其才嘗爲兄弟交英公閱武坐將臺朱獨布衣手蒲扇以往英公虛左席敬之朱輒岸然不怍李公既相詣朱曰君深漢書近何讀曰讀霍光傳耳李公嚴憚之不能用也公獨尊入幕賓禮之討捻之師久不効公問之朱笑曰捻如馬賊官軍欲以步武勝之如何哉惟以捻制捻耳公大悟

卽日焚短香置巨金壁門外令曰能刻寸香繞六營三匝首至者取此軍士皆樂奔最後至有刻寸香繞十四營三匝者故捻飆疾如風雨銘軍亦風雨赴之卒以成大功名天下朱死公獨厚賻之既貴家居有石超者湖北童生也年少獨以兄弟稱請見長揖踞上坐公奇之命屬對則應如響（出云持三寸帖見一等男童生大膽稱兄弟對云手八行書行萬里路布衣長揖傲王侯）公大喜延爲上客當告歸時清流論將才於公率訾議獨閩人陳閣學寶琛奏議中一語推重之厥後公撫臺陳適罷貧甚公恆以他事給之其肝膽如此

光緒十七年余客金陵落拓甚上書李文忠公於天津冀得一言於南帥劉忠誠俾得著書養母李公笑曰此才類省三舍老夫惟省三能用之耳劉峴莊安能用此才哉惜乎其歸也然卒不獲見兩公而國事乃不忍言矣故於兩公尤耿耿云（自記）

紀劉省三宮保守臺灣事狀

桐城張傳au

華夷交聘乃前古未有之變局而戰爭遂不可以寧光緒乙酉法蘭西搆難於安南既而東窺臺灣謀內犯　朝廷顧念南服以今宮保劉公省三撫其地台灣者本孤島爲地數千里懸海外　國初降草竊者鄭成功之孫克塽始入版圖置郡縣隸於閩而爲東南海疆之屏蔽至是更改設行省焉　命下之日有以書致公京師謂敵將邀於海而爲公危者公陽懼先期徵師船爲衛至滬上更示趦趄狀而陰則潛舟以濟比至敵人躡公者之舟亦至而已無及矣當是時台灣絕未備師不逾千餉不盈億戰守之具無一可恃者公雖至倉卒不遑有施設第檄鎮兵八百人扼基隆而已基隆爲涉海登陸之首途南距省治曰台北府六十里連峯絕巘而獅球嶺橫阻於其中越日法蘭西以兵艦九艘集隳其壘更築壘置巨砲爲仰攻獅球計公夜窺敵形謂左右曰徵師未即至敵

銳甚恐不可久守盍戰而却之將曙天大雨霧乃命饒將率精卒百人潛入敵壘旁之空室更以鎭兵從別將出他道趨敵後百人者出不意猝舉砲擊敵壘近陣者多死鎭兵復鼓譟薄之敵驚潰爭奔其舟舟泊處近斷岸陡絕不可攀擠而墮溺者若鳧鷺之集斃其巨酋一獲級數百計遂復基隆初法蘭西之入安南也以爲必可舉其國及至其境劉永福以諒山之衆搘拄於其間 朝廷復以馮鮑諸軍遏之其分兵窺閩疆犯臺灣蓋智窮思有所襲據以爲和議地耳不圖公甫臨治即以單師却之用是益忿公而公亦知其必不已也省治西百八十里有瀕海要隘曰滬尾者由基隆鼓輪舟半日可至復基隆後數日敵更以巨艦十二載師續至而以前所至舟攻滬尾若爲以勁師襲基隆也者公下令棄基隆獨留二百人扼獅毬嶺左右皆以基隆必不可棄環跪而諫公曰是吾意也詰吾自當之若以基隆失他隘君等能任其咎乎衆不能對公遂以

師夜馳入滬尾密爲備明日敵舟果悉至毀壘而登衆以萬計我師接戰不利將敗北別將率伏兵從他道突出殊死鬥敵始潰却蹙至海濱其舟不可近乃爭以漆艇渡艇小不任重滿則溺焉遺械彌地斬馘逾千蓋至是士氣始大張未幾閩師失利和議成遂無可戰矣是時法蘭西屢見絀於安南其在臺灣者復被創不得逞倘閩疆得人直可使無片帆歸耳而惜乎不能夫甯非天歟且法蘭西爲泰西強國果使大有所挫則海外國必震懼修睦惟謹況其餘孤弱島國尙敢爲他日患乎而惜乎不能夫甯非天歟是役也以千餘疲病之師當十倍之強敵非公機智沉絕不能至是然聞戰之日敵所用炸礮多墮泥淖中不能再發傷人其間抑又似有天焉先是公下令軍中曰殺敵一級者賞百金有朱哨官者見前軍乍却乃盡裂其衣服袒身啣利刀持礮狂呼轟擊而進其屬五十人亦大呼馳進遂衷敵師裂其陣比罷戰朱哨官血淋漓滿身不可睹

面目公戮前軍之却者卽以其衆俾朱率之觀此則公之弛張進退與素所以待將士者爲何如哉公在台灣數歲多惠政而平番社闢疆土尤有偉績乞歸後以詩酒自娛時與田夫野老相過從笑語爲樂後數年日本人犯遼陽我師輒挫衂有勸公出就徵召者公喟而不應嗚呼公之心人或未能盡知之而東邊之事則固已爲公喟所料矣其可慨也夫公從孫伯海太守宦於蜀臺事固其所目覩者他日述於余至危險處猶慄然變色余因獲聞其詳而輒狀其顚末如此

書先壯肅公守臺事

孫朝望謹述

先大父壯肅公既夷粵捻之難放浪山水者十餘年晚鎮臺疆威信敵國治臺八載厲行新政奏疏具載世可得稽獨其戰守之情狀公牘既不盡備論者多莫能詳爰考之奏議徵諸故老務求翔實書其梗概將以上史館備采擇焉光緒十年法西擾海疆詔以公督辦臺灣軍務加巡撫銜公既奉命率親卒百餘人部將鄧長安輩十數閏五月甲辰朔丁卯抵基隆時淮軍至者纔六百人合湘土諸軍士不逮四千人湘軍將曰孫開華宿將也嘗隸鮑超淮軍將名者章高元位望不逮開華而勇略與之齊兩人皆先數月各率所部防臺公以兵單連奏請令江閩兵輪赴援皆不獲至公既至基隆行其砲臺僅有砲五且僅守前面不能左右應曰此絕地惡足恃居七日法兵艦來犯基隆礮臺果毀公以臺灣無兵艦不可與海戰乃移軍基隆山後以誘之頃之法人登陸趨山巔而

陣勢銳甚我軍仰攻不利公念敵礮瞰射莫能禦欲出奇計陰毀之未知所使乃召諸將議而激挑之諸將至公方食語幕客曰吾嘗以數千人破粵捻十萬之衆然皆吾將唐殿魁劉盛藻力也使是二人者在吾豈憂法人哉於是章高元鄧長安聞之氣咻皆盡裂乃進曰某等從公亦十餘載矣公今困絶域某等義不生還唯公命之公釋箸遽起前握兩人手曰好男兒勉立功名唐劉不得專美於前矣乃各授以計於是長安夜率壯士冒雨蛇行潛破法壘毀其礮高元與蘇得勝曹志忠東西襲擊之敵死拒良久高元冒雨奮進敵兵披靡陣斃法將三兵百餘奪纛二洋槍數十桿帳房十餘架餘率奔其艦奏入有詔褒美皇太后爲頒內帑銀三千兩以勞軍七月法以偏師絓我基隆軍別以五艦犯滬尾滬尾者基隆後路也去臺北三十里而軍資餽械悉萃臺北孫開華時守滬尾告急書一日三至公念事急不得出十全必有所棄而後有所取今敵既

不得志於基隆必以全力攻公軍滬尾失則台北危基隆之師將自潰獅球嶺去海稍遠地險阻易守乃下令退軍諸將以爲方戰勝而退軍非計有叩馬泣諫者公按劍叱曰吾計已决罪譴吾自當之有違令者斬諸將乃不敢復言我軍既退扼獅球嶺立遣高元馳援滬尾而自駐淡水策應用知府李彤恩計塡石塞海口彤恩宦臺久有智略然鬱鬱不得志公一見奇之數稱其才彤恩於是言公欲誘敵陸戰非塡石塞海口不可公從之彤恩因益進張李成張李成者臺灣人任俠喜結交死士人未之奇也彤恩獨知之言於公使募土勇五百人中朝聞公退基隆則大駭嚴旨趣公旋軍基隆公曰兵事變化惡有隔海可遙度者卒守便宜不進當是時法既擢闔軍於馬江毀兵艦三十法大將孤拔益鼓勝兵攻滬尾朝命江督用三輪船濟師皆遏不達會盛暑疫癘流行我軍既疲勞復感瘴多疾病軍中炊煙日減公短衣草履親拊循士卒弔死問疾與

同食飲將士感奮人人皆樂爲吾帥死法既增艦攻滬尾公令開華高元分大
軍爲三距海數里緣山而伏誡曰待敵薄我而後戰令張李成以土勇五百人
伏海濱叢草中而以羸兵數百當海岸法艦開巨礮聲震屋瓦然莫能中欲入
海口爲石所阻則登陸攻我海岸軍海岸軍詳北法人逐之薄我大軍我大軍
殊死戰開華高元身先士卒血肉相薄法人死力進槍彈雨注卒不可敗鏖戰
久法軍稍益懈我軍適濠奮擊張李成所將五百人者突出敵背敵愕顧我軍
前後夾擊士卒皆一以當百短兵接呼聲動天地法軍亂則反走其艦我軍乘
勝縱擊大敗之斬馘千餘人餘衆奔走相蹂躪我軍益進蹙之海敵衆登小舟
相擠舟覆死於海者無算自是法人不敢復犯滬尾其踞基隆者扼於獅球嶺
不得進尺寸十二月法人攻我月眉山林朝棟曹志忠劉朝祜等苦戰敗之公
以孤軍懸隔海外屢摧強寇凡戰守八月而孤島卒全外人觀戰者皆驚歎以

爲不可及於是公威名動海外矣初公之銜命過滬也法使數來會探行期公則置酒高會聲言某日乘某艦渡臺是夜大風雨公乃微服乘小艇登他艦疾行去岸數時法使乃覺疾發兵艦追之思要之於海比至滬尾則公已登岸兩時矣其督師基隆也嘗親出當軍鋒一日法軍開炸礮所乘馬忽屈伏於地彈丸從頂上過左右皆驚失色公獨夷然益揮軍進衆以是益服之初退基隆朝士以爲怯論者前後數十疏詔旨切責有謗書盈篋之語公卒守便宜不爲動然朝士終以爲怯及滬尾戰捷軍威大振中外人士聞其戰狀者始交頌劉公艱苦絶人云

咨吏部履歷

光緒十六年十月初八日准　貴部咨考功司案呈前事等因內開恭查乾隆二十四年二月二十日奉　上諭向來內外文武三品以上大員遇京察軍政之年援例自陳文具相沿無裨實政曾經降旨停罷第念伊等薦陟崇階並有特簡其人賢否優劣雖已均在洞鑒然其間亦不乏旅進旅退持祿戀棧之人若以平時既無大過足干例議又不按例甄核任其迴翔日久必致職業不振甚非澄叙官方之道嗣後吏部於京察時將在京之尚書侍郎以下至三品京堂以上在外之總督巡撫分列爲二本兵部於軍政時將在京之都統副都統在外之駐防將軍都統副都統各省之提督總兵官分列爲三本繕具簡明履歷清單進呈候朕鑒裁以重考績大典著爲令欽此茲屆光緒辛卯年京察之期相應移咨等因到本爵部院准此竊本爵部院劉銘傳年五十五歲安徽合

肥縣人由軍功咸豐九年辦理本鄉團練屢勝髮捻由前安徽巡撫福濟保奬千總並五品頂戴咸豐十年自備糧餉帶練勇五千救援壽州經前兩江總督曾國藩查明保奏同治元年三月奉　上諭千總劉銘傳着以遊擊補用欽此是年五月應募管帶銘字營隨前江蘇巡撫李鴻章駐紮上海克復南匯縣保奏奉　上諭以遊擊補用並　賞戴花翎欽此又連克奉賢縣川沙廳金山衛各城浦東肅清保奏奉　上諭以叅將儘先補用並　賞給驃勇巴圖魯名號欽此旋因遊勇滋事鎗斃奉賢縣經前江蘇巡撫李鴻章奏參失察革職是年十一月奉調統領銘樹等營戰敗四江口大股賊匪殺賊數萬保奏奉　上諭開復原官以副將儘先補用欽此同治二年正月奉調統領銘軍救援常熟縣解圍奉　上諭以總兵補用欽此旋署江蘇狼山鎮總兵是年五月克復江陰保奏奉　上諭著以提督記名簡放欽此又於克復無錫案內奉　上諭著賞

給頭品頂戴欽此同治三年三月克復常州保奏奉　上諭著賞穿黃馬褂欽此六月收復廣德等城奉　上諭劉銘傳著補授直隸提督欽此十一月奉調隨前兩江總督曾國藩統軍勦捻行抵安徽六安州　僧親王在山東曹州府剿捻陣亡奉　上諭劉銘傳著一併革職欽此同治四年克復湖北黃陂縣城保奏開復原官同治六年在江蘇贛榆縣克復大股捻逆擊斃捻首任柱十一月初三日奉　上諭劉銘傳忠勇耐勞追賊迅速著加恩賞給白玉柄小刀一把火鐮一件大荷包一對小荷包兩個欽此又於山東壽光地方勦平劉賴大股捻逆東豫皖鄂一律肅清案內十二月二十二日奉　上諭劉銘傳著加恩賞給三等輕車都尉世職欽此七年奉調統領各軍於山東茌平地方剿平張總愚大股捻匪直東肅清七月初十日奉　上諭提督劉銘傳著由三等輕車都尉晉爲一等男欽此是年因病請假八年呈經直隸總督李鴻章奏請開缺

奉　上諭劉銘傳著准其開缺欽此九年天津教案經直隸總督李鴻章奏調

奉　上諭劉銘傳著即赴天津欽此十月奏請　陛見初四日奉　上諭前任

直隸提督劉銘傳著督辦陝西軍務欽此軍機大臣面奉　諭旨著即行請訓

欽此初六日　陛辭十一月初六日到陝十年因病請假並請　開去差事九

月十六日奉　上諭提督劉銘傳著賞假三個月所統銘軍交提督曹克忠接

帶欽此是年十二月曹克忠王家璧先後奏叅暫行革職十三年奉　特旨已

革提督劉銘傳著賞還原官欽此光緒六年奉　旨到京　召見後因目疾請

假到津調理七年正月續假回籍十年奉　旨劉銘傳著來京聽候差遣欽此

五月二十九日到京請　安閏五月初一初二日　召見兩次初四日奉　上

諭劉銘傳著賞加巡撫銜督辦台灣事務欽此初五日謝　恩十二日請　訓

召見　陛辭出都二十四日到台七月初二日於基隆戰勝法兵案內奉

上諭交部從優議敘欽此部議照一等軍功從優議敘例給予軍功加三級九
月十一日奉　上諭劉銘傳著補授福建巡撫仍駐紮臺灣督辦防務欽此是
年於澎湖失守案內奉　上諭劉銘傳困守臺北鞭長莫及自應稍示區別著
交部議處欽此部議降二級留任十二年十二月十二日於剿平中北兩路生
番案內奉　上諭交部從優議敘欽此部議照二等軍功從優議敘例給予軍
功加二級續因奏保剿服中北兩路生番出力人員請獎摺內未將各員籍貫
履歷另立清單奉部議照違令公罪律罰俸九月奉　旨銷去紀錄一次仍罰
俸三月十三年恭逢　皇上親政　恩詔加一級是年　奏辦茶務摺內抬寫
錯誤四月初十日奉　上諭劉銘傳著交部察議欽此部議罰俸一年公罪例
准抵銷奉　旨銷去紀錄二次免其罰俸十四年正月十九日接受新頒巡撫
關防當卽奏報啓用並請　旨撤銷督辦防務差使是年恭逢　京察奉　上

諭福建臺灣巡撫劉銘傳著開復降二級留任處分照舊供職欽此是年四月
十九日於捐助皖賑案內奉　硃批交部從優議叙欽此部議給予隨帶五級
台灣改設行省學政改歸巡撫兼管十四年十月初七日據台灣道委員賫送
學政關防卽於是日祇領兼管任事十五年六月十五日准　貴部咨正月二
十二日欽奉　慈禧端佑康頤昭豫莊誠皇太后懿旨現在歸政伊邇允宜分
別施恩福建臺灣巡撫劉銘傳著賞加太子少保銜欽此又恭逢　歸政典禮
恩詔加一級　歸政禮成崇上　皇太后徽號　恩詔加一級十六年恭逢
皇上二旬萬壽慶典正月二十六日奉　上諭福建台灣巡撫劉銘傳著賞
加兵部尚書銜欽此恭逢　皇上二旬萬壽　恩詔加一級是年四月初十日
准　貴部咨三月初二日奉　上諭朕欽奉　慈禧端佑康頤昭豫莊誠壽恭
欽獻皇太后懿旨福建臺灣巡撫劉銘傳著幫辦海軍事務欽此九月十三日

承准軍機大臣字寄八月十五日奉　上諭戶部總理各國事務衙門會奏台灣煤礦招商承辦章程紕繆請敕停辦一摺劉銘傳著交部議處欽此未奉部議現供今職伏念本爵部院忝任封圻受　恩深重涓埃未報寢饋難安茲逢考績　鉅典合將年歲履歷備敘咨達爲此合咨　貴部請煩察照施行須至咨者

卷首勘誤表

保臺略叙

頁數	行數	字數	誤	正	脫	衍
一	四	三	嶽	獄		
一	十八	廿三	鑑	艦		
一	二十	四	胃	冒		

撫番略叙

頁數	行數	字數	誤	正	脫	衍
四	七	廿三四	柯德	德柯		
四	十五	十十一	柯德	德柯		

設防略叙

頁數	行數	字數	誤	正	脫	衍
四	二	九	疆	疆		

建省略叙

頁數	行數	字數	誤	正	脫	衍
一	九	七	措	措		

理財略叙

頁數	行數	字數	誤	正	脫	衍
二	一	廿九	曠	礦		

獎賢略叙

頁數	行數	字數	誤	正	脫	衍
一	二	九	入	人		

清史本傳

頁數	行數	字數	誤	正	脫	衍
二	一	廿一	傅	傳		
二	十	十三	沐	沭		
二	十五	十	鹽	鹽		
三	二	六	彈	殫		
三	五	三十	疆	彊		
三	十	二十	毬	球		
三	十七	十一	及	乃		
三	廿二	十二下			榴	
四	十六	十五	載	奕		
五	七	十九	和	龢		
五	九	廿六	着	著		

劉壯肅公家傳

頁數	行數	字數	誤	正	脫	衍
一	十	廿一	擢	擢		
二	十	十八 廿二	沐	沭		
三	十九	廿五下			臺	

劉壯肅公墓誌銘

頁數	行數	字數	誤	正	脫	衍
一	十九	五	沐	沭		
二	二	廿七	漲	張		

劉壯肅公神道碑

頁數	行數	字數	誤	正	脫	衍
二	十九	廿八	璜	礦		

卷首勘誤表

書劉壯肅公碑陰

頁數	行數	字數	誤	正	脫	衍
三	廿二	十三	蕩	蕩		

頁數	行數	字數	誤	正	脫	衍
一	十八	十五	湅	諫		
二	二	廿一	態	熊		
二	八	十六	治	治		
二	廿一	五	傅	傳		

紀劉宮保守臺事狀

頁數	行數	字數	誤	正	脫	衍
一	廿一	十三	毬	球		
二	十七	九				哨

書先壯肅公守臺事

頁數	行數	字數	誤	正	脫	衍
二	一	十二 十三	公軍	漏尾		

咨部履歷

頁數	行數	字數	誤	正	脫	衍
一	廿	十五	治	治		
四	二	十	眦	紕		

目錄

頁數	行數	字數	誤	正	脫	衍
四	六	七	代	化		

劉壯肅公奏議　出處畧

赴陝督師摺

督師陝西請　訓摺同治九年十月

本月初四日內閣奉　上諭前任直隸提督劉銘傳著督辦陝西軍務並由兵部傳知軍機大臣面奉　諭旨劉銘傳著卽請訓欽此竊臣少長江淮適丁寇亂淮南千里髮捻交訌骸骨邱山田園茂草仰奉　詔行團練轉致強暴迭興苗李縱橫黔黎殆盡微臣弱冠讀書未嫻軍旅獨念生廬六之郊當中原之蔽不與堡寨疇保鄉鄰爰起健兒孤撐羣寇苟全性命無志勳名會當同治初元大學士曾國藩視師皖上察其保廬之狀錄其援壽之勞猥以姓名上塵　天闕更值大學士李鴻章創起淮師遠征吳會詑臣年少召領偏師遂乃感激殊知馳驅王事常州之戰勉克強酋廣德之圍倖囘危局三年吳越一介孤寒竟

令提督畿疆仰荷　聖朝殊賚寵逾涯量祗悚冰淵懼蹈愆尤乞還田里旋以
中原捻熾再任前驅六省奔馳五年冰雪方以羣酋久獗愧　九重特達之知
豈期巨寇粗平荷五等崇封之錫凡此迭邀　異數已非夢想所蕲是用養痾
田間不敢妄圖進取茲復仰承　巽命俾總師干聞　詔自天拜慚無地伏念
關中古帝王都會之區山河險塞形勢之勝雄絕中華回漢雜居久稱難治況
臣客軍懸寄無地方賞罰之權又當陝省凋敝之餘餉饋既憂不給更値隴表
進攻之會後路更慮難防微臣賦質粗疏深懼貽羞隕越惟有籲求　宸訓敬
謹遵循秉　勝算以宣威作將士前驅之氣審邊防而決策分　朝廷西顧之
憂謹陳感悚微忱無任企切屏營之至
按同治九年天津民鬧教殺法領豐大業曾文正方督畿輔李文忠督師關
中法人洶洶調兵決戰文正懼開邊釁請諸　朝實則德意志與法仇方舉

國與師敗法帝拿破侖第三降之遂入巴黎殘其國法固無能與我戰也乃
中國方平髮捻國兵未充不諳西勢急調諸將衛京師先是同治七年公方
平捻寇以直隸提督晉一等男爵引疾請開缺家居及是李公自關陝召入
都代曾公爲總督法事未定奏調公出山公至曾公已奉　朝旨與法廷議
和遂命公承李公後督陝西軍務此公受特達之知之始也陳澹然記
國朝近制提督爲武職大員之冠然受總督節制除到任謝恩具摺由總督
代奏外不准專摺言事公督辦陝軍許專摺體制乃與督撫同此咸同用兵
來新制也

恭報到陝日期並暫難扼守纏金摺同治九年十一月初八日西安發

竊臣於閏十月二十七日陝州途次准軍機大臣字寄閏十月二十二日奉
上諭定安奏遵撥官兵赴烏會剿並陳歸綏喫緊情形邊外望援不可不設法

籌撥著劉銘傳迅派大枝勁旅由靖邊安邊取道甯條梁馳赴纏金扼要屯紮
以保糧源等因欽此十一月初二日行抵潼關復准兵部火票遞回洛陽拜發
原摺承准軍機大臣字寄閏十月二十五日奉　上諭昨諭劉銘傳迅派大枝
勁旅馳赴纏金即著該提督兼程赴陝速行派隊扼守纏金以保糧源其餘邊
內邊外並著統籌全局擇要布置毋稍疎虞欽此仰見　聖謨廣運訓示周詳
臣於本月初六日統兵行抵西安計由天津繞道山東河南到陝不下三千里
長途跋涉軍士苦寒現擬稍息疲勞藉觀賊勢查纏金至陝省尚有二千餘里
中隔北山千餘里人稀道險遊勇土寇嘯聚成羣扼守纏金分兵匪易軍需餉
項轉運尤難應請　飭下定安就近撥隊扼守纏金俾免貽誤臣俟後隊入關
餉項軍火運到後應防應剿當與撫臣蔣志章隨時會商竭力趕辦斷不敢稍
事推延仰負　朝廷委任　再聞此次回陷烏城實由通昌通貴竄去之賊無

論烏城克否蒙古地闊人稀此後甯靈一帶無歸之賊必以蒙地爲掠食之區非得大軍專顧邊防不足以遏賊竄查湖南提督宋慶忠勇敢戰忍苦耐勞所部現駐黃甫川而兵多分散其在甯夏劉廷一軍暫難撤併其守潼關李成先一軍論目前地勢賊情似可調歸北路潼關尚有馬德昭六營堪資扼守如當緊急臣必隨時派兵策應以中原門戶河南撫臣李鶴年久鎮中州素關大局應請飭下李鶴年仍將李成先一軍調回北地照舊歸宋慶統領節制以厚兵力將來臣軍疏通北山之後兵駐定靖山西河務較鬆宋慶即可以包頭爲老營會合定安馬隊專爲蒙地游剿之師遏賊東竄之路實於軍務大局有裨

十一月十五日奉　上諭劉銘傳奏到陜日期暫難拔隊扼守纏金並請調李成先一軍仍歸北路一摺前因烏城失陷當諭劉銘傳撥兵紮守纏金以便富

勒琿統帶馬隊起程赴烏茲據奏稱纏金距陝較遠分兵不易轉運尤難請飭定安就近派隊扼守等語烏城竄匪據張廷岳等奏已於十月二十三日仍回肅州此時該提督兵勇既暫難撥赴纏金即著定安遵令富勒琿照舊嚴防仍著劉銘傳俟後隊入關餉項軍火運到後派撥得力隊伍前往纏金節節進紮並將應防應剿處所與定安蔣志章隨時會商妥籌布置甯靈賊匪圍剿已窮難保不以蒙古爲掠食之地劉銘傳請令駐紮潼關之李成先一軍仍回北路所籌亦是即著李鶴年飭令李成先統率所部移赴北路照舊歸宋慶調遣以厚兵力劉銘傳於疏通北山後即駐兵定靖俟山西河防較鬆即咨商宋慶以分隊扼要籌商大畧情形摺包頭爲老營會合定安馬隊爲蒙古游擊之師遏賊東竄欽此

十一月十六日西安發

竊臣於本月初六日行抵西安業於初八日奏明在案連日審觀地勢籌畫邊

防查陝甘接壤之區甘回竄陝或由慶陽甯州以達乾耀或由定靖以入北山
或由秦州清水以擾汧隴道路紛歧非分防扼要不足以遏賊竄已於十二日
派令記名提督劉盛休王德成等馬步十四營進駐乾州記名提督吳宏洛總
兵張佩芝等馬步九營駐紮耀州以防中路復商撫臣蔣志章派提督譚仁芳
所部七營移駐鳳翔會合李輝武一軍以防南路擬調記名提督唐定奎所統
周口武毅軍十五營作速來陝由韓城宜川以入北山屯靖定以防北路惟昨
接唐定奎來信本月初十內外始能接收武毅各營將弁既待更張勇丁更須
挑補定期拔隊急切尤難當飭其速加整頓務於年內到陝以便進兵部署粗
定臣即於十八日督率親兵礮營移駐乾州其後路糧餉軍需俱交前甘肅藩
司林之望督委各員迅籌接濟俾免稽延仰副　聖主垂念關中至意
十二月初二日在乾州奉　旨知道了著即督飭各隊認眞防堵毋稍疏懈北

山伏莽尚多並著派得力隊伍實力搜剿纏金一帶仍遵前旨派軍前往扼紮以厚兵力欽此

同治九年十一月十六日奉　上諭兵部奏請飭各省督撫及各路統兵大臣依期咨報兵勇數目各摺片軍興以來舍兵用勇本係權宜之計而勇丁遣撤易滋事端流弊日甚若不將綠營及早整頓致國家費千百萬帑項養之於平日不能用之於臨時身任封疆者問心何安現在天津之案雖經了結何可復事因循況甘肅滇黔各省軍務未靖我君臣臥薪嘗膽正宜力圖自強以期有備無患著各直省督撫將所管各營設法整頓限奉旨後六個月將如何汰弱募強如何分日操練及各省可得有精銳士卒若干之處詳晰奏聞直隸天津江蘇上海及劉銘傳軍營均練習槍隊砲隊步伐尚爲整齊號令尚爲嚴肅其教演之法著各該省自行咨取章程照辦總期實事求是變疲弱爲精強不得

空言粉飾以致有名無實年來各督撫曾有裁兵減餉及酌調額兵訓練之奏然爲政不在多言而在實力奉行若以一奏塞責日久又漸形廢弛甚非朝廷倚任疆臣之意也將此各諭令知之欽此

按本朝乾隆以前旗綠各營戰勝攻取聲震百蠻不可謂非一時之盛迨嘉慶時川陝教匪猝興旗綠各兵皆難抵禦固已盛極而衰然滿將中額勒登保明亮輩漢將楊遇春楊芳皆擅知兵名故不敢恃旗綠各兵而別求召募於是羅思舉桂涵之屬崛起盜賊之中建節而爲大將固已陰相變計矣乃事平之後樞臣兵部類皆起自翰林無一能知大計不知裁綠營以任募兵遂致道光海戰靡不潰亡創巨痛深似亦宜知變計矣直待髮捻回苗之亂僅一向忠武起自綠營號稱名將塔忠武雖收兵勇戰必先登外此未聞有用綠營制勝者然此二公者雖名起綠營所用實皆新募則綠營之宜革明

效更較然矣乃事平之後鄉勇滅賊成功而散之使爲會黨及同治九年天津案後樞臣猶津津整飭綠營迄今更四十年而綠營尙存名色補一守備奏請紛綸部臣猶以合例與否以爲允駁而旗兵議歸農墾乃至羣起紛拏幕雀釜魚嬉然自得嗚呼豈非天哉 澹然記

又按此　諭稱直隸天津江蘇上海及劉銘傳軍營均練習槍隊礮隊步伐整齊號令嚴肅其教演之法著各省督撫自行取章照辦總期實事求是化弱爲強等因觀此知西人槍礮隊法惟淮軍獨精公軍尤爲獨擅至爲通國導師惜乎未有能遵辦者公奏臺澎善後章程言湘軍老將與言西人槍礮之精抵死不信及光緒十一年春基隆一戰湘軍死亡獨多始信臣言之非誣云云嗚呼中國之大積弱一至於此是豈一朝夕之故哉思此不禁三歎

澹然記

肅清回窠收復陝北防務已鬆並陳北山防剿情形摺 同治十年正月七日乾州發

竊臣於上年十一月十六日奏報移駐乾州分兵駐防扼要十二月初二日奉
旨知道了著即督飭各隊認眞防堵毋稍疏懈北山伏莽尚多並著派得力隊伍實力搜剿纏金一帶仍遵前旨派軍前往扼紮以厚兵力欽此又奉十一月二十八日 上諭蔣志章奏銘軍進紮中路並派軍分防南北一摺據稱劉銘傳統率所部到陝後當即飭令提督劉盛休等十四營進紮乾州吳宏洛等九營分紮耀州該提督復率親兵前往乾州駐紮並商派提督譚仁芳各營移紮鳳翔與李輝武一軍聲勢聯絡北山一帶亦經嚴飭派防陝軍會哨分防等語著蔣志章劉銘傳飭令派出各營協力巡防嚴密堵禦毋任甘回竄擾陝疆至北山自宜洛以達靖定地曠人稀游匪零回時虞紛竄並著蔣志章劉銘傳

悉心會商先就現派陝軍飭令隨時偵探認眞搜捕俟唐定奎一軍到陝即令前進以顧北路門戶蔣志章即飭成定康等舉辦賑濟招集流亡使遊匪無從勾結以靖邊陲欽此仰見聖慮周詳無任欽悚臣於移駐乾州後曾撥記名總兵丁汝昌蔣希夷等各率馬隊百餘名分往延安定邊一帶察看地勢其時尚不知烏城已復金積就撫故擬派唐定奎一軍駐防定邊以固北路現據金積堡探差回稱回匪窘饑乞撫後盡繳馬械漸毀寨牆其能戰之賊半逃西去河北王疃等寨亦經金順張曜攻克寧靈一帶已可蕭淸惟金積未復以前北山地曠人稀每有土匪遊勇百十成羣肆行搶劫上年冬季經撫臣蔣志章嚴飭駐防二十餘營分段巡哨臣復派記名提督吳宏洛由耀州抽拔兩營並蔣希夷馬隊一哨駐紮延安會同陝軍勤搜密捕疊據署延榆綏道成安康延榆綏鎭劉厚基報稱該處鎭道等於榆綏境內屢次斬擒遊匪多名蔣希夷喻步

蓮亦於安定保安各屬數有捕獲並陸續收捕百餘人分別遣散山內粗安以後能得良將嚴師以鎮之良吏實力以撫之漸次招徠遺黎即可復業撫綏安集固非倉猝所能奏功善後經營亦非大軍所能爲力也唐定奎一軍於上年十二月十二日自周口拔隊於二十六七等日先後入關現在北路無事似可毋庸驅健卒於山谷之中勞師耗餉已令分紮華陰朝邑暫行屯息照常操練將來軍情何似再定進止

奉

旨覽奏已悉著嚴飭各官兵認眞防堵毋稍疏懈唐定奎一軍即分紮華陰朝邑等處實力操防另備調遣欽此

籌金道遠賊勢南趨仍請飭定安撥隊駐守摺 正月二十八日乾州發

竊臣於本月二十六日奉正月二十日　上諭定安奏請飭副都統回任一摺據稱歸化城副都統事務繁劇刻下甯靈軍務已定後路稍鬆請飭富勒琿回

任等語著照所請飭令富勒琿即回本任以重職守其留防纏金馬隊即交薩
薩布統帶認眞防範毋稍疏虞前據該將軍奏俟劉銘傳之隊一到纏金即飭
富勒琿統帶該兩省馬隊一千二百名取道烏拉特旗馳赴烏境協剿當經飭
令劉銘傳派兵塡紮該處以便騰出吉林黑龍江馬隊起程赴烏劉銘傳何以
久未派撥著懍遵前旨迅派一軍馳赴纏金駐紮毋再推諉定安候劉銘傳派
兵到後即飭薩薩布統帶前項馬隊馳赴烏城欽此查定安前以烏城失守奏
令臣派隊防纏以便派兵遠赴烏城時臣尙未到陝所部隨行亦只銘字一軍
無能分撥曾經據實復陳請　飭定安就近撥守仰蒙　恩准令緩撥兵唐定
奎一軍甫經入關本擬派赴北路適因寧靈回寨剿撫粗安邊內邊外皆無戰
事疊據探報河州回匪三千餘騎於臘月杪潛越洮河竄至岷州與官軍接仗
復竄鞏昌阜陽川長驅東下分擾距秦川數十里之平南川娘娘壩鹽關李子

園等處時有戰馬二三百匹遊掠傷民實多又據探稱岷州叛勇仍與官軍相持雖經議撫拒抗如故若更圖東竄唐定至所部即須移屯汧隴以固陝防此外仍無可撥之隊現奉
飭催派軍赴纏駐紮以便薩薩布統軍赴烏臣何敢更行推諉纏金去陝二千餘里北山外尚有草地千餘里道路隔絕久無人烟若由陝分兵必由山西歸化包頭計程四千餘里懸軍遠隔聲勢不相聯絡將官無所稟承且淮軍皆操槍礮軍需重滯不惟轉運多艱遠塞奔馳更慮運貲無出艱難情狀想在
聖明洞鑒之中現聞黃河冰凍已開賊在數千里外河防無事以臣度之北路各軍足資展布應請
飭下定安就近由河防內撥軍駐守纏金以免迂緩倘慮河凍雖開賊蹤雖遠河防仍不能鬆或由定安指叚交臣就近撥守以便定安撥軍赴烏似此接防俱易轉運無難彼此均無可諉是否有當伏乞
訓示遵行

調防邊境並探報情形摺 四月二十四日乾州發

竊臣於奏報唐定奎一軍塡紮寶雞一摺奉四月初四日　上諭劉銘傳奏派兵塡紮寶雞一摺據奏唐定奎一軍已由華陰拔隊馳赴寶雞分駐隴州鳳縣著劉銘傳飭令實力嚴防遇賊即擊甘省秦州一帶與寶雞接壤刻下有無賊蹤范銘所部叛勇雖已收降有無餘匪滋事金積堡克復後降衆是否安妥協抑尚有餘匪竄擾河州劉銘傳如探有確實情形隨時奏聞北山一帶伏莽未清該提督仍當派隊搜捕以靖地方並飭所部各營認眞操練勿滋事端欽此仰見　聖慮周詳曷勝欽悚查秦州一帶自臣到陝後疊據探稱雖有零回時來滋擾尙未大害地方本月初一日突自河州竄出回匪一股分掠兩當徽縣一帶當經李輝武所部於兩當城外堵剿獲勝回逐敗折而西復據平涼探報本月十六日隆德縣周其俊會同恪靖馬隊於馬廠野雞峴地方遇賊接仗

周其俊並幫帶官同時陣亡現在平涼派隊出剿等語查隆德固原遊匪零回出沒無定兼之叛回馬彥瀧黨衆四百餘騎潛伏其中賊知陝境嚴防固不敢輕來擴掠惟現當二麥登塲之時特恐賊騎飄忽擾及陝邊除飭唐定奎一軍嚴密分防外復調記名提督吳宏洛所部銘字左軍六營步隊自耀州移駐長武並派記名提督陳鳳樓所部馬隊三營由三原移駐盩厔記名總兵張佩芝馬隊三營由富平移駐邠州據吳宏洛報稱現已料理拔隊赴防至於陝北一帶自春至今搶案殊少能得防軍營規整飭有司吏治安詳自可日漸起色撫臣蔣志章正躬率屬必能飭在防文武弭盜安民仰副　朝廷綏靖地方之至意

遵　旨密陳左宗棠軍情片

再查金積堡未復以前悍賊逃併西去甚多克復後所餘皆婦女老弱經左宗

棠安插得宜諒無反覆惟西路賊勢甚大金積堡雖克軍事稍有歸屬豈得謂已定已安左宗棠固實心任事奈所部兵將堪戰者稀自金積堡克復後諸將星散至今尚無進剿之期賊騎肆掠鞏秦之間如入無人之境兵貴乘勢乃有虛聲抑或猛攻乃見實力今特遷延歲月不計虛糜賊勢未衰兵氣已散揆形度勢既恐蔵事無期叛勇降回猶恐變生意外臣目覩心憂情難自默仰蒙
天語下詢用敢據實密陳伏求　聖鑒

請撤銘軍留譚仁芳軍駐陝摺　同治十年七月初九日

竊臣一介武夫毫無建樹上年十月仰荷　聖慈逾格　詔令專閫入關謬督陝軍撫躬慚感原冀稍圖尺寸庶幾仰報涓埃到陝之後陝境已無賊蹤惟有督率練操藉資鎮撫俾得流亡安集邊鄙無驚不料入夏以來頭風肝氣坐臥難安漸入秋寒愈增羸劇足不出戶已踰兼旬若果關中事急賊勢東趨自應

力疾在營藉維秦局現在秦徽鹽固之間游氛日少左宗棠將駐靜寗甘軍已圖西進縱不能尅日蕩平諒可嚴扼洮河遏賊東竄此後秦關千里更無風鶴之驚惟汧隴一帶接壤秦徽略須防兵以時緩急查記名提督譚仁芳所部七營前以湘警時聞　詔還鄂上現在湘中會匪已平似可毋庸回鄂該提督久駐秦中情形熟悉主客既能相得兵民亦可相安若令屯駐陝南足資防守臣所部四十營每月正餉雜支需銀不下二十萬當此民生凋敝賦財乏缺之餘似未便籌餉於萬難之中養兵於無用之地坐視拊髀太息精銳潛銷縱令忍恥虛縻抑復何裨大局且軍營紀律成之數年而不足敗之一旦而有餘久無戰事鋒銳寖衰訓練稍疏輒成暮氣臣抱疾日久尤恐廢弛入關經年寸長未効雖已負慚於既往安敢貽誤於將來倘蒙　聖鑒陝事粗安　飭知兩湖督臣李瀚章仍將譚仁芳一軍留陝撤回淮軍臣當力疾率部出關商請兩江督

臣曾國藩直隸督臣李鴻章酌量遣留用期妥協否則惟有仰懇　派員接辦陝軍以重職守即請　賞假三月俾臣得回里就醫一俟病體就痊無論如何軍務得効馳驅定當赴營從事決不敢自甘淪棄仰負　裁成無任悚惶懇命之至

復陳暫難出關懇假離營養病摺七月二十五日乾州發

竊臣於七月二十三日准軍機大臣密寄奉　上諭劉銘傳奏因病請假離營調理一摺覽奏實深廑系現在秦徽鹽固一帶游氛漸少陝省無須多兵譚仁芳一軍即着留紮該省以資彈壓該提督所部各軍毋庸撤遣本日據總理各國事務衙門奏俄國派兵於五月十七日代爲克復伊犂已諭榮全馳往籌辦惟聞該國尚有派兵窺取烏魯木齊之信心生覬覦漸不可制倘烏魯木齊再爲所得將來藉詞要挾辦理更形棘手本日已諭景廉成祿先後帶隊前進相

機規復烏魯木齊期以先發制人惟景廉成祿帶隊無多亟須精兵勁勇接濟西行庶足以壯聲威該提督忠勇性成情殷報效且以有用之兵置之無用之地尤屬可惜即著督率所部由乾州鼓行而西繞出蘭州之北由甘涼肅一路出關節節前進為收復新疆各城之計刻下河州西寧逆氛未淨關外如烏魯木齊等城又不能任令外人從而生心該提督惟有力疾從公專任其難以副

朝廷厚望後路餉需已令曾國藩李鴻章寬籌接濟矣欽此跪誦之下仰見

聖慮宏深無遠弗屆曷勝欽佩惟查伊犁至嘉峪關五千一百餘里與烏魯木齊相距一千九百二十里自乾隆二十年勘定以來新疆用兵皆以肅州為糧臺重地節節安設轉運車駝需費浩煩不可勝計當時財賦充盈甘肅兼事運以天下全力故能師出有功目前肅州賊尚盤踞河湟逆勢方張自靜寧以西非大隊不能前往臣即督帶所部轉戰出關以後餉項運需隔絕數千里運道

不通何由接濟此道路暫難出關之情形也臣部淮軍多隸江皖步隊居多器
械煩重耐寒行遠非其所長且勇非營兵去留無能限制一旦驅之關外逃散
必多尤恐中途潰敗滋成事端大局更多妨碍此兵勇暫難出關之情形也臣
夙患頭風請告家居原期休養數年除去病根冉圖報稱上年五月天津民夷
滋事奉　飭到營其時畿輔只有銘字一軍臣若不星馳赴急上無以報　國
恩下無以勵士氣初擬天津事定後仍乞假歸養痾不期行至中途渥邀　賞
賚甫曕　天闕卽令專征自顧何人疊蒙　高厚敢不竭誠圖報勉効駑駘且
特年力正強雖夙疾在身尚可勉圖支柱不料到陝後任大事繁偶一操勞頭
風卽發交秋更劇飲食日微兼之肝氣上冲或遇風雨將作或當意外繁勞輕
則昏暈片時不省人事重則腦痛欲裂坐臥難安據醫家云從前頭受槍傷出
血過多瘡口未平復經風雨病根久遠非藥石能遽爲功計惟靜養不勞或可

漸圖輕減臣再四思維日久不能視事深恐貽悞戎機致負聖朝委任故前摺陳情乞歸調養武夫粗直言必由衷何敢稍存僞飾似此沉疴不減安能從事疆場惟有籲懇天恩賞假三月離營調養所有營務一切暫交記名提督路國忠河南簡放知府方策勳會同照料一俟病體稍痊定即回營視事決不敢偷安退避自外生成倘蒙聖主矜全恩施逾格從此有生之日皆天恩再造之年曷勝惶恐待命之至

詳奏轉運情形並懇續假三月回籍調理摺 九月初九日自乾州發

竊臣前奏暫難出關並請離營養病一摺奉八月初七日上諭劉銘傳奏復陳兵勇道路情形暫難出關並請賞假離營養病一摺新疆遠在西陲朝廷本欲俟甘肅清再行籌餉籌兵力圖大舉近因伊犂地方經俄國代爲收復幷有代規烏魯木齊之說若不迅赴事機爲先發制人之計竟令鄰國得遂狡謀

以後更難措手是以特命劉銘傳率旅西行力任其難建茲偉績茲據所陳各
節河湟未靖轉餉艱難江皖之人不宜衝寒涉遠自係實在情形劉銘傳又因
傷疾舉發亟須靜心調養披覽之餘曷勝廑念惟邊外事機緊迫萬不可置爲
緩圖淮軍素稱節制之師且非劉銘傳居中調度亦難兵將一心劉銘傳賞假
一個月在營安心調理一俟病痊卽行督率所部陸續西進由甘涼一帶轉戰
而前卽在肅州屯紮毋庸出關庶聲威較壯成祿等軍卽可一意西行不至跋
前疐後該提督軍餉應於何處設立轉運糧臺並著斟酌情形詳晰奏明與曾
國藩李鴻章酌度辦理欽此仰見　聖恩寬大訓示周詳莫名欽感查由陝州
赴肅州北自固原中衞以達涼州素非官道人烟稀少城郭蕭條覔食採薪軍
行不便須由平涼會靜以達蘭州迤邐而西惟洮河以東賊氛未靖大軍啟行
自無阻礙以後轉輸餉械必能隨地屯兵隨時護送始克奮袂而前如甘軍之

在狄道疊據各統領函稱轉運不濟困苦異常尤爲明證淮軍到肅呼應既無
甘軍之靈車駝又無甘軍之衆道出甘軍二千里外彼此相形艱阻情狀諒在
聖明洞鑒之中且聞肅州一帶兵亂迭更民居寥落一旦屯數萬之衆必得
近地有糧可辦方能持久無饑臣奉旨　後即派員往察情形商請曾國藩李
鴻章妥籌餉項擬俟病體稍痊即行統軍西上不料兩月來病勢日增毫無輕
減八月初兩足腫痛舉步維艱臥榻兼旬青腫愈甚邊方瘠苦既乏良醫軍事
紛勞尤難靜養更慮久不視事營規日漸廢弛積久患生難保不滋貽誤病中
憂急徹夜難安今假期已滿痼疾難瘳惟有仰懇　天恩續假三個月回籍調
理所有部下淮軍並請　派員接統迅赴事機曷勝惶恐待　命之至

密薦曹克忠接統替歸片

再肅州形勝之地能得勁兵強將坐鎮其間既可爲關外聲援更可分河湟賊

勢　聖謨廣運規畫周詳微臣自應力疾西行勉圖報稱且明知淮軍部伍易將爲難奈病勢日增萬難支柱躊躇再四不敢坐誤事機惟淮軍自立門戶越蘭州而西進駐肅州三千餘里賊蹤飄忽後路未清若由平涼安設糧臺節節屯兵隨時護送縱有轉輸之費亦無護運之兵且恐主客相猜各存界限尤非軍務所宜查前任甘肅提督曹克忠有謀敢戰久悉西情回寇憚其威略若將臣所部分配馬步二十營令其統赴蘭州歸穆圖善會商調度由甘涼相機前進兵數較少轉運稍易其餉即由李鴻章按數撥歸西征糧臺袁保恆搭解運至蘭州再由穆圖善派隊護運既可免分門別戶之嫌無須添餉增兵似於西軍大局所裨甚巨如蒙　聖明採納曹克忠現在天津即請　旨飭下李鴻章飭該提督尅日來陝接統臣部以期早赴事機臣當俟曹克忠到陝後交代清釐再行回籍其餘軍隊或就地遣裁或撤回兩江交曾國藩李鴻章酌量留遣並

乞　皇上訓示遵行

軍機大臣字寄同治十年九月十六日奉　上諭劉銘傳奏病難速痊懇恩賞假回籍調理並請派員接統淮軍各摺片劉銘傳著賞假三個月回籍調理至請飭曹克忠來陝西統帶馬步各營本日已諭令李鴻章傳知該提督卽行前往矣甘省軍情緊要曹克忠未經到陝以前劉銘傳仍當妥籌布置不得以接統有人遽行諉卸曹克忠到陝該提督再行回籍調理以重防務欽此

召籌俄事摺

俄事入都目疾請假就醫天津片光緒六年十一月初二在京發

再臣於八月奉　詔入都本因目疾請假兩月十月初八日由籍起行赴天津就醫調治兹奉十月初四日　上諭劉銘傳不必拘定假期迅速來京等因欽此遂於二十六日力疾就道十年田里久戀　天顏仰蒙　召諭殷拳彌深依

慕方喜藉依　闕下稍舒犬馬微忱不料到京之後目疾愈重疼痛不已寢食
難安若不速就醫療日久恐成盲廢天津西醫精審較勝華醫往時目疾屢嬰
皆賴津醫治理擬懇　天恩賞假二十日至津就醫一俟目疾稍痊即行來京
銷假謹附片具陳
假滿疾沈仍請續假回籍六年十一月二十四日借天津道印發
竊臣於本月初二日在京附片陳明目疾請假至天津就醫仰蒙　天恩賞假
二十日欽此遵即來津延醫診視原期日漸就痊回京銷假祇以抱病日久沿
途受風旬日以來兩目更形障痛據醫云紅筋俱滿非一日所能奏功臣遠聞
詔命力疾赴京原恐外患猝乘馳驅圖報雪壯士枕戈之恥杜天驕跋扈之
憂日來揆度勢機當可粗安無事且臣所部唐定奎等軍久戍江南兩江總督
劉坤一奏明不能遠調劉盛休一軍保衛畿疆尤難遠去津沽臣即無疾病落

落一身何關軍國邊塵未定報稱有時將來目疾可痊行年未老苟承　明詔
自當遠赴　闕廷決不敢堅臥山林仰辜　高厚現在目疾日沉急難調治惟
有仰懇　天恩續假三月回籍調理出自逾格　鴻慈
懇續假回籍摺光緒七年正月借天津道印發
竊臣於上年十一月二十四日具　奏目疾日沈請假三月回籍調理奉　旨
劉銘傳著再賞假一月安心調理無庸回籍等因欽此仰見　聖恩高厚體恤
至周莫名欽感伏念臣解兵十載伏處田間被　命來京即行乞退縱無蠖屈
求伸之意豈無犬馬戀主之情況蒙　恩假迭邀縶維殊切更何敢以病軀微
悃屢瀆　宸嚴奈目疾日沈肝風更作現當春木發舒之際正肝火益旺之時
肝目相通兩月更形昏障津醫數月經減無期假滿至今未能陳　奏目前事
機大定時局已安惟有仰懇　天恩續假三月俾得歸田調理倘蒙逾格　矜

全庶冀殘軀可愈則感　生成於此日尚可圖報於將來急切微忱伏乞　慈

鑒

按此三摺因光緒六年秋俄佔伊犂　召公速入都詢方略公至津　詔復

促之既入　覲知廷意主和乃奏請開鐵路以圖自強附片請假至天津以

待至津三月和議已成乃連奏假歸始焉　朝旨仍令毋庸回籍繼則不俟

報行矣 陳澹然記

補授福建巡撫謝摺 光緒十年十一月十二日請閩督代繕

竊臣於十月初五日據廈門民船由鹿港間道到臺鈔到北洋大臣李鴻章電

寄本年九月十一日總理衙門奉　上諭劉銘傳補授福建巡撫仍駐臺灣督

辦防務著竭力籌辦以副委任等因欽此伏念臣猥以謭陋庸材渥荷　生成

知遇南征三載提督　神畿北討五年忝邀爵秩養疴田里謬拜督師關陜之

榮久臥江干屢邀奉　詔入都之寵凡荷　聖慈之曲逮輒懃圖報之無從今
夏督師臺疆尤切枕戈待旦祗以才非遠馭莫由展效消埃屢迫孤軍困守之
難支上煩　聖主憂勞之遠系深宵繞泣徒喚奈何茲復仰被　恩綸　畀以
封圻重寄承　命戰慄莫知所爲竊念我　朝武臣中如趙良棟岳鍾琪楊遇
春等皆以非常勳烈　特簡專圻微臣自顧何人膺茲　殊遇且當閩臺危迫
援餉俱窮縱竭駑駘終虞難勝險鉅加以海程圍塞飛渡無從莫由遠覲　天
顏敬聆　慈訓泥首北望彌切悚惶惟有殫竭血誠將　諭旨飭辦事宜隨時
設法密商督臣妥爲辦理蠟丸奉表彌深犬馬依戀之忱戰壁拜　恩矢圖頂
踵捐糜之報現當法輪禁海商船皆肆掠搜不能恭摺專賫上呈　天闕謹繕
稿密遣漁人潛達督臣代繕拜稿零涕不知所云

按公初以巡撫銜督辦台軍急切倉皇隻身東渡抵台之日法兵輪已環布

基隆二十日即行開戰當時左文襄方以大學士視師閩浙總督巡撫株守福州台灣道劉璈以文襄舊部蒞台四年專兵專餉公以督師孤寄無地方督撫之權遂致劉璈敢肆譸張迫之死地昔者粵寇之亂曾文正以侍郎督師湖南北江西之間所至督撫牴牾州縣抗其威令崎嶇奔走卒以父喪逕謝以歸故胡文忠抗疏力陳謂非督撫身任地方不能治兵討賊文正卒得江督乃展其才厥後左李分師皆授吳越撫臣始得各行其志公初以提臣督辦陝軍迭辭歸里固以關中無事亦未嘗不有鑒於斯此次渡台廷臣獨以武臣不肯驟加巡撫上下牽掣險與台亡猶幸法船禁海餉援俱絕之中得授巡撫然後官民上下生死相依卒能堅守待援強敵無能逞志故詳著其事爲後之任將者法焉　陳澹然記

再正具摺間准督臣楊昌濬密派委員劉烈藩由民船潛渡來台抄奉九月間

三次電　諭仰荷　聖慈逾格既免微臣退守之罪復　示援兵進剿之機
天鑒昭回糜軀莫報奉　書泣拜涕泗橫流謹當固守危局以俟師期仰副
聖主矜憫微臣之至意督臣籌援籌餉竭力經營體國公忠感佩無地臣已將
援師應於台南設法潛登之處密告督臣台南北團練鄉民已令一律舉辦士
紳稍有鄉望皆已禮羅練勇苟能奮殺敵師臣皆先行記獎聲明稟保台紳林
維源遠避泉廈臣已函致督臣就近諄催俾令遵　旨還台共支危局謹附片
覆陳仰慰　宸懷
法兵已退請開撫缺專辦台防摺十一年六月初五日
竊臣渥承　恩命督辦台軍旋授福建巡撫受　命於戰陣憂危之際自應曲
陳於軍勢粗定之餘臣一介武夫不諳吏治持兵台島未立寸功仰蒙　皇太
后　皇上破格恩施畀以封疆重寄力所能効敢不殫此血誠惟外察時勢內

審殘驅有不得不瀝陳於　君父之前者台灣爲東南七省門戶各國無不垂涎一有釁端輒欲攘爲根據今大局雖云粗定而前車可鑒後患方殷一切設防練兵撫番清賦諸大端均須次第籌辦縱使專心壹志經營十年尚恐難收實效福建巡撫曾經前兩江督臣沈葆楨奏請移駐台灣尋以通省事繁殊難兼顧於是議令半歲駐台究之條往忽來終屬有名無實雖若前撫岑毓英勤明果銳不遑啟居卒乃於台奚補臣平居私議常謂台灣孤懸海外土沃產饒宜使台地之財足供台地之用不須取給內地而後處常處變均可自全此次涖台經年訪求利病深見台事實可有爲深歎前此因循之誤固知補牢未晚而時會所迫勢不能併日兼營況臣才質駑庸即竭力謀台已恐才難勝任若更加疆寄內地九府公事繁多而又遠阻重洋凡督臣所商榷司道所稟承函牘往來究形間隔若駐台日久則顧此失彼必致遠曠閩官若駐台不常則一

暴十寒更屬何裨台局臣宿患目疾到台後瘴煙風雨昏障益深公牘稍多汗流背赤昏眊痛澀幾不自持況乃全省簿書病目安能勝任與其貽誤於後曷若陳乞於前再四思維惟有乘此未受撫篆之時仰懇　天恩准開臣福建巡撫本缺俾得專辦台防庶幾勉効寸長或可無致隕越台事幸甚微臣幸甚

軍機大臣奉　旨本日已有旨令楊昌濬兼署福建巡撫矣劉銘傳督師無功正當力圖自贖着將台灣善後事宜認眞整頓以觀後効所請開缺之處不准行欽此

按此摺實係審時度勢台閩不能兼籌故有此請夫閩台相較閩撫何安台防何危閩撫何逸台防何勞兼任閩撫地大而權尊專督台防不過一虛名欽使平時設防兵餉仰人鼻息一有外患輒當其危雖愚者亦樂去台而撫閩公奈何獨辭閩而就台蓋公一生血性既已身當台難必思安治台地以

自有之利辦自守之防不至仰人接濟然後可保七省門戶以快其心計非辭閫任台不可不然公豈不知從容台上擁閫撫之威權爲樂哉任閫撫則必治閫事治閫則必不能專力籌台故不若舍安就危舍逸就勞舍大地專權而就一台之無牽制英雄舉動每思獨闢規模實非尋常所能窺測也陳澹然記

再請開巡撫缺並銷督辦差回籍養痾摺十一年九月二十五日發

竊臣久患頭疾舉發不時治兵二十年迭乞假歸在案近六七年更罹目眚復經迭陳到台年餘感蒙風熱蠻烟瘴雨晨夕內攻元氣既傷目疾因之日劇曾於本年六月初五日奏請開缺八月初七日恭奉　上諭本日已有旨令楊昌濬兼署福建巡撫矣劉銘傳督師無功正當力圖自贖著將台灣善後事宜認眞整頓以觀後效所請開缺之處不准行欽此跪聆之下悚感莫名顧念　訓

勉優加　恩施逾格既原情於已往更策勵於將來敢不力疾從公亟圖報稱

謹將善後應辦事宜擇尤先辦庶期稍蓋前愆惟基隆五月以來疫癘橫流將

士十病八九七月而後死喪益多勇不能工軍無可爨既傷逝者益用自愴回

顧殘軀乃居絕域獨念台防重要未敢苟延先將滬尾礮台購料興築分建水

雷遍資防護開設製造軍械各局爲製造彈藥屯儲軍械之區一面乘輪馳赴

安平旂后澎湖往還二千里察看形勢籌畫設防方期殫竭血誠力求整頓不

料台南往返風燥日侵目疾日增精神益憊左目障滿久廢無瞳今右目並昏

新翳陡寒微光一線茫不知人數武相離聞聲始辨若再遷延不治必致雙目

俱盲台灣既鮮良醫又無珍藥瘴深疫重斷非北人所可久安臣自東渡以來

隨從文武將官十亡四五現在建甯鎭總兵蘇得勝營官鄭洪勝皆嬰猝疾旦

夕溘亡以此人人自危紛紛乞骸歸里天下苟非戰事富貴之念終不敵其畏

死之心性命所關雖王法不能強之不去感羣僚之競返傷衰病之孤羈悵望
海天生還何日伏念臣自上年五月隻身渡台猝臨大敵內憂外患環掣交攻
孤孑艱危無復生人之趣自分不死於敵必死於讒冰蘗孤懷至今心悸仰荷
聖明萬里委任不搖海外孤臣幸逃讒諑每念聖慈再造碎頂莫酬烏敢
自外生成妄圖引退惟臣智識駑庸賦性愚直才力既不能勝艱鉅德望又不
足洽同寮督師不力既經負罪於前補過無方焉敢貽誤於後且台疆危險全
賴練勇辦防早辦一防早得一防之效多練一勇多得一勇之功微臣目疾已
六七年斷非數月假期所能調理思維再四與其病軀戀棧無補涓埃何如披
瀝瀆陳免虞叢脞惟有仰懇天恩並開差缺迅簡賢員不勝迫切待命
之至臣受恩深重雖赴湯火所不敢辭際此時艱豈復忍耽暇逸偷苟聖
慈許歸田里兩目不致俱盲定當趨謁闕廷乞供驅策萬不敢飾詞諉避自

悖古人鞠躬盡瘁之忱惶悚微誠伏求　慈鑒

光緒十一年十月二十二日奉　上諭本日據劉銘傳奏目疾日重懇請開缺一摺劉銘傳經朝廷特簡督辦臺灣事宜正當次第經營力圖報稱上年督師不力謗書盈篋仍復曲予優容尤宜奮勉圖功以期自贖何得因目疾未愈遽請開缺著賞假一個月毋庸開缺該撫籌辦善後尙屬認眞仍將兵事吏治及地方一切利弊力疾妥籌悉心辦理凡事當行之以漸持之以恆總期成效可觀方爲不負委任欽此

按宣聖有言使臣以禮事君以忠我朝　列聖優禮大臣情文甚摯近世以來樞臣不知體要擬呈　詔令往往奴叱賢豪臺灣之役公以孤軍死守援絕餉窮從容退軍保全根本相持半載孤島以全而滬尾一戰以寡摧衆法人至圖畫戰狀張於巴黎詫爲近世奇功乃樞臣不知其深謀徒見以基隆

委敵遂時以督師無功等詞相齮齕宜乎公之脫焉求去也 陳澹然記

目疾未愈續假兩月摺十二年正月二十四日

竊臣於上年九月二十五日因目疾日重奏請開去差缺回籍調理一摺奉

上諭據劉銘傳奏目疾日重懇請開缺一摺劉銘傳經朝廷特簡督辦台灣事宜正當次第經營力圖報稱上年督師不力謗書盈篋仍復曲予優容尤宜奮勉圖功以期自贖何得因目疾未愈遽請開缺著賞假一個月毋庸開缺該撫籌辦善後尚屬認眞仍將兵事吏治及地方一切利弊力疾妥籌悉心辦理凡事當行之以漸持之以恆總期成效可觀方爲不負委任欽此臣跪讀之下惶悚莫名伏念臣起家行伍遭際 聖明特簡於海疆緊要之區 優容於衆口交讒之會欽聆訓勉彌益慚惶惟有懍遵 諭旨於台防善後兵事吏治及地方一切利弊力疾經營如現應籌辦之撫番緝匪開墾丈田設官分治築台購

砲諸大端無一非目前要務臣愚以爲禦侮首在自強攘外必先安內台灣民番仇殺土匪橫行上下欺蒙視爲常事臣已派署台灣鎭總兵章高元記名提督柳泰和專辦嘉彰土匪記名提督劉朝祜道林朝棟總兵翦炳南副將張兆連周鳴聲分撫諸番現在生番歸化日多土匪亦漸斂跡擬即丈田分治招墾開山基隆滬尾安平旗后各海口派令道員方策勳總兵蘇得勝記名提督王貴揚楊金龍方春發等趕辦防務修築礮台工竣之後兵勇不任版築之勞方能嚴行操練維內撫生番外辦海防以及清賦招墾開路伐木一時並行既慮難得人材尤恐難籌經費臣固不敢因循衍飾亦不敢急切圖功惟謹遵聖謨凡事當行之以漸持之以恆以期辦有成效庶不負聖主諄諄訓誡之苦心所幸上年臘月底台灣天氣陡寒積雪滿山土人詫爲從來未有之事開霽後瘴氣頓銷將士臥疾者一時皆起臣本擬正月初九日內渡赴省遵旨與

督臣楊昌濬會商一切不料交春以來目疾又發左目障翳未銷右目又生紅
腫畏見風日更劇於前閱視公牘模糊莫辨現在已滿假期萬分焦急思維至
再合無仰懇　天恩再行　賞假兩月冀得稍痊一切善後事宜謹仍力疾籌
辦微臣生性戇直從無欺飾之詞受　恩過深目疾縱難速痊一日不盲必盡
一日之職斷不敢蹉跎貽誤上負　朝廷區區懇摯微忱伏求　慈鑒
軍機大臣奉　旨著賞假兩月欽此
幫辦海軍謝摺十六年四月十六日
竊臣於本年四月十四日承准海軍衙門暨吏部咨光緒十六年三月初二日
奉　上諭朕欽奉　慈禧端佑康頤昭豫莊誠壽恭欽獻皇太后懿旨著臺灣
巡撫劉銘傳幫辦海軍事務欽此拜命之下震越莫名臣嘗綜覽環球獨居深
念謂中國負山俯海雄絕六洲自鴨綠劃朝鮮北行至旅順極山海關南下巡

大沽烟臺走膠墨畧贛楡遂達崇明趨定海匝瓊臺抵欽濂延遶萬三千里虎視環球實有秦人開關延敵之勢故漢唐之盛海外萬國奔走來王自歐美崛興利礮堅船橫轢海表中國數千年一統之勢廓焉盡變其初臣嘗發憤太息謬思得雄才大略總括海疆內厲耕商外興製造船臺雷砲戰守相資循此十年且將縱橫萬國今者欣逢皇太后皇上創興海部綜肅全綱肇中國數千年未聞之盛仰蒙總以賢王佐之上相經綸締造固宜震懾遐方臣何人斯敢忝鉅任況臣撫台六載壯志徒殷既荷靑宮少保之殊榮更邀戎部長卿之曠典詔書迭賁褒語頻加稱其久歷戎行熟諳韜畧勤勞不懈懋著殊勳微臣自省疚慚能無慙怍矧當海軍創始贊任需賢復蒙懿旨遙頒囑臣佐理俯循涯量倍益慙惶際茲國步艱難未敢虛文引避降拜登受如見天顏咫尺之尊嚴感激馳驅勉乘海宇澄清之歲月謹攄謝悃拜表以聞無任感悚

屏營之至

按公於光緒十五年正月二十二日因　慈禧皇太后歸政加　恩封疆大臣有戰功者公加太子少保銜十六年正月二十六日因　皇上二旬萬壽慶公加兵部尚書銜至是復有幫辦海軍之命考海軍衙門之設醇賢親王爲督辦大臣李文忠與將軍善慶爲會辦十五年冬醇邸於善公薨乃命公與山東巡撫張勤果公曜爲幫辦張公亦自提督授巡撫負時名然歸政之恩公加少保張公則未逮焉蓋公之戰功非時賢所及也陳澹然記

耳目俱病請假一月摺十六年四月二十日

竊臣素患目疾今已十年疊奏乞假調理在案到台之後軍事憂勞兩耳並聾時發時愈多方醫治左耳目俱廢右耳目尙賴保全舍左用右見聞猶未盡塞也上年八月間右耳閉氣流水初以爲溼氣上升未嘗着意今春三月親剿宜

蘭番社感受瘴溼病痢旬餘幾成危疾不料痢疾粗安手足木痲酸痛不止右耳閉塞轉甚昔時方就醫療右目又加紅腫下生雲翳上模黑睛閱看公文昏花流淚偶見僚佐視聽俱茫連診數醫俱稱大病之後原氣未復心經過虧風溼隨心火上攻非靜攝不能奏效仰懇　天恩賞假一個月俾資調理所有地方例行公事檄令署藩司沈應奎代折代行遇有要公臣仍力疾自治不敢稍滋貽誤謹恭摺具陳

因病懇請開缺摺十六年六月初五日

竊臣前因手足木痲耳目俱病本年四月二十日奏懇　賞假調理欽奉　硃批賞假一個月欽此欽遵之下調理至今原冀稍爲痊愈即可奏明銷假免致曠官不料醫治多方手足木痲如故耳閉日重目障日深端節以來又增咯血衷氣喘促舉步奇艱醫謂瘴溼內侵關竅阻塞原氣虧損臟腑過傷斷非醫治

一時所能奏效伏念臣受　恩深重未報涓埃及今年力未衰正思殫竭血誠仰酬萬一苟能勉支歲月縱不能效古賢盡瘁之義又何敢存引身乞退之心奈積疾已深心神久憊耳既重聽目又不明輾轉籌思不得不瀝陳於　君父之前微臣到台七年先後隨來舊部文武員弁不下二百人相繼死亡十不存一兵勇死喪更僕難終固由瘴癘之鄉水土惡劣亦因海外孤島醫藥不時臣病本由瘴溼而生安有日居瘴溼之中而可望其痊好自乞假彌月署中公事悉委署藩司沈應奎代拆代行現在新授藩司于蔭霖不日到台應奎自籌交代無暇再替臣勞若再戀棧遷延必致事多貽誤應懇　天恩俯准開去台灣巡撫實缺並幫辦海軍要差　賞三個月俾得還家醫治微臣年未六十報效之日方長如能醫治稍痊咯血諸證減輕耳目不致聾瞶卽行銷假出效馳驅決不敢堅臥山林上負　聖主肉骨死生之至意

再請開缺摺 十六年九月初九日

竊臣前因患病奏蒙　賞假嗣以病勢增重復於六月初五日籲開缺欽奉
硃批著賞假三個月毋庸開缺欽此跪聆之下仰見　聖恩優渥　眷畀逾恆
感荷　鴻慈急圖調理方異如期銷假勉報涓埃不料痼疾已深咯血不止手
足耳目有甚無瘳加以七月中旬寒熱並增吐瀉俱作內虧外感紛至沓來飲
食俱廢肌膚銳減顛連牀褥疼痛不支夢繞松楸神魂飛越臣年力未衰苟能
勉強支持何敢再三陳瀆無如百病叢生精神頹靡公牘不能閱看見客倦於
語言偶一用心咯血頭昏幾若身非己有元氣虧損斷非一時所能驟痊伏念
臺灣海外危區交涉軍防尤難措理稍不留心籌度即有叢脞之虞臣自五月
至今非極緊要事件皆付藩司徒擁虛名絲毫無補若以戀棧貽誤臣身不足
惜臣心何以自安用敢瀝情籲陳伏望　聖慈俯准開缺並　幫辦海軍要差

賞假回籍調理一俟病體痊可即當出効馳驅勉酬　高厚無任迫切待

命之至

再臣自四月抱病請假以後委令藩司沈應奎代拆代行七月中旬病勢益危

至今不能起坐地方公事悉令沈應奎主持辦理措置裕如台灣雖設省分究

止三府一廳經臣奏請興辦諸大端皆已逐漸就緒以後公事清簡無多臣久

抱沉疴呻吟待斃海外無醫無藥斷非在任所能醫療倘蒙　聖主矜憐　俯

准開缺不特微臣有再生之望亦免台防有隕越之憂否則擬懇　天恩賞假

三個月內渡就醫灣巡撫印務請　旨即派沈應奎暫行兼護如臣調理稍痊

假滿即行回任決不敢因水土惡劣畏避遷延自負　聖明委任謹附片具陳

三請開缺摺十六年十一月二十七日

竊臣前因假滿病劇續於九月初九日奏請開缺欽奉九月二十八日　上諭

劉銘傳奏假期屆滿病勢增劇請開缺調理復稱如不得請懇賞假內渡就醫各摺片率意瀆陳殊屬非是著傳旨申飭仍着賞假三個月在任調理勿庸開缺欽此臣病久神昏陳奏率瀆仰蒙聖主寬仁不忍罷斥仍復留任調理逾格優容自分何人膺斯高厚跪聆之下感愧莫名遵即悉心調理冀得稍痊即行銷假無如內受損傷咯血頭暈午後潮熱橫生外感煙瘴左半耳目閉昏手足木痲酸疼日勞醫藥不見微功醫云縱能殘喘苟延亦恐半身痿廢伏念臣到臺七載竭歷艱難今春始將內治大端經營就理尙有省城並鐵路未竟之工若非病勢沉重萬難支持縱不戀祿位之榮安忍棄垂成之績奈自夏秋大病之後委頓異常既不能接見紳僚又不能閱視公牘呻吟牀褥憂懼不安輾轉籌思萬不敢戀棧貪榮徒滋咎戾且臣兼管學政現當科試亟須按臨各郡就試生童似此沉疴斷非一時所能痊愈惟有籲懇天恩並開差缺免致

上誤軍國下誤台疆無任哀懇屏營之至

光緒十六年十二月二十三日奉　上諭劉銘傳奏假期屆滿病仍未痊籲懇開缺一摺着再賞假三個月毋庸開缺所有台灣科試事宜著派唐景崧暫行代理欽此

奉　旨革留謝摺十六年十二月初一日

竊准吏部咨台灣煤礦招商承辦章程請停辦一摺欽奉　上諭戶部總理各國事務衙門會奏台灣煤礦招商承辦章程種種紕繆請飭停辦一摺劉銘傳以特旨勅令另議之件并不奏明請旨輒即議立章程擅行開辦尤非尋常輕率可比劉銘傳著交部議處欽遵到部劉銘傳應照違　制律私罪革職八月二十二日奏奉　上諭吏部奏遵議處分一摺福建台灣巡撫劉銘傳應得革職處分著加恩改爲革職留任欽此跪聆之下悚感莫名伏查基隆煤礦臣屢

次辦理乖方告無可逭仰蒙　聖主格外恩施曲加原宥僅予革職仍復留任

聞　命自　天抱慙無地臣惟有勉竭愚忱倍加謹愼力圖自効稍贖前愆冀

答高厚鴻慈於萬一北望泥首不知所云

四請開缺摺十七年三月初四日

竊臣前以假期屆滿病仍未痊上年十一月　奏請開缺奉　上諭著再賞假

三個月毋庸開缺所有台灣科試事宜著派唐景崧暫行代辦欽此仰見　天

恩高厚格外矜全遵即多方調治原冀病稍輕減即行力疾從公免至再三之

瀆無如咯血日多飲食日少筋骨疼痛坐臥不安左目已盲右目又生雲翳紅

腫昏暗咫尺不辨人形皆由瘴溼過深關竅阻塞內虧外感氣血難通補瀉兩

窮羣醫束手僉以病情過雜元氣過虧必須靜心調理非一時醫藥可以奏功

伏念臣受　恩過重福薄災生年力未衰遽嬰痼疾好生惡死人之至情一息

苟存不無倖生之望　皇上如不以臣爲不肖　准假北歸俾得稍寬時日從容調理以救危軀倘能醫治就痊不歸廢棄一旦邊塵有警尚可出效馳驅似此病骨支離遷延尸位既不獲委心任事又不獲珍藥良醫一日在台即多一日貽誤於　朝廷何取焉且臺灣地險民強新開省治一切規模制度大都草昧經綸非若內地循守舊章皆可從容臥治臣即康強無病聚精會神尚恐變生不測彰化已事前轍昭然況乃經年累月病榻呻吟萬一奸宄生心乘茲間隙臣一身不足惜如大局何微臣孤嘯悲懷不能不哀乞於　君父之前者此也倘蒙　天恩准開差缺　迅簡賢員俾得回籍就醫免臣再瘝地方幸甚微臣幸甚

光緒十七年四月二十三日奉　上諭劉銘傳奏病仍未痊懇請開缺一摺福建台灣巡撫劉銘傳著准其開缺並開去幫辦海軍事務差使欽此

開缺假歸謝摺 十七年四月二十五日

竊臣前因假期屆滿病仍未痊續於光緒十七年三月初四日　奏懇　天恩開缺回籍四月二十三日奉　上諭福建台灣巡撫劉銘傳著准其開缺並開去幫辦海軍事務差使欽此拜　命之下感戴莫名伏念臣一介武夫幸遭　聖主受任危難遽領嚴疆守台一年動滋撓謗撫台七載徒切焦勞猥荷　慈曲加原憫鑒其孤撐無助察其愚戇無私　溫詔時矜　殊恩轉沛既拜　青宮之秩復　加司馬之尊自省斗筲久逾涯量況乃　天恩無際　異數頻頒更令仰贊　賢藩遠叅海部凡此文臣所罕遘豈期末將之頻邀雖鳥魚之性時戀江湖而犬馬之情敢忘芻秣況臣久簪戰場之馬革忍懷湖上之蹇驢方冀殫竭血誠勉酬殊遇詎料屢攖奇瘴竟染沈疴福薄災生　恩深命蹇經年藥鼎難回冰雪之春萬里炎荒徒灑松楸之淚遂使一籌莫効五疏哀陳屢

瀆　天顏乞還骸骨復荷　天心曲摯　恩假時頒詎期臣命孤危哀呼愈迫何幸漢廷飛詔喜仲升生入玉關轉慚交趾無功笑新息虛鑴銅柱從此餘生未老皆我　皇再造之年但令一息尚存矢異日　二天之報歸來已晚山中之松菊都荒壯士長歌海上之鯨鯢已靖翻恨匈奴未滅惜殘軀於瘴雨蠻烟且欣絕域生還話　恩澤於田夫野老束裝待　命期已逾年脫屣還山決諸三日除將交卸日期另行奏報外謹陳感激下忱無任忭舞屏營之至

按公於四月二十五日具摺謝　恩二十八日卽行交卸八年台撫事牘殷繁三日卽脫然歸去蓋其摒擋歸計久矣　陳瀅然記

卷一勘誤表

頁數	行數	字數	誤	正	脫	衍
三	五	十二			保	
十	四	十二	上	土		
十	十二	十四	遺	遣		
十一	十五	十九	冉	再		
十五	十	十五	經	輕		
十六	十九	廿下			於	
廿一	三	十八下			員	
廿二	十五	二下			典	
廿四	六	十九	椒	楸		
廿四	十九	七下		臺		

俄事入都摺

籌造鐵路以圖自強摺 光緒六年十一月初二日在京發

竊臣以非材渥承　恩遇自解兵柄養疴田園每念中國大局往往中夜起立背裂泣下恨不能竭犬馬以圖報於萬一也近者被　命力疾來京仰蒙　召見訓誨周詳欽感莫名竊念人臣事君之道知無不言況事變至迫利害甚鉅敢不竭其僂僂爲我　皇太后　皇上敬陳之中國自與外洋通商以來門戶洞開藩籬盡撤自古敵國外患未有如此之多且強也彼族遇事風生欺陵挾制一國有事各國環窺而俄地橫亘東西北與我接壤交錯犄背扼吭尤爲腹心之患我以積弱不振不能不忍辱含垢遇事遷就不惜玉帛以解兵戎然而和難久恃財有盡期守此不變何以自立今論者動曰用兵矣竊謂用兵之道

貴審敵情俄自歐州起造鐵路漸近浩罕又將由海參崴開路以達琿春此時
之持滿不發者非畏我兵力以鐵路未成故也不出十年禍且不測日本一彈
丸國耳其君臣師西洋之長技恃有鐵路動欲逞螳螂之臂藐視中國亦遇事
與我爲難臣每私憂竊歎以爲失今不圖自強後雖欲圖恐無及矣自強之道
練兵造器固宜次第舉行然其機括則在於急造鐵路鐵路之利於漕務賑務
商務礦務以及行旅釐捐者不可殫述而於用兵一道尤爲急不可緩之圖中
國幅員遼闊北邊綿亘萬里毗連俄界通商各海口又與中國共之畫疆而守
則防不勝防馳逐往來則鞭長莫及惟鐵路一開則東西南北呼吸相通視敵
所驅相機策應雖萬里之遙數日而至雖百萬之衆一呼而集無徵調倉皇之
慮無轉輸艱阻之虞且兵合則強兵分則弱以中國十八省計之兵非不多餉
非不足然各省兵餉主於各省督撫此疆彼界各具一心遇有兵端自顧不暇

徵餉調兵無力承應雖　詔書切責無濟緩急若鐵路造成則聲勢聯絡血脈貫通節餉裁兵併成勁旅防邊防海轉運槍礮朝發夕至駐防之兵即可爲遊擊之旅十八省合爲一氣一兵可抵十數兵之用將來兵權餉權俱在　朝廷內重外輕不爲疆臣所牽制矣方今國計絀於防邊民生困於釐卡各國通商爭奪權利財賦日竭後患方殷如有鐵路收費足以養兵則釐卡可以酌裁並無洋票通行之病裕　國便民之道無踰於此且俄人所以挾我日本所以輕我者皆以中國守一隅之見畏難苟安不能奮興若一旦下造鐵路之　詔顯露自強之機則聲勢立振彼族聞之必先震讋不獨俄約易成日本窺伺之心亦可從此潛消矣本年李鴻章奏請沿海安設電線此亦軍務之急需但電線須與鐵路相輔而行省費既多看守亦易或者以鐵路經費難籌無力舉辦爲疑竊謂議集商股猶恐散漫難成今欲乘時力辦莫如議借洋債借洋債以濟

國用則斷斷不可若以之開利源則款歸有著洋商樂於稱貸　國家有所取償息可從輕期可從緩且彼國慣修鐵路之匠自願効能於　天朝此誠不可失之機會也查中國要道南路宜修二條一由清江經山東一由漢口經河南俱達京師北路宜由京師東通盛京西通甘肅雖二費浩繁急切未能並舉擬請先修清江至京一路與本年議修之電線相表裏此路經山東直隸地界最多或謂於民間墳墓廬舍有碍必多阻撓不知官道寬廣鐵路所經只佔丈餘之地與墳廬墓舍尚不相妨卽偶有牙錯亦不難紆折以避臣昔年剿捻中原屢經各該省其地勢民情固所稔知非敢妄爲臆斷也事關軍國安危大計如蒙　俞允請　旨飭下總理衙門迅速議覆若輾轉遷延視爲緩圖將來俄約定後築室道謀誠恐臥薪嘗膽徒托空言則永無自強之日矣微臣無狀將不知所稅駕矣迫悚上陳無任惶恐待　命之至

軍機大臣密寄大學士直隸總督一等肅毅伯李鴻章兩江總督劉坤一光緒六年十一月二十一日奉　上諭前據劉銘傳奏請籌造鐵路當經諭令李鴻章等妥議茲據張家驤奏稱開造鐵路約有三弊未可輕議施行等語著李鴻章劉坤一悉心妥籌具奏原摺均著抄給閱看將此各密諭知之欽此

撫臺論事摺

覆陳津通鐵路利害摺光緒十五年二月八日台北府發

光緒十五年二月十六日承准軍機大臣字寄欽奉正月十五日　慈禧皇太后懿旨前據總理海軍事務衙門奏請由天津至通州接修鐵路當經降旨允准嗣據御史余聯沅等先後奏請停辦均諭令總理海軍事務衙門會同軍機大臣妥議具奏茲據會商籌議逐款臚陳詳加披閱所陳各節辨較精詳敷陳剴切其於條陳各摺內似是而非之論實能剖析無遺惟事關創辦不厭求詳

在廷諸臣於海防機要素未究心語多隔膜該將軍督撫等身膺疆寄辦理防務利害躬親自必講求有素著按切時勢各抒所見迅速覆奏用備採擇等因欽此并鈔各摺片遵旨寄信前來查閱海軍衙門會奏一摺洞中窾要纖悉靡遺微臣意正同符實覺無從置議惟聖懷虛挹仰荷垂詢特就原奏資敵擾民失業三條推闡海署未宣之蘊爲我皇上敬陳之竊維天下大事惟斷乃成萬國紛拏惟一乃定五大洲幅幀遼闊駕馭爲難於是鐵路與電報與焉此固囊括中外之機緘統一環球之功用也仰維朝廷屢垂明詔銳致富強倘通盤籌畫綜攬勢機苟有加於鐵路者抑何苦輕貽衆謗效法西人無如外審海疆之形勢內揆戰守之機宜縱覽環球計實無能逾此故臣於十年前即有創修鐵路之奏徒以格於迂論議不果行今者聖明在上與在廷王大臣堅持定見決意舉行臣等方額手稱慶以爲從此推行盡利庶幾富強可以

立致敵患可以潛消不謂言者轉疑爲資敵也自火器之製日精舍海口礮臺
險無可扼奧法俄德諸國牙錯唇依鐵路縱橫並通都會城垣故蹟毀棄無存
如謂藉端尋釁兵車卽到都門則列邦相忌屢起衅端固已吞併殆盡何僅於
海上與問罪之師不聞都下有要盟之舉其不足慮固以皎然言者又謂山溪
溝塹爲敵所憂林木紛叢爲敵所患一旦邊塵偶動彼將挾其槍礮驅火車以
入都門其患將不可測玩其詞意若指海口未失而言則安得若許洋人從容
布置而我之官若兵竟同木偶任其所爲乎若指海口已失而言則津通相距
二百里皆屬坦途卽無鐵路亦何難長驅直入至若山溪林木關塹溝渠臣熟
經其間視若無覩敵何膽怯如斯而憂之患之耶夫海口者京師之門戶安危
所繫固宜呼吸相通臣以爲鐵路建至京師方爲盡善有事則津沽之勁旅卽
爲宿衛之禁軍無事則遣神機營與海口各軍合隊併操聯爲一氣臨變策應

進退綽如是遏敵者莫如鐵路而顧以爲資敵豈不傎哉不謂言者又疑爲擾民也非特室廬邱墓呈訴無多卽令羣起紛撓而事關軍國安危亦當權衡輕重安能以小不忍而亂大謀且世之講求風鑑而改葬其親者衆矣給以重價遷地抑復何傷兵家籌備於平時無異決勝於臨敵王者克敵初不聞以傷殘物命爲嫌倘以籌備爲擾民則是兩國交綏斷斷於重傷二毛之說矣方今強鄰環伺其敢與我難者乘我之無備耳誠擇沿海衝要之區偏開鐵路一省有警數省環攻一省有兵數省資調天下惟能守而後能戰亦惟能戰而後能不戰以屈人兵洋人趨避最工誰肯遠涉風濤自取覆亡之禍如此則和局可恃上以奠億萬年有道之基闔境胥安下以全億兆姓生靈之命是衛民者莫如鐵路而顧以爲擾民豈不異哉不謂言者又慮民之失業也溯自河運廢而轉輸全改爲海船輪舟興而商賈競趨於海道北五省人煙寥落旅店荒涼久非

嘉道繁華景象果使鐵路自通州建至淸淮則運貨無沈失之虞行人免風濤之苦將見上海商民盡歸腹地奪洋人之權利卽以廓小民之生機洋人無利可圖必將廢然思返乃一則曰車脚店行勢將歇業再則曰船戶水手餬口無資不知鐵路僅設於大道通衢至於港汊紛歧船行如故村鎭羅立車載益多試觀長江輪船往來不絕幾見舟人失業坐斃江湖是厚民生者莫如鐵路而顧慮民之失業不尤重可笑哉尤可怪者謂鐵路爲開闢所未聞　祖宗所未創不知人事隨天道爲變遷國政卽隨人心爲旋轉今之人既非上古　先朝之人今之政豈猶是上古　先朝之政使事事繩以成例則井田之制自古稱良弧矢之威　本朝獨擅行之今日庸有濟乎泰西制造之精日新月異中國踵而行之已居人後若再因循坐誤一旦變生倉卒和戰兩窮其將何以自立
臣前閱俄報載其君擬由托木司克城增建鐵路至距黑龍江六百餘里之司

他城計長六千一百里已深訝之旋據德商面稱此路俄君諭令日成十里兩
歲告竣雖成功遲速原不可知而其經略東方壯志已可概見際此中俄無事
尙能未雨綢繆待其既發而後乘之必且噬臍莫逮預防之法斷非鐵路不爲
功微臣所爲瞻顧旁皇不能自默者此也或謂外洋以商爲國自強實在經商
中華立國在民愛民斯爲邦本不知商卽民也商務卽民業也經商卽愛民之
實政也歧而二之是尙足爲知大計者乎抑臣更有請者恆心必根恆產足食
方可足兵中國生齒日繁土田日寡謀生乏術緩急堪虞故欲自強必先致富
欲致富必先經商西國官商一體在下無不達之情中國官商久暌在下多難
言之隱頻聞前借洋戰之款多屬華賚賄託洋人爲之營息從古因民建國保
國惟民顧令肝胆乖離腹心疏逖非所以療貧振弱自振拔於傾側擾攘之時
也當此改紘易轍發憤爲雄亟宜講求商政　特派廉正大員認眞督理舉凡

絲茶紡植墾礦製造諸大端招集股商廣籌資本妥議保商防損章程各就所能分途認辦銀錢出入商自主持官但察其贏虧護其艱阻內地辦理得宜然後推之邊省中土行銷既暢然後推之外洋五行百產之菁環顧全球莫吾華若徒以地利未闢遂致民氣日衰如此行之十年且將無敵於天下尚何敵國外患之足慮哉夫不聚歛於民者不能不藏富於民不與民爭利者不能不與敵爭利此事與鐵路相輔而行關繫綦重應否籌議伏候聖裁臣自督辦台防適值法人肆擾占踞基隆向非仗國威靈澹尾一捷全台重地且屬他人無他無鐵路兵輪爲之手足也故和議甫成即請開辦鐵路明知山路崎嶇溪流梗阻鑿山開道築路建橋費鉅工艱視內地且將倍蓰所爲不辭勞怨毅然獨行者良以臺疆千里四面濱海防不勝防鐵路一成則骨節靈通首尾呼應此中利害自非身親大難未易決其深微人情樂與觀成難與謀始往若剷平

髮捻全恃抬鎗劈山礮制勝疆場湘軍老將狃視前功語以西國後膛槍礮恆鄙夷不屑及與法交鋒始歎格林礮黎意槍運用之靈命中之遠夫物之精粗經用而始顯事之利害親歷而後知今之訾議鐵路必爲異時贊美鐵路之人伏願　皇上宸斷獨操宣示大計俾天下曉然鐵路一事爲安內攘外刻不容緩之急圖使知非一隅之利乃四海之利非一時之利乃萬世之利非一二人之私利乃千萬人之公利衆志既協財力自充成效既彰浮言自息臣身膺疆寄目擊時艱大局所關不容自已謹披瀝上陳伏乞　聖鑒

按鐵路大計惟公獨見於舉世撓沮之先故前後兩疏曲折深至如此所稱鐵路一成則兵餉大柄咸屬　朝廷疆吏無能掣肘尤爲透抉無遺惜當時張家驤阻之於前劉騰鴻扼之於後千秋大計竟格不行至甲午中東之戰各省私其兵餉不助北洋至日人有二十二行省如二十二國之誚然後知

兵餉出自 朝廷所見爲獨遠也 陳澹然記

越事在都摺

遵籌整頓海防講求武備摺 光緒十年閏五月初二日在京發

竊自泰西各國爭開商埠以來或佔海疆或吞藩屬無端欺藐遇事生風一波未平一波又起每當外患紛來言戰言和紛紛不一言戰者當審兵將是否可戰器械是否可戰餉是否可戰兵船是否可戰空談無補後禍焉窮言和者當思伊犁和而兵費倍償天津和而義民受戮臺灣和而琉球坐失越南和而藩服無存剜肉補瘡欺陵胡底夫戰不如人而欲圖強猶井中求火也器不如人而不知變猶當暑著貂也今中國戰不如人器不如人矣不思改圖後將奚立 朝廷虛懷下問詢及芻蕘仰見 聖主廑念時艱力圖振作無任欽佩惟自古辦極大極難之事必須存愈久愈堅之心猶外承 嚴旨內詰空言或畏

難而苟安或始勤而終怠或狃於成見曲示沮撓或昧於知兵故爲飾辯甚或以爲和約既定永無兵端僥倖一時頓忘實禍反謂忠諍之士好爲激烈之鳴種種因循久在聖明洞鑒之中此後惟望上下一心始終不懈臥薪嘗膽奮發圖存整頓海防以濟當時之急講求武備以立自保之基若謀富強圖久安尤非鐵路不可此中利害臣已於光緒六年具奏並由李鴻章詳細覆陳無庸再瀆除將所擬砲台圖式送呈軍機處外謹將應行整頓海防講求武備諸大端敬陳十條恭候採擇

一沿海設防宜分緩急重輕以期扼要也泰西各國遠涉重洋數萬里與我開釁勢必批亢擣虛爲專注之謀中國七省各海口惟廣東可由香港拖帶民船裝兵上岸若北趨閩浙萬不能拖帶民船惟以兵輪嘗試無論敵輪多寡中國海口紛歧萬無處處設防之理用兵之道實宜合而不宜分守禦之機在扼要

尤在守險查各國以商埠爲要區輪船以煤炭爲性命如將各商埠及產煤之處布置周密守禦得宜各國商賈貨財皆已入吾掌握一國稱兵搆怨實非各國所樂聞其兵輪久居海中既無煤炭又無淡水即得我沿海一州一邑無關大局之區堅力以持當可不戰自困且外洋羣趨環視全以強弱爲重輕即尋常無事見我致力於通商口岸防守精嚴必不敢輕相欺侮此通商各口設防宜重宜急者也

一各海口礮台亟宜改建以嚴防守也外洋現造礮位大者重至數百墩城營之守禦萬不能用墻垣爲障蔽查各口所築礮台雖形勢各殊細究皆不合法度外人恆竊議之臣現製礮台圖式恭呈採擇究之築台雖堅尤須礮利兵不善守與無兵同現計各口防軍雖重地兩面設防六營已無不足次則二三營皆可支持惟必用礮隊兼操水雷方足以資戰守否則兵多糜餉敗益難收

尤可慮者敵以陸兵由他口潛登襲攻瑕之故智則後路必籌遊擊之師庶免
重戰輕防之失然非有鐵路呼應終不能盡此則大可憂耳
一洋面水師兵輪宜次第籌辦以固海疆也海防以船爲命無師船卽無海防
各國皆然中國豈能獨緩綜計沿海七省須備兵船百隻方可以敷戰守惟急
於購辦微特經費無出亦慮管駕無人海軍爲各國專門將領尤爲難得自海
防議起環顧海內惟李鴻章一人留心講求選將造器稍爲可觀管駕多閩廠
學生未經戰陣或陸營將弁未解測量　朝廷廑念海防似宜另設海部衙門
於南北洋閩廣要區各設海軍學堂愼求教習先教管駕之才次練水手必使
技藝嫻熟習業專精再令出洋遊歷泰西皇子無不先入海軍充當水手以次
而升故人才勃興戰無不克應請令八旗貴介多入海軍以固國本一俟妥籌
船費按歲遞加歲必造船數隻大鐵艦價値過昂現既購有數艘餘可稍從緩

議以鐵船財力先購鋼快各船計一鐵船之價可購鋼快船五六隻費非過鉅歲易增加且可暫就現有之兵船先爲整頓程功既速緩急可資似較鐵船之曠日籌資尚足以收急效一切海軍制度學校章程均應責成海部以免紛歧

一長江太湖水師急宜改製以收實用也軍興以後曾國藩彭玉麟創設長江太湖各水師原備嚴防內寇現在鎗砲精利輪電飛馳內寇萬難猝發水師散駐漸成額兵與綠營並歸無用歲耗兵餉造船之費且百萬金若改鐵面十丈小輪每隻不過萬金以外每鎮酌裁師船五成改製小鐵輪數隻較之長龍舢板奚翅天淵萬里江湖聲勢且將立壯既可以當外侮又可以節餉需將來即以管駕小輪已效之將弁酌升外海兵輪之頭領此外江湘閩粵水師皆可仿行儲將之謀莫捷乎是

一福建船政局上海機器局宜加緊整頓以求實濟也自沈葆楨創設福建船

政原冀開拓風氣以圖遠大惟一鐵一木皆取材於外洋每造一船計値實昂於外購查近來商船多用鋼殼價既不昂且能經久其船內修造儘可搭用中國材料取價尤廉大抵船廠承辦工員每持必用外洋油木之議查從前美國造船之費不如英價之廉美商皆赴英購造執政患之嚴定限制簡明價値仍令國人自造究其用意惟慮製船之學中衰其用意甚深正與中國今日之勢相合應請　飭下船政大臣開台灣之鐵礦採後山之木材考工匠之技能以定賞罰較船價之廉貴以便推行某船宜行某處某船宜用某材某船宜安某礮詳細考核刊定章程不獨專造兵船即商人亦可羣來取購並可廣製船之學使之日進高明不至半途中輟上海機器局每年需費五六十萬自開局以來辦工監造每不得人鎗礮製成適用殊寡南北洋互相推諉不嚴賞罰敷衍成風匪特經費虛糜且爲外洋所誚應請　飭南北洋大臣嚴加整頓或照福

建船政章程　特派大員督辦以專責成庶可漸求實效

一請籌購大批槍礮以節經費而免欺朦也中國製局雖開槍礮不聞精利計其價值轉倍外洋每有軍事各省倉皇分購洋商索價驟昂輾轉侵漁所增輒倍而考其所購無一精良查英法官廠皆不製槍大抵購之民廠商民造器必經官廠驗收苟不中程剔還無貸此等棄物外洋無可出售類皆運至中華以爲銷路各省徒慕虛名不求實際莫明優劣甘受欺朦既糜國帑更誤軍需一有爭戰敗徵且見應請　飭下總理衙門會同北洋大臣李鴻章籌款四五百萬兩專派熟悉洋務精通槍礮之員赴西洋各廠訂購後門槍十萬桿一尺徑口以外大礮數十尊一尺徑口以內礮並拖礮數百尊槍礮分三年解清價值亦分三年清給一面分　飭各省按年繳價以實軍儲免致紛紜貽誤外洋鎗砲零購則貴躉購則廉如新到黎意鎗零買每桿需價銀十四兩多購減至七

折砲亦如之是槍砲價銀總計四五百萬兩蔓買已省銀百萬且可就該廠逐細考查不致收其廢棄既節經費又免紛歧一舉數善莫急乎此

一稽查軍械整頓礦務宜特設軍器局切實經營以專責成也各省購買槍砲新舊糅差前門後膛過時輒廢查外洋簡器夙號精嚴一國之兵必用一律之械新精於舊然後舉國更張故操法可併一途戰陣不虞錯雜應請旨於天津或金陵上海特設軍器局由京慎選嚴明精覈大員飭下各省督撫將購存鎗砲開列呈明分別新舊以舊鎗專備操練以新鎗歸軍器局收儲以備戰時領用惟洋鎗忌濕銹即棄材存械之區屋必高廠分門別類毋致混淆某槍用某子某礮用某彈某項水雷某項火藥分存編號位置秩然然後取之不亂尤有陳者製造爲自強之本礦務爲製造之原爾來開礦招商類多誑騙富強大業轉若畏途其將何以自立以後應由軍器局特開礦學延訪名師招生研

究或先籌公款試開一二處以爲之倡礦質果精再招商股商自經理而官爲保護蓋官難持久不能不歸之商商畏官撓不能不因勢以導外洋各國時以礦盡爲憂中國礦産豐饒皆歸廢棄我不自取人將代謀此尤情勢之較然者一酌裁募勇參用練軍以節餉需也查近來偶有兵端紛紛募勇未經訓練焉能抗禦列強其他沿海防軍固多精練餘或未知新法仍用刀矛拘執成規牢不可破亟須妥定軍制嚴限日時務使餉械衣糧號令操法一律遵守新章各省新募之軍一俟越事就竣卽應酌加裁併歸入練軍十年爲期連環具保計每勇每月餉銀三兩六錢每月扣存一兩十年積存百二十兩以爲遣撤之資庶不至流而爲匪且逃一勇卽失一槍利器刼人尤爲地方之害此不得不預防者也今綠營久成無用各省練軍之法多與勇同卽可推行辦理合計一省綠營嚴除老弱度餉項之盈虛定練兵之多寡務令五年爲斷全數練齊更迭

番休周而復始無論馬戰守兵凡調練者除坐餉外加餉與勇糧等其未入練者酌留守護之資餘則概歸嚴汰自古有強將無弱兵故外洋有撤兵養將之法倘仍旋招旋撤始招之勇半係有業農民久駐防營遂成驕惰一朝遣散勢豈能耕不爲游民即爲盜賊故議者每思改勇爲兵實則綠營積弊由於習氣太深誠能嚴汰烟病老弱之徒認眞訓練多一可用之兵即少一外募之勇數年之後無用皆歸有用安見制兵之不可戰哉是在統將之得人耳

一嚴定賞罰以求將材也防營久無戰事敘保格於成例登進無階將材安出查地方州縣尚有三年考績暨特疏密保之條海運河工亦邀獎勵沿海兵將邊省駐防非冒風濤即嬰烟瘴偶違軍律執法既嚴若不明定賞格何以拔人材而作士氣惟軍營結習偶邀　朝廷寬大之恩輒起濫保越階之弊似宜嚴定章程沿邊某省勇隊若干練軍若干自統將至弁兵以及幫辦文員何年成

軍何年到營先令造册送部所有邊海駐防遊擊之師平時操練一以槍法之精粗爲賞罰之準則一年内本軍統領考驗兩次凡中五槍四槍三槍者皆由統領註册先考營哨次考兵勇期以三年請保一次擇其紀律技術宿優者列保每營酌保八十人其在腹地駐防操練有效每營三年酌保四十人如有督操勤謹約束嚴明之將領準由督撫專摺奏保其營哨官或由統將聲明咨請越保一級其餘嚴禁越級以杜冒濫其未經册報者概歸駁斥若將領嗜好多端操練不力亦應隨時參革以免效尤

一請設局譯刻西書引導後進以廣人材也自海上多事以來　朝廷屢下徵才之詔顧或通洋務而昧於兵機或識兵機而不諳洋務甚或迂拘之士鄙洋務爲不足言捫籥扣槃原無足怪查外洋於中國精要之書多取譯行海外其西國兵農食貨製造測量諸籍月異日新翻譯既微何用考鏡夫禦侮貴在得

情而致用尤先博覽不究其治軍交鄰之要政何以得情不研其制器造術之本原何由致用伏見我　聖祖仁皇帝因欽天監與西人互相爭測算特合中西之法勑爲成書一時羣才蔚興象數之學遂超前古應請　旨飭下總理衙門並北洋大臣李鴻章或在京師或就天津特開譯局延訪通才取外洋實用之書先行譯刻發行各省務使人人講求父詔兄勉人材庶可奮興承學既多謗疑自少由是按其學科廣其登進決不至若科名愚闇貽害蒼生

臺灣應　詔摺

密陳武備廢弛亟宜整頓並遴保將才摺　光緒十三年閏四月二十一日台北府發

竊臣於本年四月初四日准軍機大臣字寄光緒十三年四月初八日奉　上諭各省提鎮大員均有專閫之責必須才略素優方足以資整頓邇來軍務敉平尤應安不忘危物色將才用備任使著各直省督撫於軍營著績人員內無

論實缺候補各就其人之才具或長於陸路或熟於水師出具切實考語分別保奏其曾經引見發往各省差委之提鎮各員本欲令其練習營伍以備緩急並著隨時留心察看如有才識出衆之員一併奏保聽候簡擢各該督撫身膺疆寄以知人爲最要務當確切考察勿採虛聲勿徇情面用副　朝廷訪求人才整頓武備之至意欽此遵　旨寄信前來仰見　聖謨遠大安不忘危莫名欽佩竊維國用不足兵伍不精實爲國家之大患目前財用匱乏已不待言兵武不精尤非一致有操後門槍砲者有操前門鎗砲者有終年不操者大約不操者十居八九操者十不二三暮氣日深將貪卒惰虛名空額習爲故常竟成積重難返之勢若不切實整頓籌餉於萬難之中養此遊手好閑無事非煙即賭有事非潰即逃何以備捍亂保邦之用泰西各國武備日新其練兵有一定課程一日不懈今各省所購後門鎗砲甚多若不操練鎗久則機器銹損砲久

則零件遺亡俱成廢物整頓之法惟有嚴肅營規認眞操練方足挽回積習神
機營與直隸督臣李鴻章所部均經久練步伍整齊請　旨飭下海軍衙門王
大臣詳定營規操練章程刊行各省嚴定賞罰如一省防軍萬人能鍊勁旅三
千可資徵調則緩急猶爲可恃不至巨餉虛糜惟練兵必先選將將才端在樸
誠今記名提鎮每多貪滑鑽營疆臣公事繁多考察將才但觀其表剛勁者黜
便辟者升本原既隳復何振作　朝廷整頓武備物色將才必先實技或槍礮
命中或操練優嫻或明中國地輿或悉外洋戰法身體強建才畧深長督撫均
應保薦俟海軍衙門議立營規操練章程刊行各省後限期一年將各疆臣所
保將才調京考驗如所保與考語不符卽將原保大臣議處並請每年　特派
知兵大員巡閱沿江沿海各營考驗槍礮操練陣法查點勇丁嚴其賞罰　朝
廷之精神一振山澤之猛士雲興惟在我　皇太后　皇上加意而已臣一介

武夫仰蒙　天恩破格成全畀以封疆重任事關軍國安危何敢因循緘默謹
將智慮所及聊獻一得之愚用備　聖明採擇至臣部將官如提督方春發柳
泰和等營伍廢弛已經叅革其可爲干城之選者自應遵　旨保薦以備任使
統帶澎湖防軍記名提督吳宏洛臨陣勇决布置有方操練勤勞營規嚴整統
帶滬尾防軍記名提督李定明勇於任事臨敵身先文事粗通槍能命中該二
員才勇俱優均足獨當一面其餘如駐防安平總兵萬國本駐防淡水副將余
德昌棟字營營官已保都司鄭有勤或勤奮有爲或才勇出衆年力強壯均堪
造就爲　國家有用之將才至若外省實缺提鎭臣所深知者福建水師提督
彭楚漢九江鎭總兵朱淮森俱忠勇樸勤持躬純謹實心實力辦事認眞該二
員如蒙　聖主飭辦防練各軍稍假事權必能竭力整頓其餘非臣所知不敢
濫保有負　朝廷訪求人才整頓武備之至意

五月二十日奉　慈禧端佑康頤昭豫莊誠皇太后懿旨劉銘傳奏整頓武備
請飭海軍衙門詳定營規操練章程刊發各省並遵保將才一摺除所保各員
已交軍機處存記外其餘所陳各節均著該衙門議奏欽此
覆陳台北情形請　旨查辦李彤恩一案以明是非摺
竊臣於正月初二接准大學士左宗棠來咨具奏抵閩詳察台灣現在情形一
摺恭錄十年十一月十八日　上諭左宗棠奏詳查台灣情形妥籌赴援一摺
據稱八月十三日基隆之戰官兵已獲勝仗因劉銘傳營務處知府李彤恩駐
兵滬尾以孫開華諸軍為不能戰三次飛書告急堅稱滬尾兵單將弱萬不可
靠劉銘傳為其所動遽拔大隊往援基隆遂不可復問李彤恩不審敵情虛詞
搖惑擬請即行革職遞解回籍不准逗遛台灣等語前敵軍情關繫極重必應
確切查辦不得含糊了事李彤恩所稟劉銘傳各情人言藉藉果係因此貽誤

厥咎甚重非遞籍所能蔽辜前諭楊岳斌迅速赴閩援臺即著該前督於到台
後詳確查明據實參奏李彤恩著即行革職聽候查辦等因欽此知照前來伏
查基隆退守情形已於上年八月十五日奏明在案無庸瀆陳謹將左宗棠所
參各節爲我　皇太后　皇上陳之臣渡台時隨帶親兵一百二十名其次臣
孫開華三營曹志忠六營每營精壯祇三百餘人當由台南調來章高元淮勇
兩營其時台南疫癘盛行兵丁多病僅來五百人嗣又添調巡緝營一營合之
劉朝祜百餘人張李成土勇一營統計基隆滬尾兩處共祗四千餘人左宗棠
疏稱基隆各營數且盈萬不知何所見聞自七月杪基隆疫作將士十病六七
不能成軍八月十三日之戰九營僅挑選一千二百人內中尙有抱病勉強應
敵者當孤拔未來之先初九初十兩日臣接香港上海電報知其全股犯台其
時滬尾祗孫開華三營劉朝祜一百餘人並張李成新募土勇一營甫經到防

礮台尚未完工又無營壘地勢坦平無險可扼危迫情形不待旁言臣早已憂慮及之曾函致孫開華李彤恩如果敵犯滬尾臣即撤基隆之守來援囑令堅守以待一面派員赴下游趕雇船隻將軍火笨重之物先運下船十二日孤拔率大幫兵船進口臣料敵兵必由仙洞登岸當同曹志忠等密商如敵兵明日戰後即紮仙洞則不致遽攻滬尾如戰後收隊下船我軍即須預備回援滬尾以保後路十三日酉刻敵軍收隊全行下船當接孫開華李彤恩劉朝祜先後來信俱稱法船五隻直犯口門升旂開礮臣同孫開華李彤恩已有成約無用李彤恩慮詞搖惑左宗棠疏稱李彤恩三次飛書告急即係孫開華李彤恩劉朝祜三人三次之書非李彤恩一人之書也臣當即傳令拔隊惟四十磅大礮二尊不能運動埋於山下其餘軍裝鍋帳以及傷病勇丁毫無遺棄若果因李彤恩三次飛書告急倉猝拔隊退回軍裝焉能毫無遺失基隆退後敵兵上岸

任營兵勢已分往攻滬尾不足千人若不撤基隆之守敵必全隊攻犯滬尾無
兵往援雖提臣孫開華驍勇敢戰器械不敵衆寡懸殊何能保其不失二十日
之捷左宗棠前據劉敖稟報奏稱孫開華所部並淮勇士勇三路迎戰獲勝此
次又奏係孫開華數營戰勝不獨於台事未加訪察即奏報中亦自相矛盾不
加斟酌所陳臺北距滬尾三十里如果危急地方官當慎重過於他人等語查
基隆至滬尾水程祇八十餘里頃刻可至臣五里安設一站往來通信尚恐聞
警應援不及若俟地方官稟報必至滬尾失後敵至台北城下方能回援台北
府知府陳星聚屢次稟請進攻基隆並有土著之人願告奮勇往攻基隆者皆
有其事自滬尾捷後俱以李彤恩所募張李成土勇得力提臣孫開華曹志忠
蘇得勝柳太和各請添募千人台北府陳星聚等聯名稟請基隆通判梁純夫
招募土勇二千候補知縣周有基稟請招募一千俱告奮勇進攻基隆其時記

名道朱守謨請假尚未銷差倡言多招土勇迅攻基隆至於餉項軍械之有無
不計也忽有台北府書識陳華聲稱願招土勇一千五百人自備槍械包取基
隆每月每勇需銀洋十二元託親兵哨官奚松林來說當經臣申飭不許多事
朱守謨聞有包取基隆之說卽私許陳華招募及臣以淮楚營制每營祗月餉
四兩二錢陳華大言輕敵不知能否得力卽給如此重餉何以服老勇之心堅
執不許添增口糧該勇俱知台北府無兵祗親兵數十名卽聚衆吶喊鼓譟臣
派弁往看陳華所募皆城外艋舺市井之徒器械毫無當傳陳華來見諭以兵
餉不能加增如果能克基隆立給賞號銀二萬先發十日口糧令其帶赴水轉
脚聽候曹志忠調遣詎曹志忠見其勇多滋擾器械毫無不能見敵不肯節制
臣令蘇得勝親至曹志忠營與之密商陳華土勇先行挾以兵威裁去五百名
復調三百名赴觀音山歸柳泰和裁併其餘隨卽一併裁撤費餉一萬餘兩周

有基募勇尙未成軍卽關餉鼓譟經臣將已募四百餘人派歸柳泰和節制梁純夫見土勇不遵約束屢次滋事不敢招募此卽左宗棠疏中所稱各將領以及土著之人願告奮勇往攻基隆者係九月初旬事也又紳士陳霞林等屢言內山禦番土勇常見仗可以挑募臣告知各軍前往內山選募一面令工匠連夜修理各營所繳舊槍分撥應用搜查餉項僅敷月餘各軍招募有尙未成軍者亦有成軍尙無器械者時值疫氣染至台北滬尾一帶軍民俱病提臣孫開華署台灣鎭總兵章高元總兵柳泰和等俱抱重病曹志忠六營營官無不病者臣隨從文武員弁日歿數人自封口後內地音信不通兵單援絕土匪四起臣日夜憂急無所措手台北府知府陳星聚每見必催進攻基隆臣因其年近七旬不諳軍務詳細告以不能進攻之故奈該府隨言隨忘紳士陳霞林幷署淡水縣知縣劉勳皆明白曉暢見將士多病土勇尙未募齊器械缺乏俱知不

能前進陳星聚除面催進攻外復稟請進攻臣手批百餘言告以不能遽進之道該府復慫恿曹志忠進攻并以危言激之曹志忠一時憤急遂有九月十四日之挫幸傷人不多未損軍銳敵於十五日即渡河耀兵七堵陳星聚妄聽謠言謂基隆法兵病死將盡又謂業已退走上船故日催進攻自十五以後該府始自言不諳軍務不再妄言此即左宗棠疏稱陳星聚屢次稟請進攻基隆之原由也左宗棠參臣坐守台北不圖進取機宜坐失臣曾將兵單器乏不能進攻情形疊奏在案基隆近靠海岸敵船入口即不爲我有故於六月十六日之捷并未奏報克復曹志忠所守營壘逼近海邊如法人添兵添船即須退守山後亦經臣附片密陳我之所恃者山險敵之所恃者器利彼來攻我我得其長我往攻彼彼得其長且敵營據山傍海兵船聚泊其下若不能逐其兵輪出口縱竭陸師之力攻亦徒攻克猶不克如果易攻現在兩軍俱在疲乏之際王詩

正統帶勁旅三千不日當可奏功以雪臣懦怯株守之恥臣治軍三十餘年於戰守機宜稍有閱歷惟事事求實不慣鋪張粉飾若空言大話縱可欺罔 朝廷於一時能不遺笑於中外臣實恥之臣渡台時軍務廢弛已極軍裝器械全不能用礮台營壘毫無布置接戰於倉猝之間所部多疲病之卒歷盡艱難支持半載臨敵應變大小十餘戰幸無挫失若聽局外大言輕敵浪進上月初十日孤拔添兵大舉戰無策應之師守無可據之險必至一敗不能立脚軍事瞬息千變其中動止機宜同非旁觀所能盡知亦豈隔海所能臆度也至浙江候補知府李彤恩本係滬尾通商委員臣到台北提臣孫開華稱其辦事勤能熟悉洋務現因身弱多病决意乞退臣商之提臣台北現在用人之際不可任其乞退託其致書慰留六月十二日臣同提臣並台灣道劉璈至滬尾察看礮台地基李彤恩扶病出見瘦弱不堪臣令其趕緊調養不必請假當委兼辦滬尾

營務六月十五基隆開仗以後李彤恩稟請買船塡石塞口時値秋茶上市英
商阻撓李彤恩同英領事往復辯論始將口門堵塞隔日法船即至英兵船告
以口門封塞隨即駛回七月二十日臣至滬尾查看砲台孤拔親坐三號兵船
亦至滬尾查探水道並託英兵船代覓引港之人若非李彤恩先期塞口法船
混入一隻台北已不堪問紳士陳霞林等每晤談時輒稱其功臣到台北有言
招募士勇者臣因其所用土槍不能禦敵不肯操練未曾招募李彤恩力保張
李成打仗奮勇請募五百名發給後門搶二百桿令其操練助防八月二十日
之戰張李成包抄得力官紳共見共聞十月初臣因餉項支絀札令李彤恩來
城同福建候補知縣鄭建中會同官紳辦理捐借餉事該守到後即同陳霞林
等議向城鄉殷戶借銀票二十餘萬元毫無勉強現已辦成如果李彤恩有誤
大局之處紳民當共切齒曷有聽其分派捐借者該守不領薪水未邀保獎究

其所辦數事有裨於大局皆非淺鮮左宗棠甫到閩一日不加訪察遂以劉璈之稟並朱守謨挾嫌傾陷顛倒是非之言率行奏參臣若緘默不言使出力有功之人忽遭不白之冤當此孤島險危之地軍務萬緊之時臣何以用人辦事應懇

天恩將已革浙江候補知府李彤恩開復原官並請暫免查辦一俟軍事稍定請

旨飭令楊岳斌或

專派大員渡台逐細訪查如果左宗棠所參情事屬實臣妄用匪人辦理不善貽誤事機應請將臣一併從嚴治罪以明

國法而昭公允誠如

聖諭關繫極重非李彤恩革職遞解所能蔽辜事愈久則是非愈明臣無任惶恐待

命之至除記名道朱守謨規避鑽營業已具摺嚴參外所有左宗棠奏參台北情形具實詳陳伏乞

聖鑒

條陳台澎善後事宜摺 十一年六月十八日台北府發

竊法兵退讓澎湖已同前陝甘督臣楊岳斌於本月十七日會奏在案臣前因

澎湖未退雖遣撤台南北土勇各海口仍未撤防除基隆設立撫卹局先將被燬民房派員查明撫卹外其餘善後各事未敢預奏現在澎湖兵退急需舉辦數端謹爲我　皇太后　皇上陳之

一台澎防務急宜設籌也查全台各海口大甲以南至鳳山沙線遠闊兵輪不能攏岸遠則四五十里近則二三十里較易設防大甲以北新竹一帶海口紛歧直至宜蘭兵船皆能近泊至遠不過三五里基隆滬尾兩口雖能停泊兵輪尙多山險如有水雷大礮設防尙可爲功至新竹一帶沿海平沙後隴中港三號兵船皆能出入地勢平衍全特兵營殊難着手然以視澎湖猶較勝焉澎湖彈丸孤立臣派提督吳宏洛察看情形據稱其地不生草木沙石迷漫片土難求四面驚濤無能設險惟港內天然船塢最宜停泊兵輪臣到台一年縱觀全局澎湖一島非獨全台門戶實亦南北洋關鍵要區守台必先守澎保南北洋

亦須以澎廈爲莞鑰澎廈駐泊兵輪設防嚴密敵船無能停泊萬不敢懸軍深入自蹈危機此澎廈設防實關全局非僅爲台灣計也姑就澎湖而論若云設防要當不惜重貲認眞舉辦縱兵船一時難集陸兵不過三千必須多購大礮堅築礮臺製辦水雷聚薪屯粟計買礮築台諸費約需五十萬金非一二年不能竣事若漫圖敷衍不如不防既節數營兵餉之需亦免臨事覆軍之累進退遲速伏候　聖裁此防務之不容緩者也

一台澎軍政急宜講求也查台灣軍務久號廢弛淮湘各軍已成弩末欲挽積習杜虛糜非講求操練不可卽演習洋操非認眞數月步法不能整齊手法焉能嫻熟將官點名責令小操一次則頂替之弊可除近來各營多用後門槍礮尤非勤練不爲功倘令槍碼不明則遠近高低茫無準的是有槍與無槍同矣且槍之精者折機磨擦奧竅深微雨濕沾潮銹霉輒損重價購之隨意棄之苟

有人心能無慨惜此器械之不容漠視者也更有難者台灣烟瘴之地勇丁多半病烟兵滑將貪寬則玩而不振釐奸剔弊嚴則去而之他臣時欲改絃更張嚴定營規堅明約束事煩目劇未易猝圖現同沈應奎陳鳴志詳酌裁留數營除鎮標練兵不計外擬留三十五營台南合澎湖十五營台北合宜蘭十五營中路新竹嘉彰擬派五營稍資鎮攝論勢則台北為重要論地則台南為綿長當此百端締造區區營數力已難支然較往時一道歲糜百萬僅守台南餉項無增全局已為一振此軍政之不容緩者也

一全台賦稅急宜清理也查台灣田產甲於東南一年兩熟淡水一縣每年額徵錢粮銀僅七百八十餘兩官庄穀纔九千餘石宜蘭一縣錢穀無徵其餘各縣糧稅亦寡通計全台鹽茶百貨稅釐歲入銀壹百零數萬兩將來整頓各項稅釐剔除中飽歲可百二十萬核以台澎三十五營之餉歲需百二十萬乃適

相資惟輪船經費一切雜支並須添設製造局歲需銀約百五十萬所虧實多若能將各縣賦税一律清查以台灣之入供台灣之需尚可有盈無絀惟清賦一事要在得人臣不諳吏治昧於理財時與沈應奎商量辦理之法必先清查戶口再謀次第舉行恐須一二年方可以收實效此清賦之不容緩者也

一全台生番急宜招撫也查台灣番族從前多在外山客民愈多日侵月削擠歸山內種類滋繁邇來亦知耕種爲生各相統屬平日往來山外居民亦頗相安惟土匪成羣聚集番民交界之處搶刼居民或侵番族田廬或詐番民財貨爭端一起械鬬不休奸民被殺則訴冤於官官輒興師勦辦番族被冤則無官可訴類多集衆復仇番禍一興殺掠生番者轉得置身事外而生番殺掠多係良民將恐積怨日深終至民番俱斃不謀招撫必致陝甘回亂之憂卽以防務論臺疆千里防海又須防番萬一外寇猝臨陰結番民使生內亂腹心之害何

以禦之誠令全番歸化內亂無虞外患雖來尙可驅之禦侮旣可減防節餉又可伐內山之木以裕餉源此撫番之不容者也查設防練兵三端皆可及時舉辦惟撫番須待三者辦成之後方可議行其次設電購輪造橋修路以通南北之郵理屯興墾開礦取材以興自然之利臣智識庸駑難勝艱鉅禦敵旣無方略辦事又乏精誠每念時局艱難不獲報稱萬一徬徨中夜愸疚萬端惟有殫竭愚忱勉圖職守雖目疾萬分沉重殘驅苟可支持不敢片刻稍休尤不敢自安緘默除俟台南北各營撤定後再將選留兵將分紮地方另行續奏外謹擬台澎善後諸大端馳陳 聖鑒

按淸賦條自言不諳吏治昧於理財時商沈應奎以求辦理之法推賢讓能非古大臣不能與此此其所以成大功也 陳澹然識

覆陳撫番淸賦情形摺 光緒十四年十二月十六日台北府發

光緒十四年十二月十三日承准軍機大臣字寄光緒十四年十一月十一日奉
上諭有人奏疆臣不勝職任據實糾參一摺據稱劉銘傳於撫番清丈徒事鋪張致有埤南激變之事並任用非人漫視民瘼以致奸民土匪乘機作亂官激民變確有明徵用人辦事顢頇竭蹶各節又片奏彰化各處因科派單費一鄉盡逃台南尤甚及投効函招各員委署鳳山等缺變通補署未免偏私各等語劉銘傳自簡任台灣巡撫以來辦事尚為得力惟恐操之過急任用或不得人措置不無失當以致民心未協激成近日番變叅摺所陳均不為無因著即鈔寄劉銘傳閱看該撫當仰體朝廷開誠訓誡示以謗書之意於摺內所陳平心省察據實覆奏一面情釐正賦禁革規費並嚴查貪吏從重懲辦勿稍瞻狥至片奏台省缺員應請揀發一節並著該撫酌覈具奏將此諭令知之欽此仰見
聖恩寬大開誠訓誡信任不疑臣何人斯承茲眷遇拜誦之下感激

涕零臣一介武夫渥荷破格　殊恩畀以封疆重任涓埃未報惶悚滋深惟蒞
台以來慘淡經營不辭勞怨區區愚誠妄冀孤島自強固七省海疆鎖鑰仰副
朝廷慎重海防至意抑亦微臣經營海表之初心台灣之撫番也言者謂番
丁歸化宜有以善其後乃十五六萬之衆未聞馭之何人處之何地何以籌其
生計何以馴其性情不知撫番者就而撫之非遷而撫之也台灣平埔民地居
四高山番地居其六番社錯處各有家室各有田廬耕鑿自安何須處之以地
且地多曠土番人自墾外尚招民墾概未升科何待籌其生計各社本有頭目
曰社長按社之大小月給粮餉鈐束番丁從前沿山墾民被殺歲常千數百人
近則絕無僅有番性雖獷而舐犢之愛轉越恆情乃擇強大之社飭令社長送
子入學與之衣食教以語言俾令粗識字義大嵙崁撫墾局所收番童已二百
人乃父若母時來探望莫不鼓舞歡欣啓番童之顓蒙即以資衆番之觀感其

餘撫墾十餘局均飭一律仿行力籌教養台灣撫番久矣從前番民仇殺官莫誰何遂至紛爭無已徙以氣質難馴只可潛移未容強致此則陰陽氣化之偏雖聖人有不能驟奪者言者又謂犒賞不貲保獎優異不免糜濫邀功不知開道撫番事皆艱鉅以經費言之前江督沈葆楨創議舉行奏請每年開撫經費銀二十萬兩由閩協台臣到任閩省每年只協軍餉銀四十四萬兩並無另協開撫經費現在統計全台各局經費各社番目口糧及番童學塾歲銷不足十萬兩較之從前撫番多而用費少奏銷可稽以保獎言之各營分佈後山數年來戰亡病故自提鎮至千把不下百餘兵勇死者二千餘均經奏報有案除臣先後三次親入內山勦撫叛番外各將士年年苦戰擇其尤爲出力者隨時保獎一二人或十餘人三年之久收撫生番十餘萬闢地數百里綜計請獎不滿五十人保案可稽此撫番之實在情形也台灣之清丈也言者謂甫報升科旋

有埤南激變之事彰化等處如果官民相安何忽遍地皆賊官激民變確有明徵不知埤南本皆番變非起自民呂家望著名強社犬羊反覆乃事之常奸匪張兆暉等以外籍遊民乘機搶刼番地本無清丈兆暉等又無尺寸田園無論委員有無勒索兆暉等斷非被索之人於清丈何與台灣民情浮動強悍異常嘉彰尤甚從前搶鬬巨案無日不聞臣蒞任後嚴拏著匪百數十立置重典搶鬬之風稍戢所謂嘉義新彰交界匪徒究其蹤跡無非乘亂竊發搶刼民財其人無業無粮又於清丈何與惟彰化逆匪圍城謂因清賦激變不爲無因但係紳激民變非激自官臣已將逆紳施家珍等挾仇謀逆等情具奏在案如果官激民變宜乎合縣皆變矣何以抗粮只鹿港一堡會盟圍城又只鹿港附近數十村莊其餘各堡匪特無變如田產最多之紳士道員林朝棟倘且力解城圍不遺餘力然此或謂臣委用不能不仰助官軍郎中蔡占鼇彰化第一巨富也

幫同解散脅從拏匪首蔡芳正法世職洪磐安訓導楊春華等亦各帶練助剿豈淸丈獨苛於鹿港一隅耶言者又謂委員實未丈量不過意爲科派單內賦額官可輕重富者幾罄其家彰化一鄉盡逃台南尤甚是以升科經久之規加爲官吏勒派之罪不知淸丈圖册可憑原契可驗非將分數坵段壞則戶名逐一淸查單不能塡賦何由定若謂隨意科派轉瞬上下忙例限綦嚴縱能欺飾於目前豈能彌縫於日後十三年十月臣已片陳各屬田畝溢額概免究追由藩司發給丈單爲執業之據仿照江蘇等省酌收丈費每畝不及二百文以償經費各屬淸丈給單業將竣事不料嘉義鳳山兩縣貽誤事機先據淸賦局司道詳請二縣先徵新糧緩收丈費又値本年夏秋台地穀遭蟲毀臣卽奏明丈費一律緩收已繳者准抵新糧以昭公允丈費微末就令照舊抽收何至罄富民家產卽尋常小戶亦何至棄田而逃既謂一鄉盡逃何又聚數千衆圍攻縣

城脅令縣官焚燒丈册若謂台南尤甚台北單糧收數最多追呼更急何又不
肯逃亡淸丈田畝本未易言台灣民情尤爲難辦自隸版圖田賦從未淸理台
南粮賦皆沿鄭氏成規上則田每甲徵供粟至八石八斗每石折收洋銀二圓
其餘徵粟徵銀參差不一兵屯民畝輕重懸殊南北新闢田園有大租隘租番
租香燈租通事口糧無非土豪私納之名目此次一律淸丈仿照同安下沙則
升科計上則田每甲僅完銀四圓零於台南固大爲輕減卽台北亦有減無增
其大租等項初由紳士認墾收租毫無資本名爲代完正供其實並無完納數
十年來官不淸查輾轉紛紜竟成世業臣猶恐此次就田問賦業戶完糧大租
無着飭令台北府縣商同紳士折中定議就大租酌扣四成貼業戶完糧餘仍
照納業戶既免向隅之弊更無虧累之虞大租應完正供無從推託以故紳民
鼓舞上下翕然綜計全年賦額溢出四十萬而民不勞豈有他哉減重賦之糧

受惠者咸存餘粟徵無糧之地執業者永杜爭端此淸丈之實在情形也若云請款臣到台即遭法亂庫局一空購礮買鎗日不暇給曾蒙戶部撥銀六十萬此外未嘗乞求即閩省歲協四十四萬且奏請五年爲限限滿即無協濟分文往者閩省濟台八十萬養兵幾及數千未聞舉辦何事今閩歲少濟三十六萬養兵幾二萬人開山撫番修築礮台辦理淸丈建造城衙廟宇安設水陸電線建製造局買鎗礮購機器造鐵路置輪船前後相衡是否虛糜無待微臣自白若云用人臣以武職忝任危疆未嫻吏治用人難知人尤難惟是有功立賞有罪立罰不懷成見不狥偏私而已臣之所用如羅建祥李嘉棠吳元韜陳燦皆嘗稱薦其才一旦同時獲咎不能因人多而減去之亦不能因埤南彰化滋事之後而諱飾之倘所劾者謂任用非人所保者謂邀功欺飾必且旁皇瞻顧冀逭人言後將何以用人何以辦事所陳各節有無虛僞天下自有公評臺灣一

海外孤島耳自改設行省以來用項較前倍繁協餉較前轉絀若坐安簡陋何以自強若拘守例章何以自保舉凡撫墾以廣幅員淸丈以裕供賦整頓釐稅裁汰陋規臣所以竭力圖維任勞任怨者無非就地籌款爲國家建遠大之謨成效既彰後便不必仰資鄰省顧利之所在人有同情苟有裨於公家即不能無損於私槖謗書所自臣固逆知其然徒以區區血性苟利於國死生以之自問無慙謠諑抑何能恤天下大事言易行難當局苦衷安能求諒於局外幸荷聖明鬧誠訓誡不敢不詳悉上陳除台省缺員應否揀發另片具奏外理合遵旨據實覆陳伏惟聖鑒

光緒十五年二月十二日奉硃批覽奏均悉覆陳各節均屬明晰敘述現辦情形亦尚覈實該撫嗣後務當實力圖功虛心集益固不必顧恤浮言亦不可固執成見愼終如始用副委任勉之欽此

臺灣暫難改省摺 光緒十一年十月二十七日

十月十九日准兵部咨九月初五日欽奉　慈禧皇太后懿旨醇親王奕譞等奏稱台灣要區宜有大員駐紮台灣爲南洋門戶關係緊要自應因時變通以資控制著將福建巡撫改爲台灣巡撫常川駐紮福建巡撫即著閩浙總督兼管一切改設事宜該督撫詳籌奏辦欽此臣查台灣一島孤懸海外爲南洋門戶要樞誠如　聖諭關係緊要自應因時變通改設巡撫以資控制惟微臣到臺年餘情形稍悉此中奧曲不得不瀝陳於　聖主之前臺灣所出財賦較之貴州新疆則有餘惟沿海八縣之地番居其六民居其四重洋遠隔倚傍一空猝有難端全恃閩疆爲根本聲氣聯絡痛癢相關以助孤危之境上年法人之亂督臣楊昌濬未到之時何璟罷官之際前藩司沈保靖尙能力籌接濟以救艱危誠以本省受兵義難辭却即沿海州縣文報往來尙通聲氣亦以地歸本

省不敢膜視其間若改設臺灣巡撫與閩省劃界分疆卽督臣顧全大局一視
同人司道以下畛域分明勢必不相關顧卽以餉論以後仍須閩省照常接濟
方能養兵辦防現在籌餉艱難除不得不用之費萬難減省以誤要需其稍可
緩減者卽須力求撙節惟視事之緩急輕重次第分籌臣前陳善後摺以辦防
練兵清賦撫番爲急圖現旣
詔設臺灣巡撫必先漸撫生番淸除內患擴疆
招墾廣布耕民方足自成一省臣查台番與雲貴苗民甘肅番回迥異台番不
相統屬各社所佔膏腴之地高山宜茶平地宜穀一旦教之耕種皆成富區從
前撫番虛糜鉅款皆由舉辦未能認眞一撫就降遂若無事臺南降番甚衆仇
殺依然聲氣仍歸隔絕以臣度之若認眞招撫示以恩威五年之間全台生番
計可盡行歸化然後再籌分省土地旣廣財賦自充庶可無勞內地刻下外辦
防務內撫生番鉅款難籌時形竭蹶一經改設巡撫省城必建彰化縣北適中

之地前撫臣岑毓英察勘形勢昭然核計建造城垣衙署廟宇之需又非百萬不可臣目疾沉重業經奏乞假歸如蒙　恩准無論何人接替若外辦防務內辦清賦撫番又造城垣衙署萬端草創縱使經費有著亦恐才力難支但臺灣重地經醇親王等統籌全局冀保海疆自應派大員駐紮似可仿照江寧江蘇規制添設藩司一員巡撫以臺灣爲行臺一切規模無須更動全臺兵政吏治由巡撫主持內地由總督兼管如此分而不分不合而合一俟全番歸化再行改省以重巖疆既可寬此數年從容籌辦目下又可節省鉅款騰出資財撫番設防先其所急此臣審度事勢擬從緩設巡撫之大略也如蒙　採擇應請飭令王大臣等公同議奏以期萬全至臺灣防務要需業經片請籌撥借存洋款核計設防餉項惟仗閩省協籌應請　旨飭令將軍古尼音布督臣楊昌濬自十二年正月起月由廈門海關協濟餉銀三萬兩每年協濟銀三十六萬俟

三五年後臺事有成或減或停再行核議是否有當伏候　聖裁

奉光緒十一年十二月十二日　上諭據劉銘傳奏籌度臺灣情形暫難改省

又據楊昌濬奏籌議台灣改設事宜請添設藩司各一摺台灣爲南洋門戶業

經欽奉　懿旨將福建巡撫改爲臺灣巡撫劉銘傳所稱從緩改設著毋庸議

楊昌濬所奏添設台北道不如添設藩司爲因地制宜起見自可准行惟此次

該督所奏尙係大慨情形所有一切應辦事宜均未籌商定妥台灣雖設行省

必須福建聯成一氣如甘肅新疆之制庶可內外相維著楊昌濬劉銘傳詳細

會商奏明辦理欽此

洋商子口半稅應聲明約章劃淸界限摺　光緒十四年三月初三日台北府發

本年二月二十七日准北洋大臣李鴻章電開總理各國事務衙門奏奉　諭

旨台灣爲通商口岸洋商向不抽釐既據該使臣等屢次據約陳請著將抽收

洋商釐金一事即行停止至該省應如何徵收落地稅釐另行設法辦理欽此伏查台灣停止船貨釐金改抽百貨釐金經臣於光緒十三年四月間附片陳明在案開辦以來華商照章完釐凡洋商入內地買土貨領有三聯單者完納子口半稅如未領三聯單者飭令補完內地稅釐均照約章辦理數目持平各商稱便間有無恥華商串通洋人不領單亦不完釐希圖偷漏經臣嚴飭局卡委員設法抽收奸商計無可施慫恿各使臣屢向總理衙門言及台灣係通商口岸非比內地洋商不應領單亦不能完釐中國徵收洋釐係屬違約等語由北洋大臣李鴻章轉電前來該使臣等所謂台灣係通商口岸者殆指英國條約十一款內開台灣府城口准其買賣而言夫僅准其買賣原不能遽作爲通商口岸今即略予通融府城口爲通商口岸亦不過濱海一隅之地凡府城口以外之地皆屬內地既入內地即應領單倘不領單即與華商無異應照華商

一律完釐又所謂不應領照不應完釐者係指就通商口岸購買土貨而言夫購買未經完釐之土貨照約本宜補完內地稅釐今卽稍示通融于通商口岸不令完釐此外非通商口岸卽應領單完半稅不完半稅則應完釐又所謂徵收洋釐係屬違約者蓋知我徵收子口稅本照約章原無不合而故創此洋釐名目爲抵制之謀據台灣滬尾口稅務司二次來商並持送總稅務司赫德條議各款有華船洋船進出子口半稅由新關並徵諒各公使可以允訂之說當以事關大局未便輕許其言然同此口岸同此半稅何以在我僅收其一尙覺其難在彼兼收其二轉形其易此中狡謫已在聖鑒之中臣亦何庸置辯顧臣所竊慮者台灣土貨以糖與茶爲大宗茶在台北商家包辦釐金相安已久台南之糖有洋人發本交華人代辦者有華商詭託洋商購買者互相影射眞僞莫明臣既欽遵訓示專收落地稅釐自應增設局卡堵截歧途洋商無利

可牟未必不別生詭計況洋人於公文字句往往斷章取義惟利是圖此次恭繹　諭旨於體恤洋商之中仍寓聲明約章之意明白曉暢誤會何由特恐洋人得步進步以爲既云台灣係通商口岸卽不能專指府城一處爲詞既僅云洋商應完正稅卽不能再以子口半稅爲詞從此入內地概不領單出口概不完子口稅將來華商勢必盡冒洋商厘金胥歸烏有臺地事煩費鉅若再失鉅款何以自存除將赫德條議抄呈總理各國事務衙門外應請　旨飭下總理各國事務衙門照會各使臣將府城口通商暨內地子口半稅二事聲敘明白以示限制而絕覬覦國計幸甚台防幸甚

光緒十四年三月二十二日奉　硃批該衙門知道片併發欽此

再正繕摺間准北洋大臣李鴻章轉達總理衙門電開凡通商之處無論是城是鎭皆爲口岸抽華商釐金原與洋商無涉至領聯單納半稅係指往內地販

土貨而言所謂內地者離約內指明口岸外皆是也伏查英約內載台灣府城口係指府城所屬之港口卽洋商貿易之安平口府城與安平口陸路相距八里其停船運貨之處且遠至十餘里卽如潮州之汕頭口登州之芝罘口雖均隸府城約內與台灣同款列作府城口未聞潮登府城皆爲口岸若謂通商之處無論城鎭皆爲口岸則嘗考約章而辨之矣英約載廣州五處領事等官准居城邑而通商則指明港口又美約載各港口市鎭居住貿易一語市卽他約內所指之市埠與城不同此外未見城鎭作口岸明文不識總理衙門是否另有所本臣所以亟亟辯明者台南以糖爲大宗糖廍多半逼近府城若非就府城堵截此外無可扼要之區且洋商買糖率係上年預發本資交華商代辦一且將府城籠作通商口岸則土貨出處洋商必謂已經入手華釐何自而徵臣初非欲於府城抽收洋商之半稅實爲顧全土貨出處之華釐況英約內明明

載定府城口據定口字立言洋商亦不能違約置辯謹附片上陳
光緒十四年三月二十二日奉　硃批覽欽此

台勇長夫不能再裁摺

光緒十三年十月准戶部咨稱本部籌議河工賑需用款一摺奉　旨覽奏均悉裁撤長夫暨鹽商捐輸當商匯號交銀三條著照所請行欽此自本年十一月初一起無論沿海沿邊各營長夫全行裁撤每月節省餉銀限於年內迅速奏報騰出銀數專備河工等因咨行到台除原單所指鹽商當商等項台灣向無此商查各營長夫一項當軍營廢弛不堪之際經前大學士臣曾國藩創立湘軍營制苦心擘畫特恐各營以勇作夫不事操練力除積弊不能不多給長夫卽外國輜重工程各隊也嗣後淮軍遵照舊制歷今二十餘年雖不能精勁如前外貌尚稱觀美賴有長夫一項未致空勇廢操若全行裁減將來各營勢

必以勇代夫軍政何堪設想若謂目前無事豈特夫可裁卽勇亦可裁惟兵可
百年不用不可一日無兵泰西各國講武厲軍日強月盛精神注於造器國用
絀於養兵環伺中朝尤堪悚懼我
朝近年籌辦海防方以整頓戎行爲急務
似未便於軍營搜茲微款使貪將惰卒得以藉口廢弛一有兵端雖加百倍亦
不足償所失惟當此黃河決口費用支絀之時部臣百計搜羅誠非得已以臣
管見可裁冗費如河海漕糧各省驛站若能變通辦理每年可節數百萬金利
國便民有益無損似較勝於搜求微末無補度支惟更革舊章能否破除成
例愚臣草昧未敢妄陳已將詳細情形函達大學士臣閻敬銘請其酌辦如能
採擇諒可據情入告以抒
宵旰之憂至臣部各軍三十五營兵勇十一年十
月已片
奏每營裁減長夫八十名數年以來修築沿海礮臺兼以剿撫生番
不時征調與內地軍營不事工作無所征調情勢迥不相同長夫一項已經裁

減萬難再減謹據實覆陳　聖鑒

光緒十三年十二月初十日奉　硃批戶部知道欽此

卷一勘誤表

頁數	行數	字數	誤	正	脫	衍
一	十八	二十三	中	各		
六	十一	十八	若	者		
十八	七	十	同	固		
十八	十八	十六	指	檢		
二十	一	七	莞	筦		
廿一	十三	十六下			綫	
廿一	十三	廿三下			請賦	
廿二	九	十一	情	請		
廿三	三	十七	資	貲		
廿七	五	廿九	更	吏		

法事赴臺摺

恭報自津起程日期並遵　旨會商情形摺 光緒十年閏五月十六日天津發

竊臣於閏五月初四日奉　命督辦台防十二日請　訓仰蒙　聖謨垂念海疆險要　訓諭周詳　陛辭後束裝就道十四日馳抵天津現值法兵日急亟應迅蒞台疊猥當畿輔戒嚴舊部銘軍勢難分撥江南唐定奎八營亦接曾國荃電函不克遠離廣東吳宏洛五營情勢亦難分調頗聞台灣駐防之兵數雖二萬操練不力器械不精必待選將嚴操方能禦侮事機促迫斷難倉猝圖功連日會商北洋大臣李鴻章深慮微臣臨難渡台孤身無助既不克妥籌防務且恐難控台軍商令記名提督劉盛休所部十營內選派教陸操者百人教礮隊者三十人教水雷者四人都計一百三十四人並派銘軍舊將提督王貴揚

等十餘員給帶毛瑟後門槍三千桿配齊子彈並請南洋大臣曾國荃由上海機器局籌撥前門礮十尊另飭道員龔照瑗由上海製造局籌撥後門小礮二十尊水雷數十具併此數者勉爲目前基隆一口之防此外仍當由臣速購礮槍以期分布現將各種礮槍子彈一律配齊定於本月十八日乘輪南下到台後應如何布置再行奏聞再臣奉命督辦台灣事務奏疏公牘應行鈐用關防以昭信守謹刊就木質關防一顆其文曰巡撫銜督辦台灣事務前直隸提督關防即於閏五月十六日在津開用理合陳明抑臣更有請者方今法勢鴟張微臣至台自以設防練軍爲急澎湖基隆各礮台聞皆不能合度急須次第改脩槍礮尤須早辦雖臨渴掘井究勝亡羊補牢此次路經上海擬選妥實礮廠訂購口徑一尺內外礮數十尊後門槍數千桿併計改脩礮台之費統需銀四十萬兩現值海防急迫之時固應速籌舉辦即海疆事定亦未可視爲緩

圖應懇　飭下閩浙總督臣何璟撫臣張兆棟於應解臺餉之外由藩庫關局道庫迅撥銀四十萬兩歸臣速辦以濟急需其槍礮價銀修台費經事竣再行據實報銷事關台事安危伏求　聖鑒

閏五月十八日奉　上諭劉銘傳奏現値海防吃緊之時此次路經上海擬訂購槍礮澎湖等處礮台須次第改修請飭撥銀兩等語著何璟張兆棟迅即籌撥銀十四萬兩解交劉銘傳俾資應用至礮台應否改築必須詳細查勘著劉銘傳於到台後查明確實情形會商何璟等妥愼籌辦將此由五百里各諭令知之欽此

恭報到台日期並籌辦台北防務摺光緒十年六月初四日臺北府發

竊臣前抵天津當將自津啓程日期具報在案拜摺後即乘輪南下二十四日行抵基隆當即登岸查勘礮台形勢周歷數日於二十八日移駐台北府城擬

再往滬尾察看形勢相機布置竊維台灣孤懸海外爲南北洋關鍵礦產實多
外族因而覬伺綜計全台防務台南以澎湖爲鎖鑰台北以基隆爲咽喉澎湖
一島獨嶼孤懸皆非兵船不能扼守歷經閩省派輪船四隻來保琛航兩船專
往台北裝煤載貨萬年靑伏波兩船專備台南調遣往來現在四船俱赴閩滬
尙未回防不獨與閩臺音問不通卽台南北亦聲氣隔絕近値南風水漲台南
輪船不能泊岸防務暫可稍鬆海上一有戰爭香港日本皆以公法所關不能
濟敵船煤炭惟基隆煤礦久爲彼族覬覦以故聲言攻取且口門外狹船塢天
成不慮風濤膠擱仿彿燕台其地舊有礮台勢居低下且在口門以內不能遠
擊敵船現已詳察地勢在外海口門扼要岸鱗墩社寮兩山對峙之區各築礮
台一座別建護營一座以遏敵船進口之路商令統領慶祥等營福甯鎭總兵
曹志忠面授規模撥支款項於二十八日卽令督勇興工惟一材一料類皆取

購廈門現無輪船過海望洋束手萬難迅速告成滬尾海口距台北府三十里中外通商輪船易入其次蘇澳等口船亦易通一俟購礮到台均須次第設防以期嚴密此臣現抵台北急籌防守之情形也至全台物產餉源所繫實以茶鹽樟腦爲大宗鹽釐各局台北較多台南陸路則阻大溪水程則須泛海公牘往返動逾旬時自係鞭長莫及臣擬俟防務稍布規模卽將煤礦鹽釐詳查整頓興地方自有之利養全台防守之兵各營月餉亦須總覈分明力祛靡濫查全台防軍共四十營臺北祇存署福建陸路提督孫開華所部三營曹志忠所部六營而止臺南現無大患多至三十一營南北緩急懸殊輕重尤須妥置臣舊部章高元武毅兩營現經飭調北來作爲護隊其餘尙須審擇將領徐整戎規固非一時所能猝辦臺北統將孫開華器宇軒昂精明強幹曹志忠性情樸實穩愼過人該提鎭等於器械操練雖少講求要皆久著霆軍飽經戰陣臣連

日接談簡器練兵之法類皆鼓舞歡欣如能不畏艱險於兵事切實講求皆不負　國家干城之選臣以駑駘仰蒙　天恩畀以重任既不敢因循粉飾亦不敢急切圖功惟當殫竭微誠圖報萬一仰副　聖主綏保危疆之至意

光緒十年六月十二日奉　上諭現派曾國荃等在滬與法使議約該使無理要求婪索巨款萬難允許雖經美國照約出爲調處成否尚不可知亟須豫備戰守況法艦現聚閩口彼族詭計多端伺隙攻瑕均未可定沿海各省防務喫緊該大臣將軍督撫等不得因有調處之說稍涉疏懈仍當振刷精神懍遵疊次諭旨極力籌備堅持必戰之心勿存游移之見庶不至因循貽誤致干咎戾將此由六百里各密諭知之欽此

請飭南洋遣回四輪片

再台灣孤懸海外一舉一動皆非兵艦不行且澎湖一島地處要衝尤非兵船

不能設守現往來台南北之船永保琛航在台北專裝煤貨萬年淸伏波兩兵輪專住台南年久行遲斷難應敵查船政局素有澄慶登瀛洲靖遠開濟四船均經撥赴兩江目前台防需船較他處爲倍急兩江設守應用兵船祇有江陰吳淞兩處其次皆無事兵船各船往來不過供差之用而管駕水手久居滬上華麗之地不居船內懼涉風濤游惰已成習慣不獨虛糜餉項且致貽誚外人現在南洋新購鋼快二船已到合之舊輪爲用已敷如能將澄慶等四船遣回台灣臣與張佩綸隨時督練察看管駕賢否長令梭巡海面嘗試風濤非祇有裨防務且於師船一道切實講求尤爲擴張海軍之地應請　飭下署兩江督臣曾國荃迅飭該兵輪卽行回台以後餉需經費當由閩台籌給閩防旣固南洋亦可稍減海防經費之資伏求　聖鑒

按張佩綸時以翰林學士署副都御史會辦閩防故篇內及之不一月閩防

大敗兵船廿艘無一存矣
軍機大臣奉　旨疊據曾國荃陳寶琛電報此時撥船赴閩適以餌敵且江南
防務亦殊吃緊已准其暫緩調撥矣欽此
按曾公時任南洋陳則爲會辦也
敵陷基隆砲台我軍復破敵營獲勝摺六月十六日臺北府發
竊臣前將抵台日期並勘基隆砲台恭摺陳報在案前月二十五日即有法人
兵船一艘灣泊基隆詢所由來答以遊巡海口臣即密飭各軍嚴行戒備督促
海口社寮砲台日夜築脩惟運料無船萬端束手當即飛函閩省請將永保琛
航兩官船撥台應急奈閩口音信隔絕兼旬由滬運礮赴台之商輪又久遲不
到自本月朔時有法兵船巡泊基隆一半日即去而前次所到之法船一艘仍
泊不行當以和戰未定未便衅自我開適伏波兵船自臺南載新調提督章高

元毅軍勇五百甫到基隆閩省復調伏波裝澎湖兩營以去台兵益寡輪艦一
空當飭章高元紮近基隆礮台藉資輔助提督蘇得勝佐之其自上海運砲之
委員游學詩因中國各輪憚於南下初九日始雇德商萬利輪船十二日始來
滬尾維時臣正赴滬尾督令孫開華所部趕造礮台見軍裝運到即令將雷礮
仍由萬利船運布基隆及到基隆法兵酋堅阻不令卸載德船不能久候仍回
滬尾口門臣方回至淡水城正擬改船裝運忽於十四日續來法兵船四艘直
逼基隆其兵酋李士卑斯遣告蘇得勝曹志忠據稱和議不成限期已屆隨帶
戰書告示定於翌晨攻擊礮臺諸將一面嚴防一面飛報臣於十五日黎明接
信當以基隆礮臺本無可恃前摺業經奏明當即親馳督戰行至半途礮聲震
地趲行速至法人已於辰刻開礮攻臺營官姜鴻勝督礮還攻臺上祗存洋礮
五尊礮臺僅有當門一面敵由旁擊礮即不能旁攻章高元蘇得勝各帶百餘

人潛伏礮臺牆外溝中敵礮猛攻不息自辰至午血戰不休竟毀礮臺前壁火藥房亦被敵轟毀章高元蘇得勝密令姜鴻勝率軍退出傷亡弁勇六十餘人礮臺既毀我不能支法亦未踞此礮臺被毀之情形也臣憤法人之輕我也非誘之陸戰不足以折彼兇鋒趕將海濱難守各營飭移後山以避敵礮曹志忠營雖近海中隔小山仍令照常嚴守一面激勵各軍堅築血戰誓挫凶威十六日卯刻法兵四五百人半在曹志忠營北山上築營餘二百人直薄曹志忠之壘仍用輪船炸礮助攻自卯至午槍礮不息曹志忠一面飭守本營親督王三星等率隊二百人出戰臣即令章高元蘇得勝率隊百餘人襲其東復派已革遊擊鄧長安率親軍小隊六十人繞擊其西曹志忠見兩路夾攻士氣益壯法見我軍之夾攻也連轟巨礮以敵之槍戰逾時我軍所持後膛槍皆能命中擊倒山巔擁蠢之法酉二人與山下法兵頭一人敵軍大潰我軍一鼓登山當破

敵營奪獲洋槍數十桿帳房十餘架並獲其二纛斬首一級探報法兵傷亡百餘人逐北至船邊始返我軍傷亡纔數人二纛者皆國徽尤爲萬國行軍所大恥此法犯基隆陸戰獲勝之情形也伏念基隆礮臺不固礮位無多彼族久經竊議今突以五船相犯實瞰我軍船砲俱無睥睨乘危妄思竊踞今幸仰荷
天威將士用命有此血戰稍挫兇鋒實足以抒激憤惟當逐北抵船之際海口若有兵輪首尾夾攻敵船皆爲我有失此機會慨惜如何法人自入中國以來未經此敗勢豈能甘必將增兵增船一雪斯恥我軍兵單器乏何以禦之合無
仰懇　天恩俯念海外孤軍事機萬急　飛勅南北洋大臣暨閩省督撫速撥能戰兵輪十隻擇將來臺助戰無蹈各安畺土坐令　微臣　獨陷危機曷勝急切
待　命之至所有此次尤爲出力之統領霆慶等軍記名提督福建福寧鎮總兵曹志忠親駐海濱孤軍突戰且於砲臺攻倒後鼓勵將士毀挫敵營其功實

非尋常可比可否籲懇　天恩賞穿黃馬褂以示優獎統領武毅軍記名提督章高元記名提督蘇得勝平日認眞操練臨敵尤能奮不顧身助守砲臺保護守臺弁兵全行退出未甚傷夷擬懇　天恩遇有海疆總兵缺出卽行　簡放並請　賞換淸字勇號總兵銜儘先副將王三星擬請以總兵　記名簡放並請　賞給淸字勇號已革遊擊鄧長安擬請開復原官用示鼓勵其餘文武立功將士可否擇尤保勵出自　逾格鴻慈

光緒十年七月初二日內閣奉　上諭劉銘傳奏臺北基隆砲臺爲敵攻陷我軍復踏毁敵營獲勝情形一摺法國兵船駛至臺北基隆口岸於六月十五日疊開巨砲將該處砲臺擊毁十六日法兵上岸直撲營壘經劉銘傳及總兵曹志忠等督軍迎擊獲勝敵兵潰敗劉銘傳調度有方深堪嘉尙著交部從優議敘尤爲出力之記名提督福建福甯鎭總兵曹志忠著賞穿黃馬褂提督章高

元蘇得勝均著遇有海疆總兵缺出卽行簡放章高元並賞換年昌阿巴圖魯名號蘇得勝並賞換西林巴圖魯名號副將王三星著以總兵記名簡放並賞給額騰依巴圖魯名號已革遊擊鄧長安著開復原官其餘立功將士及出力文武員弁准其擇尤彙請獎勵欽奉

慈禧端佑康頤昭豫莊誠皇太后懿旨著於內帑節省項下發去銀三千兩賞給此次出力兵勇著劉銘傳查明尤爲奮勇者傳旨賞給欽此至基隆砲臺前據劉銘傳奏修築未能合法本不足恃此次失事員弁著免其置議嗣後倘有守禦不力以致挫失情事定當按照軍律從嚴懲辦決不寬貸所有傷亡弁勇卽著查明請卹另片奏解運軍械辦糧轉餉各員懇請獎勵等語基隆通判梁純夫著賞換花翎縣丞游學詩著以知縣補用鹽大使錢壽益著免補本班以知縣仍留原省歸候補班前補用遊擊孫安邦著以參將補用並賞加副將銜已革道員裕庚著准其留營効力又片

奏道員朱守謨等懇請留營等語記名道朱守謨郎中羅廷玉均著准其留營

効力該部知道欽此

請將曹志忠移紮山後並拆移煤礦機器片

再臣自滬渡臺之日正事機緊急之時隨帶親兵百餘人文武員弁十餘人猝

臨強敵內地音信不通臺兵素無紀律恩信未孚諸務無從措手惟有宣示

朝廷威德激厲將士苦戰以保危疆惟敵人船堅砲利若再增兵增船曹志忠

所守正營中營離海過近難支敵砲擬令移紮後山以保兵銳其八斗煤礦已

派擢勝營官楊洪彪督拆機器移至山後並將煤礦房屋一併燒毀以絕敵人

窺伺之心謹附片具　奏

再正繕摺間接據基隆稅務司幫辦英人鮑琅縈函稱法樂提督意甚殷勤欲

邀臣赴彼船面商事件臣以體制有關未便前往惟彼族既以禮來當約該稅

務司於十八日巳刻在基隆相晤詢問該酋所商何事再行馳　奏謹抄該稅務司原函恭呈　御覽伏乞　聖鑒

法擬調陸兵來攻臺北片七月二十八日

再臺北軍情自七月初九法船出閩後卽以三艘近泊基隆勢極猖獗掛旗索戰連日不休七月初十十一兩日敵兵開礮猛攻我勇憑山爲障開礮還擊屢中其船彼礮反無所施其毒彼勞我逸敵頗傷亡然後退泊口外滬尾海口離基隆八十里該處僅孫開華三營復經李彤恩添募士勇一營兵單力薄危急萬分彼族不得志於基隆十四二十等日復窺滬尾當經孫開華李彤恩趕將滬尾前備堵口石船接連沈塞法船屢到探視口門卽行駛去臣於本月十九日親至滬尾添派礮勇百人稍加布置卽日仍返基隆現基隆口門仍泊三船未動閩口駛出兵船不知何往聲言調陸兵四千來攻基隆臺島孤懸兵單援

絕前奏　諭旨飭撥江陰援兵劉朝祜等四營頭接曾國荃電復謂設法僱船可載一營先渡北洋所撥三營尚待覓船八月以後臺南浪湧漸平更形吃緊臺甚千里在在堪虞憂急既深不知所措惟有就現在防兵竭力支持以待援應除大概情形均經隨電總理衙門外謹將近日軍情附片密陳

本年十月十九日奉到原摺後開　軍機大臣奉旨覽奏已悉前有旨令南洋閩粵速籌援應著劉銘傳就現有防兵嚴密布置力籌戰守並將軍情隨時迅速電奏欽此

法船併犯臺北基滬俱危移保後路摺十年八月十五臺北府發

竊臣前將法人擬調陸攻擾臺北各情於七月二十八日片陳在案拜摺後敵人日以一兩船攔泊滬尾口門遇船即搜以絕援應商船畏阻音問不通馳摺無從萬分焦灼八月初二日颶風大雨之中上海所僱匯利萬利兩船載江陰

劉朝祜勇六百人駛到趕用剝船接卸百餘人而風勢緊急兩船皆避風入海
匯利仍裝原勇折回上海萬利僅裝五十人於次日回臺卸兵甫畢敵已上船
搜查見無軍裝始去當將前摺由萬利賫赴上海轉呈初九日龔照瑗所僱華
安輪船裝勇三百人甫來滬口遇敵迫回初十日由新竹上岸至今未到基隆
其危迫艱至如此三法船停泊基隆日以巨礮轟擊十二日復有八船突至並
前泊共十一船兵勢益盛十三日黎明敵兵千人自口外西山登岸恪靖營營
官畢長和各帶百餘人接戰往復衝盪血戰兩時敵復自山巔抄擊章高元陳
永隆等退出山口血戰抵持直至酉刻敵更猛撲我軍復經陳永隆等擊退陣
斬一酋我勇傷亡逾百自六月既望以來將士血戰兩月日在炎瘴海濕之中
病者十居八九八營之衆能戰不過千人曹志忠章高元蘇得勝等身自博戰
誓死不撓正當全力相持之際忽報滬尾敵船五艘直犯口門滬臺新造尚未

完工僅能安礮三尊保護沈船塞口敵礮如雨孫開華劉朝祜督飭張邦才等用礮還攻礮臺新壅泥沙不能堅固被礮卽毀陣亡礮勇十餘人張邦才負傷亦重飛書告急基隆臣以基隆萬分危迫滬尾又被急攻基隆無兵可分滬尾又當基隆後路離府城只三十里僅恃一線之口商船聲息稍通軍裝糧餉盡在府城滬口除沈船外臺脆兵單萬無足恃倘根本一失前軍不戰自潰必至全局瓦解莫可挽回不得不先其所急移師後路藉保府城乃夜率曹志忠章高元各營自基隆趕回淡水立派曹志忠章高元蘇得勝共率舊勇數百人馳救滬尾軍裝隊伍搬運無遺劉朝祜所部百餘人原助孫開華守滬敵船連攻兩日孫開華劉朝祜伏軍海岸屢遏敵鋒曹志忠旣退現抵滬營敵艦無增或可暫支危局臣惟有勉循傷病力守危疆急迫情形想邀聖鑒伏念臣以疲病之卒當破閩之師兩月孤危情見勢詘兵單援絕坐困較然敵人自破閩江

聲言必攻臺北稔知我軍勢蹙全力環攻兵力過單智勇俱困微臣憐士卒之
殰殔慮全軍之覆滅僅能拔之出險先顧本根不能力保基隆咎何能逭亟應
請旨將臣從重治罪以示國威惟法既全力注臺淡水新城尙未完工無險
可守臺危累卵旦夕難知伏求聖明迅施方畧以救阽危無任激切待命
之至
軍機大臣奉旨覽奏均悉臺防萬緊朝廷殊深焦慮昨又諭南北洋大臣派
撥兵輪援應劉銘傳素有謀畧務當勉力籌防聯絡紳民出奇制勝挫彼兇鋒
以保臺灣全局所請治罪之處著加恩寬免欽此
敵攻滬尾血戰獲勝摺十年八月二十四日台北府發
竊臣前將法船分攻滬拔隊援守等情馳報在案自是以來我軍嚴防滬尾不
料十六日法人又到三船通計八艘巨礮日擊滬尾砲臺守兵汛無駐足孫開

華章高元劉朝祜等晝夜率軍分伏海濱林莽風餐露宿不敢少休二十日清晨敵船忽散孫開華決其勢必登岸親督右營官龔占鼇伏假港中營官李定明伏油車別令後營官范惠意爲後應章高元劉朝祜各率營官朱煥明等伏北臺山後防襲我臺李彤恩所募士勇張李成一營伏北路山間部署粗定敵礮轟數百響煙塵漲天炸彈如雨復以小輪分道駁兵千人猝登海岸攻撲礮臺孫開華見敵兵既逼立率李定明范惠意分途截擊章高元等自北路迎戰敵兵各執利鎗自辰至午槍聲不絕屢挫復進鏖戰不衰我軍拔短兵擊殺張李成領隊襲之孫開華斬執旗法酋奪旗鋭入我軍見敵旗被獲士氣益張斬馘二十五級內有兵酋二人槍斃三百餘人敵乃大潰我軍直追至海岸敵兵溺海者更七八十人敵船急護敗兵開礮亂擊自傷小輪一隻並遺格林礮一尊我軍俱獲以歸是役也提臣孫開華中後兩營首犯敵衝鏖戰最久陣亡哨

官三員傷亡勇丁百餘人其餘各營弁勇俱有傷亡戰後孫開華舉戰勝各情具報前來臣查此次敵兵猛撲滬口蓄銳猝登志在必克當敵划送兵上崖各划皆開入海中自斷歸路以決死戰我軍自基臺被毀無礮還攻全賴軍士赤手短兵誓死不退雖槍礮如雨士氣益奮決無前竟能斬將搴旗遏其凶焰滬尾英人登山觀戰拍手狂呼無不頌孫開華之奮勇絕倫餽食物以鳴歡舞伏念各將士忍饑裹創野宿山隈當呻吟疲病之餘處絕險孤危之地奮身血戰以弱摧強實屬異常勞苦所有統領擢勝等營署福建陸路提督記名提督漳州鎮總兵孫開華身先士卒忠勇善戰危局獨支厥功尤偉該提督歷著戰績已蒙恩賞穿黃馬褂並賞給清字勇號現署福建陸路提督官職較崇微臣未敢擅請可否破格以獎戰功之處恭候聖裁記名提督綽羅泰巴圖魯龔占鼇陷陣衝鋒殺敵最衆可否賞穿黃馬褂以示優殊提督銜記名總兵

健勇巴圖魯李定明記名提督朱煥明二員均擬請　交軍機處存記遇有總
兵缺出先行請　旨簡放李定明擬請　賞換淸字勇號並以提督　記名副
將銜閩浙補用遊擊范惠意儘先遊擊孔光治二員均擬請免補遊擊參將以
副將留於閩浙儘先補用並加總兵銜范惠意仍擬請　賞給淸字勇號儘先
副將畢長和陳永隆二員擬請以總兵　記名簡放記名總兵梁秉成擬請
賞給巴圖魯勇號並加提督銜藍翎儘先都司滬尾營守備蕭定邦擬請以遊
擊儘先補用並　賞換花翎五品軍功張李成擬請以守備儘先補用並　賞
戴花翎並加都司銜軍功陳振泰黃國添蔡國樑三弁均擬請以千總儘先拔
補並　賞給五品藍翎江蘇候補從九品劉恕擬請免補從九縣丞以知縣留
閩補用以示鼓勵之處出自　逾格鴻慈其餘出力員弁應請彙入前次保案
擇尤請奬陣亡弁勇亦俟査明彙　奏請卹

再此次非常惡戰海關英人皆歎嘖無已將士風餐露宿艱苦萬端孫開華軍
尤多出力所請獎勵不免稍優惟當此餉窮援絕惟恃重獎以勵人心不能不
稍從其厚故敢照原請上　聞未能遽加刪減可否仰懇　天恩軫念海外孤
軍血戰之艱俯賜俞允以收士卒奮勉圖功之效無任惶悚之至至章高元前
於基隆獲勝案已邀獎勵劉朝祜係臣姪孫均未敢隨摺上請合併陳明
光緒十年九月二十日軍機大臣奉　上諭劉銘傳奏法軍攻撲滬尾官軍接
仗獲勝情形一摺法船分泊臺北滬尾等處八月二十日法兵猛撲上岸提督
孫開華督軍分路迎擊提督章高元等亦帶隊進剿法兵挫而復進者數次我
軍短兵相接孫開華率隊直前陣斬持旗法將一名並奪其旂斃敵約三百名
敵勢不支紛紛潰散其退至海邊爭渡覆溺者無算在事尤為出力各員自應
優予獎勵署福建陸路提督記名提督漳州鎮總兵孫開華身先士卒忠勇善

戰深堪嘉尙加恩賞給騎都尉世職並賞給白玉領管一支白玉搬指一個白玉柄小刀一把火鐮一把大荷包一對小荷包兩個以示優奬提督章高元據奏基隆案內已邀恩奬總兵劉朝祜係該撫姪孫均未奏請奬勵該提督等均著戰績自應一體加恩章高元劉朝祜著各賞給白玉翎管一支白玉搬指一個白玉柄小刀一把大荷包一對小荷包兩個章高元並交部從優議敍劉朝祜並賞加提督銜提督龔占鼇衝鋒陷陣協著戰功著賞穿黃馬褂總兵李定明提督朱煥明均著交軍機處存記遇有總兵缺出先行請旨簡放李定明並以提督記名並賞給博德恩巴圖魯名號遊擊范惠意孔光治均著免補遊擊參將以副將留於閩省歸前先補用並賞加總兵銜范惠意並賞給額騰依巴圖魯名號副將畢長和陳永隆均著以總兵記名簡放總兵梁秉成著賞給克勇巴圖魯名號並賞加提督銜滬尾營守備蕭定邦著以遊擊儘先補用幷賞

戴花翎賞加都司銜陳振泰黃國添蔡國樑均著以千總儘先拔補幷賞給五品藍翎從九品劉恕著免補從九品縣丞以知縣留於福建補用欽奉 慈禧端佑康頤昭豫莊誠皇太后懿旨著發去帑銀一萬兩賞給此次出力兵勇著劉銘傳查明尤爲奮勇者傳旨賞給欽此該撫務當激勵將士同心禦侮共奏膚功渥膺懋賞餘著照所請辦理該部知道欽此

密陳臺畳危迫援餉俱窮片

再台島萬分危迫已於前摺幷電報瀝陳現在湢尾之捷仰託 天威稍摧敵燄惟營臺俱爲礮毀軍士無立足之區露宿抵防暫救目前危急彼族大隊俱集於斯基隆四山皆築鐵營勢非得全台不止我軍苦戰傷病死亡器械藥丸無能爲繼前者南洋裝兵竭盡無窮之力三次僅到六百人萬分險阻頃上海忽有華安輪船在海被刼之謠各船皆不敢再裝兵械海天寥廓接濟已窮官

紳堅請招土勇數千以輔官兵不足烏合之衆器械毫無安能禦敵現在餉需
益絀台南道庫據台灣道報稱僅敷目前請咨閩省速爲援濟尚未知能撥若
干如何轉運台北所存不足十萬以台北出入之數計之不過僅支一月台北
稅釐因軍事日危毫無所獲過此以往呼籲無門尤堪悚懼從前基隆既失滬
口一綫商船猶可往來藉得稍通消息此後商船日絕音信難通台南瑚勢將
平統將無能一戰敵船若攻台南則四路斷絕南北洋之船又不能遠來台地
坐而受困援救伊誰臣一身不足惜將使全臺千萬生靈盡罹塗炭能不寒心
況敵人踞此更將橫擾南洋大局何堪設想臣受恩深重何敢一字虛飾上
瀆宸聰徒以援濟俱窮勢且坐而待斃情危勢迫不得不冒死哀陳敢乞
宸謨廣施方略以中原全力救此危疆無任激切待命之至附片密陳伏求
聖鑒

按此足見當時情狀之危非公安能保此絕地厥後十一月奏陳台紳捐資募勇自言當時竭蹶萬分已無生望始知公鐵路疏兵餉出自　朝廷督撫不能牽制所見爲獨遠也　陳澹然識

軍機大臣奉　旨覽奏已悉現諭令南北洋大臣調撥兵輪尅日前往援剿並令楊昌濬將兵餉軍火妥籌接濟該撫務當激勵將士聯絡紳民妥籌戰守迅復基隆毋稍鬆勁欽此

臺紳捐資募勇屢戰獲勝並各軍分守情形摺　十年十一月初九日台北府發

竊臣屢奉　諭旨垂念台島孤危　飭令勸集義團協力助戰當即宣示　德音懸賞激勵俾令敵愾同仇紳民感沐　皇仁竭力從事自敵踞基隆附近之暖暖深澳四脚亭鰈魚坑六堵七堵八堵等處地皆相接始則派夫修壘不從則侵掠隨之暖暖隘口石梯嶺鳥嘴峯一帶逼近基隆九弓山敵營兵屢犯暖

暖練董武舉王廷理周玉謙等捐資募勇三百人與深澳等處各董練丁扼守
每處或數十百人憑險堵禦臣恐民練力薄當飭曹志忠派營勇三百人屯紮
暖暖助之戰守並發款飭王廷理等增募士勇三百人撥發洋槍參用土槍以
備風雨九月二十日後法攻暖暖三日周玉謙等嚴守山隘挫之斃法兵十數
人並斃其三畫兵酋一人土勇亦傷亡十數人練勇見山險可恃保守益壯不
時宵入敵卡斬首以歸臣亦立即給賞以示鼓勵十月二十五日黎明敵衆百
餘人突自九弓山分撲鳥嘴峯營卡練丁悉力抵拒勢且不支適各處營勇練
丁俱至救應槍傷敵衆十餘人奪獲紅旗一面敵始敗退彰化紳士郎中林朝
棟生長將家急公好義聞狀獨備糧餉兩月募勇五百人助剿臣大喜急撥軍
械令赴暖暖共圖守禦新竹紳士郎中林汝梅亦籌款兩月募練勇二百人協
守新竹其地離海纔八里海口紛歧當台南北關鍵初僅遊擊張得貴合土練

勇五百人不敷防布屢請增兵莫能分撥今南防較緩已檄劉璈酌撥一營前來協守滬尾南岸觀音山一帶僅總兵柳泰和楚勇一營甚爲吃重曾令添募土勇八百名祇可聊爲聲助地勢綿長無險可據其地離府城纔十餘里尤爲可懼法自滬尾敗後憤恨益甚時購奸探察看水雷多寡安置某所聲言兵到必水陸俱攻經孫開華拿獲奸探五人訊明正法多來水淺敵且多集小輪船以待大兵臣已令就海口添設浮樁八百個以備不虞陸路亦經孫開華章高元督飭暗穴安設地雷惟該處地形窪下營台輒爲船礮所摧八月以來兵皆露處入春水漲更難措置基隆之達滬尾以五堵爲要隘曹志忠所部現紮五堵並添募土勇千人分駐六堵大武崙一帶皆與基隆接壤蘇得勝新募土勇千人駐防水返脚以資策應以兵數言除宜蘭土勇千人外台北通計一萬三千人惟敵聚我分彼此莫能援救且老勇死傷過衆精銳無多土兵器械不精

操練未熟況兵多餉重匱缺則譁潰乘之十月以前將士病危敵勢猖獗餉盡援絕土寇紛乘臣竭蹶萬分已無生望幸荷　天恩屢　飭各疆臣多方援濟十月初直隸督臣李鴻章閩浙督臣楊昌濬各派廈紳葉文瀾兌銀通信復經兩江督臣曾國荃令道員龔照瑗雇輪載送淮勇五百人並由民船解到黎意槍一千桿兩廣督臣張之洞雇輪由澎湖接濟餉銀三萬兩暨火藥等項台北軍勢差得生機惟本月初二日安南降人並法船舌人密報法在安南運兵且至堅囑嚴防敵踞基隆陸兵多病三次共增一千五百人分守七營依山傍海倘能趁敵兵未到內地運增勁旅三千人防守方能有濟否則法兵齊到支柱實難昨已電商張之洞請將臣舊部吳宏洛五營抽調渡台張之洞接濟餉項軍裝不遺餘力或可允副所求要非大隊兵船護運殊難即達法人以兵艦縱橫海外以我之兵輪與之海上爭鋒固非可恃乘間護運勢尚可爲已電請楊

昌濬速趁敵兵未到之先台南巡船尙少迅調勁旅渡台免成後着臣當督各軍相機防勦以待援師惟基隆山勢奇險敵以兵艦護營仰而攻之徒傷精鋭顯圖進取勢更艱危謹密選敢死之徒懸以重賞使之夜襲邊營法人器利守堅得手尙難逆料惟盼援兵早渡兵力稍充方免瞻前顧後台北府城爲糧械本根重地前僅土勇二百人臣謹調劉朝祜率所部並江陰新到勇八百人聊資守禦所幸土匪已平地方安定軍民輯睦差堪仰慰宸懷除捐練紳民稟案請獎外謹將練丁獲勝及各軍防守待援各情馳陳聖鑒

軍機大臣奉旨覽奏均悉台北紳民捐資助防禦敵獲勝實屬急公好義著劉銘傳查明奏請優獎仍激勵團勇會合官軍迅克基隆同膺懋賞欽此

密陳餉絀請令閩督早籌並法人封口刦殺商船片

再據曹志忠報稱二十三日夜法兵五百餘人分兩路自深澳坑月眉山潛襲

我軍當經廖得勝探知早爲準備曹志忠督飭各營分頭堵擊並飛告劉朝祜林朝棟率隊往援法兵直撲濠外拔梅椿我軍槍礮迭轟戰至五鼓法兵死傷過多始行潰退自是以來法人日夜迭攻該處風雨連綿急須製造油衣以便戰守現已飭作速製衣三千件趕赴前敵分用惟臺地產衣素少海封既久百物時虧苦難速辦前因軍餉奇絀臣等商之各營月餉暫計四十日一關有餉再行補發以便騰挪值此戰事方殷百貨奇貴軍無足餉困苦尤深且聞湘軍王詩正援臺之勇增給口糧吳鴻源所部均須足餉現在援兵日集用度益繁前因暖暖孤危飭令林朝棟並粵派總兵徐贊彪各增土勇一營爲助加以淮軍續到數營臺南北月各需餉銀十一萬兩據劉璈稟請截留津廣協銀數萬支發臺南北軍餉不過勉支明年二月深慮竭蹶必賴早籌應請 飭下督臣楊昌濬提籌大批餉銀或解或兌均交沈應奎收儲統籌支發以免譁噪之憂

伏求　聖鑒

再正繕摺間據報滬尾法船又添三艘基滬兩口共十三船新竹縣官紳且報稱敵船至新竹諸港日事游巡逢船刼搜見人擊殺內地商船偶至輒爲礮箭毀傷有舟人潛遁入台據稱有軍裝二船並爲敵刼船來何處詢訪無從又據英商言英兵輪攜來書信法人皆令露封此後安能再賫台信似此情形內信略通又將梗塞且敵船日伺海口屢見軍裝登岸故示截搜更須慎之又慎臣已密電南北洋閩省倘賫餉械勿用民船免資強敵惟盼兵輪護解援兵早至庶可力解重圍免致孤軍覆沒此後台軍情狀仍當轉電南北洋閩省由總署代陳伏求　聖鑒

覆陳封口後兵危餉缺勸紳捐助各情片

台灣自法船封口文報不通奏牘無從遞送屢將危急情形電乞總署代奏電

文皆託英商且重價僱人由民船潛渡能達與否茫不可知焦灼如焚生還已絕適初五日廈商附民船偷渡來台始奉九月初八十一十二三次電寄諭旨仰荷聖慈逾格垂念臺危溫諭疊頒諄飭各疆臣悉力救援謀通消息奉詔涕泣莫知所云臣處此萬分危迫之中一息尚存終當死守待援仰答鴻慈於萬一惟廈兌北洋閩省餉銀至今無船未能東渡當派福建候補知縣鄭建中設法於台北華洋各商貼息籌兌期濟艱危台北紳士三品卿銜林維源認捐洋二十萬元屢請寬期分繳臣已遵旨力催本年可繳十萬元繳清即當奏奬林維源早渡廈門其友同知劉壽鏗陰相勸助臣並傳旨知照劉壽鏗隨辦來台惟台北商店現銀無多不敷兌用商令函致林維源借貸籌濟林維源重洋遠隔信息不通能否遵行尚難遙度臣始渡台隨員甚少凡在台官紳有可用者無不廣致禮羅彰化紳士郎中林朝棟好義急公新竹紳

士郎中林汝梅任事勇往二紳皆有才識物望所歸當令林朝棟帶練助防臺北林汝梅帶練至新竹協防其餘紳士知府陳霞林等皆令設局辦團以期聯絡官民一氣上下翕然可紓　廑注惟法國基滬分船四面環臺梭巡遇有民船卽行搜刼昨英國兵船到口所帶廈門文牘已被截回現據基隆探稱新至小輪七隻將攻滬尾口門情勢益岌雇人賷信貌作行商乘船夜渡信縫衣底冀避刼搜奏摺體嚴未能照繕謹稿送督臣乞代繕呈遲速浮沈尤難預決軍中情狀仍由電達南北洋閩省轉電總署代陳惟冀仰仗　天威援兵早至救全台將士生民於垂死解微臣籲　天乞命之危情不勝痛切哀鳴之至

軍機大臣奉　旨覽奏均悉林維源業經降旨優獎自當感激圖報此外台紳並著該撫善爲激勵輔助兵力共奏膚功至南北洋閩粵籌濟兵械均已電催速辦矣欽此

台北極危請飭速調勁兵援救摺十年十一月二十二日台北府發

竊臣於十一月初九日將台北防剿情形恭摺具陳在案十月二十日電寄

諭旨南北洋援台兵輪尅日進發法人必圖抵禦不能專顧封口正可乘此機

會另僱商輪運載兵械伺隙抵台著曾國荃彭玉麟張之洞速即電商各撥得

力數營僱定洋輪於七船赴閩之日相機潛渡此次兵輪前進首在牽制敵船

以紓台圍滬粵兩處及時設法僱船運助實爲救台第一要策該督等務當速

辦與左宗棠等互通消息以應事機長沙現有備調八營南洋如能酌撥劉銘

傳舊部援台卽速調湘中八營塡紮馬祖澳法船二艘倘能設法掃蕩可挫敵

燄並著酌量辦理劉銘傳亦應激勵兵勇迅復基隆不得懦怯株守致敵滋擾

等因欽此仰見　聖主垂念台危無微不至查台灣自六月十五日基隆開戰

以來至今半載僅江陰數次調到淮軍一千三百人雖募士勇五千器械不精

難當大敵滬尾海口尤關臺北安危通計淮楚七營土勇三營基隆一路僅曹志忠所部六營其餘蘇得勝林朝棟等土勇五營分紮暖暖六堵一帶九月十四日三鼓曹志忠率隊欲趨獅頭嶺襲取九芎坑敵營山高路險爲敵所知甫至山下敵即轟傷四十餘人曹志忠見敵有嚴備收隊退回臣堅令穩紮五堵扼水陸要衝勿輕進以傷精銳用兵之道攻堅最難仰攻尤險基隆山勢險峻道路崎嶇敵營傍海依山兵輪環護明攻尤難曹志忠所部傷病之後精銳不過千餘倘再傷亡淡水以東更難支柱且攻堅必須巨礮今礮槍彈藥存者無多用盡更難禦敵臣屢函諸將三令五申堅止圖功輕進若爲基隆一隅失臺北大局微特獲罪更重且慮挽救無從法兵遠涉重洋利在速戰曠日久彼更難支我軍惟有固守待援相機進取此臣因海島孤懸兵單器乏接濟爲難期保危局不敢孟浪進攻基隆之所由來也左宗棠與督臣楊昌濬先後到閩督

臣於濟餉一事竭力籌維猥因海道不通援兵難渡左宗棠據劉璈之稟奏攻
基隆實未知臺北兵單之苦據法船譯人歐姓二十日密報法兵四千來臺爲
安南截留十五日孤拔親赴安南調兵十九日有英商二船爲之運糧基隆似
有大兵速至現在基滬水陸四千餘人兵輪十六隻小輪七隻等情臣前接該
譯人密報法人添兵即疊次電請督臣速派勁旅三千乘台南現無法船尚可
登岸至今未接回信今疊蒙　恩詔飭兩江兩廣督臣撥臣舊部渡台値此軍
情萬緊惟有仰懇　天恩迅飭兩江督臣曾國荃將江陰未來一營並厦門淮
勇二百速即運台自台南登岸並請　飭兩廣督臣張之洞迅調吳宏洛所部
五營來台倘吳宏洛未能速來即請　飭令左宗棠楊昌濬迅撥楚軍三千歸
孫開華節制以救孤危
軍機大臣奉　旨覽奏已悉法人久踞基隆亟應迅圖進取若云攻堅爲難何

以竟被彼族攻據該撫務當竭力設法聯絡士勇出奇制勝尅期攻復毋得稍存退阻貽誤事機所請飭吳宏洛五營赴台已諭令張之洞籌撥矣欽此

密招敵探仍留敵中通信片

再臣疊奉　密諭飭將被脅越人設法招徠臣即行遵辦本月初一日暖暖士勇拿獲越探陳番遠一名解至府城臣即溫言撫慰賞給番銀囑令仍還基隆密招諸探旋來越探十餘人並撫慰之陳番遠密言法船中越兩國譯五人暨本地漢奸五十餘人均願投誠自効惟越人作工營內防守甚嚴未能俱逸臣見諸探既願來歸正可置之敵中以通聲息若令全出翻隔敵情現已密諭諸人密探以報遇機進取內應官軍亦散黨伐謀之一道也

軍機大臣奉　旨知道了所有投誠人等該撫務當妥爲駕馭所稱留敵中以通消息尤當加意慎重毋爲所紿致墮狡謀欽此

再臣前將法營添兵情形於十一月二十二日恭摺奏報在案旋據林朝棟報稱二十四日法兵百餘人在大牛埔一帶察勘地形與營勇接戰互有傷亡旋即退去二十五日清晨九弓坑紗帽嶺各路敵營同時開礮轟擊我營林朝棟度其必來撲犯當飭營官蘇樹森團總王廷理等嚴隊待之分飭各營官團總嚴守諸隘果有法兵千人由獅球嶺鳥嘴峯石梯嶺大水窟四路環攻持戰逾時即經周玉謙等擊退惟紅衣悍敵五百餘人猛撲林朝棟所駐之大牛埔大水窟一路鋒銳異常林朝棟伏槍以待俟其逼營即行轟擊敵屢却輒前槍如雨發基隆山上諸敵壘亦開放炸礮助攻我勇以逸待勞堅持不退曹志忠馳兵援救愈戰愈勵自辰至戌血戰不休勇兵傷亡百餘人陣斃三畫五畫兵酋各一人始行敗退夜半復來搶尸又經幫帶林朝昌率勇擊斃數人斬殺七級奪獲洋槍衣帽多件我勇亦死傷十餘人二十六日以後敵守不前惟船兵以

大礮迭擊等情臣查十一月中旬法人增兵千餘敵焰方張窺探大水窟一帶山勢稍平銳意必克林朝棟督勇力戰一日夜敵兵死傷狼籍實足以挫其兇鋒林朝棟爲殉難福建提督林文察之子忠藎之裔久孚物望今復自籌資餉帶勇五百人經臣派駐暖暖統率各團士勇甫臨大敵卽能督戰有功實屬忠義勇敢其餘武舉王廷理周玉謙劉廷玉陳維樂等皆捐資募勇數月來苦守血戰竟挫敵鋒亟應奏請　恩施以昭激勸兵部候補郎中林朝棟擬請　賞加道銜並　賞戴花翎候選員外郎蘇樹森擬請　賞加四品頂戴餘俟查明奏獎以勵紳民

軍機大臣奉　旨林朝棟等均著照所請獎勵餘依議該部知道欽此

法攻暖暖月眉山連日獲勝並現在戰守情形摺十年十二月廿四日台北府發

竊臣等前將法人添兵並十一月二十五日暖暖接仗各情形於十二月初三

日片陳在案法自十一月底至十二月初旬陸續增兵二千自上月二十五以後日尋爭戰本月初五日以兵百餘探路於暖暖附近之大武崙經團勇擊退曹志忠見其地兵單難守即撥王三星陳士貴兩營前往助防初十日清晨法兵千餘分攻大水窟圓窗嶺別船載兵四百自八斗上岸抄襲深澳坑後路以備夾攻該處僅有守隘民團寡不敵衆一時俱潰敵遂進至暖暖對河之月眉山林朝棟與桂占彪等分途截擊營官張仁貴率勇二百衝入山下竹林中拒戰竟日勇寡被圍巨雨昏宵竟夕幾殆十一日清晨林朝棟馳往援救對敵方殷適曹志忠所部營官廖得勝葉友勝亦各帶楚勇三百人奮力夾攻敵兵稍退張仁貴始出重圍喘息未安敵又增兵千餘前來接戰以百人奪踞月眉山分犯大水窟圓窗嶺一帶月眉山綿亘數里山勢最高敵據其巔暖暖大水窟各營不攻且潰廖得勝張仁貴等奮力仰攻槍斃山上敵兵十數人血戰一日

始奪踞其巔其分犯大水窟之兵亦經林朝棟擊退圓窗嶺僅有桂占彪楚兵一哨蘇樹森土勇一營兵單險甚敵攻時蘇得勝命營官鄧長安以土勇三百合練兵百餘人助之血戰敵三路甕之自巳至酉大雨淋漓夜戰莫能息曹志忠聞報慮其孤危二十日黎明親赴督戰直至十三日逾午槍斃兵酋敵始敗退里許仍伏月眉山圓窗嶺山下不歸我軍堅守月眉山頂互相槍擊十五日曹志忠見敵不退築壘月眉山待戰敵亦築壘山下槍聲始息自兩軍血戰五日夕大雨不休將士冒雨忍饑目不交睫徧身霑溼凍餒堪憐曹志忠林朝棟皆跣足督戰泥淖中險絕憂勞言之淚下是役也我軍死者九十餘人傷者百餘人敵乃死傷三百餘人并陣斃三畫七畫兵酋各一人十六夜曹志忠林朝棟乘敵壘未成會商攻襲曹志忠親率廖得勝鄧長安等四路往攻已得其首壘基隆敵全隊死爭血戰至黎明始收隊回營各死傷數十人二十日敵兵四

百復犯大武崙營官陳士貴林則榮率隊奮擊敵死傷二十餘人始退查敵自
增兵前進冒雨血戰連日夕不休幸賴曹志忠林朝棟督兵血戰力保月眉山
得支危局惟敵兵日益基岸已四千開山運礮轟擊我營殊難抵禦臣已令曹
志忠趕就大水窟至月眉山一帶十餘里開造深溝巨洞暫避敵礮惟戰久疲
勞苦無後繼且自月眉前敵以至暖暖而達六七堵橫亘大武崙周迴三十餘
里險隘十餘所皆須嚴密禦防地闊兵單顧此失彼前因暖暖戰急曹志忠蘇
得勝所部盡已前驅敵若乘虛則歸途悉絕當飭駐守臺北府劉朝祜所部淮
勇千人分赴暖暖六堵間協戰楊金龍楚軍兩營自彰化移駐關渡修築礮臺
吳鴻源新軍接防彰化並擬令抽撥兩營來臺北助剿此實無可調撥不得不
免強騰挪此守兵之近狀也頃接左宗棠等電知南北洋兵艦初三日自滬啓
行計當抵閩楊岳斌程文炳已到閩亶當係候輪東渡左宗棠所派王詩正一

軍已抵澎湖李鴻章所派聶士成淮勇八百五十人得報十三日已自卑南登
岸臣已飛飭趕程北來惟卑南去臺北一千三百餘里道路難行非一月不到
山海迢阻實用憂勞此援兵之近狀也義中營營官張仁貴本宜蘭巨盜曹志
忠開其壯勇設法招致選帶精壯一百人屢告奮勇夜襲敵營路滑山高兩攻
未獲該營官異常憤懣每戰輒先登此次血戰陣亡實堪憫惜應請　旨將軍
功張仁貴照守備陣亡優卹其陣亡哨官副將銜湖南參將秦正福請照副將
優卹都司銜守備孔得勝請照都司優卹以慰忠魂所有尤爲出力之將官廖
得勝桂占彪等容彙案請獎謹具摺以　聞
軍機大臣奉十一年二月初七日　旨覽奏已悉著該撫懍遵疊次電寄諭旨
辦理張仁貴等均著照所請分別從優議卹尤爲出力之廖得勝桂占彪等准
其彙案請獎該部知道欽此

法攻月眉山大水窟一帶衆寡不敵各營退守河南摺十一年二月初二臺北府發

竊臣等前於十年十二月二十四日將法人添兵接仗並王詩正等援兵渡臺未至各情馳報在案王詩正所部於正月十五日馳抵臺北聶士成所部及陳鳴志新募土勇亦於十六十七等日到防當即趕湊軍械撥濟餉需王詩正統帶恪靖五營於十八日即赴前敵臣銘傳擬將聶士成陳鳴志兩軍餉械料理就緒帶同續發而前敵飛報十八日法人添兵大至以四艦濟兵自八斗登岸猝襲月眉山曹志忠劉朝祜共派七百人堅守戲臺山堵戰終朝飛書告急蘇得勝土勇兩營防守六堵已派一營分守竹篙嶺隘卡僅賸五百人聞信馳援十九日清晨敵兵二千自枕頭山竹篙山龍潭堵三道進逼曹志忠所統楚軍六營既以兩營分紮大武崙又以三百守戲臺山於時僅率一千四百人分守月眉山深澳坑長牆十七里兵單地闊敵逕犯之曹志忠與蘇得勝揮兵抵禦

敵見其兵寡突以千兵自深澳坑抄襲牆背將戲臺軍截斷我軍腹背受敵蘇得勝所部營官梁善明中槍陣亡鄧長安亦被重創曹志忠勇丁死傷益多不能抵禦乃退守一山以待法兵既襲長牆遂攻破月眉山頭卡並以炸礮夾擊深澳坑新築長牆雨久多坍倒營官蕭清福禦敵受傷守卡兵勇僅百餘人當時潰退法遂直犯月眉山巔廖得勝之兵勇皆爲曹志忠率去逆戰守壘纔百人適劉朝祜率勇三百人合力拒守血戰經時敵已匝月眉三面劉朝祜廖得勝因勇丁死傷甚多乃退至山下合曹志忠蘇得勝暫壁新煤廠以待援師當是時林朝棟據大水窟蘇樹森據四脚亭尙堅持未敗十九日夜臣銘傳聞前敵敗狀大懼六堵空虛敵自猛頭嶺攔截我軍則暖暖諸軍皆無歸路當夜即率聶士成所部四百人馳赴六堵策應前軍十八日王詩正至五堵聞報翌日即派威良兩營疾赴六堵救援因至暖暖必過敵壘白日不便行走二十日夜

王詩正率兵潛進臣令合曹志忠先據暖暖夾河爲營保大水窟後路堅約二十一日夜親至暖暖商度機宜敵兵既集月眉山巔日以巨礮轟擊林朝棟蘇樹森壘勢甚危岌王詩未至暖暖之先二十日逾午威㫕兩軍乘間攻襲月眉山尾威營營官劉見榮良營營官易玉林皆依山蛇進敵數十人抵死拒之剛營自山後繞至敵退至山腰遂奪月眉山尾一卡王詩正當令威㫕剛等四營分屯卡後二十一日黎明會合曹志忠進攻月眉山巔敵已集基隆水陸全軍以待王詩正向前猛攻哨官胡少亭羅國旺等屢次奮進敵礮如雨兩弁皆中礮陣亡哨官李經青龍春芳奪回兩屍亦各受重創剛營營官中道發殿軍死戰傷足始退敵既敗我月眉軍三道逼進王詩正曹志忠率各營血戰抵拒敵分兩道一自月眉山襲暖暖之前一自烏嘴峯襲大水窟之後包匝我師兩軍前後受敵乃退河南於是大水窟四脚亭亦三面受敵朝棟劉朝祜抵拒長牆

敵兵救出蘇樹森士勇合同奪圍而出西路鳥嘴峯團勇俱潰莫能支是夕王詩正曹志忠始退還五堵是役也自卯至申我軍靡不誓死血戰奈敵勢過衆槍礮過精無能相敵林朝棟劉朝祜兩軍死傷尤多聞敵亦傷亡四百餘人自十九日以來每戰敵輒以悍卒更番牆進前死後繼屍棄不收實爲歷戰以來所僅見二十日臣抵六堵見前敵敗退痛憤莫可如何現河北要區悉爲敵踞我軍悉退河南王詩正一軍屯五堵曹志忠一軍屯六堵小坑林朝棟兩營屯小坑前之草蘭尖山頂暖暖紳董王廷理等屯暖暖街後河臣親督聶士成蘇得勝劉朝祜屯駐六堵間以扼臺北孔道惟各軍敗後兵銳已傷刻難遽振更慮敵兵乘勢分竄滬尾謀襲府城臣開華已督飭滬防各軍築塹掘濠扼滬河嚴備以待此十八日至二十一日暖暖戰退及退軍布置之情狀也頃據生擒法兵色博供稱十七日孤拔帶兵千人返基隆一意攻犯臺北三十日敵兵數

百自暖暖造橋以濟白揚琛士勇開槍擊退臣銘傳防守中路令曹志忠林朝
棟防守南路王詩正防守北路均於陰雨之中趕築營壘今中南兩營皆已紮
定惟北路王詩正一軍初到形勢未詳尚須察看始克定營臣懼敵自獅頭嶺
直犯河北據山設礮則六堵各營勢且危急現已令蘇樹森以士勇往守趙水
坑桂占彪張仁照帶勇三百人屯紮港孜該處逼近獅頭嶺下猶恐兵力過單
復令蘇得勝以一營移守河北陳鳴志親將士勇千人與蘇得勝營相輔防守
火炭坑馬陵坑一帶營壘尚未築成曹志忠所部六營自上年六月至今傷亡
過衆屢修營壘疲苦異常軍額多缺現令裁併二營以節餉需統計六堵一帶
兵數雖有萬人槍械未精不能當敵臣銘傳稍知敵勢嚴防浪戰懼損軍鋒故
相持半載法兵未多幸無挫失今敵兵驟至我軍衆寡既殊槍矛尤鈍以此致
敗情勢昭然目前固守堅持或可勉支危局惟餉項奇絀槍彈無多王詩正陳

鳴志所部渡臺先由臺南借銀二萬兩復由臺北支銀二萬六千兩月需軍米
二千石吳鴻源所部四營原議廣東濟餉敵封海口兌解阻艱仍由臺發現在
餉需臺南業已告罄臺北僅支一月實無可籌臣銘傳現駐前軍徒深焦灼合
計全臺月餉需銀三十萬一旦告竭潰裂堪危仰懇　天恩如何設法救濟立
賜施行無任急迫待　命之至再此次月眉山大水窟一帶未經退守之先曹
志忠兵單不敷分布屢乞增兵臣銘傳無兵以應此次退守實以兵單地闊堵
陳殊難非戰守不力之故其營官總兵銜副將龍惠南葉友勝二員不能力戰
業已撤去營官應請革職留營效力以示懲戒所有力戰陣亡之記名提督梁
善明升用提督總兵胡少亭二員均請　敕部照提督陣亡例從優議卹參將
銜遊擊陳玉堂花翎遊擊陳得升二員均請照參將陣亡例從優議卹花翎都
司王先仁請照遊擊陣亡例從優議卹花翎都司銜守備羅國旺藍翎守備鄒

繼圓均請照都司陣亡例從優議卹守備銜千總吳子元請照守備陣亡例從
優議卹六品軍功高春和李國斌二弁均請照千總陣亡例從優議卹以慰忠
魂
軍機大臣奉　旨覽奏均悉現在法已議和停戰著劉銘傳等督飭各軍穩紮
嚴守以備不虞所需餉項即與左宗棠楊昌濬籌商濟用副將龍惠南葉友勝
均著革職留營效力陣亡之提督梁善明等均著照所請分別從優議卹該部
知道欽此

卷三勘誤表

頁數	行數	字數	誤	正	脫	衍
二	二	廿五六	費經	經費		
二	六	三四	十四	四十		
八	二十	九下			兵	
十	十	九下			尾	
十	十五	廿七	暑	署		
十二	十二	二十	領	餉		
十二	十七	十七	協	卓		
十九	九	廿七下			持	
廿二	四	八九	二十	十二		
廿三	八	三	柱	桂		
廿四	四	廿三	卞	卡		
廿四	九	十二	猛	獅		
廿四	十四	二下			營	
廿四	十四	九下			正	
廿四	廿二	廿一下			林	
廿六	七	一	陳	禦		

法定治臺摺

剿撫滋事生番現經歸化摺 光緒十一年十月二十九日台北府發

竊據彰化新竹交界罩蘭莊地方生員詹景星等聯名數十莊稟稱莊地逼近番巢出入居民時遭慘殺歷年既久指數無從以近事計之自上年八月至今年九月一歲間被割去男女頭顱二十八級槍斃四人不堪擾虐懇請派營堵剿並據道員林朝棟詳同前情又據淡水縣屈尺莊董事劉夙夜等稟稱淡屬拳山堡大溪一帶迫近內山生番出沒無常前有墾民自備資斧募勇守隘近因經費不給隘勇遣散番遂不時出山耕作居民橫遭殺戮計本年正月至今被殺男婦十二人本月十九日復殺二人居民相率移避田園盡荒懇請派兵剿撫以衛民生等情前來臣查屈尺莊在淡水東南離城只三十里該處生番

八社男婦不過八百餘人總目馬來號稱驁桀曾經前撫臣岑毓英招撫未成此次臣派令劉朝祜於本月十七日帶領親兵百人會同近莊紳士候選縣丞李秉鈞訓導劉廷玉先往屈尺察看地勢番情隨飭譯人入山勸諭馬來就撫否則定於二十日派兵攻勦馬來聞臣劾治副將潘高陞謂其不袒官民以虐番也則大喜十九日親至屈尺莊求撫所有八社番丁皆願薙髮歸化臣復令淡水縣知縣李嘉棠馳赴屈尺莊會同劉朝祜妥爲收撫議定規章十條每社頭目派爲社丁月給勇糧其總目馬來月給口糧銀六兩按月親至淡水縣署領取藉通聲氣八社頭目各選子弟一人至城讀書生番地界各歸各業不許軍民侵佔現已陸續來營薙髮矣將來八社歸化之後其附近南路生番再能招撫遂可逕達宜蘭不虞橫隔帷內山番地自三月至九月烟瘴過重不利用兵即臺地土人亦不敢久住臣現飭劉朝祜督帶張李成士勇一營趁此隆冬造

橋開路先通馬來八社徐圖入山相機辦理但求成效不計近功此淡水東南生番歸化之情形也查罩蘭莊爲新彰交界僻地距後壠海口三十餘里東南一帶全係生番新設埔裏社繞在生番之後中隔百餘里該地番社較多人亦悍甚時出殺人滋事臣因道員林朝棟家居隣近熟悉番情當同面商剿撫之策該道性情豪俠不避艱苦力任其難議將所部土勇千人撥留一半駐防新竹後壠兩處海口該道自帶一營駐紮罩蘭莊並派新竹紳士道員林汝梅會同前往相機勸撫如有戰事即令駐防彰化總兵柳泰和楚勇三營出隊助勦先令譯人入社勸導如肯就撫卽無須用兵別檄副將周鳴聲帶練兵一營屯紮埔裏社周鳴聲率兵到防林朝棟甫經撥隊據周鳴聲十月初三日禀報該營自到埔裏社後見生番出山殺人因令譯人前往勸諭旋據沙里興等七社頭目開具男女淸册九百八十餘人至營乞撫請薙髮爲民等情請示前來臣

查生番爲虐不難招撫要在招撫之後聲氣不相隔絶地方官撫馭得宜教之耕耘使饒衣食方可無虞反覆不致虛擲餉需已令周鳴聲會同埔裏社通判加意撫綏壹是章程卽照馬來八社辦理查臺灣向有撫番經費由臺灣道在屯租項下撥給如將來番撫日多用費日鉅臣擬將屯兵一項酌量裁減以濟實用卽可無須另籌經費除俟林朝棟所部勦撫如何再行續奏外謹將生番滋事經派兵勦撫現已歸化各緣由繕摺具陳

勦撫生番歸化請奬官紳摺 十二年四月十八日台北府發

竊臣於光緒十一年十月二十九日會同署提臣孫開華奏陳生番滋事派營勦撫並歸化情形一摺奉 旨覽奏撫番情形已悉著督飭官紳次第妥爲開導遇事持平辦理以期日久相安餘依議行欽此等因仰見 聖恩浩蕩訓示周詳莫名欽佩方馬來八社之就撫也臣卽飭劉朝祜開山闢石碇路百餘里

自馬來通至宜蘭上年十二月已一律竣工馬來就撫之後極奉約束惟淡水東南大科崁三角湧新竹境之鹽菜甕一帶生番仍出殺居民疊經該處紳民請兵防勦臣查鹽菜甕大科崁離城六七十里三角湧離城三十五里鉅城皆邇烏可任番殺掠以苦吾民自應勦撫以安民命惟大科崁一帶久號悍強屢次招撫皆不聽命該處紳士武舉黃希文與福建典史陸陳謙稟請願自備粮餉各率士勇數十人前爲鄉導臣於本年正月十三日派令劉朝祜率所部四營復令駐防滬尾張廣居一營各出八成隊伍開赴大科崁相機勦撫旋據劉朝祜稟稱十五日率隊進紮頭寮卽有大科崁東北十三社番目馬來猶力等來營乞撫當令薙髮給予衣袴惟東南竹頭角貓裏翁等社獨集衆番共謀抵禦十三日劉朝祜進兵南雅生番百餘人方守隘口因令提督唐仁元等迎敵並令營官尤福聚張廣居分左右夾擊番卽大奔劉朝祜當飭諸營駐紮南雅

與番社隔河而軍適値連日大雨河水陡漲各營莫前乃用礮遙擊竹頭角以震懾之五社大懼諸番目泅水乞降而貓裏翁八社抗拒如故屢經陸陳謙黃希文各選譯人反覆開導不肯就撫劉朝祜擬俟開霽渡河忽染瘴氣吐瀉交作病甚沉重臣聞報急於二月初三日親至大科崁督剿適署臺灣鎮章高元來見初四日臣乃督同唐仁元尤福聚趙宗連等三營過河由東路入令章高元督同張廣居黃宗河兩營由西路入陸陳謙黃希文各率土勇二十人前驅道是夜二鼓番目流明姑篤率番百餘人前來刼營當經唐仁元率隊擊敗初五日兩軍除道並集貓裏翁社踞山開礮各社懼而奔逃臣復令竹頭角番目勸令來降可無禍患初六日貓裏翁各社頭目乃至營乞降流明姑篤素性兇悍殺人獨多懼不敢出乃邀集馬武督諸社自縊桀甕乞降初臣到大科崁時已別章新竹縣知縣方祖蔭會同遊擊袁紹從都司張李成各率所部一營馳

赴鹽菜甕乘勢招撫及是貓裏翁番社勢蹙乞降所有三角湧鹽菜甕南連大湖六十餘社咸悚懼輸誠一律就撫諸番既定乃於初九日馳還府城以黃宗河土勇一營駐防南雅別令唐仁元代統劉朝祜一軍修造石營以圖久駐內山煙瘴夏令尤甚臣慮將士久淹生病特檄唐仁元歸防休息忽接三角湧並屈尺各局紳先後稟報三角湧附近之紫微坑於本月中旬不知何處生番殺害六人屈尺馬來境內亦殺害兩人查據降番馬來瓦丹帶麼等稱紫微坑所殺六人係竹家山生番屈尺所殺兩人係加九岸生番並能指出名字懇兵剿撫且願爲鄉導免其再來伺殺等語臣當飭唐仁元自三角湧進兵該處山路絕險約五十餘里至竹家山又五十餘里加九岸加九岸地近宜蘭距台北府城一百五十餘里萬山壁立番社獨多鳥道蠶叢茫無人徑唐仁元督驅兵勇踰越險阻並令紳士陳玖英率領民夫幫同開導十餘日始抵竹家山番目舌

擺鶴等率同八社男女千餘人及白鴨尾社總番目馬來瓦絲蕊石撫老社番
目有千撫碖等率衆乞降乃開道抵加九岸番目馬來詩徽等聞大兵深入亦
率九社番目么詣挪咱等懇隨降番馬來帶同乞撫二番既順臣始飭唐仁元
整隊歸防此北路冬夏以來開山剿撫之情形也中路林朝棟駐兵罩蘭據報
十月十七日附近之榮社兇番出哨銃殺民夫劉阿古等數人並率番衆數百
人截斷水源修築銃櫃以圖抗拒林朝棟於十一月初二日飭令哨官蘇益元
莊啓川等潛入東勢角繞出武榮社之後自督本營直逼武榮社開礮轟擊蘇
益元等繞至東勢角上新莊武榮社暨老屋峨社諸番目均懾懼乞降內有強
悍之司馬限馬那邦等十餘社亦先後就撫尚有帶日未蘆翁等二十餘社處
萬山之中路絕艱險自度大軍難入嵎負抵禦臣見林朝棟兵力過單當檄駐
防彰化柳泰和一軍出隊助剿柳泰和到後即會同林朝棟飭降番眉熟厤風

馳往勸諭番目油格自恃盤踞於危崖邃谷之間不肯就撫並阻扼蘇魯馬那邦二社來降惟該社小頭目蘇筆祿率番丁三十餘人來營乞撫林朝棟復諭蘇筆祿開導油格十一月三十日蘇筆祿率番目善阿月到營稟報油格畏軍威逃遁巢穴已墟其餘鄰社俱願就撫亦即先後來營薙髮所有罩蘭一帶番社全行就撫十二月初六日林朝棟又據新竹之大湖地方莊民金協和等稟稱該莊與番毗鄰疊遭酷虐十一月初九日兇番四十餘人突燬枋蓁莊民宅鎗傷三人越一日復燬三叉莊宅又五日夜半火刧八雁莊又三日攻刼枋蓁急求官軍防剿等情林朝棟當同柳泰和自罩蘭闢道四十里以達大湖西通後壠廿六日林朝棟等稟稱師行至大坪方開道築營大湖近地即有蘇武落社番到營就撫已令營官林機會率勇二百合蘇武番目招撫大湖十三日下樓八卦力大木淮諸社番復來營乞撫二月初三日林朝棟柳泰和復申報兩

軍已紮大湖築營於田藔當有北港下樓仔等七社番相率歸順內有大南勢小南勢及武城菓諸番強鷙不肯受撫當飭老屋峨社副目眉熟往諭未幾武城菓打撈淮席兩社番均詣營薙髮遂命打撈淮席爲鄉導招撫餘社初六日打撈淮席率出流明卑乃薄伏諸社來營薙髮大湖之大南勢番衆悉歸惟小南勢雪博學油叭蓋諸社未下林朝棟柳泰和乃率所部伐木開道七藔山置礮山巔遥擊其社是夜風雨昏黑雪博學屢率番衆前來刼營殺斃開路民夫五人經林朝棟柳泰和率隊擊敗雪博學棄巢以遁十六日副目瓦丹率男婦乞降大湖一帶番社畢下林朝棟復令營弁合降番遠探至玉山無一番社遂派都司鄭有勤率勇自大湖北入獅潭南浦一帶招撫諸社與鹽菜甕相接所有彰新兩縣前山番社一律歸化此中路冬夏以來開山剿撫之情形也南路自土匪橫行嘉義道路不通臣飭署臺灣鎮章高元專辟嘉防任剿土匪由該

鎭撥派副將周鳴聲率練兵一營屯紮埔裏社招撫諸番社疊據周鳴聲及埔裏社通判林桂芬先後稟報自冬至夏該處東至後山花蓮港西抵罩蘭諸番社經遣派舌人逐社開導就撫者凡六十餘社未煩一兵又據駐紮後山統領副將張兆連稟稱該軍分防恒春埤南花蓮港一帶地亘數百里自奉檄撫番開導諸酋先後就撫一百七十二社均經薙髮歸順其在深山未降番社尚多稟請派兵嘉義開道直達埤南兩面夾撫且稱此路開通達埤南纔五六日程可免自恆春盤繞數百里臣考地圖見其所議極是遂於二月二十八日檄飭駐防安平記名提督楊金龍署臺灣鎭章高元兩軍各出七成隊伍於三月初旬自嘉義進兵先期經嘉義知縣羅建祥令墾戶葉陽春馳赴前山大南勢諸番勸諭歸化羅建祥又親往招撫所有上下八社社長阿巴里等一千七百餘人咸薙髮歸化章高元楊金龍於三月十八日由後大埔開道設橋梁招撫未

降番社幷用降番二十人作爲鄉導惟師行過雁裏溪八潼關等處實屬險阻入夏之後溪漲輒經旬不落八潼既過兩軍方可與張兆連所部聯絡臣已諭飭該統領等步步穩愼妥商辦理不求近功此南路冬夏以來開山剿撫之情形也臣查臺灣生番橫亙南北七百餘里盡佔腹心之地犬牙錯處無一不與民地爲隣歲殺居民至千餘人之多匪盜藉番地以爲巢聚衆搶刼土豪藉防番以歛費養勇抗官官令不行民糧紛擾絕海瘴厲之鄉官如傳舍相率苟安生番殺人視如未覩臣忝膺斯土謬領重兵紳民訴番兇虐民生不聊安忍漠焉恝置綜覽全臺形勢如人之一身生番橫亙胸腹四肢血脈不通呼吸不靈百病叢作當此強隣迭伺一島孤懸內患不除何由禦外故前船政大臣沈葆楨創議開山撫番識量宏遠駐臺未久遽任兩江臣渡臺以來卽奏請以辦防清賦撫番爲急務辦防清賦尙易舉行惟剿撫諸番官紳輒多疑憚或謂番情

反覆叛服無常或謂山險難通告蕆無日且歷年開山撫番虛糜鉅款久無實效覆轍何爲臣與前貴州藩司沈應奎道員林朝棟力排衆論一意經營所恃不增一兵不增一餉縱無成效抑復何傷今幸仰賴　天威牛歲之間招撫四百餘社薙頭歸化逾七萬人前山舊墾田地二萬畝畏番棄置灌莽塞途現已重新墾熟既可開疆設縣爲　國家久大之謀又可建營分屯杜民番仇殺之禍所裨於臺灣全局實大且深所牘後山生番居處零落約計不過十萬人現在夏氣炎蒸内山瘴氣過重將士多病未便興師臣已檄飭於四月底俱回防營休息秋冬之際再行分路入山查光緒元年沈葆楨派兵剿服獅頭等社目見將士勞苦地入窮荒請將員弁官紳給獎前督臣何璟派令署提臣孫開華臺灣鎭吳光亮攻剿後山各番將士亦請優獎俱蒙　恩准施行臣於檄調諸將開山之際即三令五申不准誑殺焚擄捏報戰功實有戰功或異常勞績方

准請獎惟林朝棟劉朝祜兩軍自冬至夏披荊斬棘鑿石開山顛踣於懸崖煙瘴之中屢戰於風雨昏茫之際艱危萬狀勞苦功高提督劉朝祜因病假歸無庸給獎選用道世襲騎都尉林朝棟頭品頂戴升用提督陝甘遇缺簡放總兵柳泰和始終勤奮艱苦異常均請 賞給勇號林朝棟並請 賞加三品銜記名簡放總兵彪勇巴圖魯唐仁元擬請以提督 交軍機處記名遇總兵缺出先行請 旨簡放記名提督輯勇巴圖魯尤聚福擬請 賞給一品封典兩江補用叅將張廣居擬請免補叅將以副將仍留原省儘先補用福建候補典史陸陳謙擬請以縣丞仍留福建補用武舉黃希文擬請以守備補用六品軍功陳玖英擬請 賞給五品藍翎其餘出力將士擬俟全番一律歸化再行擇尤請 獎

光緒十二年五月初八日奉 上諭劉銘傳奏各路生番歸化請將開山剿撫

尤爲出力官紳懇恩給奬一摺上年冬間臺灣生番滋事經劉銘傳督飭官軍分路剿辦並派員赴各社反覆開導該番等懾於兵威率衆就撫現已招撫四百餘社歸化七萬餘人辦理尙爲妥速劉銘傳調度有方深堪嘉尙劉朝祜章高元隨同辦理剿撫事宜頗資得力該二員均著交部從優議敘其餘出力員弁官紳不無微勞足錄自應量予奬勵道員林朝棟著賞給勁勇巴圖魯名號並加三品銜總兵柳泰和著賞給健勇巴圖魯名號唐仁元著以提督交軍機處記名並遇有總兵缺出先行請旨簡放提督尤福聚著賞給一品封典參將張廣居著免補參將以副將仍留原省儘先補用典史陸陳謙著以縣丞仍留福建補用武舉黃希文著以守備補用軍功陳玖英著賞給五品藍翎另片奏前藩司沈應奎贊助撫番籌畫經費異賞出力請逾格恩施等語沈應奎著賞還原銜花翎餘著照所議辦理該部知道欽此

督兵剿中路叛番並就近巡閱地方摺 十二年九月初二日台北府發

竊臣到臺以來業經兩至澎湖一赴臺南惟中路彰化一帶地方未暇巡閱本擬俟秋後大甲溪水平再行前往七月初十日據道員林朝棟稟稱六月二十二日彰屬罩蘭莊墾丁在途突被蘇社兇番殺死四人燬園寮二座請兵剿辦臣當批飭林朝棟往諭該社交兇懲辦如敢抗違即會同柳泰和各督所部相機勦辦去後旋據林朝棟柳泰和會稟該社不惟抗不交兇且勾結馬那邦等六社同背官軍繳還歸化旗以示決絕並聚衆馬那邦山戕殺採煎樟腦居民八月十一日林朝棟柳泰和率軍抵罩蘭之大隙山踰二嶺即爲馬那邦社蘇魯等社在其東南剿辦蘇魯必先由馬那邦社經過林朝棟自山上逼攻柳泰和自山下以進馬那悍甚力拒官軍林朝棟等督兵擊退抵其巢穴燒燬番屋二十餘間十三日林朝棟等分三路環勦馬那邦社其酋分途迎敵衆至千餘

伏林箐扼其隘要林朝棟等分兵前後夾擊傷斃兇番十數人餘衆始遁是日
棟字營勇陣亡者六人并槍傷哨長林榮枝同日又據東勢角稟報分駐埋鶴
坪之棟字營後哨於十二日被兇番二百餘人攻圍甚岌自辰至午槍斃番衆
十餘人始行退去哨勇死者三人十五日林朝棟柳泰和飭諸勇伐木造橋進
攻蘇魯社該番埋伏深林開槍拒敵春字營勇陣亡二人棟字營勇死傷十餘
人經併力奮擊蘇魯山外番社悉被攻燬各番乃退聚山中當接戰時後路大
隙山運糧勇夫十餘人復被截殺柳泰和督兵回擊始行退走是日移駐大隙
山以顧後路糧道二十日林朝棟亦移紮大坪以規蘇魯內社同日探知生番
潛襲後路伏兵待之及午番衆果出刦運夫春字副營管帶李惟義率部前驅
與林朝棟前後夾擊槍斃生番二十餘人敗走而去林朝棟柳泰和會稟兩軍
分防山海各要隘地段長遠調攻番境軍不及千兵力過單不敷剿辦請增調

營勇以竟全功臣查蘇魯馬那邦各社生番素稱凶悍與罩蘭民庶仇殺頻年
經林朝棟招撫歸誠仍相仇殺犬羊反覆良不足言乃於大兵進山查辦之初
輒敢勾結各社番公然抗拒殺傷官兵頑梗不靈殊難理喻若徒懷以柔德烏
足以儆其凶頑且中南北三路降番數萬歸化不久未盡誠輸蘇魯叛番不加
嚴剿風聲所播繼叛必多番事何由大定此次嚴示兵威妥籌勦撫不獨已降
之番不敢生心再叛未降之衆亦易就我範圍臣於本月初三日自臺北啓行
檄飭駐防澎湖提督吳宏洛四營駐防滬尾提督朱煥明三營暫停礮臺工作
各帶六成隊伍乘輪至鹿港後壠兩處登岸馳赴罩蘭聽候調遣一俟剿撫事
竣臣即由彰化新竹沿山一帶查閱地勢審定將來建省分治之區仰副　國
家經畫巖疆之至意
軍機大臣奉　旨覽奏已悉該番反覆無常聚衆抵抗自宜示以兵威即著該

撫督飭各統領相機進兵妥爲剿撫務令各番知懼知感傾忱向化欽此
督兵剿撫中北兩路生番請奬官紳摺十二年十一月十一日台北府發
竊臣於九月初二日會將中路生番滋事督兵往剿各情具奏在案十月十九
日遞回原摺恭奉　諭旨覽奏已悉該番反覆無常聚衆抗抵自宜示以兵威
卽著該撫督飭各統領相機進兵妥爲剿撫務令各番知懼知感傾忱向化欽
此仰見　廟謨宏遠指示周詳於德威並用之中寓剿撫兼施之意跪誦之下
欽佩莫名臣於九月初十日行抵彰化之罩蘭提督吳宏洛澎湖四營提督朱
換明滬尾三營各帶六成隊伍乘輪登岸林朝棟所帶土勇駐大陖山巔逼近
番社後路隔絕糧道不通勢甚危迫臣於十三日先帶親兵百人至大坪一帶
察勘地勢査由罩蘭至蘇魯諸社三十餘里高山峻嶺柳泰和所開之路紮營
於深林茂草之中地勢低窪兇番日事抄刧先後被殺勇夫七八十人平日營

伍廢弛督隊不力當予撤退另派記名提督李定明接統其軍改由甕子肚開
路至大陂山頂十七日朱煥明會同林朝棟添僱民夫開通山道臣於十五日
移紮大坪十六日令吳宏洛率部進紮白布棚山頂由房裡溪邊前進十七日
臣由大坪進紮大陂山攀籐附葛踰嶺數重半係徒壁懸崖林深箐密伏番暗
鎗狙擊均經各營擊退是日林朝棟朱煥明亦各率所部進紮溪底直逼蘇魯
馬那邦兩社之中臣到大陂山後見山勢險峻糧運奇艱兇番日劫後路急須
開通房裏溪徑道以便運糧當夜飛飭吳宏洛由白布棚繞溪而進並飭兼理
彰化縣蔡嘉穀挑選屯丁民夫開路搭橋復飭化番老屋峨社番目白眉峯爲
鄉導調李定明新統春字三營隨臣下山十八日由大陂山移紮溪邊吳宏洛
親帶小隊自溪底渡河鳧水而進蘇魯番見官軍逼近隔溪開槍擊傷兵勇數
人林朝棟李定明當即出隊鳧水過溪攻擊蘇魯番該社番狡甚緊扼山口修

築石卡偏布竹籤併力死拒林朝棟率勇由左而入李定明自山邊進攻該番
鎗法精嚴發必命中兩軍傷亡五十餘人奮勇直前連破雪山坑番卡二座李
定明面中三創時已曛黑乃飭收軍十九日臣移紮老屋峨山巔令朱煥明於
蘇魯對面山巔築營安砲二十日飭朱煥明林朝棟各派勇百人攜沙袋進紮
雪山坑以扼武榮社救援蘇魯之路二十二日令各軍分三路進攻蘇魯社春
字副營營官李惟義先率三營攻番石壘吳宏洛一軍由溪東堵擊馬那邦等
社援師林朝棟自雪山坑堵擊武榮社援衆蘇魯番恃有石壘死拒不休我軍
自山頭迭施炸砲轟擊番卡李惟義率軍鼓勇而上立破蘇魯社石營奪獲刀
槍多件燒燬番屋數處各番越嶺而逃馬那邦武榮等社屢致死來援經吳宏
洛林朝棟兩軍擊退營勇傷亡四十餘人陣亡哨官一員蘇魯既克番衆無家
乃聚屯於出火山其山三面陟絕惟後路可登該處爲司馬限等七社出入要

道諸番壘石死拒必攻破此山絕七社之聲援方克制其死命查武榮司馬限等七社悍番不足七百人餘皆附近各社裹糧暗助臣當飭化番白眉峯召近地大小南勢十餘社番長至營剴切曉諭賜以酒食不准幫助叛番各番長皆指天自誓願奉約束司馬限等社勢益孤單惟死守出火山不敢攻趿後路二十五日吳宏洛軍至即令會同林朝棟自東凍山繞出火山後襲之黎明時吳宏洛乘霧以進連破凍山巓番卡二處林朝棟下山攻破一碉隨即滾營前紮二十九日連破碉卡七所齊抵出火山口諸番就山腰壘石爲長墻一道兩面深林茂草處處埋伏吳宏洛林朝棟各率所部仰攻三日死傷弁勇百餘人該番負嵎死拒未能攻破十月初二日臣派李惟義等開路逼山腰分其兵勢復調署臺灣鎭總兵章高元三營自彰化集集街前來助剿初三日吳宏洛林朝棟帕首當先誓以必克猛攻出火山腰長墻用炸礮火箭燒殺林內伏番諸勇

乘勢一鼓而登兇番甚衆餘皆滾崖而逃臣登山觀其山狀類馬鞍約長五里吳宏洛等奪據東巔番復死守西面中隔深澗惟山脊一線可通番築石碉五座復圖死拒吳宏洛自山脊鼓勇馳進林朝棟亦自山邊並進初五日李定明又裹瘡督戰進攻山腰三軍會合於初六日破碉三座造橋涉深澗羣番猶聚山頂死守右營初七日章高元率副將萬國本一營並礮軍先到初八日自西面合攻萬國本等砂碉二座遂將出火山三面合圍初九日章高元所部全到乃令吳宏洛等四面環攻營官鍾玉鏞率隊先登槍傷陣亡自辰至午弁勇受竹籤傷者百餘人該番死守不退鎮海營營官提督萬本華率奮勇六十人蛇伏深林密草中瞰竹籤稀處進逼石墻舞纛大呼各勇皆踰墻競入槍斃兇番百餘人出火山石營立拔初十日蘇魯等七社番長哭求化番白眉峯代爲乞降臣見兵威已立當卽允許十二日七社番長到營誓天歸化不敢再背天

朝訾畢仍泣言居民欺虐情狀官抑不伸發憤報仇竟罹此禍臣念民番皆
朝廷赤子既經悔過心實惻然當將罩蘭撫墾委員撤換另派熟悉番情者代
之清結民番積欠以息紛爭並令林朝棟劃明地界謹遵　聖諭務令各番知
懼知感免致再肇兵端仰副　朝廷一視同仁之至意臣於十三日振旅返罩
蘭令章高元還集集街仍闢後山水尾之道當臣赴中路時有北路未降生番
白阿歪等社屢出殺掠八月間連殺防勇二十一人經內閣侍讀學士臣林維
源咨報前來臣乃於十五日自罩蘭起行令吳宏洛朱煥明分送傷勇回防所
選帶精銳並萬國本一營隨臣於十八日返大嵙崁與林維源籌剿白阿歪諸
社先期檄調基隆防軍三營令道員方策勛統帶以淡水銘軍三營以提督唐
仁元統帶進紮南雅義興一帶唐仁元至義興後積勞病沒適提督劉朝祜病
愈來臺即令仍統其軍相機進討疊據方策勛劉朝祜稟稱白阿歪等社地險

山深十餘里深溪懸崖一綫羊腸攀藤乃上該番堆石山巔聚衆設守一夫當道萬衆趦趄林維源密購竹頭角化番爲嚮導又募得加飛社番丁前驅引路逾山數重直抵白阿歪社後自南雅修路五十里以達官軍束馬懸車盡係崇山峻嶺二十日臣始得坦懷銳入當派吳宏洛總統前敵各軍並屯軍土勇由加飛開路臣督帶朱煥明萬國本自竹頭角闢道以往仍令劉朝祜由義興開路白阿歪社長馬來詩昧大集十六社生番嚴壁加九岸前山吳宏洛鑿石開山二十九日直逼白阿歪山後番衆駭然馬來詩昧懼甚稱病不出令副目攜衆詣吳宏洛乞降吳宏洛因馬來詩昧未到不許其降三十日令朱煥明萬國本兩營並陸陳謙所部土勇三百人進逼白阿歪社臣於三十日亦至白阿歪山馬來詩昧率妻子出降並攜卓家山等十七社同來乞撫臣念馬來詩昧兩月之間殺害民勇二十餘人面數其罪擬正典刑該酋長俯首流涕諸酋亦代

爲乞恩乃囚禁軍中令乞化番爲保狀方准邀免旋據義興社長來結保誓不殺人乃赦之所有淡宜交界未降諸番二十餘社一律歸化臣於初三日收隊至大嵙崁初五日回抵臺北此臣督軍剿服中北兩路生番之情形也查生番情勢不難於撫降而難於感化林維源辦事忠實然諾無欺北路撫墾設防皆其承辦以後誠信昭著番情自可翕然南路已由署臺灣道陳鳴志會同副將張兆連陶茂森續行招撫後山鳳山一百七十餘社未化者稀中路則林朝棟令都司鄭有勤續招獅潭五指山生番四十餘社宜蘭之番本年四月臣已令道員方策勳會同蘇得勝剿服溪頭三十餘社同時復令提督王貴揚副將袁紹從剿服新竹境之南河二十餘社此外未降生番知名者僅新竹內山京孩兒數十社猫裏坤塘三十餘社餘則小弱無害治安臣惟督飭諸將不求近功以期漸歸圍範惟此次攻剿中路叛番林朝棟被困旬日堅守不退吳宏洛等

苦攻惡戰履險如夷開路轉運各員歷盡奇艱不辭危難除督隊不力營伍廢弛提督柳泰和另片奏參外提督吳宏洛有謀能戰動合機宜擬請　賞穿黃馬褂三品銜道員林朝棟擬請　賞給二品頂戴提督李定明擬請　賞給頭品頂戴提督朱換明萬本華均擬請　賞給正一品封典兩江補用副將萬國本擬請以總兵　記名簡放並　賞給勇號候選縣丞洪熙候選縣丞祥集擬請以知縣不論雙單月歸部選用揀選知縣郭名昌擬請仍以知縣歸部選用並同知銜兼理彰化縣知縣福建候補通判蔡嘉穀請候補缺後以同知用已保福建候補巡檢陸陳謙附貢生梁成枏均請以縣丞歸福建候補軍功劉加輝請以千總補用並請　賞給守備銜候選巡檢蔡煥章請　賞戴藍翎所有陣亡營官副將鍾玉鏞總兵銜副將劉煦都司李春山守備劉復盛千總陳賢卿向斌廷把總林相均請交部從優議卹其餘出力將士可否由臣彙案請

獎以示鼓勵而明賞罰出自　逾格鴻施

按番酋番來詩味連殺二十一人既降不殺儒者議之然生番未化豈能律以平民武侯七擒孟獲卒赦使歸英雄作用固有非可以常度測者是乃所謂大略歟　陳澹然記

光緒十二年十二月十二日內閣奉　上諭劉銘傳奏督兵剿服中北兩路生番請將出力員弁獎勵一摺覽奏均悉臺灣中路叛番經劉銘傳於本年九十月間督率各軍開路搭橋節節進剿先後將各番社攻破所有蘇魯等七社均已悔罪乞降旋經該撫商同林維源進剿北路叛番示以兵威白阿歪等處生番二十餘社亦均歸化劉銘傳籌辦剿撫深合機宜著交部從優議叙在事員弁奮勉出力亦應量予獎勵提督吳宏洛著賞穿黃馬褂道員林朝棟著賞給二品頂戴提督李定明著賞給頭品頂戴朱煥明等均著賞給正一品封典副

將萬國本著以總兵記名簡放並賞給壯勇巴圖魯名號縣丞洪熙等均著以知縣不論雙單月歸部選用知縣郭名昌著仍以知縣歸部選並加同知銜通判蔡嘉穀著俟補缺後以同知用已保巡檢陸陳謙等均著以縣丞歸福建候補軍功劉加輝著以千總補用並賞給守備銜巡檢蔡煥章著賞戴藍翎陣亡之副將鍾玉鏞劉煦章都司李春山守備劉復盛千總陳賢卿向斌廷把總林相均著交部從優議卹餘著照所議辦理該部知道欽此

各路生番歸化請奬員紳摺 十三年四月初四日

竊臣於光緒十二年夏秋剿撫南北社番先後奏明在案旋據署臺灣道陳鳴志副將張兆連稟稱後山番社未撫尚多跧伏萬山之中北抵蘇澳歧萊南至埤南恆春綿亘數百里若由後山水尾適中之地與前山彰化除道成梁聲氣聯絡先撫後山中路其餘當聞風向化無俟招徠否則招撫雖多聲氣終隔

勞費雖重馴服仍艱當檄署臺灣鎮總兵章高元統帶礮軍練勇民夫自彰化集集街鑿山而東張兆連自水尾鑿山而西兩面刻期並開孔道章高元率勇自拔埔社開至丹社嶺造路一百二十二里張兆連自水尾開至丹社嶺造路六十里均係崇山峻嶺峭壁深谿該鎮等自冬至春鑿崖伐木一律告竣張兆連開山時軍聲震岩谷諸番社已憚威懾服因命營官黃定國先撫水尾南北川丁仔老等二十四社番丁四千餘人悉薙髮歸化就立社長以鈐束之頒發憲書設立條教使奉正朔次由花蓮港至歧萊沿山一帶他旦等十二社番丁二千餘人亦悉招撫諸番既定僅有毘連歧萊之大魯閣木瓜諸社番恃衆抗拒張兆連因大魯閣社爲北路最強之番若能懾服則鄰社自易招撫乃親帥三營駐紮山口聲言開礮攻勦該社長廉畫溢等果大懼乞降鄰近大馬鞍大吧壟等五十三社亦均乞降薙髮共得衆一萬五千餘人此後山北路由水尾

至花蓮港諸番歸化之情形也北路既定張兆連復會同埤南同知歐陽駿移軍向埤南平埔一帶內山招撫南路之番以呂家旺爲強族嘗以地大番衆雄視一隅閩諸番薙髮出而阻止各社因而觀望張兆連歐陽駿當令通事前往勸諭一面耀兵山下呂家旺番長下海彘見官軍逼近勢在必剿聚謀數日始合鄰番二十六社薙髮歸命並有八栳南等十三社亦聞風以歸統共番丁一萬三千餘人後山自恆春鳳山兩縣皆層巒疊嶂而番社獨多鳳山之番以三條崙爲大支恆春之番以牡丹灣爲大支張兆連既平呂家旺諸社威振窮荒遂督同鳳山都司藍鳳春營官林維源分道入山中招撫三條崙等十五社牡丹灣等二十二社中心等四十二社復令黃定國畢寶印招撫大蘭打臘打南等十一社該處地極幽邃諸番皆伏居山頂寒苦異常於是自呂家旺至大蘭凡一百二十九社番丁三萬五千餘人皆已薙髮歸順此後山南路埤南恆鳳

諸番歸化之情形也鳳屬前山尙有未撫番社臣上年檄飭副將陶茂森率兵自牛欄棍內口招撫沙摩溪等六社復自豬門招撫柏葉等十八社自萬全招撫龔賓等四社統計二十八社番衆一萬二千餘人均薙髮以歸其連近臺灣嘉義兩縣內山未降者經署臺灣道陳鳴志檄飭鎭標中軍易豫俊招撫大喃等二十四社番丁四千三百餘人又派遊擊劉智坤續撫大武等四社番丁四百餘人章高元由彰化水底蔡通路至埔裏社沿山又招撫北港萬霧等五大社眉毛納吻吻等四十四小社共番丁九千餘人又由拔埔社通路至牡丹社沿路招撫卓大意東等六十一社番丁八千餘人中路嘉彰之交經斗六門縣丞陳世烈於雲林坪設局招撫沿山郡番十六社蠻番丹番樟脚等四十四社番丁五千餘人均先後薙髮歸順新竹前山番諸上年雖歸化而內山石加碌京孩兒等百餘社猶然兇悍降番墾民日見戕殺番民屢乞兵往勦臣乃飭道

員林朝棟帥兵千人往前剿撫林朝棟以正營敵石加碌南路別令營官鄭有勤攻其北路各率化番以爲嚮導開路七十里石碌哇西等二十二社見官兵深入畏威乞降並導京孩兒等二十四社亦薙髮歸順此前山各路續行開山撫番之情形也查臺灣番種繁多處處與民仇殺自上年九月臣督大軍剿撫前山中北兩路數月間後山各路凡二百一十八社番丁五萬餘人咸奉約以歸前山各軍亦續撫二百六十餘社薙髮者三萬八千餘人水尾蓮港東勢角雲林可墾田園數十萬畝此皆　朝廷威德遠播遐荒使深山幽谷穴居野處之倫讐化歸仁化獉狉而登衽席實非微臣之愚始願所能及此惟招撫愈多經費愈大今捐輸既截費絀異常乃飭各軍仍回防所籌畫設官分治以圖久安財用稍充再行續撫庶幾全臺番屬盡入幈幪仰副　聖朝覆幬無疆之盛治查前後山將士自開山撫番以來披荊斬棘奔走於窮谷深崖之地寢饋於

蠻煙瘴雨之鄉寒暑再更艱危萬狀不能不擇尤奬勵以勸方來所有尤爲出
力總兵銜補用副將張兆連補用副將協勇巴圖魯陶茂森均擬請以總兵
記名簡放守備鄭有勤擬請以都司儘先補用並　賞加遊擊銜其餘在事出
力員弁可否由臣彙案請奬出自　逾格鴻慈
光緒十三年閏四月十六日奉　上諭劉銘傳奏臺灣各路生番歸化并開山
招撫情形請將出力將領奬勵一摺臺灣前後山各路生番於上年十月經劉
銘傳劄委將領開通道路設法招撫數月之間後山南北兩路生番二百十八
社番丁五萬餘人前山各路生番二百六十餘社番丁三萬八千餘人均各次
第歸化可墾田園數十萬畝辦理尙爲妥速劉銘傳督率有方深堪嘉尙副將
張兆連陶茂森均著以總兵記名簡放守備鄭有勤著以都司儘先補用並賞
加遊擊銜其餘在事出力員弁准其彙案請奬毋稍冒濫餘著照所議辦理該

部知道欽此

中北兩路化番滋事派兵剿復摺 十三年十一月初一日

竊臣於光緒十三年閏四月初四日會將招撫各路生番歸化情形奏明在案本年五六月間臺灣內外山疫癘大作守隘勇丁避疫山外山番被疫尤重其俗殺人禳災疊據統帶北路土勇都司鄭有勤稟報大嵙崁鹽菜甕三角湧化番恆出殺人查而詰之皆推爲未化生番久乃訪知尖石社番長流明孩容實率其子戕殺居民楊阿樹等四人當經擒護訊認不諱復查有竹頭角社丁有于老敏兄弟戕殺土勇林籠一人大垻怡磨社戕目瓦丹有老番殺伐木匠三人均經該都司先後拿獲訊明正法七月初三日又據三角湧撫墾委員候補典史謝文藻稟報該處土民王阿房等四人入山伐木被番戕殺旋又戕殺防勇二人飭勇入社索其兇番竟取所殺頭顱高懸社門以示威武勇目吳得祿

與之理論該番復並舌人防勇共計十八人一併戕殺勾結斃樂插角等七社背撫抗官時暑深瘴結臣未敢遽令師行乃商請太常少卿林維源親至大嵙崁檄防勇仍紮山內查明殺人番社惟大垻獨多該社去淡水城六十餘里民地環之自恃路險山深抗兇不予八月二十四日暑氣稍退乃令提督李定明以四營隨林維源就近剿辦二十六日林維源令守備陶麟徵先剿近地褒懂社毀其屋廬九月初一日李定明自紮微坑剿大垻西面進壁牛角坑大垻七社番合謀抗戰自午至戌鎗斃兇番多名燒毀番社十餘所傷勇二十餘人番始敗退李定明自西路滾營進紮番衆併力而西林維源復令陶麟徵合副將李桂成自東南踰山二十餘里徑擣大垻番巢初三日陶麟徵李桂成潛至外插角襲攻大垻番由西路還旅抗拒弁勇死傷十餘人番力不敵七社相率遁去李定明令所有番社悉行焚毀初五日大垻七社總番目夭月舌率諸目乞降

陶麟徵悉送交林維源議撫旋准林維源與臣函商大坝七社歸化逾年今殺掠無已據番目言彼衆無屬不能相安請徙諸山外另墾農入山彼此交通庶幾可治臣查大坝七社番丁男女不及千人其地週圍數十里土壤肥腴以民墾之二三年後即可以墾租給七社口糧目前必由官籌資給食經函商數次乃定議收撫分飭各營囘防此北路剿平滋事化番之情形也又據中路營務處道員林朝棟稟報五月二十二日初裡冷番社潛殺墾民二人翌日白茆社番復殺墾民一人獲犯送至臺北經臣訊明正法該兩社人衆勢強聞兇犯正法卽聲言背撫八月十一日復殺佃民防勇八人林朝棟請調駐防彰化提督朱煥明所統武毅軍前來助剿林朝棟於八月十五日進攻白茆社奪踞山頂該社同裏冷等兩社兇番五百餘人自黎明血戰至日落不休經我軍槍斃兇番十餘人始行敗退林朝棟滾營前進於二十日夜襲破裏冷社戰竟日火其

房屋多所二十一日朱煥明率隊會合林朝棟壁其隘口諸番死戰抵拒二十三日黎明兇番三百餘人圍攻林朝棟營壁當經林朝棟朱煥明分路接戰斃番二十餘人奪獲槍械多件幫帶營官遊擊張國理奮勇爭先中槍陣亡自八月十五日至九月初一日無日不戰我軍死亡三十餘人番死尤多勢窮力竭乃悔罪乞降九月二十五日林朝棟議明該兩社地界有殺傷案件惟該番目是問埋石誓天乃准收撫拔隊回防此中路剿撫之情形也臣查生番野性難馴殺人爲樂招撫後仍出殺人一經拿辦即行背叛若不嚴加剿辦烏足以儆兇殘此次中北諸番剿撫尙爲妥速林朝棟李定明朱煥明余應璜等軍擬由臣分別記奬都司銜守備陶麟徵冒險猛進有勇有謀擬請免補都司以遊擊儘先補用並請賞加勇號遊擊張國理力戰陣亡請交部從優議卹以勵戎行

光緒十三年十二月初十日奉　硃批陶麟徵著免補都司以遊擊儘先補用並賞給捷勇巴圖魯名號張國理著照陣亡例從優議卹餘依議該部知道欽此

埤南叛番圍攻廳治派兵解圍摺十四年七月十六日台北府發

竊臣於光緒十四年六月二十九日接據統領後山鎮海後軍總兵張兆連署埤南同知陳燦會稟埤南附近呂家望社素稱強悍役使鄰近百數十里內之各番社號曰番王前已就降仍出殺掠上年戕殺射馬干社番兩人抗犯不交今年五月哈水社番負米歸社復被掠殺當經索犯訊明正法六月二十五日該社忽勾結埤南轄境大莊諸化番七百餘人焚掠大莊民宅除寄居之粵人外概被殺戮並戕殺分防營彈壓營弁暨委員雷福海等率黨趨埤南焚殺數十里圍攻廳治並倡攻張兆連軍壘張兆連所部凡三營分防六百里留駐埤

南不及三百人番變猝至疾馳報臺灣鎭道乞援一面躬備戰守叛番衆至四千餘人圍攻埤南鎭焚殺男婦百餘人全臺大震埤南僻在後山由陸路至臺北府城一千三百餘里非兵艦莫能援救其時臺北輪船皆差遣他出勢甚危岌延至十日威定一輪始回即令提督李定明以三營並礮隊急行開往臺灣鎭總兵萬國本駐臺南差近得報後即命兩營與總兵陶茂森派隊自陸路疾驅十四日萬國本自將中營鼓輪前往遙見叛番環攻張兆連軍壘即飭幫帶曾喜照連放炸礮率勇登岸張兆連見援兵已至亦開壁出戰李定明諸營續至內外轟擊番衆大奔重圍始解臣查呂家望夙號番王人衆丁強外降內抗臣因前山初撫勢未盡馴屢飭張兆連暫爾羈縻與民休息此次殺斃哈水社番社長交兇殊出意計之外一旦勾結大莊化番圍攻驪治戕殺委員蓄叛已非一日事起倉猝張兆連所部不及三百人卒能與同知陳燦苦守十七晝夜

水米俱窮堅忍不搖力支危局萬國本慷慨當鋒率先殺賊李定明一軍續至合擊解圍臣現添派澎湖鎮總兵吳宏洛率帶所部二千四百人會同萬國本李定明張兆連嚴行勦辦以儆兇頑另檄臺灣道派員會同陳燦撫恤難民免致失所除將各軍勦辦詳細情形再行續奏外謹將埤南叛番滋事並籌辦大略情形恭摺具陳

光緒十四年八月初五日奉　硃批覽奏均悉仍著飭令派出各員分別妥爲勦撫以靖地方欽此

攻克後山叛番並北路獲勝請獎官紳摺十四年九月初二日台北府發

竊照埤南呂家望叛番勾結大莊一帶化番圍攻廳治經臣派兵結圍並電請北洋兩兵輪助勦均已奏明在案查呂家望社在埤南之南週圍十餘里與大巴兩社相依左以邦邦社爲犄角室廬鱗櫛竹樹週遮距大莊九十里埤南解

圍後臣飭諸統將查明分別剿撫各番社爭先歸命莫敢抗違獨呂家望恣睢
不服逼脅鄰社幫同拒守該社竹圍累匝圍外長濠列塹窖布竹籤石牆高砌
丈餘路徑往來偏置荊榛地窟七月二十二日萬國本李定明張兆連三路進
攻番黨恃險守拒各軍斫進竹圍兩道死傷四十餘人二十五日移屯近逼萬
國本李定明各以三營分列左右張兆連堅守埤南後路保護兩軍糧械並斷
大莊援番是夕該番撲李定明軍當經擊敗斬番首一級奪獲槍械多件八月
初一日傍晚萬國本施放火箭焚毀番宅數百間合李定明進逼該社而邦邦
社兇番復蜂擁撲救兩軍開槍競擊斃番七人越番碉二座社內槍發如雨我
軍傷亡六十餘人大莊諸番迭次來援張兆連令營勇沿溪截擊使不敢前初
四日澎湖鎮總兵吳宏洛全軍至埤南與張兆連馳赴前敵察看地勢諸番潛
伏竹林開槍狙擊吳宏洛險爲所傷當卽擊退北洋水師總兵丁汝昌率帶致

遠靖遠兩兵輪於七月二十五日抵臺臣卽令分赴臺南北運送軍火旣念呂
家望地踞後山形勢險絕我軍非襲取後山駐軍山頂用礮攻擊不能取勝乃
命丁汝昌攜快礮四尊赴陸軍幫同猛擊該社石壁堅甚竹樹深翳逕道茫如
惟西路邦邦社有路可通已經設番築有五碉扼逕嚴守丁汝昌吳宏洛會議
先攻邦邦社絕其黨援斬除林竹將各營一律紮定八月十四日丁汝昌施放
巨礮各軍分路奪碉急登番衆伏槍竹林發必命中軍士死傷甚衆未能逼進
是夕吳宏洛會商各營各就所部挑選奮勇三百人懸以重賞十五日昧爽指
定頭卡攻擊丁汝昌取快礮驟轟聲震陵谷各軍鼓勇疾馳甫及碉邊番衆猝
出死拒鏖戰逾時我軍雖有死傷毫無退志卒將頭卡攻破斃番數十人乘勢
奪碉五座遂克邦邦社番衆二千餘家俱遁入呂家望社以避其鋒邦邦社旣
克大軍直躡後山萬國本進壁山巔李定明進壁山半吳宏洛進壁山麓將士

蒙霜露宿寒林毫無怨懟要隘既得我軍居高臨下番勢窮蹙莫知所為十六日李定明命勇士衝鋒萬國本丁汝昌分率槍礮隊自山邊抄襲吳宏洛督後隊接應兩軍血戰槍礮震天我軍攻破西門而入番衆畢奔石壁竹林皆成絕地死者數百人遂拔呂家望社於是大巴兩社爭出乞降此官軍攻克呂家望社之情形也方呂家望未克之時大莊叛番既畏官軍不敢援救則思由礁石閣水尾一帶北攻花蓮港以掣我師 臣 密飭都司王廷楷李得勝率帶礮隊馳赴花蓮港嚴密防守時奸民陳宗獻聚黨二百餘人搶刼水尾撫墾局潛至花蓮港煽惑諸社經李得勝捕獲正法八月初四日大莊叛番千餘人逕奪鯉魚山勢甚猖獗李得勝選派番勇乘夜迎剿殺斃叛番十餘人始行遁走二十六日番復迫脇礁石閣一帶化番二千餘人自荳蘭薄薄飽干各社直攻花蓮港小營王廷楷發巨礮擊中番隊李得勝乘勢出擊番遂大奔花蓮港總理陳得

義率同化番抄擊其後南勢諸化番亦出追剿以助官軍生擒番目二人斬馘三十一級此大莊叛番兩犯花蓮港官軍獲勝之情形也臣查呂家望番社盤踞後山最稱強大糾合大莊叛番圍攻廳治戕殺官吏官軍剿捕倘敢負嵎大莊叛番兩攻北路幸得南勢花蓮港諸番助剿立挫兇鋒呂家望經各軍苦戰十餘日弁勇死傷至三百餘人始行攻克實足以伸國威而儆兇頑所有在事各將弁不無微勞足錄其尤爲出力之記名提督直隸天津鎮總兵丁汝昌記名提督福建澎湖鎮總兵吳宏洛均擬請賞給頭品頂戴福建臺灣鎮總兵萬國本　記名總兵張兆連均擬請以提督　記名簡放張兆連並請賞加勇號　記名提督李定明擬請　賞穿黃馬褂管帶致遠兵輪總兵銜副將勤勇巴圖魯鄧世昌擬請以總兵　記名簡放並加提督銜管帶靖遠兵輪遊擊捷勇巴圖魯葉祖圭擬請以參將儘先補用並加副將銜補用副將固勇

巴圖魯李萬有擬請以總兵記名簡放副將銜參將協勇巴圖魯龍斌概副將
銜參將徐學仁均擬請以副將儘先補用並加總兵銜補用遊擊澎湖都司林
文和擬請免補遊擊以參將在任候補並加副將銜遊擊銜都司劉思盛花翎
都司藍鳳春都司萬國標李宗瑜李得勝王廷楷均擬請以遊擊儘先補用並
加副將銜候選縣丞孫渥擬請免選本班以知縣不論雙單月前先選用外委
畢寶印擬請免補千把以守備儘先補用已革副將鄧炳南擬請開復原官其
餘將士可否由臣彙案請獎出自 逾格鴻施陣亡將弁勇丁容臣查明請卹
現飭各軍稍息再勦大莊各社并飭地方官妥辦善後事宜埤南難民已發銀
五千兩交張兆連會同地方官確查撫恤差以仰慰 宸廑
九月二十六日奉 上諭劉銘傳奏官軍攻克番社迭次獲勝請將出力人員
獎勵一摺福建臺灣埤南廳呂家望社叛番勾結大莊等處番匪膽敢抗拒官

軍傷斃弁勇並圍廳治實屬愍不畏法經劉銘傳檄飭將弁分路攻擊復調派
輪船運兵協勦當將呂家望番社攻克殲斃兇番數百名並將大莊等處番匪
先後擊散斬馘甚多辦理尚爲得手在事出力人員自應量予獎勵總兵丁汝
昌吳宏洛均著賞加頭品頂戴萬國本張兆連均著以提督記名簡放張兆連
並賞給勝勇巴圖魯名號提督李定明著賞穿黃馬褂副將鄧世昌著以總兵
記名簡放並加提督銜遊擊葉祖圭著以參將儘先補用並加副將銜副將李
萬有著以總兵記名簡放叅將龍斌概等著以副將儘先補用並加總兵銜都
司林文和著免補遊擊以叅將在任候補並加副將銜劉思盛等均著以遊擊
儘先補用並加副將銜縣丞孫渥着免選本班以知縣不論雙單月前先選用
外委畢寶印著免補千總把總以守備儘先補用已革副將鄧炳南著開復原
官餘出力各員弁並著彙案核實請獎毋許冒濫陣亡將弁勇丁准其查明請

卹仍著該撫督飭各軍將大莊各社分別剿撫以清地方餘著照所議辦理該
部知道欽此
全臺生番歸化匪首就擒請獎官紳摺十五年二月十三日
竊自後山呂家望叛番造亂剿後投誠大莊各番亦咸就撫飭拿匪首劉添汪
等懲辦各情形經臣等先後奏報在案茲據統帶鎮海後軍提督張兆連署臺
東直隸州知州吳本杰稟稱呂家望就撫後查明該社副社長康車哪起意抗
官當飭細送到營訊明正法惟大莊匪首劉添汪等未獲即派都司黃定國等
赴大莊設法誘拿張兆連復率兵親巡其地劉添汪等恐怖出降攜黨二百餘
人匿槍刀爲備張兆連知其狡詐首令民番返莊社隨即擒獲劉添汪等四人
研訊據供稱去年夏間有鹿港施阿蠻售買火藥勾結徒黨約會該逆在後山
起事俟官軍赴剿施阿蠻乘間破前山諸城得有財帛約與平分謀定而呂家

望之亂作遂並攻埤南廳殺害委員供認不諱當卽就地正法全臺番社南路
略馴先後就降尙無反覆獨呂家望大莊諸社地險丁強負嵎圖抗匪徒劉添
汪等乘機勾結遂犯城池今逆首就誅諸番咸服此南路就撫之情形也中路
埔裏社廳所轄數十社惟北港萬霧等社素稱強悍歸化後通判吳本杰飭每
社選精壯數人入營補勇以期牽制旋因酗酒滋事畏罪逃去肆殺如初吳本
杰令墾民設卡遏之一歲之間該番出犯十數次皆經吳本杰督勇擊敗復嚴
禁食鹽火藥入山番衆困迫屢次乞撫吳本杰調任台東據北路協副將林福
喜現署埔裏社通判李春榮稟報北港萬霧四社長攜帶男女三百餘人到廳
乞撫意頗肫誠仍願送番丁隸營勇送子弟讀書自應准予招撫此外林朝棟
所撫近埔罩蘭三十餘社久已相安不復滋事此中路就撫之情形也北路自
大嵙社剿辦後經臣銘傳飭令防軍開山扼險臣維源招集墾民將荒地一律

墾闢民番亦漸相安惟樹木繞食納諸番仍屢出刦殺經統帶台北隘勇都司
鄭有勤督率隘勇化番分道剿辦並牒請宜蘭防軍扼紮林望眼社以爲聲援
復飭營官劉朝帶簡選精兵攻入樹木繞社開礮轟擊該番抗拒受傷而遁鄭
有勤復進剿食納社並查有已降之竹加山諸番亦隨同出掠復令營官呂賢
億林建庸分投攻剿兩社俱質子以降鄭有勤又見衣卯碧霞山哪阿諸社尚
未就撫亦乘勢克之時屆暑瘴兵勇病疫乃撤隊回防休息外尚有宜蘭縣轄
之內溪頭四社新竹縣轄之大也甘等十餘社屢出殺人臣於上年冬間分飭
鄭有勤與總兵陳羅前往剿撫據鄭有勤稟報其地道遠山深糧運艱阻爾派
撫墾委員陸陳謙駐馬武都社以接濟軍食十一月鄭有勤進屯六蓄社督令
林建庸攻剿木樹仁社劉朝帶攻剿內馬裏旺達都懶社諸營冒霧宵征佔紮
南社對面山頂縱礮轟擊達都懶爲大也甘等社第一門戶該番死力拒守經

鄭有勤督率諸營四圍環擊始行敗逃我軍遂佔馬來社山頂已見大也甘各社形勢內有也爲細妹一社控扼要隘其番掘溝斷路徧插竹籤紅衫佩鈴鴒立待戰劉朝帶察看地形險絕未可逕攻稟請鄭有勤飛飭林建庸自大也甘後路抄襲並令顧金魁率軍接應十六夜大霧劉朝帶挑選精勇化番掩旗息鼓遴派番目爲導潛出也爲細妹社之旁襲其不備所過皆鳥道羊腸自古不通人跡狂風驟雨士卒蛇行挽臂攀籐魚貫而上天明繞出馬來社直入也爲細妹腹地旗鼓大作奮力猛擊番衆猝未及防紛紛竄走焚毀番屋數十間斃番十餘人奪獲鏢槍百數十具是夕唷官徐耀基亦攻奪大也甘社與劉朝帶會合顧金魁亦攻破京孩兒南兩社鄭有勤飭令諸營各踞所破番社嚴設防守禦止焚殺番衆畏甚遂約同打馬等十三社送子乞降繳土槍百餘桿維時竹角英等兩社觀望未降劉朝帶移師向之數日亦送子求撫所有新竹內山

京孩兒以東二十社悉平鄭有勤稟請收隊臣當檄令就近移師會同統帶鎮
海中軍前營總兵陳羅剿撫內溪頭四社據陳羅稟報十二月進逼牛鬭山募
外溪化番造橋除道直趨下壘社攻剿內溪諸番棄社逃遁斬首四級營官陳
錫常抄襲大馬龍社後截殺十二人營官曾友成追斬拜阿瞪社番首六級兩
路斃番數十人焚毀番屋三十餘所適值大雪糧匱乃振旅而還行抵外溪頭
埤蘭社口伏番數百縱槍鏢斷我師陳錫常中槍陣亡軍士死者十三人遊擊
王廷楷聞信急援番始退還守牛鬭山鄭有勤會剿之師自大也甘拔隊分屯
樹木繞竹加山營官劉朝帶林建庸由加拿鶴社開路直入內溪扼其險要獲
得外溪傷番十餘人訊稱宜蘭官軍進剿殘殺內外溪八社一空而避非敢刼
殺官軍等語十二月二十一日外溪頭四社番目央託化番帶赴鄭有勤營中
哭訴陳羅因浮橋冲失疑爲該番折毀陷害官軍殺戮化番六人衆番不服因

槍斃營官兵勇十餘人非敢背叛請招撫內溪四社番以贖其罪並繳所獲槍礮多件鄭有勤隨將番目送至台北經臣銘傳察明情實急將陳羅撤罷於是內溪四社番俱送子爲質弁昆連後山之拾高搖等十四社亦相率以降此北路就撫之情形也伏查臺灣生番各分氣類嗜殺則同從前逐隘嚴防地皆荒棄已開之土轉屬虎狼盜賊之鄉前船政大臣沈葆楨創議開撫十餘年纔得埤南恒春一廳一縣自嘉義迤北綿延數百里番社多未及降歲殺墾民數百人爲政教所不及臣銘傳當法事解嚴察勘全臺情勢番山腴地多荒民番日相仇殺官置不問實非政體所宜且既設行省不能不闢土分治緝匪安良斷非撫番不可乃於光緒十一年十月奏明開辦數年以來各軍出險入幽不避瘴癘鋒鏑將士死亡數千人仰賴天威生番一律就撫雖氣質驟難變化惟當示以威信有犯必懲一面教養番童開其知識臣維源廣招墾戶務使聲氣

相洽情志相通庶可轉移故俗除將新舊歸化番社人數地址詳細繪圖續行
呈送軍機處外所有在事人員不無微勞足錄其尤爲出力之北路副將林福
喜請以總兵記名簡放花翎遊擊銜留閩儘先補用都司鄭有勤花翎遊擊銜
都司劉朝帶均擬請免補參遊以副將儘先補用並請　賞給勇號都司黃定
國擬請免補都司以遊擊儘先補用澎湖水師右營千總林勝標藍翎千總林
建庸五品藍翎陳玖英均擬請以守備留閩儘先補用並　賞戴花翎同知銜
福建試用通判王維敘擬請開復原官原銜並免繳捐復銀兩福建候補縣丞
陸陳謙擬請免補本班以知縣仍留原省補用至歷年剿撫諸將並各局撫墾
委員均屬不避艱險曾經臣銘傳奏明俟全臺生番一律歸化彙請　恩施可
否擇尤彙同剿辦呂家望各番並歷次剿撫各案一併奏請　獎勵以昭激勸
出自　逾格鴻施

光緒十五年三月初五日奉　上諭卞寶第劉銘傳林維源奏全臺生番一律歸化逆首就擒請將出力人員獎勵各摺片臺灣各路呂家望等番社負隅梗化經劉銘傳督率官軍勦撫兼施將逆首劉添汪等拿獲懲辦現在全臺生番一律歸化仍著該撫等將撫番開墾事宜妥爲辦理以靖疆圉所有尤爲出力之副將林福喜著以總兵記名簡放都司鄭有勤等均著免補參將遊擊以副將儘先補用鄭有勤並賞給強勇巴圖魯名號劉朝帶並賞給奮勇巴圖魯名號都司黃定國著免補都司以遊擊儘先補用千總林勝標等均著以守備留於福建儘先補用並賞戴花翎已革通判王維敘著開復原官原銜並免繳開復銀兩縣丞陸陳謙著免補本班以知縣仍留原省補用其歷年勦撫各軍出力員弁並各局撫墾委員准其擇尤彙保毋許冒濫另片奏彰化嘉義紳士保衞鄉里緝匪弭患懇請獎敘等語郎中蔡占鰲著賞加道銜主事林啓東著賞

加五品銜該二員均賞戴花翎以示鼓勵該部知道欽此

副將開山戰沒摺十五年九月二十四日

竊據統帶宜蘭防勇副將劉朝帶稟稱蘇澳花蓮港一路光緒初年經提督羅大春自海邊築碉漸進大兵既退旋復荒蕪今社番撫定請由山內逐漸開修直達花蓮港以免迂繞臣見其深明地利當即批飭相機辦理九月初五日據宜蘭軍管帶王廷楷稟報九月初一日劉朝帶督弁勇五百人入山開路距蘇澳五十餘里之光立嶺地方將隊伍紮該嶺東西兩面其地去老狗社尚二十餘里蔓草荒山四無人迹劉朝帶分隊跋山另遣差員黃德昌攜帶化番二十餘人前往探路營官曾友成率勇一百五十人正在嶺西開路不虞黃德昌甫過山嶺忽有伏番無數槍如雨發黃德昌與隨從二十餘人均被戕害該兇番乘勢圍殺曾友成開路勇夫劉朝帶督率弁勇開槍接戰番圍過衆竟與營官

曾友成等弁勇二百數十人一並陣亡王廷楷相離較遠救援不及等情前來
臣聞悲歎不已自來番性嗜殺每至秋際八九月間名曰做享專事殺人今劉
朝帶所開之地僅老狗社與加九岸番毘連加九岸仇殺居民緝兇未獲諸社
竟敢潛伏路左殺害官弁二百餘人豺狼之性怙惡不悛實屬異常悖虐臣得
報後另委總兵滕國春接統所部嚴飭各營防禦以衞墾民確查出草兇番究
歸何社派軍嚴勦以儆兇頑伏查副將劉朝帶忠勇性成敢於任事連歲入山
勦撫奪隘殲渠戰功卓著及統所部駐防宜蘭其地夙多匪類分結黨徒一曰
西皮一曰福祿不時械鬭擾害閭閻劉朝帶到防後疊獲渠魁兩黨爲之斂跡
閭閻安堵愛戴尤深一旦督軍開山恃勇深入陣亡山僻骸骨無存宜蘭紳民
輒爲流涕可否仰懇　天恩准照總兵陣亡例從優議卹其餘陣亡之副將銜
叅將黃德昌都司曾友成李勝鍾孫得勝守備滕國順千總陳嗣錦劉如意曾

民立張雲祥把總任承恩劉學疆王維城許海龍陳新華林漢卿丁元泰張言誠外委黃品芳張德坤王占魁暨勇丁通事等共二百七十三人並懇　飭部分別優卹以慰忠魂其救援不及之營官副將銜遊擊王廷楷副將顧金魁蹔重山間隔聞報已遲究屬救援不力應請革職留効以勵軍威

光緒十五年十月二十日奉　上諭劉銘傳奏副將進山開路中伏陣亡懇恩優卹一摺據稱九月初間副將劉朝帶因番社撫定進山開路猝遇兇番伏路戕害等語全臺生番前據該撫奏稱一律歸化何以宜蘭各社輒復逞其兇狡設伏戕害當時辦撫未能盡善已可概見此次戕害官弁至二百餘人之多若不大加懲創恐受撫各社聞風效尤後患更不可勝言著劉銘傳督飭現派之員查明叛番確係何社嚴行剿辦以儆兇頑所有已撫未叛各社應如何通路鎮撫之處尤應妥慎籌辦切勿輕率從事是為至要副將劉朝帶著照總兵陣

亡例從優議卹參將黃德昌都司曾友成李勝鏞孫得勝守備滕國順千總陳嗣錦劉如意曾民立張雲祥把總任承恩劉學驪王維誠許海龍陳新華林漢卿丁元泰張言誠外委黃品芳張德坤王占魁及勇丁通事等共二百七十三名均著分別從優議卹遊擊王廷楷副將顧金魁救應不力著一併革職留營効力該部知道將此由五百里諭令知之欽此

剿辦臺北內山番社獲兇正法移駐宜蘭摺 十六年正月二十五日

竊上年九月宜蘭伏番狙殺統兵官劉朝帶等二百餘人經臣奏報在案當飭確查出草兇番派軍剿辦並飭沿山隘勇嚴密防範旋據大嵙崁撫墾總局稟稱加九岸遷出十七社總番目有敏阿歪於九月間突挈妻子返故地陰結卓家山樹木繞諸社連殺隘勇四十餘人內山墾民懼而思徙統帶臺北隘勇營遊擊鄭有勳亦稟稱隘多勇寡不敷防禦請益募土勇千人以資分布各等情

經臣批准暫招千人嚴密防禦俟剿辦後即行裁撤一面檄調各軍挑選七成
隊伍齊集臺北前往剿辦時因久雨未行臣復念軍多而地險非得賢統將不
足以藏其功因澎湖鎮總兵吳宏洛忠勇謀畧動合機宜乃令總統諸軍爲特
將於十一月十六日進剿宜蘭據吳宏洛稟報該鎮所部四營與建甯鎮總兵
蘇得勝四營提督李定明三營處州鎮總兵竇如田兩營長驅十三日同抵外
加輝飭隘勇營官陳玖英進壁內加輝以當前敵加九岸兇番就溪邊設碉抵
抗經陳玖英擊退毀碉過溪驟中槍傷陣亡勇丁二人該處山高路險林密草
深中隔大溪數道吳宏洛商同蘇得勝李定明等分段芟除草木開道建橋設
立碉卡步步緊進十二月十四日大軍至白阿山有敏阿歪率悍番二百餘人
拚死抵拒吳宏洛飭將炸礮火箭乘勢雜攻挑選奮勇奪番碉三處立即攻毀
白阿歪社即踞山頂建築礮臺四面環擊十七日攻破校椅欄社諸番目紛至

乞降吳宏洛諭縛送總番長有敏阿歪及兇殺各等番到營後再議收撫諸番
目遲疑不决吳宏洛復與李定明分剿卓家山樹木繞兩社同於二十二日攻
破各番怖甚二十三日始將有敏阿倭帶麼孤欲有千打籠馬來得麼等縛獻
官軍乞降稟由臣批准收撫並將有敏阿歪等訊明正法以昭烱戒當查統帶
隘勇營遊擊鄭有勤臨戰不力即予撤換以總兵陳羅統其軍就白阿歪山上
添築礮臺逐地設碉以備屯守並咨請幫辦開墾事務臣林維源廣招墾民籌
借官本舉所有曠地盡行開闢庶幾日久番少民多不期自化內山轉輸艱險
各軍於正月初三日陸續撤回臺北府城此剿辦加九岸叛番之情形也臣查
臺北番社大山自宜蘭南趨西面統名加九岸東面統名南澳加九岸既經剿
辦暫可畏威惟南澳絕險未示以兵敢殺統兵大員亟應嚴剿以除殘虐仍飭
吳宏洛總統諸將於正月十八日聯旆以東惟山深路險糧運奇艱地勢番情

尤難洞悉二十六日臣復乘輪親往面授機宜仰副　朝廷顧念巖疆至意

勦平南澳番社請分別賞罰摺 十六年閏二月初七日台北府城發

竊臣前因臺北社番滋事派兵先將加九岸勦平正兇伏法親督各軍勦辦宜蘭於正月二十五日奏報在案臣拜摺後於二十七日至宜蘭之蘇澳其地至南澳五十里諸社更入南澳山三十餘里山高路險必自蘇澳鑿山開道方可進攻澎湖鎮總兵吳宏洛總統各軍馳抵蘇澳督同宜蘭防軍統帶副將傅德柯進駐東澳臣飭澳紳都司陳輝煌募土勇三百人作爲嚮導合同處州鎮總兵竇如田銘字三營自東澳而前另飭提督李定明定字三營建甯鎮總兵蘇得勝健字三營自海乘輪逕抵南澳李定明至南澳後築營闢道以利軍行二月初三日吳宏洛督各軍至南澳會商李定明等分道前驅以竇如田三營防其後吳宏洛督宏健各營自南澳山巔以進李定明傅德柯兩軍自溪底以進

初六日傅德柯至末都納社山口番衆扼險抵拒吳宏洛由山巓抄過社後番衆棄卡逃遁傅德柯乘勢襲入末都納社焚其屋廬遂進攻搭壁罕五社番衆恃險死拒初九日吳宏洛督軍至搭壁罕山巓縱礮旁擊番懼乃奔傅德柯督勇毀碉焚其社陣斃十餘人我軍亦死傷勇丁六人奪獲珠衣槍標粮械甚多該五社爲南澳第一巨社於是火番宅二百餘所諸番號泣莫敢攖十二日至老狗外五社番已自火其宅相率逃遁其地兩山峭立絕壑巉巖澗石嵯峨僅通一線傅德柯四顧旁皇徧覓無路十三日鼓勇直進突出兇番二十餘人縱槍猝擊傅德柯與哨官劉秀顏同時陣亡及至前軍回救番已無蹤吳宏洛自武搭山巓徑由高山趨向西北抄過內老狗社後與溪底諸營隔絕二十餘里音問不通山險無路可下吳宏洛見礮能及社乃飭勇丁斬除林莽以備礮攻突有悍番數百蜂擁而前死戰不退營官許恩銘鄭運泰等督勇迎敵自辰至

酉鏖戰一日番衆死傷如積始行敗歸我軍亦死傷三十餘人當吳宏洛冒險前進臣絕慮之是日親登武搭山巔察看形勢吳宏洛頭卡已過武搭山二十里武搭而西山勢聳絕天日不開番屋晨星漫無村落詢諸土勇據稱老狗內四社散居山谷無土可耕今末都納十八社男婦數千人盡避官軍走匿深谷進而攻之路險不能驟入而徒傷兵銳惟番多食寡每夜出乞糧大軍若截其險而絕之可以不戰而下臣飛飭吳宏洛毋奪險下山猛攻折銳速擇要害伏設地雷將西北各卡撤回武搭山南開路通溪底軍以便運糧取水二十五日吳宏洛稟報地雷已伏十三具是日撤卡陽退各番喜譟追逐觸發地雷轟斃兇番二十餘人寂然而返自此不敢出山吳宏洛於二十八日密令竇如田簡死士三百人仍自武搭山險誘番出山別令宏健兩營選奮勇三百人伏武搭山下伺番出戰由後截擊竇如田軍入山番不出敵因畢險內番宅悉行焚毀

番衆大懼號哭乞降吳宏洛使舌人問狀泣稱粮食已盡饑餓且死懼觸地雷不敢出山今實窮蹙求恩收撫乃命於閏二月初一日自至宜蘭撫墾局乞撫及期番目九人跪帳下泣供居廬已被焚毀精壯亦死傷二百餘人乞免縛兇徒情願送子爲質臣當令囘社將上年所奪劉朝帶槍械二百餘具一一獻還各送番童入義塾讀書許以收撫旋飭各軍陸續囘防傅德柯陣亡後以副將劉仁柏統所部三營並徙沿山險勇進紮十里嚴密設防招民速墾布署麤定臣乃還臺北府此剿撫南澳番社之情形也臣查統帶定字三營記名提督李定明上年加九岸之役已緩滯不前今南澳復令與傅德柯偕進傅德柯冒險前驅彼軍統領營官俱不出隊僅令幫帶官率勇百人佇立以觀傅德柯陣亡前敵槍聲未絕彼軍乃急退若無事然滑詐虛糜非嚴懲不足以肅軍令除撤去統帶另委總兵汪東昇暫行代理外應請旨將記名提督李定明褫去黃

褂撤銷勇號革職以都司降補該軍右營營官總兵銜副將龍斌概氣滑言浮
請卽行革職所有尤爲出力之記名提督澎湖鎭總兵吳宏洛自上年冬總統
各軍剿辦加九岸南澳各番開山伐木破敵攻堅遇事身先不避艱險實屬勞
苦異常擬懇　天恩從優賞賚已保提督銜浙江處州鎭總兵竇如田請以提
督　記名簡放已保參將銜遊擊趙有才已保遊擊鄭運泰均擬請以參將儘
先補用並　賞加副將銜已保千總柯壬貴陳德馨均請以守備補用并賞戴
花翎其力戰陣亡總帶鎭海中軍等營閩浙補用副將傅德柯請照總兵例從
優儀卹已保副將銜參將李晴峯副將銜參將劉秀顏守備熊文標并請一併
交部從優議卹以慰忠魂

卷四勘誤表

頁數	行數	字數	誤	正	脫	衍
一	十七	十二	莊	尺		
一	廿一	十二	帷	惟		
三	十八	一上			闕	
三	廿二	三	章	徹		
四	五	二	尸	尺		
四	九	十六下			至	
四	十二	十九	導	道		
四	二十	廿二一	日未	目禾		
六	十九	十八	互	亘		
八	四	廿二	徙	從		
八	十	十六	實	常		
九	一	一上			濟	
九	十五	廿三四	誠輸	輸誠		
十	八	一	換	渙		
十	十五	二十	徒	陡		
十一	廿一	二	暑	署		
十二	六	八	砂	破		
十二	二十	廿七	以	令		
十四	四	七	換	渙		
十四	十三	五	番	馬		

頁數	行數	字數	誤	正	脫	衍
十六	廿一	十八十九	番諸	諸番		
十八	四	廿四廿五	山番	番社		
十九	二	廿一下			召	
十九	十一	廿五下			接	
廿一	九	廿六	結	解		
廿二	四	十三	設	該		
廿三	三	一	莊	踞		
廿三	四	一	踞	莊		
廿四	十四	十	擒	擒		
卅一	十	廿八	虛	虐		
卅一	十八	廿三	響	嚮		

頁數	行數	字數	誤	正	脫	衍
卅三	十二	一上			馬	

清末民初文獻叢刊

劉壯肅公奏議

清末民初文獻叢刊

劉壯肅公奏議

（下册）

［清］劉銘傳 撰
陳澹然 編

朝華出版社
BLOSSOM PRESS

遵籌澎防請飭部撥款摺

竊臣承准軍機大臣字寄光緒十一年十月十九日奉上諭前有旨將福建巡撫改爲臺灣巡撫一切改設事宜令該督撫詳籌議奏台南北地輿袤延甚遠以形勢而論台北各海口尤爲緊要原議臺灣道一員遠駐南台深慮難以兼顧且巡撫常川駐紮一切錢穀刑名事宜必須分員管理各專責成否則於台灣道之外添設台北道一員著楊昌濬劉銘傳悉心會商妥議具奏澎湖爲由閩赴台要隘扼紮勁旅認眞操練方足以資緩急該處地方若由台灣巡撫管轄控制自更得宜並著詳細議奏其餘未盡事宜該督撫如有所見務當明晰敷陳以備採擇欽此遵旨寄信前來等因到臣除台北道如何添設另行籌議會奏外當卽咨商督臣楊昌濬澎湖防務如何籌辦將才難得能否由閩省布

置旋准楊昌濬咨覆湖澎防務仍歸台灣籌辦等因臣查澎湖一島特立孤懸不獨左右閩台亦南北洋緊要關鍵誠如聖慮必須扼紮勁旅認眞操練方足以資緩急其地媽宮港口船塢天然如內泊兵輪外築礮台布置得宜尙堪固守惟地皆沙石修築砲台黄土皆須由別島購裝需費較鉅且練兵購器築臺等事若無健將操法嚴明通曉外洋槍砲守禦仍恐難資查有記名提督吳宏洛素守吳淞海口砲台嗣在廣東歷辦海防十一年六月經臣派往澎湖察勘所論水陸險要明切無遺宏洛隨臣日久曉暢戎機臨敵身先驍勇敢戰講求操練深悉外洋火器精微若令駐守澎湖督軍布署必能措理裕如惟其人弟兄俱沒母老多病年近八旬上年七月假歸合肥原籍省親疊求終養情詞懇切令人惻然臣勉以移孝作忠專弁函招募勇來台相助現在署提臣孫開華奉旨開去幫辦一差仍回提督署任所部楚勇一千八百八二月底卽行

內渡臣令吳宏洛仍招所部將弁選募淮北勇丁一千八百人尅日來台辦理澎防以固海疆重地惟辦防必先購砲否則雖有堅台勁旅亦屬虛名上年十月臣曾附奏請撥洋款一百萬兩現准部議洋款僅剩六十萬已撥歸海軍衙門劉銘傳所請動撥百萬兩一節應無庸議惟現在海防雖撤澎湖防務仍應竭力經營為未雨綢繆之計該撫親勘形勢籌畫固甚周詳督撫有兼理粮餉之責一切布置當量入為出為久遠之圖毋使半途匱乏致隳前功台灣富庶之區非新疆可比從前辦理不得其人入款肆其侵吞出款滋為冒濫以致入不敷出竭蹶異常今既改設巡撫則一切政令皆所專持應請飭下該撫臣竭力整頓務將從前弊政概絕根株總期收款涓滴歸公用款絲毫無濫量入為出每年樽節若干另款存儲集有成數再將澎湖及各處砲臺次第興建以期款足應用事無中止等因查洋款僅存六十萬兩已歸海軍衙門臣處無從請

撥惟台灣一島久爲外人所窺　朝廷視爲重地改設巡撫無非保固嚴疆臣
忝膺斯土恨不能倍日經營誠如部議從前辦理不得其人入款侵吞出款冒
濫往事已不可追今須百廢俱興事事草創如開山招墾建省設官皆目前急
務均非巨款不行臣前奏請暫緩分畺亦慮經費無着惟辦防以禦外侮撫番
以清內患清賦以裕餉需此三事均爲急不可緩臣現竭力經營期於必濟查
前兩江督臣沈葆楨前福建撫臣丁日昌等先後於台灣撫番開山一事動需
數十萬每剿一社調兵十餘營臣於撫番重務未增一餉一兵惟與沈應奎陳
鳴志嚴裁冗費收劉璈冒濫之餘清查隘租奪土豪侵漁之利慘澹經營兵不
血刃全台生番已撫十分之三將來愈撫愈多雖經費難資尚可就地籌畫惟
辦防一事尤爲台灣最重最急之需上年法兵退後臣即飭各員趕造基滬礮
台並與洋商議購三十一尊後門巨礮始據上海洋行開價八十餘萬兩嗣經

滬尾領事並稅務司電商英砲廠往返磋磨減至六十五萬現經旗昌包辦復減三萬有奇並將砲位運至台灣不支運費花洋不折又可減銀十萬兩急須定議給價方今法事粗安臣何爲汲汲至此誠慮疆場之事瞬息萬端必有備乃可言戰必能戰乃可言和泰西各國愼固邦交不輕言戰而精圖戰備旦夕不遑無不儼臨大敵故能保持歐局邊圉無驚若外患稍定忘戰諱兵猝有難端何以自保此微臣中夜旁皇不能自已者也今部議飭臣量入爲出每年撙節另款存儲俟集有成數再將各砲台次第興築在部臣因餉需支絀不得已請置緩圖查全台每年入款從前只九十餘萬現經臣逐處淸釐約增銀洋十餘萬防軍三十五營月餉並輪船製造各費每年需銀百五十餘萬此次督臣楊昌濬到台議由閩省每年協銀二十四萬仍由閩關協濟銀二十萬合計不足百五十萬勉支全台兵餉雜款安能撙節盈餘　朝廷之設海軍購買兵

船原爲慎固海防起見澎湖當南北洋關鍵閩台要樞凡有心時事者無不以該處設防至重且急若不及時辦防一有兵爭倉皇束手前車覆轍能不寒心卽使經費有資該處台工浩大非兩年不能完工若俟撙節存儲舉辦更將何日事關軍國大計臣若畏難苟安就此徘徊諉宕將海疆第一要隘棄等石田微特外國垂涎觀此更將睥睨一旦外人襲踞台何以存台若不存萬里海疆豈能安枕臣深憂大局正自無可如何適督臣楊昌濬察勘澎湖形勢到台臣往曾商三日督臣老於軍務洞悉戎機深以澎防爲急明知閩餉奇絀然一片公忠懇摯慨允罔省力籌惟臣購砲辦防急需銀八十萬兩閩籌有着尙可次第撥資否則惟有仰懇　天恩飭部另籌撥給以濟要需無任急切待　命之至

三月二十四日　軍機大臣奉　旨戶部速議具奏欽此

再臣恭奉　上諭澎湖爲由閩赴台要隘扼紮勁旅認眞操練方足以資緩急該處地方若由台灣巡撫管轄控制自更得宜並著詳細議奏其餘未盡事宜該督撫如有所見務當明晰敷陳以備採擇欽此仰見　聖慮周詳虛懷下問欽佩莫名臣查澎湖本設副將一員從前防務歸廳協會辦海疆有事既請命於鎮道復受制於通判牽掣既多安能有濟若歸統兵將領辦理副將既成虛設主客恐難相安現當海上多事之秋今昔情形逈異澎處閩台樞紐似非特設重鎭不足以保危疆督臣楊昌濬久歷戎行與臣不謀而合據云擬將澎湖副將與海壇鎭對調各就現時兵弁畧爲變通不增額兵尚不至多所勞費將來海上有事聲援隔絕之際稍可自持防務雖歸臣籌辦仍歸督臣管轄所需糧餉軍火有事必須閩臺共濟不分畛域方足以保孤危如蒙採納請　飭下楊昌濬妥議具陳

光緒十二年三月二十四日奉　上諭劉銘傳奏澎湖爲閩台門戶非特設重鎮不足以資守禦楊昌濬與該撫意見相同擬將澎湖副將與海壇鎮對調仍歸總督管轄等語即著楊昌濬劉銘傳會同籌議具奏閩臺防務關繫緊要該督等商辦一切務當和衷共濟不分畛域力顧大局上年諭令該督等會議臺灣改設各事宜並着一併妥速議奏毋稍遲延欽此

覆陳臺灣出入款項懇飭速籌的欵以便分省設防摺十二年十月二十日

竊臣准戶部咨本部議覆閩浙總督兼福建巡撫臣楊昌濬奏台事需款甚急籌撥維艱一摺光緒十二年七月十一日具奏奉　旨依議欽此鈔錄原奏飛咨前來臣查部臣祇計入款不問出款應將全台出入各款一併澈查現據總理糧台前貴州藩司沈應奎署台灣道陳鳴志開具出入清單臣查鹽煤洋藥茶腦釐金四項已經臣釐剔弊端奏明有案謹再由清單內分款註明毋庸贅

瀆部議台灣常例入款如人丁餉稅歲徵十萬三千餘兩等語臣查有常例入
款卽有常例出款各省皆然人丁餉稅除各縣額編存留支給各款外餘由福
建藩司嚴飭湊撥台灣額營兵餉歷年奏銷報部有案勢難截其常支指爲辦
防經費部議又以台灣額徵供粟十九萬八千餘石雖未明指可作辦防之用
意謂尚有此款當可辦防臣查額徵供粟關給全台額營兵米近年裁兵案內
截存未經募補兵穀遵照　奏案變價年僅二萬餘兩暫撥辦防若行省設定
添設標兵仍須撥還支放兵米以上二端向由福建藩司照例收發臣處無案
可稽惟據南北兩府開報其餘有無入款須飭藩司淸查至臣本年　奏請抽
收百貨釐金淸丈田畝甫經舉辦釐金一項已奏明抵撥電線價銀淸賦竣事
需時雖有增加誠如部議亦在五七年後此尤情勢之皎然者部議又稱上年
海防捐輸計收銀三十餘萬兩查此款係台灣被圍時先向紳商捐借以應急

需解嚴後始行補獎部臣按册稽銀指爲現在入款不知事後補獎款早無存
自上年六月至本年四月閩省絲毫未曾協濟全臺裁勇四十餘營補發欠餉
辦理善後東挪西湊支絀萬分上年十月臣因兵餉不濟恐有譁潰之虞不得
已奏請敕由廈海關按月協銀三萬兩其時未與督臣晤面尚未遽提閩
省協餉本年春初督臣親至台北目覩支絀情形力維大局允由閩省每年濟
銀二十四萬兩仍將廈海關協餉二十萬按季撥歸台灣差免竭蹶部議又稱
台灣防務須照廣東南沙州防務辦法十年爲期既毋勞驟籌鉅款而防務亦
無貽誤等語臣以廣東南沙州能保十年無事設籌防務尚可從容台灣孤懸
海外屏幛東南久爲外人所窺伺當法人圍攻之際兩宮宵旰憂勞其時內
外臣工無不以台灣無備爲恨解嚴後欽奉電旨敕由英德兩國購造鋼甲
快船四隻專備台澎需費二百餘萬兩並設行省竭力經營仰見朝廷不靳

鉅款慎重海防中外臣民無不同聲感頌臣忝膺斯土恨不能倍日經營保固
海疆門戶前車不遠後患方長曷敢視爲緩圖致貽強敵從前沿海辦防修一
礮台需費至數十萬兩臣於澎湖基隆滬尾安平旗后五口購砲築台僅請款
銀八十萬兩自春至冬閩請部籌部推閩撥空文往返未見分文轉眼礮價到
期洋人催索臣將何以應之購礮無償轉成交涉恐將貽累　朝廷無任急切
待　命之至又部議督臣奏請籌撥五關協餉每年三十六萬兩各海關無款
可解徒託空言等語查此款專爲分省經費台灣奉　旨特開行省修建城池
衙署分治設官餉需甚鉅卽無論分省與否分治萬不能延臣已察勘形勢全
臺急須添設廳縣七處卽土城草署所費亦需數十萬金部議以本地之財供
本地之用無庸台灣協濟內地亦無庸內地協濟台灣督臣奏稱是可期諸異
日難以行諸目前實爲精確不磨之論譬如人在幼年全賴父兄教養成立後

方能自給身家沈葆楨前奏台灣氣局未成如商人貿物農民墾荒不費資本於目前何能收利於異日若以空言分省部不撥款閩不協銀是棄台灣也臣才庸力薄蚊負滋慚草昧經綸本非所任前奏請暫緩分省亦慮經費難籌現在閩省視爲已撥之局錙銖必較台灣縱守未分之例情勢已殊將來是分是合朝廷自有權衡惟以無米之炊處危疑之地徒擁虛名勢成孤注不特無補海防且恐坐隳東南大局臣賦性愚戇遇事不敢欺蒙謹將全台款目詳列清單據實瀝陳伏維慈鑒

按此單移附理財略中

十一月十三日軍機大臣奉旨所陳籌辦台澎防務並購砲價值需款甚急均係實在情形著戶部速議籌撥有著的款即行具欽奏此

籌借洋款購砲台借台還片

再臣籌辦澎防並購砲價值急需銀八十萬兩與督臣先後奏請　飭部籌撥現准部議於閩省創辦糖廠開採鉛鑛課稅撥解以濟要需等因臣查閩省並無創辦糖廠之事鉛鑛集股未成亦未興辦部臣以故大學士左宗棠之空言指爲實用自係絫項支絀暫假挪延惟澎防奉　旨飭辦疊經奏明購礮築台非敢專擅前借海軍洋款二十萬抵撥穆圖善兵餉不能不作速籌還明年正月又須給礮價銀二十萬兩餘俟礮位到齊均須給付購礮原爲辦防澎湖辦防急需款二十萬金萬難遲緩若再請部籌撥勢必延宕無期屢與督臣楊昌濬返覆函商擬由閩台各借洋款四十萬約以週年六釐起息三年後閩歸閩還台歸台還以濟緊急如蒙　恩准請　旨飭令督臣楊昌濬速行籌借銀四十萬兩以二十萬撥還海軍以二十萬給付明春礮價臣與台北中外商人議定允借銀四十萬何時動支再行起息伏乞　聖鑒

軍機大臣奉　旨覽欽此

請撥兵商各輪船片 十一年五月

再臺灣善後需款浩繁臺灣道劉璈曾稟請左宗棠由借洋款內撥銀壹百萬兩辦理善後經臣電乞總署請　旨飭令左宗棠將劉璈所請百萬撥歸全台辦理善後想邀　聖鑒惟善後以辦防爲第一要務台灣面面皆海臣等察看各口及往來通信斷非輪船不行澎湖基隆滬尾三海口均須長泊快兵船一隻將來修造礮台運辦各料尤須裝貨船二隻滬尾尙存萬年青輪船一隻費重行緩年久無用應請　飭令南北洋分撥快船三隻福建船政速撥貨船二隻到台備用如蒙　俞允所撥兵商船到台之後其餉項如何發給請　飭南北洋船政議奏定章以便遵行

光緒十一年五月二十六月奉　上諭楊岳斌等奏籌辦臺灣防務澎湖基隆

滬尾三海口均須長泊快兵船一隻修造礮臺運辦各料須裝貨船二隻到台備用等語臺灣所需各船能否照數撥往著李鴻章曾國荃裴蔭森奏明辦理至各船到臺之後餉項如何發給並着妥議具奏欽此

購買輪船片 十三年五月

再台灣於上年五月法人解嚴之後遣撤兵勇運載軍裝萬年靑伏波兩輪船尙未修成無船應用旋由新授上海道龔照瑗在上海暫雇威斯麥輪船運載每月船價洋幣千四百餘元九月杪威斯麥船辭去復經照瑗覓購威利輪船價三萬八千兩臣因威利輪於法兵封口之際屢次冒險運兵運餉來臺載重行速何以出賣價値如此之廉恐有朽壞欺朦之處當飭照瑗與其立約先給價銀二萬兩先用十個月如果船底船身毫無損壞方能淸價成交否則原船仍行退還月給租洋千三百元現計威利來台應差十月船料尙堅運載頗爲

得力應照原議留作臺灣商船除將價銀給清外謹附片陳奏

添購輪船片 十三年五月

再台北本有伏波威利萬年青輪船三艘運載木料磚瓦辦理礮台城署各工另有海鏡兵船專供澎湖差遣自萬年青碰沈後伏波水缸損壞於二月駛赴馬尾船廠修換台北僅威利一船不敷差遣現在基隆滬尾並台南安旗澎湖等處礮台正在工程繁急之時載運需船待料停工所糜甚鉅適有德國會刺輪船一艘因船主急圖返國在香港減價出售當即派員勘驗駕駛來台勘得船長一百七十尺機器船身甫用六年均屬堅固需價銀二萬六千餘兩雖較威利短二十餘尺而船身稍闊較購威利價值尤廉起錨起貨機器俱全運載料件尤爲便捷當經山打士洋行說合價銀仍由捐輸項下撥給命名威定以應急需擬俟伏波修竣及外洋所購電線輪船到台之後再由臣酌照原價撥

歸商務局應用公項既無虛糜藉可暫資差遣除將船圖馬力月支薪糧造册
咨送海軍總理兩衙門並戸部查照外謹附片具陳
請撥兵船並請同購魚雷船專備臺急片 十四年七月
再臺北距埤南旱道一千三百餘里山水阻隔跋涉奇艱輪船只須兩日臣於
初五日接到警報當卽電請北洋大臣李鴻章速派快船兩隻來台助援至今
未到查光緒十一年法防定後恭奉　特旨由英德購造鐵甲快船四隻專備
台澎防務等因欽此上年船成囘國聞經海軍衙門奏歸北洋訓練臣因台灣
經費支絀既無養船之資又乏管駕之材猥以臺境粗安未便瀆請此次埤南
變起倉猝若得臺南北各有兵船一隻立時馳往不獨張兆連不致受困且免
埤南數百家焚殺之傷今新購鐵甲快船既歸北洋訓練惟有仰懇　天恩俯
念臺灣孤懸海外非船不行　飭令海軍衙門酌撥次等稍快兵船兩隻由臣

再購大小魚雷船數隻專備臺澎防患巡口之用以免臨事倉皇無從措手如

蒙　恩准應請　飭下海軍衙門一併核議施行

光緒十四年八月初五日奉　硃批該衙門議奏欽此

變售舊輪船以資新購摺 十五年十一月二十六日

竊臺灣四面皆海往來險阻斷非輪船不行自萬年青威利威定等船先後沉失惟恃飛捷伏波海鏡三船飛捷專修水線全賴伏波海鏡差遣運輸此二船均由船政局製造逾二十年屢修屢壞除逐年小修外隔年即須大修現據管駕都司林文和稟稱伏波龍骨軟弱首尾倒垂現當冬令風浪拍天不能駕駛且船身朽敝修理尤難臣已將公費裁撤海鏡雖尚勉行海上朽敝實同擬俟來年澎湖城工告竣一併裁撤僅剩飛捷一船尚須修理水線不敷差遣運輸查台灣商務局經臣招股購製二快船一名駕時一名斯美船身各長二百五

十英尺純爲鋼質製成每點鐘能行十五六諾裝兵運貨便捷異常每船價銀十八萬兩自知府李彤恩病故後商務經理乏人現由臣商同各商將兩船併爲官輪仍作商輪照舊搭客載貨所收水脚資銀卽抵兩船經費台中官物卽可運載無俟另籌養船之資兩船價銀三十六萬兩經臣飭令善後局於海防經費項下陸續籌還以淸商款查伏波海鏡兩船每月公費薪糧幷修理用煤等項各支銀二千五六百兩每年併計兩船需費銀六萬餘兩卽以此項按年抵還駕時斯美船價六年卽可償淸如此一轉移間公家毫無所虧六年之後既得堅快之船又省養船之費於台灣海防不無裨益除呈報海軍衙門暨咨戶部船政外謹請　飭部立案

光緒十六年正月初五日奉　硃批著照所請該衙門知道欽此

購造小船片 十三年二月

再准兵部咨覈覆補報臺灣購買南通北達前美如川小輪船四號均應照章補奏立案以便核銷等因查臺灣各口內淺外深風湧不時大號輪船不能近岸光緒十年法防案內曾赴香港製造南通北達前美小輪三號分撥澎湖安平滬尾各海口緝捕運輸兼通文報南通長十丈北達長七丈前美長七丈後因不敷遣用續赴香港輪機廠定造小輪船名曰如川船長七丈五尺十一年冬派弁駕駛出洋在南北一帶海口遣用後因分設省會修造砲台工程浩大裝運物料四輪不敷又雇洋匠自造駁船一號計長七十尺載物七百石可抵澎湖廈門等處駁運砲械安置水雷極稱穩捷又因台灣海口河道多淤非挖泥船不能疏洗又經定置挖泥機器船一號以上二船均已到台配齊弁役月支各費均照小機輪船應支之數覈支業經造册送部奉准飭查理合補行奏咨立案

購辦水陸電線摺 十二年八月二十八日

竊臺灣一島孤懸海外往來文報屢阻風濤每至帀月兼旬不通音信水陸電線實爲目前萬不可緩之急圖查同治十年船政大臣沈葆楨奏設立台地水陸電報曾同上海大東北公司議明價值已定合同葆楨調任兩江議遂中止臣於上年法兵解嚴之後即思竭力經營固慮經費難籌亦因水線價昂非考實精微不敢孟浪從事今自春至秋洋商多來台承辦臣因旱線損壞易修水線損傷無船不能修理中國只大東北公司修理電線輪船一隻若照葆楨議歸彼修理較易爲謀特派知府李彤恩馳赴上海與該公司面議據開由廈門至澎湖以達安平水程約五百里索價銀十五萬五千兩包修三年需費銀三萬兩以後遇有損斷彼輪修理日需銀五百兩與葆楨原定畧同須交現銀爲據彤恩因價鉅置之會同試用道張鴻祿諮訪各洋行令其各開價值約同各

洋商一併來台面臣然修理無船水線萬不能辦據瑞生洋行條陳自造鋼殼四鐵葉輪船一隻由外洋裝線運至中國並自購修理機器一副船身長三百二十英尺闊三十二英尺可以安礮六尊俟電線安妥後平時可以載貨裝兵巡緝洋面電線損斷卽可自修一舉而數善備以免大東北公司居奇臣私籌熟商臺灣四面皆海舉動需船多一船卽得一船之用當令洋商各開實價擇廉成交怡和泰來瑞生三行開價較廉電線價銀十萬兩輪船價銀九萬兩修理電線機器價銀一萬兩測量機器一副三局電報機器並包運包放工價包險等費共銀二萬兩總共價銀二十二萬兩臺費奇絀鉅款難籌當議三年歸還卽可成議他兩行皆不肯承惟怡和可辦當飭張鴻祿李彤恩與其詳議條款先給定銀四萬兩餘分三年歸清不給利息現據李彤恩等詳送條款合同幷船圖電式前來臣查沈葆楨前立合同由安平至澎湖再由澎湖至厦門議

價洋二十一萬二千九百餘元合銀數計之須十五萬三千二百餘兩道里相同惟所議頭等電線近岸重八噸者八十五里餘皆重一噸三分此次所訂電線議定頭等近岸重十噸者一百里餘皆重至二噸不獨價值便宜線料亦大相徑庭且查瓊州水程不足六十里據大東北公司開送從前包辦海線價銀二萬餘兩若以臺灣綫價比較更屬廉平至添購修理電線輪船一項按照合同所開機器馬力價亦不昂臣於經費萬分支絀之中勉辦急需之具若不切實籌算給價或多微特不能節省且將見笑洋人旱線由基隆滬尾合至淡水由淡水至臺灣府城往來兩道議定八百里除木料之外餘皆由泰來承辦共價三萬兩訂於明年正月安設水線定於明年六月安設臣尤慮者安設水線費款至十萬金一旦有事或被敵人割斷不獨無裨緩急且將虛擲鉅金殊爲可惜今自造一船可以自行取撈便益甚大惟此項經費無著臣同沈應奎反

復籌議只有百貨釐金項下可以撥支但本年六月甫經開辦每月收數銀不足四千兩三年之內能否相償尚無把握臺地安設電報於茶商最爲得益彤恩現與商人議定如三年內釐金收數不敷電價由商捐助除將合同船圖咨送海軍并總理各國事務衙門外謹具摺以陳

軍機大臣奉　旨該衙門知道欽此

臺灣水陸電線告成援案請獎摺十四年五月初五

竊臺灣購辦水陸電線經臣於十二年八月　奏明在案嗣因海線取道廈門海程不便改由臺北滬尾達福州之川石海程較多五六十里復經勘議加購水線價銀五千兩因地居海外需用中外物料不能按限運齊十三年三月甫將基隆滬尾合至臺北兩綫動工八月怡和洋行承辦水綫裝由飛捷水線輪船到臺經臣委員驗收隨即駕駛勘量海道將川石至滬尾水線妥安福臺兩

省先行通報續至澎湖放線抵臺南之安平口維時陸路均已勘明於十一月
間由臺南接辦陸線取道彰化迆邐而北十四年二月初一日與臺北之基隆
滬尾兩線接通臣以閩臺海面暗礁過多台南北山徑崎嶇溪流橫截線條線
桿均須格外堅牢復飭原辦委員往返周巡妥爲安插現自開報之後一律完
固通行統計水陸設線一千四百餘里分設川石滬尾澎湖安平水線房四所
除台南安平旗后原設報局三處外添設澎湖彰化台北滬尾基隆報局五處
一切材料機器水線輪船木桿工程勘路轉運局員經費薪洋匠資共銀二十
八萬七千兩除怡和原訂線價分三年歸還尚有十二萬兩未付外原奏動撥
百貨釐金一款自光緒十二年六月至十三年六月已據報解銀六萬七千九
百餘兩其餘暫由海防經費中挪墊業飭承辦委員速將用款數目分晰開單
並取水陸巡護修理暨各報局支銷經費章程詳咨立案仍俟線價付淸並釐

金銀兩解足三年綜稽贏絀再行報銷此台灣水陸電線竣工之大略也臣查
電報關繫海防交涉重務各省辦理各員蒙　恩准照異常勞績給予獎勵在
案此次臺灣安設電報事同一律而水線海底孤懸尤難措手各員督治匠役
出沒驚濤駭浪之中既無虛縻又無損失工程穩固較之河工搶險情勢更屬
艱危今海外孤懸之地一旦與內地息息相通所裨於海疆甚巨臣忝司疆寄
安敢沒其勤勞所有在事尤爲出力人員三品銜浙江補用知府李彤恩擬請
以道員仍留原省補用東河製省補用知府丁達意擬請以道員仍歸山東河
南製省補用提舉銜候選通判劉竺保擬請以直隸州知州不論雙單月儘先
選用儘先選用縣丞俞書祥擬請以知縣不論雙單月儘先選用指分福建試
用從九品林淸漪擬請以縣丞不論雙單月選用其餘出力弁勇可否由臣擇
尤請　給外獎以示鼓勵之處出自　逾格鴻慈

光緒十四年五月二十六日奉　硃批吏部議奏欽此

請撥援台洋款百萬趕速辦防片

再臣前奏陳台灣善後摺內因澎湖設防關係重大請　旨定奪原摺留中至今未敢議辦曾往台南澎湖一帶察勘形勢細閱澎湖地方必須實力辦防方能保固南洋門戶惟一島孤懸四方受敵必須多購後膛精利大礮方能設防否則雖築礮臺亦不能守九月間曾託淡水英領事稅務司電詢英國阿姆斯脫郎礮廠礮價旋據單開較上海洋行已減二成實價礮身較長臣令再減一成尙未定局統計澎湖基隆滬尾安平旗后五海口至少須添購大礮三十餘尊價約需銀六十餘萬兩電報一項萬不能無水線須自廈門達澎湖臺南再設桿線達至臺北其次尙有製造槍子機器局用大小輪船等款皆防務萬不可少之急需准兩廣督臣張之洞咨開已代購製造四色槍子機器一副仍須

添購製造礮子機器臺灣各庫絲忽無存將來一切經營約須銀百萬兩臣前
奏臺灣現存餉項捐輸共存銀百萬內外以辦防務所欠無多始意添礮若干
以後從容再辦及至澎湖親閱地形統籌全局設防即須先購大礮否則雖有
名將亦將徒喚奈何台餉自五月來內地毫無協濟台南北關稅釐金六月至
今凡五月僅收銀三十餘萬兩合之前存之款共約一百三十餘萬數月之內
全台遣散各營補支欠餉及基隆澎湖賑卹要需暨前陜甘督臣楊岳斌裁勇
恩糧并留台各軍月餉現據沈應奎單開糧臺所存現銀暨捐輸未繳之款通
只六十餘萬現銀僅敷年內軍餉其餘捐輸將來可抵各海口修築礮臺之用
尚短買礮設電添購機器等款別無可籌查上年已故大學士左宗棠籌借洋
款四百萬本指撥臺實計協濟臺軍不足五十萬兩閩用多寡臣莫由知其餘
奉　旨存儲以備海軍支應惟有仰懇　天恩俯念臺疆緊要防務急需飭撥

一百萬兩以便刻日辦防早收實效無任迫切待　命之至

軍機大臣奉　旨覽欽此

請飭部定外洋購料章程摺 十四年二月二十五日

竊臣於光緒十三年十一月初九日附奏台北購辦機器料件及洋槍藥彈等項照章聲請立案接准戶部咨開查明定購年月日期報部核辦嗣後如有定購外洋軍火器械等項務須遵照部章先期奏報聽候海軍衙門暨戶部核定不得擅自購買等因查外洋各項機器軍火價值無常定議成交屆期卽須兌價到期不兌失信遠人動成交涉且恐經手人員濫買糜費在部臣體國公忠原屬愼持庫款故定章於未經定議之先報候核准所以杜冒濫而絕弊端自應遵照辦理惟台灣孤懸海外緩急須聽輪船之便海防工程關係緊要舉凡銅鐵物料及軍火製造之需往往取辦臨時多寡既難預計若動須奏咨辦理

往返數月必致停工待料耗費轉多查外洋器械工料繁多原非一致果爲船
礮重大器械成製需時貲費鉅萬貨須審辦價待考論固宜先事聲明請　旨
定議若機器局每月需用料件修築礮台需用鐵水泥及修製槍礮零件機器
類皆隨時添補數既未能預定購又未可後時必須便輪往來始能載運定議
後動逾年歲方能到台且台當新創之初百事皆無定制現在經費支絀平時
無力購存臨用急需大都緩難濟急如俟咨部與海軍衙門議准必至貽誤要
工竊意購款過鉅或非急需自應遵照部章　奏咨聽核至隨時需用之件款
項無多可否仰懇　飭部准令隨時由臣一面定購一面咨部立案庶用款不
致無稽而於製造海防各工亦無罣碍除飭軍械所機器局查明未奉新章以
前所購外洋軍火物料聲明年月日期速行補報以後定購船砲器械鉅款仍
應先期奏咨聽候核定以協部章

光緒三十四年三月十五日奉　硃批該衙門議奏欽此

採購機器模片等件銀錢數目附奏片

再台北設立機器局製造槍砲子彈應需機器模子銅片各料件先後委員分投採購其已經購運到台機器模子銅片各料件及添購洋槍藥彈連同船價行用保險各項或以洋圓合銀或以英磅合銀或以規圓合銀均經據實折合共計銀八萬四千一百一十二兩六錢八分零二毫由善後局請照部章詳請

奏咨以符定案謹附片具陳

光緒十三年十二月初十日奉　硃批該衙門知道欽此

擬購水雷礦藥附請核議片 十四年九月

再前准部咨定購外洋軍火等項務須先期奏咨聽候海軍衙門戶部核定等因業經遵辦在案查海防利器水雷與礮台相資爲用台灣各口分建礮台漸

次就緒非先儲備沉雷碰雷各種預籌分布以護砲台倘有事端必至緩難濟急當飭機器局委員東河候補知府丁達意查開式價核計必須購雷二百差能分布各台經費過虧一時未能籌備現經酌減擬先購沉雷六十碰雷二十配齊雷線及應用各機加以保險運輸約須銀二萬兩又軍火內需用洋硝黃火藥亦屬急切待用之需并擬撙節購辦合計保險運輸等項約須銀萬兩自應遵照新章先行奏咨核准俾得分別採購以實軍儲應請　旨飭海軍衙門暨戶部核議

光緒十四年九月十九日奉　硃批該衙門議奏欽此

買礮到防立案片 十五年五月

再查臺灣辦理防務基隆滬尾旗后澎湖各處建造礮台購辦大礮臣於光緒十二年三月　奏辦澎防請款案內陳明旋與英商怡和洋行議購阿馬士莊

新式後膛鋼礮三十一尊隨配礮彈架具等件包運到台通計裝箱上船水脚保險行規共規平銀六十萬兩三期付給訂立合同咨呈海軍衙門暨總理各國事務衙門轉行出使英國大臣派員查驗嗣准該大臣劉瑞芬派驗咨復到臣又經咨呈總理各國事務暨海軍衙門各在案臣於各海口應安礮位先行酌度形勢分別配支並因澎湖起礮碼頭難於築造復與英商議定另造屯船二隻包起上岸加給規平銀五千兩茲據英商於光緒十四年六月間至本年二月底已將所辦礮位陸續運台一律起岸由各防軍驗收礮價規平銀六十萬兩業經給付其起礮費銀五千兩一并給清除將起礮合同分咨查照並各礮起上砲台工竣後再行辦理報銷外謹附片陳請 飭部立案

光緒十五年六月初七日奉 硃批該衙門知道欽此

英國購砲請獎監辦參贊片 十五年五月

再查臺灣定購大砲三十一尊洋商爭來承辦議價自八十餘萬兩減至六十四萬兩已由美商旗昌洋行議辦英商怡和願減價銀四萬兩訂價規平銀六十萬兩包運上岸香港洋報並日本報各洋商俱稱價過廉平必將虧折將來辦到必難與合同相符經臣函致出使英國大臣劉瑞芬派委參贊知府李經方隨時查驗經方以事關重大不時親赴礮廠查勘並僱熟習礮工妥實洋人駐廠監視迨各礮造成劉瑞芬另派隨員驗試均與合同相符臣查李經方才具明敏西學精通素爲西人推服此次經理台灣礮位洋商虧折甚多各礮工程毫無減料運台交付亦無異言皆李經方一人之力其僱人監視及往返電商報費墊用二千餘金不肯開報現在礮位全數運台臣復加勘驗製造精利體質堅剛洵爲海防利器李經方不辭勞費臣未敢沒其微勞可否仰懇天恩酌予獎勵之處出自逾格鴻施

光緒十五年六月初七日奉　硃批李經方著交部議敘欽此

奏報造成機器局軍械所幷未成大機器廠摺

再查台灣先後購買後膛洋槍萬餘桿各種彈子不自仿造子盡則槍皆廢棄且孤懸海外有事運濟艱難機器局廠工程雖較繁重爲善後計不能不設法急籌光緒十一年由兩廣督臣張之洞代購製造槍彈機器一副經臣飭令記名提督劉朝幹在台北府城北門外購買民田積方三千八百九十丈七尺八寸契價銀一千六百八十兩八錢一分七釐並飭朝幹砌築基址分赴內地採辦木料督造機器局廠自十一年六月興工至十二年二月訖工建成正側各屋並小機器廠一百一十七間通計築墻浚井砌路開溝塡河需工料銀二萬三百二兩五錢台北軍械無處存儲即就偏西地方建造軍械所七十三間需工料銀萬六千三百七十二兩七錢八分尚有製造各種礮彈大機器廠汽爐

房打鐵房工程較大未能同時並舉續經興造尚未蕆工本擬俟全局造齊一
律奏報茲奉部行已竣工程限期造銷機器局軍械所既經造成應將用過工
料銀數先行截清奏咨立案彙案造册報銷其未竣工之大機器廠另歸後案
辦理以清界限
光緒十四年六月十二日奉　硃批該部知道欽此
修造礮台幷槍礮廠急需外機器物料片
再查台灣辦理海防購礮築台經臣　奏明在案各口自十二年正月興工分
築礮台惟安平舊台尚可修葺應用其餘基隆滬尾澎湖等處皆擇地另造新
台旗后本有礮台一座後在大坪山添築一座本年春夏各軍陳報濠溝兵房
並外圍均已完工因礮位未到子墻寬窄高低須視礮架部位方能定築澎湖
築台四座基隆滬尾各二座因地勢土鬆沙濕非重用外洋鐵水泥層累堅築

不能勝巨礮震力各兵房俱仿外洋圖形已用鐵水泥三萬六千桶現在澎湖運到大礮十七尊其餘卽由上海續運據礮臺監工洋人鮑恩士並礮廠派來總兵聞德詳勘各臺均能合度惟子牆砲基亟須鐵水泥逐層封築方可堅凝計澎湖基隆滬尾安平旗后五海口共造砲台十座計需鐵水泥二十萬桶查鐵水泥價銀每桶二兩九錢需款太鉅當飭委員會同洋人覆勘其子牆不當敵礮之處改用土牆外用鐵水泥敷面礮基亦多用石子與鐵水泥參合以期減省反覆籌議至少尚須十二萬桶方克悉臻完固查各省購辦外洋軍器須由海軍衙門戶部核議方准動支此鐵水泥除兵房已用三萬六千桶尚在未奉新章以前初因台工需用尚多擬俟一併奏報現已飭局詳請補咨立案外現在修築子牆安設礮位急須添購鐵水泥十二萬桶相應請　旨飭下海軍衙門戶部核准俾得早行購運以竣台工又台灣建有大礮子槍子各廠亟須

購辦鋼鐵暨機器焦煤等項用資製造若自上海香港零星採買價值過昂外洋價既廉平物亦較勝據機器局總辦東河補用知府丁達意開單請購前來臣細加查核皆係製造急需應請旨飭令一併核准以利製造而裕軍儲

光緒十四年七月初八日奉硃批該衙門議奏欽此

擬修鐵路創辦商務摺十三年三月二十日

竊據商務委員已革道員張鴻祿候補知府李彤恩等稟稱奉委招致南洋各島貿易閩人來台合辦商務以興地方當即專函往招現有南洋新嘉坡西貢等島閩商陳新泰王廣餘等復信僉稱俱願回籍合辦台灣商務革道等現已集股訂購輪船二隻先行開辦惟台灣一島孤懸海外當此分省伊始極宜講求生聚以廣招徠現在貿易未開內山貨物難以出運非造鐵路不足以繁興商務鼓舞新機查安平旗后兩口海湧沙飛自春徂秋船難近泊滬尾一口日

形淤淺輪船候潮出入耽誤時機只基隆一口無須候潮泊船較便因距淡水旱道六十里運貨殊難中外各商不得已往來滬尾若能就基隆開修車路以達台南不獨全台商務繁興且於海防所裨甚大現在公款支絀革道等議集商股承修約需工銀百萬兩將來即於鐵路收償不動公款擬具章程數條陳請核辦等因臣查台灣一島孤立海中現在建省設防截然爲南洋屏蔽必須開濬利源使經費不難自給南北防勇徵調可以靈通方能永保巖疆自成一省現在清賦造台安置水陸電報本年內外均可次第告竣惟鐵路一事臣深知其利賴無疆徒以經費躊躇未敢猝圖舉辦現據委員等稟請由商人承修於公款無關出入將來坐收厚利實於台灣大局裨助匪淺考鐵路之利便於驛遞墾商不計外目前大利有三請爲我　皇太后　皇上陳之台灣四面皆海除後山無須辦防外其餘防不勝防基滬安旗四口現已購礮築台可資守

禦其餘新竹彰化一帶海口分歧萬難遍布軍隊概行設守臣已於奏辦台灣
善後摺內陳明如遇海疆有事敵船以旱隊猝登隔絕南北聲氣內外夾擊危
迫將不忍言若修鐵路既成調兵極便何處有警瞬息長驅不虞敵兵斷我中
路此有裨於海防者一台灣既經分省須由中路建設省城方可控制南北查
彰化橋孜圖地方曾經前撫臣岑毓英察看地形議籌建省臣上年秋復親察
勘地勢寬平氣局開展襟山帶海控制全台實堪建立省會惟地近內山不通
水道不獨建築衙署廟宇運料艱難且恐建城之後商賈寂寥雖有省垣民居
稀落若修車路貨物立見殷繁建造各工更多節省此有裨於建立省城者二
台北至台南六百里中隔大溪三道春夏之交山水湍漫行人絕無能往來大
甲房裏兩溪歲必淹斃數十人急須造橋以便行旅查大甲房裏曾文三溪大
者寬至十里其次小溪二十餘道或寬百餘丈大甲溪經前任撫臣岑毓英督

修石填以阻漫流並未修橋已費洋元三十餘萬數月溪流冲刷今已無存臣
現由上游窄處議修統計大小溪橋工必需銀三十餘萬兩今該商等承辦車
路此項橋工二十餘處一律興修火車巨利暫不必言公家先省橋工銀數十
萬兩此有裨於台灣工程者三伏念鐵路為國家血脈富強至計舍此莫由臣
於光緒六年曾經條陳具奏其時風氣未開舉朝疑議書生謀國從古類然可
勝太息現在開平成效聿彰舉國羣疑觀此無難盡釋且台灣與內地情形迥
殊紳商多涉外洋深明鐵路大利商民既多樂赴紳士決無異辭如蒙俯准開
辦所裨於台灣大局實非淺鮮臣無任惶悚待命之至謹將商立章程恭呈
御覽伏乞聖鑒施行

清單

一基隆至台灣府城擬修車路六百餘里所有鋼質鐵路並火車客車貨車以

及一路橋樑統歸商人承辦議定工本價銀一百萬兩分七年歸還利息按照週年六釐每年歸還數目俟辦成後核量鐵路脚價進款數目再行定議

一台北至台南沿途所過地方土沃民富應用鐵路地基若由商買民間勢必居奇所有地價請由官發其修築工價由商自給

一基隆至淡水貓裏街至大甲中隔山嶺數重台灣人工過貴必須由官派勇幫同工作以期迅速

一車路所用枕木爲數過多現在商船訂購未到須請先派官輪代運免算水脚

一車路造成之後由官督辦由商經理鐵路火車一切用度皆歸商人自行開支所收脚價官收九成償還鐵路本利商得一成並於搭客另收票費一成以作鐵路用度除火車應用收票司事人等由官發給薪水外其餘不能支

銷公費

一鐵路經過城池街鎮如須停車之處由官修造車房所有站房碼頭均由商自行修造

一此項鐵路現雖商人承辦將來即作官物所用鋼鐵條每碼須三十六磅沿途橫橋樑必須工堅料實由官派員督同修造

一此項鐵路計需工本銀一百萬兩內有鋼條火車鐵橋等項約需銀六十餘萬兩商人或在德廠或在英廠訂購其價亦須分年歸還如奉　旨准辦再與該廠議立合同由官驗明蓋印以後由商自行歸還官不過問如商人另做別項生意另借洋款不能以鐵路作抵

再臣查鐵路之利不獨目前有裨於海防建省橋工三事將來更可添大宗入款充海防經費要需台灣地狹內山未開萬不能如內地商利之厚商等所籌

本利請以七年歸還似可有盈無絀惟經理必須得人若無廉實大員查察會
計將來商人以多報少任意侵牟不獨無利可餘且恐七年難淸路本查台北
府城市面日盛內山番地土曠人稀閩廣窮民爭願遠來開墾徒以輪船過貴
無力渡台若商務辦理日增卽就商局輪船往來香港廈門之便運載墾民渡
台由官薄給船費十數年後全台均成沃壤社番土匪永無內變之憂近年內
地招商集股騙折過多商股不無疑慮查內閣學士臣林維源端謹忠誠久爲
商人欽信自奉　旨回籍幫辦台北撫墾以來不獨撫墾一力辦成卽淸賦抽
釐均資臂助其於理財一道心計尤精如蒙　朝廷主持俯准台灣造路可否
仰懇　天恩飭令學士臣林維源督辦台灣鐵路商務仍兼辦台北撫墾事宜
凡遇鐵路商務　准由該學士專摺奏陳以收實濟出自　逾格鴻慈
再台灣擬修鐵路創辦商務曾經臣附片奏請內閣侍讀學士臣林維源督辦

因該學士取與不苟將來車路脚價期於涓滴歸公不虞中飽連日據林維源面稱所辦台北沿山墾務新開田園俱定於本年秋冬清丈逐段分界以便將來陸續升科宜蘭現有新墾舊墾爭產械鬬卽宜前往督同官紳清丈地方寬闊一時不能告竣商務墾務彼此不能兼顧商請奏銷鐵路商務差使以免遺誤等情臣查林維源所辦台北墾務亟須清丈宜蘭八里沙地方本年三月經林維源督同官紳議開河道該處可墾田園數萬畝全係平陽膏腴之地新墾舊墾爭佔地界不時械鬬亟須林維源前往督同官紳清丈分界免滋事端所稱兩處不能兼顧亦係實情鐵路商務現經海軍衙門議准奉懿旨依議欽此咨行欽遵前來據商務委員稟稱現由英德兩廠先行訂購鐵路鋼條三百三十里鐵橋二道火車客車七十具定於年內辦齊股分銀兩陸續招集所欠無多先由基隆造至彰化再行接續前進工程浩大必須二三年後方能完工

並請派選用道員楊宗瀚總辦鐵路商務以順商情等因臣查楊宗瀚以知縣於同治元年投効大學士李鴻章軍營歷保河南補用道報捐海防儘先選用其辦事精實器局宏深每以中國之大不能富強爲恨經臣函招來臺總辦商務實稱其選惟稟稱輪選到班理應赴部投供合無仰懇天恩俯念台灣分省伊始事事興創佐理需才飭部註册准將鹽運使銜新班先選用道楊宗瀚留於台灣差次遇缺即選俟選缺後再行送部引見至鐵路抽收脚價爲期尚早現由外洋開來鐵路脚價章程簡當詳明絲毫不能舞弊屆時再由臣妥籌辦理

光緒十三年五月二十日奉硃批著照所請該衙門知道欽此

臺路改歸官辦摺十四年十月十六日

竊照臺灣興造鐵路前經海軍衙門議准奏奉懿旨依議欽此遵經飭據商

務委員訂由英德兩廠購辦鐵路鋼條三百三十里大小鐵橋十一道火車客車七十具先自基隆造至淡水再行接續前進由臣改派道員楊宗瀚總辦議定地價車房碼頭歸官承辦并撥兵勇代工　奏明在案當時勘定臺南北六百餘里除地價車房碼頭土工外估價銀一百萬兩惟淡水至基隆山河夾雜須挖山洞九十餘丈大小橋樑百二十餘座穿山渡水挖高塡低工程浩大各軍修築礮臺剿番剿匪無暇代修均由商局僱夫興辦現將基隆六十里修造平坦鋪成鐵條三十里年外可以完工共計夫價橋梁已費銀十九萬兩查李彤恩等招集商股一百萬其時創議皆以鐵路利厚兩月間招股七十萬金現銀三十餘萬復經各商議購快船兩隻價銀三十六萬兩以輔鐵路之不足自工師到後細勘工程統計土工需銀三十餘萬兩營兵無暇代修各商觀望經李彤恩稟請由臣挪用陸續借支銀二十萬兩所有鐵條火車鐵橋均經臣議

立合同由外洋購辦分年歸還本年頭批已給銀十萬兩李彤恩勇於任事商民信服擬俟基隆六十里最大工程告竣後再行招集股分不料李彤恩於九月病故楊宗瀚因病假歸經臣委員督修據各商稟請歸官自辦已繳現銀三十餘萬願留快船兩隻作抵等情臣查台灣鐵路辦成不獨利商便民且關海防大局故臣費盡經營創議興辦今商股既觀望不前承辦委員或死或病若聽其中止不獨已費公款無可歸還且購到鐵條鐵橋木料火車棄置尤爲可惜臣飭工師詳細勘估究需若干據稱通盤核算基隆至彰化每里核銀三千兩彰化至臺南每里核銀二千五百兩計地價土工車房碼頭四項需銀六十餘萬兩核之原估百萬數目相符較之開平鐵路工倍價廉現在基隆至淡水山路六十里不日完工其餘除大甲溪之外別無大工耗費臣擬儘購到鐵條辦至彰化再行量力以籌惟經費難支臣同藩司邵友濂籌商至再惟有自本

年秋季以後閩省每年協濟銀四十四萬兩至十七年春季止尚存未解銀一百零四萬兩此項本擬節存備充建造省城經費現省工尚堪稍緩路工在急非一時所可驟成擬請暫挪先修鐵路俟竣工後即將所收脚價歸還成本再籌建城分治官項既有着落商股有快船取利亦不受虧將來不獨有裨海防即建省工程有鐵路運料竣工既速省費亦多伏求 聖鑒

光緒十四年十一月初六日奉 硃批著照所請該衙門知道欽此

卷五勘誤表

頁數	行數	字數	誤	正	脫	衍
一	二		誤低二格			
二	十	四	榜	搒		
三	十五	廿二	彄	疆		
三	二十	三	貣	給		
四	六	五	雖	難		
四	十六	十五	毋	母		
六	廿一	廿一二	欽奏	奏欽		
十	十五	七	輯	緝		
十三	二	十三	迪	廸		
十三	七	廿三	薪洋匠	洋匠薪		
十五	八	廿二	麋	縻		
十八	三	十	腔	膛		
十八	十七	十一下			購	
十九	八	十四下			項	
二十	二十	廿一	淵	漲		
二十	二十	廿四下			斷	
廿二	五	三				横
廿四	五	十二	樑	梁		

陳請銷假到閩會商分省協款情形摺十二年五月初七日

竊臣於正月二十四日因目疾　奏請續假兩月奉准給假在案遵即加意調攝入夏以後紅腫漸銷障翳退稍四月二十二日遂赴福州省城會同督臣楊昌濬籌商分省諸務督臣力籌大局深念脣齒相依雖分猶合亟應仰遵　聖訓務令內外相維不分畛域閩省有指臂之助臺灣無孤注之憂庶可聯成一氣督臣已飭閩臺司道會議分省各條臣到閩復同詳細妥籌稍爲增減由督臣主稿奏陳臣即於二十八日馳回臺北府城臺灣現在整頓海防撫番招墾百廢待舉經費支絀萬分從前閩省歲資臺餉六十萬積欠至三百餘萬之多自上年五月至今毫無協濟臺用虧竭中外昭然全臺防軍經臣奏定三十五營練軍營三營每年餉需約須銀一百二十萬兩加之養船製造員弁薪水各

官津貼一切雜支統需銀一百五十餘萬兩現在外辦防務內撫生番營勇既
無可裁餘款更難酌減全臺歲入僅一百萬兩內外自奉　詔改行省後時與
督臣往復函商請將閩餉照常協濟另請鄰省籌濟分省要需督臣因閩用太
繁未能多協議由釐金項下每年協銀二十四萬兩閩海關照舊協銀二十萬
兩另行會奏請　敕粵海江海浙海九江江漢五關每年協銀三十六萬兩在
督臣固已心疲力竭無可再籌以臣計之閩省海關釐金共協銀四十四萬兩
合之臺灣歲入勉可供給臺灣軍餉雜支其餘辦防撫番開墾分治建造省城
衙署廟壇在在均需鉅款縱蒙五關歲協銀三十六萬仍係杯水車薪臣惟隨
事撙節分別緩急後先斷不敢敷衍苟安上負　聖主慎固海疆之至意惟臺
灣孤懸海外現在各庫羅掘一空議者謂須稍有存儲以備緩急臣目覩時艱
餉源支絀現正經綸草昧斷難儲集盈餘所慮海上風濤茫無定局公文往返

動輒需時軍餉一虧萬夫譁潰惟有仰懇　敕下署福州將軍古尼音布督臣楊昌濬自本年起將議定歲協銀四十四萬兩按季先期撥給由臣派船領運俾免稽延庶幾分省設防得以漸籌部署

光緒十二年五月二十六日奉　上諭劉銘傳奏臺灣經費現與督臣議由福建釐金項下每年協濟二十四萬兩閩海關照舊協銀二十萬兩請飭先期撥給等語臺灣需餉孔急自應豫爲籌撥著古尼音布楊昌濬自本年起將議定每年協濟臺灣餉銀四十四萬兩按先期撥給以應要需餘俟楊昌濬會奏到時再降諭旨將此由四百里各諭令知之欽此

遵議臺灣建省事宜摺十二年六月十三日

竊照光緒十一年九月初五日奉　慈禧端佑康頤昭豫莊誠皇太后懿旨醇親王奕譞等遵籌海防善後事宜摺內奏稱臺灣要區宜有大員駐紮等語臺

灣爲南洋門戶關係緊要自應因時變通以資控制著將福建巡撫改爲臺灣巡撫常川駐紮福建巡撫事即著閩浙總督兼管所有一切改設事宜該督撫詳細籌議奏明辦理欽此又於十一年十月十九日奉　上諭臺南北地輿袤延甚遠以形勢而論臺北各海口尤爲緊要原設臺灣道一員遠駐臺南深慮難以兼顧且巡撫常川駐紮一切錢穀刑名事宜必須分員管理各專責成應否於臺灣道之外添設臺北道一員著楊昌濬劉銘傳悉心會商妥議具奏等因欽此欽遵經臣等各將籌度情形先後復奏十一年十二月十二日奉　上諭楊昌濬所奏添設臺北道不如添藩司係爲因地制宜起見自可准行臺灣雖設行省必須與福建聯成一氣如甘肅新疆之制庶可內外相維著詳細會商奏明辦理復於十二年三月二十四日奉　上諭劉銘傳奏澎湖爲閩臺門戶非特設重鎭不足以資守禦楊昌濬與該撫意見相同擬將澎湖副將與海

壇鎮對調仍歸總督管轄等語即著楊昌濬劉銘傳會同籌議具奏閩臺防務關繫緊要該督等商辦一切務當和衷共濟不分畛域力顧大局上年諭令該督等會議臺灣改設各事宜並著一併妥速議奏毋稍遲延等因欽此仰見皇太后 皇上垂念海疆諄諄訓誡之至意臣等忝膺重寄目擊時艱何敢不竭力籌維和衷商榷以期事歸盡善仰慰 宸廑除往返函牘不計外臣昌濬於二月間渡台臣銘傳四月間復渡詳細面商查臺灣爲南洋門戶七省藩籬奉 旨改設巡撫外資控制內杜覬覦實爲保固海疆至計惟沿海僅數縣之地其餘番地尚歸化外氣局未成海外孤懸與新疆情勢迥異閩臺本爲一省今雖分疆劃界仍須脣齒相依方可以資臂助誠應遵 旨內外相維不分畛域乃能相與有成茲就省局司道及署臺灣道陳鳴志總理糧臺前貴州藩司沈應奎籌議條陳詳加酌核謹繕清單恭呈 御覽方今整飭海防百廢待舉

加之改設行省經費浩繁如澎湖一島爲閩臺門戶往來咽喉購砲築臺急需銀八十萬兩迭經臣等奏請　敕部指撥此外製械設電添官分治招墾撫番在在均關緊要前車可鑒安能再事因循至建立省城衙署壇廟各巨工雖不妨稍從緩辦然既分省亦不能不次第接籌台地防軍裁撤外尙存三十五營分布沿海周回二千餘里勢難再減海外餉需缺乏即有譁潰之虞臣等悉心籌畫擬由閩海關每年照舊協銀二十萬兩經臣銘傳咨請署福州將軍古尼音布嗣後由廈關徑撥解台至閩省各庫無論如何每年協銀二十四萬兩陸續籌解並請　旨敕下粵海江海浙海九江江漢五關每年協濟銀三十六萬兩共成八十萬兩以五年爲期統計閩省庫閩海關所協四十四萬合之臺地歲入百萬兩專應防軍月餉之需五關每歲各協銀七萬餘兩集腋相資尙屬輕而易舉臺疆得此鉅款庶不致盡託空言惟仍懇　朝廷寬以歲時容臣銘

傳分別緩急重輕次第舉辦經費支絀固不能急切圖成竭力經營又烏敢遷
延坐誤現已奏明清理田賦並隨地隨時力求整頓變私爲公如三五年後能
照部議以臺地之財供臺地之用即當奏請停止協款一切改設事宜單內或
未經賅載容臣等續行妥議奏咨用副　國家經畫海疆之至意
一台灣奉　旨改設行省必須與福建聯成一氣如甘肅新疆之制庶可內外
相維等因查新疆新設巡撫關防內稱甘肅新疆巡撫台灣本隸福建巡撫應
照新疆名曰福建台灣巡撫凡司道以下各官考核大計閩省由總督主政台
灣由巡撫主政照舊會銜巡撫一切賞罰之權仍巡撫自主庶可聯成一氣內
外相維不致明分畛域又陝甘總督關防內有兼管甘肅巡撫字樣閩浙總督
關防應否添鑄兼管福建巡撫字樣恭候　欽裁
一學政向歸台灣道兼理光緒元年曾有議歸巡撫明文現應查照前議由道

將學政關防文卷呈送巡撫管理文武鄉闈援照安徽赴江南彙考之例仍歸福建應試中額亦仍舊例將來生聚日繁文風日盛再行酌核增加奏明辦理

一旗后滬尾兩海關向歸將軍管理近年稅項所徵均經撥充台餉現台灣既設行省兩關均隸臺疆可否援照浙江之制改歸巡撫監督應請　敕下福州將軍奏辦

一澎湖爲閩臺門戶須設重鎭以固要區擬將澎湖副將與海壇鎭對調如蒙俞允應飭先行互調以重海防一切事宜另行奏辦

一新疆以迪化州爲省垣城署無須建造台灣改設行省必須以彰化中路爲省垣方可南北兼顧另造城池衙署需費浩繁一時萬難猝辦所有官制暫仍舊章將來添設廳縣改派營防再行奏辦

一福建巡撫既已改歸臺灣所有撫一標左右兩營即須移歸臺省惟省垣未

定安置無從以後遇有空名無須募補暫留閩省仍歸總督兼管兵餉亦由閩
支發俟台灣巡撫移住中路再行調歸台灣不願移者聽
一台灣改省之後應遵　旨添設藩司一員綜核錢糧兵馬整頓廳縣各官並
設布庫大使一員兼經歷事所有建造衙署添設印官百端草創將來須仿照
新疆章程奉　旨後再行會同請　簡
一台灣道向兼按察使銜一切刑名由道審轉其驛傳事務亦由道兼治添設
司獄一員毋庸另設臬使惟會典職官有按司獄府司獄無道司獄應以候補
按司獄府司獄輪流借補
一臺灣鹽務場產不足半由內地運售名曰唐鹽內地長泰南靖等縣澳引額
定例撥歸臺灣代銷所徵正溢課釐雖留臺撥充防費尚有抵解各款歸內地
鹽務雜支每屆奏銷由福建鹽法道稟核造報各省鹽場引地多行外省閩台

鹽務分辦窒礙殊多應請仍照舊章辦理

一台灣各縣地輿太廣最大如彰化嘉義淡水新竹四縣亟須添官分治統計四縣按周圍百里爲城約可分出四五廳縣將來彰化即可改駐首府另設首縣爲臺灣縣將臺灣縣改爲安平縣應俟添設藩司再行酌辦

一台灣煙瘴之地內地官吏渡台咸視爲畏途向章曾補台灣府廳縣佐雜等缺如回內地卽屬調簡放稍有才智者不肯渡台今擬仿照新疆章程凡到台灣實任如逾三年著有勞績准回內地不計繁簡均須調補優缺芟除調簡舊章無缺當差酌委優差一次惟必得本管官切實考語以免濫邀兩省如有停委撤差之員督撫互咨均不委用以杜鑽營

一臺灣生番歸化已多日漸開闢急須分治添官若照部章廳縣佐雜各員均須循例補署臺灣民番雜處人地苟不相宜萬難遷就恐釀事端僅用合例人

員又未必盡能得力擬請　旨飭部聲明臺灣新設省治暫行不論資格俾得人地相宜俟全臺生番歸化一律分治設官再請循照部章以求實效
一番地日開必添營汛查新疆添設總兵副將參遊千把等官甚多台灣情勢既殊須俟盡撫生番全局方能酌定目前但能隨時察奪具奏或添或改以節餉需
一台灣改設巡撫本擬仿照江蘇分蘇分甯成案於各班人員到省積有三員掣籤一次以兩員分閩一員渡台惟全臺現僅兩府八縣缺分無多若照三分掣一來台必無位置擬俟全台生番歸化一律設官再行照辦目前需員差遣或由司申送或由撫調咨暫難定數免致分發人員到省積滯向隅
一台灣改設巡撫台灣鎮總兵應銷去掛印字樣與新調澎湖鎮總兵統歸巡撫節制

一撫轅原設經制書吏十二名各有清書幫書今福建巡撫事歸總督兼治擬留經制書吏六人酌用幫清各書留督署辦公尙有經制書吏六人酌帶幫清各書赴臺供役撫轅檔案造册登開關涉閩者逕留督轅關涉台者送台備考

臺灣郡縣添改撤裁摺 十三年八月十七日

竊臣等於光緒十二年六月十三日會奏臺灣改設事宜摺內聲明彰化等縣地輿太廣亟須分治設官奉　旨該部議奏欽此旋准部咨議令酌度情形奏明辦理等因伏查臺灣疆域南北相距七百餘里東西近者二百餘里遠或三四百里崇山大溪鉤聯高下從前所治不過山前迤南一線故僅設三縣而有餘厥後榛莽日開故屢增廳治而猶不足光緒元年沈葆楨請設臺北府縣以固北門又將同知移治埤南以顧後山一路全臺官制粗有規模然彼時局勢未開擇要舉行實非一勞永逸之計臣等公同商酌竊謂建置之法形勢爲先

制治之方均平爲要臺疆治法視內地爲獨難各縣幅員反較多於內地如彰化嘉義鳳山新竹淡水等縣縱橫多至二三百里鞭長莫及治化何由且防務爲治臺要領轄竟太廣則耳目難周控制太寬則聲氣多阻至山後中北兩路延袤三四百里僅區五段分設碉堡並無專駐治理之員前實後虛亦難遙制現當改設伊始百廢且興若非量予變通何以定責成而垂久遠臣銘傳上年九月親赴中路督勦叛番沿途察勘地勢並據各地方官將境內山河阨塞道里田園繪圖貼說呈送前來又據撫番淸賦各員將撫墾地方分條續報謹就山前後全局通籌有應添設者有應改設者有應裁撤者查彰化橋孜圖地方山環水複中開平原氣象宏開又當全臺適中之地擬照前撫臣岑毓英原議建立省城分彰化東北之境設首府曰臺灣府附郭首縣曰臺灣縣將原有之臺灣府縣改爲臺南府安平縣嘉義之東彰化南自濁水溪始石圭溪止截長

補短方長約百餘里擬添設一縣曰雲林縣新竹苗栗街一帶扼內山之衝東
連大湖沿山新墾荒地甚多擬分新竹西南各境添設一縣曰苗栗縣合原有
之彰化縣及埔裏社通判四縣一廳均隸臺灣府屬其鹿港同知一缺應即撤
裁淡水之北東抵三貂嶺番社紛歧距城過遠基隆爲臺北第一門戶通商建
埠交涉紛繁現値開採煤鑛修造鐵路商民麕集尤賴撫綏擬分淡水東北四
保之地撥歸基隆廳管轄將原設通判改爲撫民理事同知以重事權此前路
添改之大略也後山形勢北以蘇澳爲總隘南以卑南爲要區控扼中權厥惟
水尾其地與擬設之雲林縣東西相直聲氣未通現開山路百八十餘里由丹
社嶺集集街徑達彰化將來省城建立中路前後脈絡呼吸相通實爲臺東項
鑰擬添設直隸州知州一員曰臺東直隸州左界宜蘭右界恆春計長五百里
寬三四十里十餘里不等統歸該州管轄仍隸於臺灣兵備道其卑南廳舊擬

改設直隸州同知一員水尾迤北為花蓮港所墾熟田約數千畝其外海口水深數丈稽查商船彈壓民番擬請添設直隸州判一員常川駐紮均隸臺東直隸州此後路添改之大畧也謹案臺灣土疆賦役日增月廣與舊時羈縻僑置情勢迥殊因地制宜似難再緩況年來生番歸化狉榛之性初就範圍尤須分道拊循藉收實效輯遐隔邇在在需員臣等身在局中既不敢遇事紛更以棼典章之舊亦不敢因陋就簡以失富庶之基損益酌中期歸妥協如蒙 俞允擬先委員署任主辦畫界分疆並請 飭部分別換鑄關防印信先行頒發俾昭信守俟全臺勘定再將四至冊圖並何項缺分詳細奏咨請 旨定奪至教職暨沿山沿臨佐雜武弁並屯地等官應添應改亦擬於郡縣設定後分飭各員就近體察詳請奏咨其餘未盡事宜統俟陸續會商隨時具奏辦理

光緒十三年九月初八日奉 硃批該部議奏欽此

臺灣水師員缺並武職補署章程摺 十三年十月十三日

查臺灣綠營額設水陸十八營水師七營陸路十一營共額兵一萬四千餘人自同治八年前督臣左宗棠奏准裁兵加餉後存兵七千七百餘人光緒三年前撫臣丁日昌復請汰弱留強暫停募補截至光緒八年經臺灣鎮總兵吳光亮續裁實存兵數四千五百餘人年支餉銀十七萬餘兩聲明如有革故隨時募補統計水陸現存兵額內水師七營分隸澎湖安平各協原定船艦久廢無存台澎孤懸海外今昔懸殊非兵輪無能戰守此項經制水師械船即存亦豈能當巨礮況所存兵力均經選入練兵徒有虛名並無實籍與陸師營汛皆等具文兵丁積習惰弛安能應敵將領或老年疲病嗜好太深或久入官場習氣過重偶遇練兵出隊皆另求管帶勉示虛威補署人員更多功滑遇有槍刼重案事前既無稟報事後亦不緝捕惟事匿盜庇娼抽收賭費若不變通整頓何

以肅戎政而保巖疆臣等因時制宜詳加酌除澎湖水師兩營兵丁暫照原章俟總兵吳宏洛接任後再議整頓外其餘安平滬尾噶瑪蘭水師五營久無船械未便任其廢弛擬請改爲陸路仍隸原營並請將安平副將移駐後山水尾該處已經臣等奏請改爲臺東直隸州安平副將擬請改爲臺東協請將北路副將移駐埔裏社均作爲陸路題補之缺所轄營汛北路副將可仍舊章臺東協須另行因地籌設水尾爲台東新建之地埔裏社爲南北交錯之區毗連生番形勢扼要既可控制窮荒又可免添營汛庶幾籌防節餉免蹈虛文惟設營防於新闢之地民番雜處必須將弁得人查台灣水陸馬步兵丁每名月餉及加給戍餉兵丁米練餉均在三兩二三錢練兵出防每月又加銀一兩二錢統計四兩五錢較勇糧尤重若一兵不得一兵之用安事贅疣自非遴選將才萬難挽回積習惟有就現在軍營官弁並投効武職之中或年壯力強未沾惡

習或戰爭奮勇辦事勤勞擬請由臣等按月考試如五槍能命中三四者即分
別奏咨留標以後考列在前准其補署論槍法之高下不論資格之淺深庶鑽
營之弊不禁可除疲老之將不遺自去於例章不無破格於營伍差可振興事
關水陸營制員缺更定移調並各項武職人員酌留補署章程相應請旨飭
部寬以例章准予變通辦理俾挽積習而免虛糜如蒙俞允再由臣等認眞
挑選查取留臺各將弁履歷考試例等後奏咨備案
光緒十三年十一月十七日奉硃批兵部議奏欽此
移設陸路副將酌撥營伍摺十四年四月十五日
竊准兵部咨議覆台灣武職改設員缺一摺奉旨依議欽此鈔錄原奏內稱
所請安平水師副將移紮後山水尾暨安平以下水師各營均改陸路應毋庸
議至台東應如何設官控制准在附近水陸營抽撥布置等因准此查台灣洋

面遼闊港汊紛歧緝捕巡防動關緊要部議以經制水師各缺未便全改陸營原爲汛防起見至安平水師副將昔年建設原屬要區惟念海防情勢今昔遠殊而台東控扼後山議設武職大員尤難遷就臣等往返函商安平僅距台南府城數里台灣總兵兼轄水陸駐紮府城足堪照顧海口副將一缺無船無兵久成虛設台東爲後山扼要之區非參遊所能鎮壓就近營汛無可撥移現當餉項支絀又未便輕議添設徒縻餉需若以安平水師副將大員改爲台東陸路副將所屬中右兩營都司等官隨同移撥其左營遊擊現駐鹿港將來中路有撫標兩營不虞單弱應將鹿港遊擊作爲安平水師營遊擊隸台灣鎮管轄卽將台灣鎮屬之恆春遊擊改隸台東仍使鎮協兩標各還原營之數似此量爲布置餉項毫無增既於新設地方得資實濟而於水陸營制亦屬相符相應請 旨飭部議行以資統攝

光緒十四年五月初六日奉　硃批兵部議奏欽此

按安平去臺南府城僅數里鎭將既兼水陸副將又無船無兵紙上空名贅疣何用改爲後山副將自屬萬全部臣堅持舊制至死不移此與明季兵樞何異文臣徒持例本不出國門可笑尤可病也陳澹然識

臺北建造衙署廟宇動用地價銀兩立案摺十五年七月初七日

竊查台北自光緒初年分設郡治僅將城垣文廟試院府署陸續粗成其餘地方工程因民力難籌多未興辦臣於光緒十年奉　命渡台當駐臺北府城淡水縣署其時城內盡屬水田不特屋宇無多並無輿馬可通之路所居縣署半係草房將佐幕僚僅堪容膝戰事既定逼處殊難乃令淡水縣勘購民田按方給價砌築橫直官道一面招商造鋪闤闠漸興嗣議籌辦分省中路省會一時驟難猝辦撫藩大吏各局員紳不能不先造辦公之地且臺北地踞上遊海口

形勢極重將來或須添設道員或巡撫隨時分駐亦不能無公廨以便居留乃
擇城西北隅勘建巡撫行署並親兵營房附左近造藩司行署及銀庫局所淡
水改廳為縣舊治現為新竹縣所居因復造淡水縣幷艋舺營參將各官衙署
海外商民頗重神廟如 關帝天后風神龍神各廟皆祀典均經造修告蕆
統計臺地近年貨釐鹽茶等項涓滴歸公已無外銷之款此等工款平時原可
責令紳富籌捐惟現當清賦升科既未便匯案隨規按田科派且臺北修造城
工并法防捐助民力已勞地方亦形竭蹶再四籌畫惟有將各工物料地價銀
兩據實開單恭呈 御覽仰懇 飭部立案准令作正報銷以昭核實
光緒十五年八月初三日奉 硃批該部知道單併發欽此
新設郡縣興造城署工程立案摺 十六年閏二月十六日
竊據署臺灣布政使沈應奎臺灣道唐景崧等詳稱臺灣分省以中路彰化橋

孜圖地方爲省會添設首府曰台灣府首縣曰台灣縣割嘉義彰化轄地就林圯埔設雲林縣分新竹轄地就苗栗縣改埔裏社爲撫民廳均經分徵錢糧劃清地界遴員署理先後彙詳奏咨議准各案自臺近年籌辦海防築台購礮剿撫社番清丈田畝與辦鐵路購買輪船庫儲早經罄竭全台歲入及閩省協年撥餉需均經支款抵用應辦分治建城一切目前本無力舉行惟郡縣既設各衙署已經興修後山台東人民稀少尙難興辦外其台灣省城並雲林苗栗兩縣城似宜陸續興修查台灣山溪祗生卵石所需杉木石條等料皆須內地采運中路港汊不通輪船且風浪無常卽商船亦惟夏秋往來不能長年運載原勘省城基址周圍十一里有奇若遽起造磚城石城經費浩繁一時萬難籌集曾由道員林朝棟會同縣令黃承乙籌議就地搬運卵石掘地塡基先築土城

一面開掘城濠牆外徧栽刺竹八方四隅應建城樓礮台水關閘埧一併用磚
雲林苗栗兩縣工程較小亦可仿行以資捍衛從前台南府城郎係土築續於
乾隆間始建磚城至各縣衙監獄並令先修其知府武營及院司各衙俟經費
的籌再行分年續建此外廟祠試院由府縣邀商紳富先儘民捐如果捐款難
籌再行籌助辦理似此因陋就簡草創開基縱使撙節萬分經始安能無備查
台灣清賦之後錢糧較之舊額現有盈餘擬請自光緒十六年起郎由錢糧分
年提撥以台灣自有之財辦台灣之事核與戶部奏案亦屬相符應請奏咨准
予興辦至前奉部行以修建工程應先專案估報定限造銷原應遵辦惟台灣
中路不通水道非俟料件運到核價通籌無從預決當此經費支絀惟有力戒
員紳認眞撙節斷不敢稍任虛糜若循例估工必致妄估浮開以防不給從前
修建恆春縣城經費二十萬現在倒塌不堪萬一監工紳吏執此計工更恐無

從核實應請奏寬定例准歸彙案造銷必較恆春有減無增破除虛冒等情詳請奏咨立案臣查台灣建立省城添設郡縣一應城垣衙署工程重大需費浩繁前於鐵路改歸官辦案內曾請俟鐵路工竣再行辦理省城工役現經該處官紳籌議先築土城就地運用卵石爲基外栽刺竹僅用磚石建築城門礮台水關閘垻較之全城純用磚石所省實多自應及時興辦該司道等請就錢糧項下自十六年起分年提撥將省會及雲林苗栗兩縣城垣衙署次第造修以台灣自有之財辦台灣之事亦與分治原議相符應懇　恩准飭部立案並准暫寬例章彙案造報以歸簡易而杜虛糜伏惟　聖鑒

光緒十六年三月二十七日奉　硃批著照所請該部知道欽此

澎湖建城立案片 十五年五月

再澎湖一島爲閩台咽喉實屬海防最要之地四面濱海形勢散漫無險可守

光緒十一年法船退後臣同前督臣楊昌濬會籌防務相度其間昌濬卽有建城之議澎地紳民亦屢稟請建城垣臣令澎湖鎭總兵吳宏洛詳細察勘定於媽宮地方憑海築城聯絡礮台以資捍衛稟請於上年八月興工除飭取周圍高厚丈尺確造估册咨部立案外僅會同督臣卞寶第附片具陳

光緒十五年六月初七日奉　硃批該部知道欽此

請建沈葆楨吳贊誠專祠摺十五年三月十二日

竊據台灣各屬紳士中書施士浩郎中蔡占鼇主事蔡壽星道員林朝棟等連名呈稱台灣生番頑梗戕害生靈久爲地方大患現蒙勳撫兼施社番一律歸化大啓榛狉聿新墾闢民番樂業內外相安感今日之蒙庥溯從前之創始伏思故兩江總督前督辦台灣海防大臣沈葆楨於同治十三年光緒元年兩次渡台創議開山撫番督兵籌辦拓出埤南一廳恆春一縣改設台北一府控制

撫馭番事始有規模厥後兼署福建巡撫船政大臣吳贊誠亦兩次渡台光緒
三年接辦防務布置安撫事宜周歷番區自恆春埤南花蓮港以達宜蘭不上
千里觸染瘴癘輿疾出山規畫方新病根已重復於光緒四年親督漳州鎮總
兵孫開華台灣鎮總兵吳光亮剿辦後山番社由岐來沿海地繞回台北感動
舊疾請假就醫江南未幾病沒其爲　國盡瘁勤事忘身與沈葆楨後先輝映
沈葆楨已蒙　特恩准於立功省分建立專祠均各遵　旨籌建台灣現經分
省同屬立功地方祀典闕如應請一律遵建至吳贊誠雖係在籍病故究其受
病之由實因督剿社番觸染瘴癘所致台疆紳庶歌泣不衰茲當撫番事竣理
合呈懇一併奏請於台灣建立專祠以抒遺愛並准幫辦全台開墾撫番事務
太常寺少卿臣林維源咨請前來臣查台灣周環一島生番不靖久患民生沈
葆楨督辦台防創籌開撫奠安心腹治內實爲攘外之宏謨吳贊誠承其規畫

勤事忘身不避瘴癘督剿番社開闢道途若非該大臣等忠心實力開基於前

臣何能於三四年間舉台番社一律撫凊竟使輸誠歸化今台地紳民追思功

德感慕出於至誠應懇　天恩准將沈葆楨吳贊誠並於台灣建立專祠由地

方官春秋致祭以彰藎績而順輿情吳贊誠可否　加恩並　准予宣付史館

立傳出自　逾格鴻施

光緒十五年三月三十日奉　硃批該部議奏欽此

請建林文察專祠摺十六年八月二十九日

竊據台灣各屬紳士中書施士浩主事蔡壽星道員林維濂及舉人貢生等七

十五名呈稱故提提督林文察由軍功於咸豐年間轉戰浙閩兩省功績卓著

洊任福建福甯鎮總兵同治二年署理福建陸路提督辦理臺灣軍務事平內

渡三年十一月於漳州剿賊陣亡奉　旨照提督例優卹給銀祭葬　加贈太

子少保銜　予諡剛愍並給騎都尉兼一等雲騎尉世職交翰林院立傳入祀
京師本籍及陣亡地方昭忠祠光緒四年奏准於漳州府城捐建專祠十五
年恭逢　歸政盛典蒙　恩賜祭一壇仰見　朝廷錄節報功有加無已之至
意伏查林文察原籍彰化縣台灣分省改隸台灣縣治方同治二年台灣之告
警也逆匪戴萬生乘內地髮賊之亂陷踞彰化縣城巨股林戇成等各據要隘
鴟張蔓延三百餘里南北間阻不通林文察督率勁旅渡台克復彰化城池擒
獲諸叛賊正法肅清臺境地方始獲安全設非當時迅奏膚功全臺豈堪設想
紳等追懷舊德歷久彌新茲當臺灣分省之初僉願鳩資就省城捐建專祠懇
奏列入祀典春秋由官致祭等情前來臣查林文察懋著勳勞見危授命仰邀
贈卹備極優隆上年恭逢　歸政盛典復蒙　賜祭具見　聖恩眷注逈越
尋常當其督兵渡台剿除逆亂全台弭定功績昭彰該紳士等追感舊恩情詞

懇摯應懇　天恩俯念林文察功在桑梓准於本籍台灣省城建立專祠由官
春秋致祭以彰忠藎而順輿情伏乞　聖鑒
光緒十六年十月初一日奉　硃批著照所請該衙門知道欽此

請卹戰死將士建昭忠祠摺 十一年七月二十八日

竊基滬之役戰守經年死傷實衆經臣等疊次隨摺聲請　賜卹在案現由各營陸續查報死事員弁一千六百餘人查台灣一嵎地勢孤危煙瘴惡厲軍士當疲病之餘戰守一年之久或殺敵致果臨陣捐軀或傷重殞身或積勞病故均屬戮力疆埸歿於王事重泉齎志海國羈魂碧血青燐傷心慘目迹其忠烈實足哀矜生既莫邀　懋賞之榮死宜共沐　褒崇之典理合分別陣亡及積勞病故員弁銜名開具清單除勇丁另册咨部外合無仰懇　天恩一併交部從優議卹並請　准於臺北府城建立淮楚昭忠祠一所將基滬經年戰守以

死勤事各員并列祀祠中官爲致祭以彰忠藎而肅觀瞻如蒙　俞允其列祀
員名建祠經費再由臣等妥籌以彰　聖明激善褒忠之至意
軍機大臣奉　旨彭沛霖等均著照所請從優議卹餘依議該部知道單併發
欽此
臺設西學堂招選生徒延聘西師立案摺十四年六月初四日
京師設立同文館招選滿漢子弟延請西
籍惟中外通商互准研學文藝自
師天津上海福建廣東仿造槍礮船械之地無秉設學堂風氣日開人才蔚起
海防洋務利賴良多臺灣爲海疆衝要之區通商籌防動關交涉祗以一隅孤
陋各國語言文字輒未知所講求臣初到台繙譯取才內地重洋遙隔要挾多
端月薪至百餘金尚非精通西學因思聘延教習就地育才初擬官紳捐集微
資造就一二良才以資任用詎一時聞風興起膠庠俊秀接踵而來不得不開

設學堂以廣　朝廷教育人才之意先後甄錄年輕質美之士二十餘人延訂英國人布茂林爲教習生童酌給膏火釐定課程並派漢教習二人於西學餘閒兼課中國經史文字既使內外通貫亦以嫺其禮法不致盡蹈外洋習氣致墮偏詖日以巳午未申四時專心西學早晚則由漢教習督課國文遇西國星期課試論策每季委員會同洋教習考校一次別其差等分行獎戒或有不堪造就者隨時撤退補更計自光緒十三年三月起迄今已逾一年規模粗立臣嘗親加攷察所習語言文字均有成效可觀擬漸進以圖算測量製造之學冀各學生砥礪研磨日臻有用而臺地現辦機器製造煤礦鐵路將來亦不患任使無才本年復添學生十餘人洋教習一員月支修廩洋幣三百五十元漢教習二員月各支修廩洋幣五十元共合庫銀三百二十四兩諸生由附生考入者月給銀八兩由文童考入者月給銀五兩七錢幼童月給銀三兩八錢其學

生座具及隨時應用外洋圖籍等項據實開支約計修膏雜費年需銀七千餘兩現在鹽務項下動支將來必須建造學堂以資棲宿應用經費俟工竣後再行造銷應懇　飭部先行立案

光緒十四年六月二十日奉　硃批該衙門知道欽此

覆陳臺省初分各局驟難裁併摺十五年二月十三日

竊准戶部咨光緒十五年十一月十五日內閣奉　上諭國家綜核度支必先嚴除冗濫從前各省辦理軍務創立支應採辦轉運等局本屬一時權宜不能視爲常例迨軍務敉定又以善後爲名凡事之應隸藩司者分設各局名目衆多鹽務則督銷分銷局卡林立大率以候補道員爲總辦而會辦隨辦各員其數不可勝計所有專管之藩運兩司轉以循例畫諾爲了事又如清訟保甲捕盜等事本係臬司專責亦皆另設一局授權委員論公事則推諉轉多論庫款

則虛糜甚鉅至船政機器各局原爲當務之急而局用開支尤屬弊竇而塞漏卮前於光緒十一年八月二十二日欽奉

懿旨各省設立各局種種名目濫支濫應無非瞻徇情面爲位置閒員地步飭令大加裁汰定議復奏仰見

聖慈誥誡嚴明各該省雖經遵議奏明量爲裁減總未能將煩費認眞除革近年以來冗員愈多浮費愈甚著各直省將軍督撫破除情面將所有各局通行查核或删減或歸併其有必不能裁者卽將按月經費限定數目不准任意增添自接奉此旨後勒限三個月將議定限留各局開單奏報並將各局經費每月若干咨報戸部存案該部於每年報銷册內逐一查對毋任稍有含混理財與用人相輔而行實爲圖治之大端各將軍督撫身膺重寄務當振刷精神切實經理不得狃於積習敷衍塞責將此通諭知之欽此咨行到臣當經欽遵轉行將各局切實裁減其實不能裁各局月需經費若干開報核辦去後茲據臺灣

布政使沈應奎會同臺灣道兼按察使銜唐景崧詳稱查臺灣海外孤懸自建行省辦理撫墾百廢待興分設各局有堪裁併者均已隨時裁汰現存之善後稅釐機器軍裝文報通商官醫郵政電報以及各路撫墾各局察看情形均屬驟難裁併台灣初設行省百端草創本與他省情勢迥不相同經費按月尚難限定惟有核實支銷隨時察看各局如有可裁即當裁併以節糜費具詳前來

臣查臺灣甫經建省尙未竣工草昧初開萬端待舉經營締造用款浩繁部臣前議以臺灣本地之財供本地之用當此庫藏奇絀臣方仰屋興嗟尙何敢位置閒員增添繁費此中情狀久在 聖明洞鑒之中況分省之始各局月支經費增減無常殊難定限惟有恪遵 諭旨督同司道切實經釐隨時節省如有可裁之局並即破除情面隨時裁撤斷不敢稍涉因循以期仰副 聖主節愼帑藏至意

恭報南北考試完竣摺 十五年五月二十一日

竊臣兼管臺灣學政本年舉行歲試已將前赴臺南起程日期奏報在案隨於四月初一日乘飛捷輪船起程次日至澎湖查看礮台工役旋抵台南府城開考二十二日考竣二十三日駛還臺北先將巡撫衙門積案清釐三十日開考臺北各屬五月二十一日考竣俱經嚴密關防秉公衡校兩棚所試併計文童四千餘人武童六百餘人均各取進如額本年恭遇恩科除考列等第生員以歲作科外仍各隨棚錄取遺才屆時一併送闈鄉試臣查各屬文風臺南以彰化安平爲上嘉義鳳山次之臺北以淡水爲上新竹宜蘭次之武風大畧相等所有場規士習均甚安詳惟於台北查獲鎗替一人即發提調官枷責示懲並扣除失察廩生淡水縣有年逾八十之文童二人文理尚平篤志不倦經臣仰體皇仁賞給頂戴爲耄年稽古之榮當堂發落各生諭令勵學敦行用副

聖朝樂育栽成之至意抑臣尚有請者臺地向分閩粵二籍考試各童閩八粵二番籍雖係土著應考無多自開辦招墾撫番閩粵墾民招徠踵至番民涵濡

德化知識寖開近年以來文風蒸蒸日盛原定學額不敷登進之資現在府縣分治應請酌增學額以宏作育而勵人才容臣另行奏辦

增設府縣請定學額摺 十六年閏二月初七日

竊查光緒四年台北新設府治文武學額接准部議臺灣府現改臺南府額進文童閩籍十八名澎湖二名加廣九名粵籍五名加廣一名安平鳳山嘉義三縣各取十七名彰化縣取進十八名臺北府額進文童閩籍十三名粵籍五名加廣一名淡水新竹宜蘭三縣各進六名武學臺南府額進閩籍十六名加廣九名粵籍二名加廣一名安平鳳山嘉義三縣各進十四名彰化縣取進十一名臺北府額進七名粵籍二名加廣一名淡水新竹宜蘭三縣各進四名遵辦

在案茲台灣改設行省在彰化橋孜圖地方建立省城添設臺灣縣爲首府臺灣縣爲首縣就嘉義彰化劃界添設雲林縣就新竹劃界添設苗栗縣與埔裏社廳均隸臺灣府屬新設府縣文武學額自應分別議加並據澎湖廳及臺北府屬各生童禀請加額飭據各府分案議詳臣查臺灣自隸版圖涵濡　聖澤二百餘年土地日增人文日盛各屬應試文童多至逾千少亦數百三府屬粤童數亦加增不少於內地大中等學從前臺南府屬所定學額尙不懸殊北府屬額已過少臺中蔚萃人文冠於南北且臺灣府縣爲省會首學尤與外府縣不同彰化嘉義新竹三縣轄地雖分幅員猶廣自淸丈後賦額加增統計全臺溢出數倍現當分省伊始供賦既淸學校鼓勵人才不能不亟爲籌議澎湖廳近年應試人數亦已倍增恆春縣爲後山新闢之區文額現尙無多仍附鳳山考試請將臺南府學應撥彰化縣文童三人改撥澎湖廳二恆春一彰化縣另

歸臺灣府學撥取臺南府學廣額九人內額四人撥歸臺灣府學外其餘正廣額數及安平鳳山嘉義三縣學額數悉仍前淡水附在府城基隆廳附淡水考試應請改爲大學新竹宜蘭兩縣作爲中學臺北府各屬進額既加府學請加三額埔裏社廳附新設臺灣縣考試臺灣彰化兩縣均爲大學雲林縣爲中學苗栗縣籍閩粵各居其半粵籍歸府學取進閩童較少定爲小學臺灣府照內地府學取進二十人並照舊設臺灣府原定成案另設粵籍九人凡各縣取進文童均照大中小核計其應試武童台南人數較多台北府屬仍照舊額無庸議增台灣府學除由台南府分廣閩籍三名外請定十二名粵籍四名所屬各縣分別酌定名額均自本屆科試新額辦理至選拔貢額府學向定二人州縣學各一名前奉部行學校人數如逾百人前期一二年請設拔額現距丁酉拔科尚遠屆時何學人數足額再行奏請選拔又優貢一項現在分省已成擬請

定爲二額自辛卯科舉行以期仰副　朝廷作育人才至意
光緒十六年三月十七日奉　硃批禮部議奏欽此

卷六勘誤表

頁數	行數	字數	誤	正	脫	衍
一	四	十二三	退稍	稍退		
二	七	十四下			季	
三	六	十四下			閩	
五	十七	十	放	故		
七	三	七	竟	境		
七	五	九	且	具		
七	十一	十八下			之	
七	十八	二十	卑	埤		
七	二十	三十	瑣	鎖		
七	廿二	十六	卑	埤		
七	廿二	廿九下			治	
八	四	廿八	糜	縻		
八	廿一	廿四	功	巧		
九	九	七				丁
九	十七	十四	例	列		
十	十	八下			益	
十	十五	十九	病	痛		
十一	二	十八				左
十一	十四	十六下			在	
十四	九	七	提	署		

頁數	行數	字數	誤	正	脫	衍
十五	六	二十	嵎	隅		
十七	一	廿五	屬	多		
十七	一	廿八廿九三十				而塞漏
十七	二	一				巵
十九	一	廿六	縣	府		
十九	六	廿八			臺	
十九	十二	十七	額	除		

量田清賦申明賞罰摺 十二年四月十八日

竊查臺灣糧課自入版圖以來循鄭氏舊規每丁歲徵銀四錢八分六釐乾隆元年欽奉　恩諭臺灣丁糧著照內地例中減則每丁征銀二錢以紓民力歲征銀三千七百六十餘兩逮十二年乃議匀入田園征收番衆所耕概不完賦仍照舊就丁納粮道光間通計全臺墾熟田園三萬八千一百餘甲又三千六百二十一頃五十餘畝穀種折地一千四百三十餘畝年征粟二十萬五千六百餘石餘租番銀一萬八千七百餘元至今數十年墾熟田園較前已多數倍統計全臺額征銀八萬五千七百四十六兩洋銀一萬八千六百六十九元穀十九萬八千五十七石久無報丈升科我　朝輕徭薄賦亙古所無於台灣尤厚雍乾之間屢奉　恩諭臺灣賦稅不准議加其時海宇澄清昇平無事　朝

廷視台灣一島無足重輕現在海上多事台灣爲海疆險要之區奉　詔改爲
行省事繁費巨今昔懸殊臣忝膺斯土目覩時艱值此財用坐匱之際百廢待
舉之時不能不就地籌畫期於三五年後以台地自有之財供台地經常之用
庶可自成一省永保巖疆況節次欽奉　諭旨開源節流今田園賦稅率土輸
將乃司農歲入之常經　列代保邦之大法舍而不計徒乞鄰置雖舌敝唇焦
緩急終不可恃臣渡台以來細訪民間賦稅較之內地未見減輕不勝驚愕久
之察所由來皆係紳民包攬如某處有田可墾先由墾首遞稟承包然後分給
墾戶墾首但呈一稟不費一錢成熟後墾首每歲抽租一成名曰大租又有屯
租隘租諸名不可枚舉究之正供糧課毫無續報升科如台北淡水田園三百
餘里僅征糧一萬三千餘石私升隱匿不可勝窮臣現由內地選調廳縣佐雜
三十餘人分派南北各縣由各縣選派正紳數人先行會查保甲就戶問糧一

俟戶畝查明再行逐田清丈委派台灣府程起鶚台北府雷其達各設清賦總局督率推行至於賦稅重輕應俟丈後再請飭部覈議惟台灣民風強悍一言不合拔刃相仇聚衆挾官視爲常事或言林爽文之變實因升科逼迫遂起戈矛委員查賦下鄉輒多畏葸且萬山叢雜道路崎嶇若非勤實耐勞之員協同正紳清查明確不特無裨實濟且恐蔵事無期再四思維不得不嚴定賞罰以求成效如各縣官吏員紳清查妥速辦理認眞可否由臣請照異常勞績從優奏獎以示鼓勵倘有賄託隱瞞或畏難延誤甚或需索擾民即行參革庶期上下鼓舞實力奉行爲朝廷經久之謀除地方吞欺之弊便民裕國莫大乎斯是否可行伏祈聖鑒

光緒十二年五月初八日軍機大臣奉旨覽奏已悉即著督飭派出各員紳認眞辦理出力人員准照異常勞績奏獎倘有賄託隱匿畏難延誤情事即着

嚴行參革該部知道欽此

整頓屯田摺 十三年八月初二日

竊臣等查乾隆五十三年前大學士臣福康安以台地林爽文之亂番目潘明慈等隨剿有功事平議選番丁四千設屯十二所就其社長授以千把外委土職十八員按丁按地蠲免賦糧每丁自一甲至一甲三四分不等屯弁遞加共授番地五千六百九十餘甲此外復撥民間溢額田園三千七百三十餘甲每年徵收租穀四萬一千二百六十餘石每石折徵銀一元又九芎林租穀折銀八十元共折徵番銀四萬一千三百四十一元有奇此項租折番銀專充屯兵弁丁俸餉是爲屯租每丁年支銀洋八元外委支銀洋六十元把總支銀洋八十元千總支銀洋一百元每年支額餉番銀洋三萬三千二百四十元其租地散隸台南北各縣由縣徵收分解中南兩路理番兩廳歲於二八月間由台灣

道委員會廳放領又年支隘丁口粮佃首辛工銀二千一百餘元其餘留爲屯費以備旱潦之需此昔年設屯授地徵租支餉章程也迄今百餘年來屯租則徵不足額屯餉則減半放支歷年既多不獨屯丁疲癃殘弱甚且有名無實半由廳書屯弁冒領瓜分若一旦革裁此輩視爲世業夫豈能甘臣等熟思審計非設法整理改絃更張萬不能收實效查番屯授地之初名爲獎功實資捍禦內山番衆故選壯丁屯傍內山錮其供賦導令墾荒其慮至爲周密今則事殊時異生番多化拓地日深所設屯營已居腹內所授埔地久爲膏腴且番地雖免完供而向有番餉番租各名目私征之數視民田下沙則例殆有過之而其典賣漢民則雖業數更主猶名番地倖免正供甚至狼狽爲奸竟以糧田納番租而冒番業現當查辦全臺田賦無問民番寸土皆關賦役必須一律丈量方免影射該屯丁撫養百年均係朝廷赤子無論屯田番地皆宜切實丈量歸

入清賦案內分別升科將各屯編籍爲民俾令各執各業庶幾民番一體畛域
胥忘既作其力農守分之心並示以踐土食毛之義伏查屯田原撥之數屢遭
兵燹檔案無存由縣催徵但知歲額責成佃首完納幷不知田在何所戶租幾
何由是佃棍以多稼而納薄租以磽确而更沃產竊佔盜賣上下相蒙率以水
冲沙壓倒報而例蠲之以故積欠歲增與餉日絀欲清其源非改租爲賦不可
況租者一時之權宜賦者萬年之經制現既一律清丈另立圖册照則升科所
有屯餉仍於此款改徵提存支放於租例不無加減於餉額仍守成規番丁編
屯以來世食額餉田無賦糧揹循可謂周至宜乎家給人足遠勝平民乃富庶
未覩貧蹙滋甚蓋番性不善居積不事貿遷惟以墾獵爲生計卽有田園亦招
漢民承佃輾轉轇轕因而覬覦始抗其租繼據其產番丁失業轉死甚多至其
屯餉歲入本微復以屯租闕額減半放支屯弁吏胥從中尅扣爲數更屬無多

地日削而聚族日繁餉愈微而治生愈拙番丁疾苦控訴莫由臣等查屯丁世沐
皇恩佐平臺亂習居烟瘴好勇耐勞誠能訓練有方實較綠營遠勝擬將全台番丁認眞裁汰仍留原額四千酌裁土勇就其原餉每年按屯抽調分扼山內生番半年一換每名行糧按月加給番銀四元屯弁照營哨酌加輪流接替均以到防之日起支其管帶哨弁即飭屯弁分轄所屬以免他省弁目語言不通別選熟悉番情將官統帶以便操練步伐教習營規其未經出防之丁均歸臺灣鎭統屬由各縣營管帶以補綠營兵丁之不足以後屯營坐餉每年仍給八元統歸臺灣鎭支發出防行糧歸統將發給以期兵歸實用餉不虛糜於撫馭屯番之中仿寓兵於農之制似於屯丁供賦兩有所裨至此項番屯地畝舊額是否相符改收正供若干應俟歸入全臺淸賦案內分別覈辦
光緒十三年八月二十日奉　硃批著照所請該部知道欽此

臺畝清丈將竣擬仿同安下沙定賦摺 十三年九月二十四日

竊臣於十二年四月十八日具奏臺灣丈量田畝一摺奉旨覽奏已悉即著督飭派出各員紳認眞辦理等因欽此臣遵飭府縣並在事員紳認眞丈量每縣或分十餘班多至二十餘班不等嚴定賞罰不許曠延稍有玩違均經撤革以期妥速告竣現據淡水臺灣嘉義彰化等縣先後稟報丈竣經臣飭令清賦總局布政使邵友濂道員陳鳴志督同南北兩府會商定賦升科刪除各項名目每畝征銀若干以杜將來浮收之弊務期有利於國無損於民茲據邵友濂等詳稱台灣自隸版圖田園未經清丈供賦輕重南北懸殊如台灣鳳山嘉義三縣所征供粟皆沿鄭氏原租賦征極重續闢之彰化淡水噶瑪蘭各廳縣均照同安下沙則折征供粟賦額較輕統計全額無多歷辦册銷有案自道光初年報升之後續墾田園羣相欺隱又有隘租番租各名目吞匿影射均未報升

此次清丈將竣台俗田園論甲約有四十餘萬甲之多比原額溢加數倍惟舊征新額向無鱗册可分若照舊開征重輕不一小民苦累輕減何由自非通籌全局另訂賦章不可據臺灣臺北兩府詳察會覆擬將現丈田園無論新舊悉照同安下沙成例分則配征化甲為畝以一甲作十一畝仿條鞭辦法删去浮征等名凡地丁糧耗等款併入正供並化穀價折征提充正賦每十一畝上田征銀二兩四錢六分零中田征銀二兩零下田征銀一兩六錢六分零上園視中田中園視下田其下園及下下之田土至瘠薄照下田核減二成下下園照下下田遞減此外沿山沿海及墾荒未熟各田園暫予剔存未歸額數從緩升科先後核定賦則分飭各屬填造圖册備案等情會詳請　奏前來臣查臺灣建治之初賦額無幾至今休養生息墾闢倍增一歲再收地方漸臻富庶現在設立行省風氣已開今昔情形迥異全臺賦則似應劃一以免不均承糧老業

本沿鄭例失之過重自應均平續墾升科改照同安下沙則折配供粟各縣輕重相懸田復新舊莫辨加以官產番地屯田隘租等項名目繁多無從究詰臣熟思審計方今籌防建置需款孔殷財用大端本以正供爲首賦亂如此非淸釐劃一不足以除積弊即不能裕正供臣於上年奏明淸丈無論新舊田業但係久經成熟均予一體升科以田畝之瘠腴爲賦則之增減田有高下賦無重輕核實持平輿情允翕茲幸仰奉宸謨官吏員紳辦理尙爲精核不日告竣該司道等所擬賦則化甲爲畝每十一畝上田徵銀二兩四錢六分零中下等田照則遞減內一半係原徵每甲下沙則銀數一半化折徵穀價提入正供既未更張舊制亦非新加於民並仿條鞭辦法舉丁粮正耗一併删繁就簡以便鄉愚易知易從胥吏無所朘削統計全臺糧賦每年正供數僅十八萬現丈田園溢出數倍每年約可收正供銀七十萬內外查照全臺各縣最輕之賦尙

屬有減無增歷查臺灣田園素多隱匿從未丈量此次一律丈淸是以定則雖輕徵數較鉅民生　國計裨益實多其未入額征各地畝收成旣寡謂緩升科旣據該司道等詳稱前情案關賦則大計敬繕淸單請　旨飭部核議以便頒示地方使知賦則輕減雖升科無難完納臺民嗜義必將踴躍輸將臣更有請者查銀粮正供之外向有補水平餘各省情勢旣殊卽一省之中各縣仍多互異若不明定章程共相法守地方官任意加派民累何堪台居海外從前　恩詔迭頒不能加賦現在改設行省部議以台灣之財供臺灣之用臣不得已力排衆議淸丈田園每歲正供可得七十萬內外以視廣西川貴正額實多實非微臣始願所及以後若有私加浮收等弊不獨負　朝廷撫綏海外島民之意且恐激出事端臣與藩司邵友濂等再三籌議寧爲怨府不累小民惟有據實直陳予以限制臺地通用番銀今賦則改照內地應需紋銀補水每兩隨收一

錢外擬酌定平餘銀一錢五分爲升科各縣辦公之用其不能升科之恆春臺東埔裏社各缺仍須外籌津貼以免官虧臣見內地浮收病民期於力除積弊恐與部章未合不得不縷晰陳明伏求訓示

光緒十三年十月十二日奉硃批戶部速議具奏單併發欽此

再自臺灣清賦以來各屬田園溢逾畝額民間管業新舊混淆或有田無契或田與畝乖若由各縣逐家查契對册按圖不無紛擾應於丈竣後一律由藩司換發丈單以後如有出賣換業等情再令稅契過戶庶目前官便升科民資執手開辦至今各縣所派員紳帶同弓丈書吏逐堡丈量薪水夫馬工食等項悉由各縣並善後局暫行墊給不准索取民間一餐一錢閱時年餘經費支銷已不下二十萬皆由別款隨挪此後各縣分班復丈造册繪圖刊單印票需費孔多臺灣現在各款絲毫皆抵正開銷此項清丈經費無從籌畫查內地江蘇等

省從前舉辦清丈丈費就田抽收臺灣擬防照辦理每中則田一甲不分新舊發給新單時由業戶先繳丈費洋二元上則酌加五角下則遞減五角上中田園無多以每甲十一畝計算每畝不及二百文在業戶所出無多既免新舊稅之繁復免田畝不符之弊官民兩便裨益實多臣前奏辦臺灣鐵路所有車房地價用款曾經奏明由官發給業經海軍衙門議准施行荷蒙俞允在案此項經費尤鉅本年七月准戶部咨查在何款項下動支等因臣正無籌畫將來惟就所抽丈費項下除撥還清賦經費外其餘撥歸鐵路地價車房等項或多或少應俟收齊實數再同支銷數目另行分別歸案造銷謹附片陳奏

光緒十三年十一月十七日奉硃批該衙門知道欽此

陳報臺灣啓徵新賦日期請獎各員紳摺十四年六月十九日

竊照臺灣辦理清丈改定賦則丈竣給單接辦升科所有上下忙例限勻徵分

數請緩扣計經臣先後　奏咨在案查台地田園從未清丈向無鱗册可稽此次按戶核給大單塡名坵段甲數等則戶名卽爲造册升科根據疊飭各屬趕緊給單接辦升科數月以來臺北將次竣事惟臺南田園太廣戶口畸零事極繁瑣每屬自數萬甲至十餘萬甲丈單雖趕緊塡給勢非一時可以告竣若待全臺丈單給淸本年斷難啓徵新賦必致有誤正供現經通飭各屬趁民間五月收穫之後於六月十六日一律啓徵上忙其給單未淸之處一面給單一面開徵並行不悖下忙卽定於十月接徵先准部咨自光緒十五年起經徵督徵例限處分綦嚴均照內地辦理十四年分雖免核扣其上下忙奏報暨頒發徵信册仍應舉辦等因查臺地田園尚未大定實難稽核考成而本屆啟徵既已逾期現惟督飭各屬儘力催徵仍俟下忙及奏銷屆期據實造報免計分數至徵信册爲杜中飽起見臺地舉辦升科編戶造册正在澈底淸釐應請俟賦額

大定後照章辦理全台現已啓徵新賦所有在事出力員紳應否彙案請奬據清丈總局布政使邵友濂候補道陳鳴志等具詳前來臣查內地歷辦清丈不過一州一邑尙有圖籍可循往往時閱數年尙難獲覩成效台灣自隸版圖二百餘年此次舉辦清丈事事草創全省袤延千餘里未及兩年業經蒇事隱匿者揭報開墾者升科盈溢田糧計逾舊額不下四十萬兩民間供賦反比從前減輕固皆仰賴　朝廷威德民情踴躍亦係在事官紳實心實力櫛風沐雨不避瘴癘以冀成功而總局司道並府廳縣官竭慮殫心不辭勞怨鈎稽妥速規畫精詳洵能下裕民生上裨　國計已於清丈之始經臣奏奉　諭旨准照異常勞績給奬現已啓徵新糧所有尤爲出力之臺灣布政使邵友濂擬請　賞加頭品頂戴開復貴州布政使沈應奎二品銜臺灣道兼按察使銜唐景崧均擬請　交部從優議敘布政使銜留閩遇缺題奏道陳鳴志擬請　賞給三代

一品封典臺灣府知府程起鶚臺北府知府雷其達均擬請以道員在任候補並加鹽運使銜現署埔裏社通判鹽運使銜候補知府吳本杰擬請俟知府補缺後以道員在任候補現署彰化縣知縣補用同知候補通判李嘉棠擬請以同知直隸州知州留閩歸候補班前補用本任臺灣縣知縣在任候補同知沈受謙擬請開缺以同知直隸州知州留閩補用補用知府候補同知現任淡水縣知縣汪興禕擬請俟歸知府班後加鹽運使銜並先　賞換知府頂戴五品銜本任埔裏社通判現署新竹縣知縣方祖蔭擬請以同知直隸州知州在任候補試用布經歷補缺後以通判用管元善擬請以通判仍留閩省補用並加同知銜以上十二員相應仰懇　天恩俯賜先行給獎以昭信賞而示鼓勵其餘在事出力員弁紳士可否容臣俟給單竣事後彙案續行請獎出自　逾格鴻慈

再幫辦臺北撫墾事務三品卿銜太常寺少卿林維源在籍幫辦撫墾極重公義此次開辦清賦給單升科事事皆其倡助所有屯租番租大小租名目參差俱由林維源會同司道分別釐定民間稱便上下翕然在林維源深受　恩施力圖報稱豈有他求然地方清丈大舉賴其倡導贊襄不辭嫌怨應否奏請獎勵之處據清賦總局布政使邵友濂等具詳前來臣查全臺清丈之始官紳半設難詞阻撓大計林維源田園較多不避嫌怨身先倡導遇事出力民情因之踴躍未及兩年全功已竟雖其意存圖報不敢仰邀議叙臣未便壅於　上聞應如何　加恩之處出自　聖主鴻施

光緒十四年七月初八日奉　上諭劉銘傳奏台灣啓徵新賦請將尤爲出力人員先行獎勵一摺台灣各屬地畝舉辦清丈事屬創始經劉銘傳督率官紳核實丈量改定賦則全台袤延千餘里未及兩年一律大竣升科田糧計逾舊

額不下四十萬兩民樂輸將新賦現已啟徵辦理甚爲妥速在事出力各員實
屬著有微勞自應量予獎敘台灣布政使邵友濂著賞加頭品頂戴開復布政
使沈應奎台灣道唐景崧均著交部從優議敘道員陳鳴志著賞給三代一品
封典台灣府知府雷其達均著以道員在任候補並加鹽運使銜署埔裏社通
判候補知府吳本杰著俟補知府後以道員在任候補署彰化縣候補通判李
嘉棠著以同知直隸州知州留於福建歸候補班前補用台灣縣知縣在任候
補同知沈受謙著開缺以同知直隸州知州留於福建歸候補班前補用補用
知府淡水縣知縣汪興禕著俟過知府班後加鹽運使銜並先換知府頂戴埔
裏社通判方祖蔭著以同知直隸州知州在任候補試用布經歷管元善著以
通判仍留福建補用並加同知銜餘著照所議辦理附片奏三品卿銜太常寺
少卿林維源於清丈升科事宜倡首襄助不避嫌怨民間稱便克竟全功請旨

嘉獎等語林維源著賞加二品頂戴該部知道欽此

再台地田畝嘉義鳳山兩縣地方遼闊均在十萬甲左右戶口繁碎鳳山縣官或故或病更替相因所派清丈人員閒有未盡核實之處現經總局司道另委妥員抽查復丈一律清釐其給單造册情形較之各屬尤爲遲緩但勘丈已定以後有單册可據本年內外或可蕆功查布政使邵友濂才長心細自上年八月到任臣即以清賦事務專任責成經理措施有條不紊故能迅速啓徵惟編戶造册立法伊始非一時所能竣事邵友濂情形已熟若得寬假歲月方能悉心經理克竟全功可否仰懇天恩俯准一二年間免其更動方於新設省會初辦賦額不致功虧一簣惟新賦甫經開徵目前分治在卽應將添設各廳縣分造城垣並須籌建省城工程經始需用浩繁庫局一空措施無力本年東羅西掘接濟尤難前經督臣楊昌濬與臣議定奏准每年閩省協銀二十四萬

兩並由閩海關照舊每年協銀二十萬兩計已照數協助三年原議以五年爲期楊昌濬去閩有日相應請旨飭下新任福州將軍臣希元督臣卞寶第查照前案仍舊協解五年以符原議而資接濟理合附陳

光緒十四年七月初八日奉旨留中欽此

埔裏廳暨恆春縣田園減等升科請立案摺十四年七月初八日

竊照臺灣埔裏社廳暨恆春縣二屬均爲光緒初年新闢之境非傍山之水即近海多風土壤瘠磽收成減薄據該廳縣稟請減等升科經臣飭據清賦總局司道查議請將埔裏社廳田園照同安下沙則遞減一等升科上田科中則中田科下則下田照下則核減二成上園視中園依次遞減勻丁糧米概免配徵其恆春縣田園瘠薄視埔裏社尤甚亦照下沙則減等升科並免耗羨配徵及勻丁糧米會同布政使邵友濂核詳奏咨立案臣查台灣新闢地方沿海沿

山土壤磽薄埔裏社田園既非嘉義彰化等屬可比恆春又較埔裏社爲差若後山臺東州一帶原爲番社榛棘之區尤不逮前山遠甚雖已一律淸丈而糧生於地不能不量爲變通茲當升科伊始該司道所請埔裏社廳暨恆春縣兩屬減成辦理委係實情業經批飭遵照並令查明後山台東直隸州田園能否援照減則另行詳辦再行奏陳

光緒十四年八月初五日奉　硃批戶部知道欽此

全台淸丈給單未竣請展奏銷限期摺十五年六月初十

竊台省淸丈報竣後改定賦則按辦驗契給單暫難徵收新賦光緒十四年上下忙勻徵分數經臣　奏咨暫免核計嗣因給單需時十四年新糧亟須啟徵復經通飭各屬於是年六月一律啓徵上忙其單未給淸之處一面給單一面徵糧亦經會　奏在案茲查台北各屬單雖給竣台灣之雲林縣由彰化縣劃

撥四堡劃歸未久甫經給單三成嘉義鳳山兩縣因原丈未能核實而田園獨
多現辦覆丈隨時給單亦至四五成其餘各屬約有七成因上年給單時彰化
縣土匪滋事該處業戶不無觀望遷移雖經撲滅不過旬時給單不無遲緩且
大小租番租屯租隘租官莊各名目瑣碎異常或有地段畸零土壤瘠薄難以
照則升田必須另行分別辦理又或析產未定典賣不清民間自有糾葛皆須
逐一清釐凡此爲難情形必須稍假時日據清賦局司道詳請展限奏銷臣查
清丈田園本非易辦內地歷辦清丈雖僅一州一縣往往數年尚未告成今舉
全台各屬一律清丈升科袪除百餘年包攬隱欺之積弊若非台南嘉義鳳山
延誤彰化叛紳抗阻竟可一律完竣實爲臣始願所不及台北給單俱已竣事
新糧亦徵收報解八成惟臢台南之嘉義鳳山兩屬查其田園至十餘萬甲或
七八萬甲之多自署藩司沈應奎接任以來辦理日有起色但以後所臢零星

尾數多屬糾葛不清辦理較前尤難措手該司道所請係屬實情惟光緒十四年錢糧　奏銷已屆即將現辦覆丈之嘉義鳳山二縣剔出另辦其餘台灣安平彰化雲林各縣亦尚未悉數給清糧額不能遽定萬不能按限　奏銷臣於上年　奏報開徵之日本已壓遲一忙此時各屬完粮尤非內地無事州縣得以率由舊章按時徵解可比情形既異辦理卽應變通裨不致草率從事應懇准將全台光緒十四年奏銷展限六個月自奉　旨之日起扣庶不致草率從公亦不致漫無限制實於公事有裨現經咨部幷飭該司道等嚴督各屬將丈單迅速給竣趕緊徵糧報解暨將糧額核定造册呈送詳咨接續造報　奏銷倘有何縣再事泄延卽行嚴參示懲

光緒十五年六月三十日奉　硃批著照所請該部知道欽此

全台清丈給單完竣覈定額徵摺 十五年十二月十九

竊臣於光緒十二年四月　奏明將全臺田畝概行丈量是年七八月先後開
辦十三年九月酌議上中下下下田園賦則並隨徵補水平餘　奏奉部覆照
准並行令將各州縣計有某則田園若干應徵糧銀若干造册送部備案嗣以
所丈田園盈溢甚多新舊莫辨清丈後按戶塡給丈單俾官便升科民資執業
其埔裏社廳恆春縣均屬後山新闢之地奉准減等升科臺東州能否援照減
則另行覈辦續因奏限迫屆而臺地民番租業糾葛異常及原丈地段內有土
壤瘠薄難以照則升科必須另行分別以免民累於請展奏期案內陳明奉
旨允准各在案茲催據各屬遵限將丈單一律給竣計基隆安平鳳山嘉義彰
化淡水新竹宜蘭一廳七縣除官莊田園租業另行　奏咨外共民業田園四
十二萬五千二百四十一甲零年徵銀五十萬九千四百九十兩有零以光緒
十四年啓徵又埔裏社廳田園二千四百九十八甲零年徵銀一千三百五十

一兩恆春縣徵銀四千二百六十九甲零年徵銀二千一百二十七兩零以光緒十五年啓徵並造圖册前來查全臺舊額人丁餉稅銀八千九百三兩零供粟一十九萬七千一百三十四石零耗穀九百二十三石零照臺章折價銀十一萬八千八百三十四兩零餘租折價銀一萬三千四百四十一兩官莊銀二萬八千五百二十七兩零耗羨銀一萬三千六百六十一兩零統共年徵銀十八萬三千三百六十六兩零自道光以來墾不報升坍不請豁年徵銀數逐漸短虧光緒二年臺北設郡舉辦淡水噶瑪蘭兩屬清賦地止一隅時閱十載辦理迄鮮成功此次全臺一律清丈覈給丈單五六月間本可竣事依限奏銷乃以嘉義等屬原辦草率不得不添委分投復丈抽查清釐期歸至當更有土壤瘠薄難以照則升科之沙田園大率在沿山沿海沿溪一帶各屬皆有飭由給單員紳調查契價租息另行定等科徵臺北民業向有以一二三分等者亦

即編爲一二三等凡一等沙田每甲徵銀一兩六分五釐二等徵銀七錢四分六釐三等徵銀五錢三分三釐一二等沙園視二三等沙田三等沙園每甲徵銀三錢二分彰化以南沙四分平次下三等每甲徵銀自七錢七分至五錢五分沙園亦分三等自四錢山分至二錢二分比較平安下等輕則有贏無虧似此稍舒民力既免棄地逃糧之慮並廣招徠續墾之謀其墾荒未熟田園仍照原奏剔出從緩升科自十二年秋間開辦清丈起接續辦理給單至現在一律報竣止時僅三載通臺得竟全功年額徵銀五十一萬二千九百六十九兩零隨徵補水平餘銀十二萬八千二百四十二兩零加以官莊租額銀二萬八千餘兩全年共銀六十七萬餘兩覈與初奏約計之數大致相符比較舊額溢出銀四十八萬八千餘兩除補水平餘銀十二萬八千二百四十二兩外實計正額溢出銀三十六萬餘兩十四年徵收已有成數應即　奏咨作爲定額至新

設之臺灣雲林苗栗三縣係就彰化嘉義新竹三縣轄地劃分十五年設立已
齊各歸各界徵辦所劃堡甲徵額另再由司開摺詳咨立案台地內山溪溜激
沖沿海風沙捲壓田園坍漲本自無常已飭各廳縣隨時稽查遇有坍漲分別
升除並將未墾者招墾墾熟者續升隨時辦清不得仍蹈故轍總期地無隱匿
之糧民無虛完之累善持厥後以垂經久㫐規除將丈量給單先後兩次經費
及在事出力員紳另行造銷請獎外據署臺灣布政使沈應奎會同辦理清賦
總局前署台灣道陳鳴志詳送圖册呈請　奏咨並聲明澎湖一廳孤懸荒島
地皆斥鹵祇能栽種雜糧年徵地糧等銀一百三兩零仍循其舊免予更張等
情前來臣覆核無異謹將圖册咨送戶部查照辦理具摺以聞
光緒十六年三月二十八日差弁遞回原摺奉　硃批戶部知道欽此
全臺清丈給單用款造銷摺十六年六月初一

竊臣於光緒十二年　奏准舉辦清丈全臺田畝凡官紳書役薪資悉由糧臺
墊給不准索取民間時閱年餘支銷經費已不下二十萬無款再挪十三年
奏明仿照江蘇等省辦法就田酌收丈費續因十四年各屬收成減色察看糧
費並徵民力未逮復經　奏請緩收丈費已收者准抵新糧所需經費即在新
糧劃用並聲明埔裡社恆春兩屬丈費業已收竣未便再行扣抵應自光緒十
五年起接辦升科經先後奉　旨准行在案計自光緒十二年七月間開辦起
至十五年十二月底止各屬先行清丈繼辦給單並由總局選派委員分投抽
丈覆核丈單繪造圖冊以爲徵糧之據所需經費雖無成案可循然皆力求撙
節據各廳縣造報冊銷全案共用銀三十五萬一千二百四十兩零內除埔裡
社恆春兩屬單費銀六千九百三兩零外實支用庫平銀三十四萬四千三百
三十七兩零委係實用實銷查無冒濫應懇　敕部准在光緒十四十五兩年

錢糧項下照銷以清款目

光緒十六年七月初五日奉　硃批戶部議奏欽此

釐定全臺官莊田園租額摺 十五十二月十九

竊查康熙年間臺地各屬養佃墾成官莊田園九千七百六十五甲零或徵租粟每石折銀四錢或徵青白糖芝蔴塭餉各項折價不同又給資建置糖廍蔗車牛磨七百八十一張每張折徵銀五兩六錢共年額徵銀二萬八千五百二十七兩零此係官租不歸民業歷年專款　奏銷自嘉慶以後墾不報升坍不請豁以致徵數漸虧此次全臺普行清丈先將民田丈竣升科接續清釐官莊歷年久遠原設糖廍蔗車牛磨均已倒塌無存魚塭亦經沖沒惟田園現丈共計一萬五千三百五十二甲三分四釐六毫四絲八忽五微二纖較舊額已贏皆係各佃就官莊界內自行續墾經此番丈後沖塌者應行除扣續墾者覈實

科租查從前租則徵收租粟靑白糖等項每甲折銀一二錢起至十兩不等輕重懸殊究係如何分配年久檔案無存佃民本多苦累且續增田園皆由各佃自墾以成非曩時官養給種可比新墾舊墾界址混淆莫從指辨自應將租額重爲釐定删除各名目一律徵租以杜役胥高下其手現議上則田每甲徵租穀五石中田四石五斗下田四石下下田三石五斗上園視中田中下園各遞減五斗下下園徵穀三石統計台灣彰化安平鳳山嘉義五縣年共徵穀五萬六千九十五石二斗一升五合七勺四抄二撮每石按照臺章折銀六錢年額共銀三萬三千六百五十七兩一錢三分免徵平耗自十五年起照新章辦理較之舊額多徵銀五千餘兩其十四年淸釐尙未竣事各屬間有按照舊章徵完銀兩儘數另册　奏銷據署臺灣布政使沈應奎造册詳請　奏咨前來臣覆覈無異謹將原册咨送戶部查照

光緒十六年三月二十八日差弁遞回原摺奉　硃批戶部知道欽此

臺灣淸賦全功告成彙請獎敘員紳摺十五年五月初十

竊臺灣自光緒十二年辦理淸賦經臣具奏欽奉　諭旨卽著督飭派出各員紳認眞辦理出力人員准照異常勞績奏獎該部知道等因欽此自十四年六月啓徵新粮由臣將尤爲出力人員先行奏請獎勵其餘在事官紳員弁聲明俟給單竣事續行請獎欽奉　上諭著照所議辦理等因欽此並准吏部議奏飭令妥速丈淸地畝俟丈單事竣卽將徵收確數詳細奏咨報部再行彙獎等因當經核定田糧年額徵數造册分別　奏咨在案查內地辦理淸丈一州一邑皆有圖册可循往往年久尙難獲效臺灣此次自十二年秋間辦淸丈核給丈單其嘉義鳳山各屬初丈未淸另委復丈一體按戶給單隱匿者揭報開墾者升科截至十五年十二月一律造具圖册　奏咨報竣計舊額人丁稅餉供

粟餘租官莊耗羨年共徵銀十八萬三千三百六十兩現定糧額年徵銀五十一萬二千九百六十九兩隨徵補水平餘銀加以官莊租額共銀六十七萬四千四百六十八兩有奇比較舊額溢出銀四十九萬一千五百二兩光緒十四年徵收數目業經遵照展限奏銷其任事不力者均經臣隨時奏參所有始終在事出力員紳不無微勞足錄飭據臺灣臺南臺北三府取具各員紳履歷開列清册由署布政使沈應奎臺灣道兼按察使銜唐景崧核明詳請　奏獎前來臣查臺灣海疆重地自奉　旨改立行省事巨費繁一島孤懸緩急莫恃非屬鄉堡田甲粮額按戶核查鎖屑繁重時僅三載獲竟全功歲增鉅款裕　國家經久之用定海疆長治之規固由　聖德湛深民情踴躍而在事官紳員弁實心實力實屬著有微勞仰蒙　恩旨准照異常勞績給獎自應及時甄敘以

勸方來除將出力稍次各員核實删減由臣酌給外獎頂戴外所有分派各屬清丈田畝科算錢糧核給丈單繪造圖册尤爲出力之同知潘成清參將陳同泰等一百九十七人遵　旨按照異常勞績獎其辦理丈田給單稽核案册出力之道員林汝梅世職沈文熊等一百九十七人仍照尋常具考不敢稍涉冒濫沽恩敬繕清單恭呈　御覽

光緒十六年六月初七日奉　硃批該部議奏單二件併發欽此

臺灣清賦全功告竣再將請獎詳細開單摺 十六年十月二十三

竊准吏部咨文選司案呈臺灣清賦全功告竣出力各員請獎應令核删遵旨覆奏一摺光緒十六年八月十四日具奏奉旨依議欽此粘連原奏知照到臺伏查清丈一事內地一州一邑往往舉辦多年尚無成效臺灣廣袤千餘里自入版圖未經查丈舊徵糧額十八萬三千餘兩不足供地方之需歲賴閩餉

豈可轉予棄置且原奏所稱先行編查保甲就戶問糧一俟田畝查明再行逐
原有人員自應就地委用其餘投効員弁類皆熟悉地方情形正宜趨事赴功
保單內紳士不過七八十人並無逾濫至內地三十餘人係指調取而言臺灣
疆亦何敢以　國家逾格之榮市恩僚屬臣前奏各縣選派紳士數人核計現
地三十餘人每縣紳士數人之數在部臣愼重名器自有精心而微臣身任封
此自全功告竣開列各員分別請獎茲准吏部議覆飭令核删不得逾前奏內
仰蒙　恩諭准其獎敘均照異常得使人材鼓舞羣策羣力聚精會神方克臻
屬徵收均至七八成以上從此糧額大定正供有盈籌撫籌防緩急可恃此實
亂絲今三年之間丈田給單繪圖造册一律完竣本年　奏銷十五年新糧各
請淸丈田園爲經久自立之計臺地舊無圖册民間各管各業糾纏瑣屑棼如
八十萬自奉　旨改立行省海疆重要經費尤繁臣始於光緒十二年間　奏

戶清丈等語倘係舉辦之始先行編查情形若至逐戶清丈之時原奏業經聲明設立清賦總局督率辦理全臺一州二廳十一縣清丈之後繼以抽查復丈科算粮額核給丈單繪圖造册豈數十人所能竟此全功臣督率司道詳核所保同知潘成清等十二員係屬派辦總局兼令隨時分赴各屬復丈抽查主事吳鴻藻參將陳同泰等四十八員派辦臺灣府屬清賦等事知州竇以筠遊擊楊泗洪等七十二員派辦臺南府屬及臺東州清賦等事縣丞湯紹斌遊擊蕭大綸等六十員派辦臺北府屬清賦等事以上文武共一百九十二員均係盡心竭力手胼足胝晝夜辛勤始終在事他如道員林汝梅世職沈文熊等一百九十四員分派總局及各局隨同辦理所著勞績亦皆切實不虛委無冒濫既有勞績足錄卽應奬叙不遺若使甄別稍偏何足以昭激勸至其任事之優次先已分別等差不敢概邀異奬其餘出力稍次員弁已經核刪酌給外奬據台

灣布政使沈應奎臺灣道兼按察使銜唐景崧將前保各員派辦各事詳細開

單具詳前來應懇　天恩俯念海外清賦迅速成功正供盈溢撫防大計皆有

實款可期准將在事出力各員仍照原保給獎以示鼓勵而免向隅

光緒十六年十一月十七日奉　硃批該部議奏單二件併發欽此

卷七勘誤表

頁數	行數	字數	誤	正	脫	衍
三	十六	十六	興	額		
三	十六	四	倒	例		
六	二	廿七	謂	請		
六	十九	一	手	業		
七	十三	六	大	文		
七	十三	九	名	明		
七	二十	十二三	田園	賦額		
八	七	廿七	積	稽		
九	十五	七下			北府知府程起鴻藻	
十一	十六	四	田	科		
十一	十九	十七	攪	擾		
十二	五	廿二	裨	俾		
十二	十五	十二	辦	辯		
十二	二十	十八	業	額		
十三	一	六七	徵銀	田園		
十三	十四	十一	四	田		
十三	十五	十一	山	四		
十三	十五	二十	平	同		
十三	二十	廿四	將	符		
十四	十七	七下			均	

頁數	行數	字數	誤	正	脫	衍
十四	二十	七八	報冊	冊報		
十六	九	廿五	間	開		
十六	十二	廿下			六	
十六	二十	十二	鎖	瑣		
十七	三	十七下			請	

調何維楷辦礦片十年

再臺北基隆煤礦自沈葆楨開辦以來籌畫經營規模宏遠原冀擴開風氣爲國家富強之謨詎閱時未久流弊已深臣到基隆後接見礦局提調楊崇銓礦務學生張金生俱言煤務虧折甚多不肯明言數目自京滬以及基隆局外之人皆言每月煤局虧折本銀八千內外當委記名道朱守謨潛往查勘並飭提調楊崇銓將光緒九年正月至本年三月該局所用經費以及出售煤價節開具報續據先後送呈月報覈計用度與銷售煤價均屬有盈無絀不知虧折何由現飭將開辦以來歷年帳目全數查出提至臺北府城詳細覈算以清積弊惟以後必須明幹大員督率切實經營方期有利無弊查有河南候補道何維楷精明幹練辦事勤能精於會計曾經開辦磁州煤礦熟悉情形若以辦理

基隆礦煤必能日見起色該道現在天津可否請　旨飭下北洋大臣李鴻章轉飭來臺接辦以期整頓實於礦務有裨

按何維楷未至台因此片足見礦事原起存之

奸商吞匿釐金道員通同作弊請撤任委署查辦摺十一年五月十三日

竊查台灣釐稅以進口洋藥爲大宗自前台澎道張夢元於光緒六年招商包辦劉璈抵任後仍令商包上年係歸董事陳郁堂包辦自九月後以法人封口爲名照常徵收絲毫不解今春三月經前貴州藩司沈應奎由糧臺委員查出中路鹿港等口隱匿釐金四萬六千餘兩稟請查追該商始知事露始報稱臺南徵收一萬五千餘兩聊爲飾辯狡謀吞匿情罪昭然疊經臣札提陳郁堂來轅訊究竟敢抗延不到臺灣道劉璈督辦稅釐上年秋冬餉項萬分支絀宜如何籌畫搜查顧持危局乃任該商吞匿巨款至六萬餘兩之多事前既爲隱庇

事後更加徇縱臺餉奇絀上勞　聖主憂勤各疆臣百方籌濟不遺餘力劉璈
身在局中何以膜視上年十一月底稟報臺南餉竭潰散堪虞截留臺北協餉
五萬兩商吞巨款若罔聞知本年三月底該道會同沈應奎稟請全臺洋藥釐
金每年加徵十萬元仍由陳郁堂包辦臣批該商侵吞隱射業經札提來轅應
候訊辦確查再行核議該道硬行抗辦若無事然竟於四月初一日詳報加徵
仍由該商承辦臣疊次訪查洋藥茶腦釐金均多吞匿稅務爲餉糈所關豈容
絲毫侵蝕該道於奉批後猶復具詳爲商人迴護顯係通同作弊侵沒餉需臣
已檄令撤任聽候查辦所遺臺澎道員缺應即委員署理龔照瑗正在結算製
造局並上海購買軍械各帳尚難到臺查有江蘇候補道陳鳴志練達精明深
通營務持躬廉潔守正不阿堪以署理現經臣飭令陳鳴志將所部恪靖土勇
兩營妥爲遣撤該道卽赴臺南接署道篆除將劉璈貪污狡詐劣蹟多端另摺

奏參外一面催提奸商陳郁堂到案研訊有無通同作弊情形謹馳驛具奏

光緒十一年五月二十六日軍機大臣奉　旨劉璈著即撤任聽候查辦餘依

議該部知道欽此

再台灣釐金煤務自劉璈到任後煤務每年開銷經費十萬餘兩釐金於正稅

之外勒索私費洋藥項下三萬元茶腦項下一萬元經臣據實奏參仰蒙　特

派刑部尚書錫珍等到台逐款查　奏臣應毋庸再瀆查錫珍等原奏內稱以

後煤務或歸商辦或歸官辦總期經費不致虛糜有裨船政官輪應用由臣體

察情形妥議籌辦等因查基隆存煤前據局員算明開報應存估價銀十六萬

餘兩訊據供稱堆存過久日曬雨浹煤塊碎裂官煤化成粉炭均歸烏有賬目

支離事隔數年無從澈底查究惟楊崇銓稱於十年六月法人竄擾基隆時被

匪搶失現銀五千兩制錢一千餘串當時並未呈報地方官勘明立案十一年

法人退後經臣飭派營務處道員方策勳訊據基隆煤井工頭蔡添進供稱十年六月法擾基隆楊崇銓早將家眷行囊字畫等物悉數搬移尙有何銀被搶等語復經檄飭楊崇銓將被搶何證明白稟呈旋據稟稱當六月十五法擾基隆官民盡徙局內銀錢因係公款不敢妄搬不料是夜數百人持械到局即將銀錢搶盡等語察覈所稟均屬子虛毫無證據顯係乘機捏報希圖匿吞平日辦礦濫支弊端百出若澈底查究自開局以來經手作弊人員辦不勝辦旣經錫珍等查覆奏結自應毋庸究追惟乘機捏報被搶銀兩必須勒令賠繳以重公項至釐務包商陳郁堂僅認交過劉璈署內私費銀二萬五千元與該商股夥陳悅周單開不合經臣復委沈應奎傳提陳悅周暨前辦董事王靑雲等續呈親供以所付臺灣道衙門包釐規費銀三萬三千元鄭建中稟繳茶腦私費銀一萬三千兩均交與已革知縣張映景轉交劉璈內署查收有縣丞王棟眼

見作證詢據王棟僅認知情並未眼見過付現計洋藥釐金包期屆滿陳郁堂
係罪應擬杖之人自應另由殷商包辦茶腦釐金現據包商林協和承辦每年
照舊認繳洋銀十三萬七千元本年增繳三千元臣批令將劉璈所收私費銀
一萬三千兩併繳銀洋二萬元合成十六萬元洋藥釐金已據包商黃瑞階陳
弼臣等具稟仍照上屆包價扣閏勻分十二個月捐銀四十萬七千元按月徵
解由糧臺沈應奎議准具詳經臣飭令將前交劉璈私費洋三萬元一併照繳
以充公用包商黃瑞階等情願照數加繳通年認繳洋四十三萬七千元取具
認保各結由沈應奎覈明詳覆定案基隆煤務現由商人張學熙稟認開辦查
船政購買基隆煤價官炭每百石給洋二十四元茲據張學熙稟稱每官炭百
石減去四元只領價洋二十元自承辦之後無須由官籌墊經費煤務歲支經
費銀十萬餘兩即可概行裁省仍俟該商辦有成效再行酌議抽釐此台灣釐

金煤務現在辦理之情形也惟查前辦釐金煤務各委員朋比侵吞貪劣不職
若不擇尤參處不足以儆方來前釐金提調已革知縣張映景於查辦時自知
劣蹟避逸無蹤應請永不敘用釐金委員縣丞王棟雖稱交納劉璈私費並未
在塲眼見究係知情已據報捐䘏番衣袴二千件該縣丞業已丁艱擬請姑寬
免究候補知縣楊崇銓經辦煤務任意支銷復乘亂捏報搶失銀錢六千餘兩
雖據承認賠繳一味遷延搪塞實屬貪狡異常應請即行革職仍由臣勒限追
繳以重帑項而肅官方
軍機大臣奉　旨著照所請該部知道欽此
改百貨釐金片
再臺灣釐金只收洋藥茶腦二項同治四年經已故臺灣道丁日健開辦船貨
釐金無論何項貨物每百石抽收洋銀二元四角較之內地釐金不稍輕減查

歷年全臺各口收數每年僅二萬餘元新竹屬又有抽分名目臺南復有大小斛船區別征收法令紛歧辦理不能劃一且聽委員開報多寡無稽侵呑益甚

臣因撫番經費無出飭令沈應奎陳鳴志整頓釐金現據詳議將船貨釐金自本年四月初一日停止改收百貨釐金發給三聯票按成本百元抽釐五元只收出口不許重收進口貨物除洋藥一項照舊抽收外其餘百貨以及陸路販運概不抽釐米穀概行免釐不准收取惟臺南以糖爲大宗向來糖商藉口洋本不肯完釐臣現飭陳鳴志督同通商委員按約爭籌或完子口半稅或照內地一體抽釐以示公允而求實濟謹附片具陳

軍機大臣奉　旨該衙門知道欽此

遵籌全臺捐款片 十一年

再臣欽奉十年八月　電旨臺北各軍糧餉軍火款項短少先向紳商暫借解

到即還成功後奏請優奬均即徧行曉諭等因欽此當即恭錄札飭台澎道劉
璈妥速籌辦十一月初旬據劉璈申復已議全臺捐銀二百萬兩俟開口之日
即行止捐經左宗棠楊昌濬暨臣先後批令減辦一百萬以期實效詎劉璈徒
事空言抗不遵辦亦無一字稟陳本年正月臣派前貴州藩司沈應奎總辦全
臺糧餉會同劉璈籌辦捐輸住紮彰化沈應奎委催各縣舉辦劉璈置之不問
各縣陽奉陰違俱不肯認眞籌辦惟台灣縣知縣沈受謙首先勸捐報捐銀一
萬兩嗣後各縣始陸續籌捐除淡水借用銀票未辦捐輸其餘台鳳嘉彰新宜
六縣共籌捐洋五十四萬元直至三月初一日停戰通商始據劉璈申復籌捐
一百萬兩台南紳民均以劉璈議定開口後停止繳捐各懷觀望台灣縣知縣
沈受謙已繳捐洋三萬五千餘元彰化縣地方殷富經沈應奎督同縣令蔡麟
祥分催已繳洋五萬六千餘元其餘各縣或繳一二萬不等若照劉璈所議開

口後應即停捐惟捐戶難齊慷慨者先行呈繳慳吝者觀望徘徊如即行止捐
不繳則已繳之款仍須全數發還方昭公允臣商之臺北各紳據稱全台合捐
洋六七十萬元爲數不多尚可勉相籌措查地方善後需款方殷全臺已捐洋
五十餘萬元合之淡水一縣可捐二十萬元共洋七十餘萬元於善後不無裨
助加之五月以後由督辦福建軍務大學士左宗棠續解洋款銀五十萬兩若
捐輸一律收齊統計南北共存銀一百萬兩內外合全臺秋冬進款辦理台灣
澎湖各口礮臺并添礮給餉所欠當不甚多須俟辦有端倪約欠若干再行具
奏現飭沈應奎委員分赴各縣一律催收捐項收齊後擬先給予各捐戶實收
隨後核較部章分別實官翎支虛銜　封典彙案奏咨給予獎敘以示鼓勵而
助餉需
軍機大臣奉　旨戶部知道欽此

宜蘭縣勒捐革職片

再台灣餉項支絀曾奉 特旨捐借以濟危軍臣當飭道府廳縣妥爲勸辦不得勒索苛派以失人心據宜蘭縣殷戶周家芳稟稱縣令王家駒派令捐洋八千元周家芳自願捐募土勇二百人帶赴基隆助剿自備口糧四個月需餉銀六千元外復認補繳捐洋二千元即按該縣原派之捐亦無不合宜蘭縣知縣王家駒不問助剿勇費仍勒令捐繳洋八千元疊據周家芳稟控以伊兄周家祥被該縣拘押並有縱差凌辱等情當經臣批令該縣將周家祥開釋仍令補繳二千元以歸原派之捐該縣始則延不稟復繼謂周家芳募勇助防基隆越桑梓之鄉舍近圖遠請撤去所募勇丁照補捐款周家祥依舊管押抗不釋放查本年正月底正基隆法人猖獗之時周家芳不避艱險自備餉需率勇助剿認紮前敵可謂勇敢急公該令獨肆摧殘殊難索解經臣飭委訪查據稱周家

祥在押尙無縱淩情事惟該縣辦捐所派本地貢生楊德英幫同辦理諸多不
公各捐戶或因狥情而減或因私賄而除並未一律照章辦理查宜蘭縣王家
駒奉辦捐事宜如何勸諭樂輸乃聽任劣紳任意增減且據委員訪查該令謂
周家芳捐勇助剿基隆非剿宜蘭本縣所捐勇餉不准抵銷仍令勒繳八千元
之款奉批後仍行抗押周家祥不放實係剛愎任情意圖苛勒應請　旨將宜
蘭縣知縣王家駒即行革職以肅官方
軍機大臣奉　旨王家駒著即行革職該部知道欽此
臺捐減成片
再接准督臣鈔咨戶部議覆覆准開臺灣防剿經費捐輸一案所有京外實官
及三班分先分間儘先各項均以例定十成上兌不准以錢米軍械折收等因
奉　旨依議欽此仰見　朝廷俯念臺餉支絀暫廣招徠之路以濟急迫之需

莫名欽感臣於接奉部章後謹即行知糧臺暨臺灣道遵照部章妥爲勸辦旋
據官紳稟稱部章十成收捐原爲慎重名器時艱孔亟自應竭力勸籌惟臺灣
自封口後茶糖百貨概不能出口行銷商販已多歇業即各屬力田殷戶亦皆
因倡辦團練招募勇丁捐墊甚鉅現辦全臺捐借雖皆志切輸將實苦力量拮
据萬難收集惟冀捐獎稍優人情欣動辦理或易爲謀即有指項捐納員生亦
冀捐數少從酌減庶可聞風興起廣示招徠現因按十成照收爲數過鉅不免
觀望徘徊懇請
奏予變通俾易從事等情臣伏查臺灣餉需緊要久在聖
明洞鑒之中現在雖經閩省天津及廣東各處力籌接濟而援師大集需餉愈
繁加以被圍日久百物奇騰尤非趕爲設籌不足以資輾轉既蒙恩施逾格
准開臺捐惟期實濟餉需庶幾上副宸廑下支危局今自奉章開局全臺各
處尚無報捐之人該官紳所稱捐款過昂未能踴躍悉心體察委屬實情再四

思維與其無裨實餉僅存輸納之名莫若據實上陳稍乞變通之策查錢米軍
械折捐等事流弊滋多誠如部臣所議不敢更張今擬於萬不得已之中爲酌
中權宜之請合無仰懇　天恩俯念臺餉萬分緊迫台地民力拮据非內地尋
常捐輸可比　敕部詳加覈議於定例十成數內減四五成以廣招徠如蒙
俞允臣仍當嚴飭局員覈實照收不准暗行折減并遵照部章滿限半年即行
停止以杜弊端再現在臺灣海道梗阻轉運艱難各省濟銀皆由匯兌不能起
運現銀凡紳民習貫服官遠居內地一聞捐信雖輸將有願而路梗莫通僅恃
臺南北一隅所收實恐無幾捐事既多棘手捐生亦未免向隅自應分投勸辦
以期集腋除福建本省奉部章後已由省城善後局辦理外其餘天津上海廣
東各口岸均擬派員設局勸導如有收數并可隨時匯兌來臺以免阻滯合並
陳明

軍機大臣奉 旨戶部速議具奏欽此

林維源允捐巨款請獎京秩片

再據台北紳士三品卿銜候選道林維源稟稱台北軍情緊急餉項奇絀屢奉勸諭仰蒙電 旨優獎伏思維源世受 國恩何敢坐視第業無商賈產祗畬歲入各租略支家用自光緒三年獨捐五十萬元歷年又有大甲溪工台北城工并各處賑捐等項近又分助各莊練勇所費不貲力盡筋疲萬不能再捐鉅款然當此海氛日亟軍餉不支環顧台畺勢誠岌岌爰以萬不容已之心作無中生有之計奔走廈粵極力籌挪報効洋銀二十萬元以助餉需懇乞原情據奏務求 朝廷垂念屢捐鉅貲家貲漸落 飭下地方官吏後免再捐一面呈立限結先繳十萬元明年六月一律繳清仍先捐月米三千石折價計銀暫資兵食等情並據候選同知劉壽鏗稱據該紳來函所捐款項不敢屢邀 優

獎求改京職自効等語臣查該紳屢捐巨資迭奉　諭旨諄勸臣初次接奉電
旨卽經剴切勸商嗣經奉　旨飭查該紳銜職並總辦台北團練借餉事宜
皆經轉行遵照當臣八月間基隆退兵滬尾開仗軍情岌岌餉項一空實已朝
不謀夕屢飭劉壽鏗商勸捐助維源深明大義允捐二十萬元並先繳十萬元
以濟急需在該紳屢捐巨款家計原不如前今以全臺危迫隔海籌挪竭力勉
輸實屬急公好義跡其原稟委實無慮決非尋常捐輸軍餉可比該紳前於光
緒三年捐款已蒙　恩賞卿銜此次請用京職之處臣未敢擅行擬請可否仰
懇　天恩俯念台灣餉絀兵危之際該紳急公報効之忱　特予破格　恩施
以昭激勸並可否將求免續捐之處一體　加恩曲允用示矜全伏求　聖鑒
至同知劉壽鏗臣已遵　旨飭令隨營辦理一切應俟續行出力另案請獎合
併陳明

軍機大臣奉　旨林維源已明降諭旨以四五品京堂候補餘依議欽此

撤留勇營綜計款目請撥餉需摺十一年十月二十五日

竊臣於本年七月初八日欽奉　上諭現在海防善後用項浩繁必須通盤籌畫覈實經理方足以裕度支而舒國困各該省關每年所入之款究竟實有若干其常年例需及現在添支防勇局卡餉需薪水各款實在費用若干此後常年可以裁減歸併節省之款若干著各該將軍督撫監督等切實覈計逐款分晰開單限於奉旨一月內詳細奏報毋得稍涉含混藉詞延緩欽此等因由戶部咨照到臣又於十月初四日接准軍機大臣字寄光緒十一年九月初九日欽奉　慈禧端佑康頤昭豫莊誠皇太后懿旨內閣前有旨令該將軍督撫裁減兵勇以節餉需訓諭諄諄至爲明切此次復令王大臣等桼酌衆議體察情形期於必可施行籌定辦法現在經理海防善後需款甚鉅籌餉甚難必須將

糜費之款痛加删節各該將軍督撫受國厚恩務當仰體朝廷宵旰焦勞綢繆未雨之意懔遵迭次諭旨破除成見切實辦理一面將如何裁減及每年所節餉銀若干詳晰具奏將此由五百里各諭令知之欽此遵 旨寄信前來臣查臺灣自上年六月至本年三月皆係用兵之際營勇增減不時餉需亦無定數從前每年入款僅關稅鹽務釐金不滿百萬劉璈隨意支銷如鹽務每年連成本得洋五十萬零四千餘圓開支至二十四萬餘圓之巨除津貼鹽本外所賸歸公僅十萬餘圓釐金久經商包復開支銀九萬餘兩各局名目繁多員薪漫無限制竟有佐雜每月領薪水銀百餘兩者其餘兼差乾俸種種浮糜不可枚舉臣於陳鳴志接署後即飭次第裁減撤勇併局所有全臺鹽務臺北以沈應奎兼辦臺南歸陳鳴志兼辦不另設局均令力革弊端但積習已深非一時所能驟挽全台上年新招防勇自本年三月起業經次第撤裁惟曹志忠所部四

營帶赴福甯鎮任所駐防由督臣楊昌濬斟酌裁留臣奏陳善後摺已聲明全
臺除練兵二營外擬留三十五營臺南派記名提督楊金龍統帶楚軍四營幷
安平礮勇三哨駐防府城兼防安平海口記名提督方春發統帶楚軍三營幷
礮勇兩哨駐防鳳山兼防旗后海口副將張兆連統帶楚軍二營土勇一營分
防埤南後山一帶署臺灣鎮總兵章高元統帶礮勇一營練兵兩營分防嘉義
埔裏社一帶總兵柳泰和統帶楚軍三營分防彰化鹿港一帶道員林朝棟統
帶土勇二營分防新竹後壠一帶記名提督劉朝祜統帶淮軍三營土勇一營
幷親兵礮隊兩哨駐防臺北府城建甯鎮總兵蘇得勝統帶淮軍三營駐防基
隆已革總兵剪炳南統帶楚軍一營土勇一營駐防宜蘭蘇澳海口一帶記名
提督王貴揚統帶淮軍四營同署提臣孫開華所部楚軍三營土勇一營幷親
兵三哨駐防滬尾將來此兩軍內擬派一軍駐防澎湖此外悉數裁撤全臺入

款前摺已詳綜計關稅鹽務釐金年可得銀一百零數萬兩除去開支能充餉者不過九十餘萬兩將來剔除積弊覈實歸公歲可增銀十餘萬兩目前尚難抵用統計每年入款不足一百二十萬計尚不敷支給留營餉需統計每年出款至少亦需一百五十餘萬兩計尚短銀三十餘萬兩查劉璈到任四年每年用款皆在百萬以外十年法防起事全臺始養兵四十營以前只十餘營閩省每年協銀尚二十萬兩臣現酌定全臺養兵三十五營各海口礮臺認眞設防必須閩省每月協濟銀三萬兩合之全臺入款歲得一百五十餘萬金即無意外之需已屬毫無寬展現據沈應奎開報糧台存餉合捐輸應繳全數收齊計共存銀六十餘萬兩而捐款自劉璈出示海口一開無須再繳各捐戶觀望至今臣因捐事有勸無勒未便嚴催僅令官紳等曉諭勸繳計糧台現存銀只三十萬僅支本年冬三月之餉應懇天恩飭令署將軍古尼音布督臣楊昌濬

自十二年正月起按月協濟台灣海防經費銀三萬兩以濟急需臣因目疾難
支已於九月二十五日奏懇假歸調理儻蒙　恩准假歸尙非一時卽能交卸
軍餉要需刻不容緩不得不豫爲之謀謹將裁撤勇營幷覈計全台款目一併
恭呈　御覽
軍機大臣奉　旨戶部議奏單片併發欽此
劃一統費長夫草價並䘏病亡將士片
再查湘淮統兵官月支統費曾經已故大學士曾國藩刊定營章統三千人者
月給統費銀一百三十兩台灣漫無限制冒濫實多從前鎭道統兵皆月支統
費銀四百兩其餘不論所統兵數隨意開支至少月支二三百兩經臣批令減
裁臺灣百物昂貴與內地情勢不同統兵大員固應稍資體恤但須嚴定限制
方足以昭平允而杜虛糜現定每統千人月給統費銀一百兩多一營者添統

費銀五十兩以此類推又臺灣楚軍每營用長夫一百九十二人淮軍每營長夫一百八十人多寡不齊均資口實亦經臣於本年九月底一律裁減不論淮楚每營給發夫價一百人此外淮軍素有柴草費銀一百六十兩均於本年十月改令與楚軍一律發支惟臺灣煙瘴之鄉營哨官弁幫辦文武員弁歿於軍營者尤衆旅櫬不能還里紛乞川資實堪憫惻若不量加賙卹坐令暴屍海外甚非　朝廷矜憫戰士之心臣仍照故江督沈葆楨舊章營官病亡卹銀三百兩哨官一百兩其次幫辦委員提鎮給銀一百兩都守以上給銀五十兩以下給銀三十兩文員州縣以上給銀一百兩佐雜給銀五十兩除咨明戶部外謹附片具陳

軍機大臣奉　旨戶部知道欽此

行軍用款截清立案以憑覈銷摺　十二年八月二十六日

竊光緒十年法人違約攻犯臺灣欽奉電　旨極力籌防嚴行戒備法兵登岸
應如何出奇設伏以期必勝並如何懸賞激勵使軍士奮勇之處均著便宜行
事不爲遙制又欽奉　諭旨飭調外省援軍協濟餉銀軍火覓雇商船不惜重
貲設法解運來臺接濟如兵勇未能立時起程即就地募勇亦可應用各等因
欽此欽遵臣伏查臺灣孤懸海外口岸繁多當臣奉　命馳抵臺北法兵即旋
踵而來兵勇疲殘礮臺頹敝港門未塞水師無船外洋槍礮水雷毫無備置全
台危迫草木皆兵仰賴　廟謨深遠特假便宜微臣敬謹遵循差幸勉支危局
當法船之迸集也基隆礮臺既爲敵毀臣深見敵人船堅礮利巨礮環布鐵船
非避船礮縱得基隆終難拒守不得不退居滬尾添築礮臺另築土牆深挖濠
窟隔山堅守以老敵師隔山則巨礮不克移攻登岸則堅船已歸無用非若死
守基隆彼長我短勝算無可自操也滬營既定復購外洋槍礮水雷浮樁分投

密布一面沈船載石塡塞口門然後堅保滬防擁護台北府城固全根本兵力不足除由內地添募外急募台民精悍者佐之基滬血戰生死須臾非賞巨金安能得人死力一切部署皆非鉅款不行迨法兵旣撤田園久荒窮島子黎瘡痍慘目又不能不優加撫卹固結人心計自光緒十年六月起至十一年六月止一歲之間萬端奇耗統茲全局胥屬糧台當以大學士左宗棠特檄前貴州布政使沈應奎冒險東來臣久識其才遂令總司其事當時法船禁海援絕餉窮事機危急間不容髮獨賴沈應奎力任憂勞不辭嫌怨破除積習裁革浮糜萬計搜羅藉撐險難而軍情瞬息萬變設奇購間飛渡乞援事所必需亦不能靳小費而危大局一切添兵購械塡口築臺以及事平之後裁遣留防區分賞卹諸大端均經臣隨時　奏明有案此外或因例章不全先經酌給並經沈應奎於各員到臺造報一律查照例章删減扣追收回歸款今軍事粗定已飭將

全臺各款綜覈彙開冊成另行　奏報惟臣細閱部定新章募一軍購一械槩一臺調一員一切收支皆須事前　奏咨立案兵勇另造名餉季冊軍火另造各營存用總冊以便覈銷自應遵照辦理顧當行軍之際呼吸安危戰守蒼皇豈暇紛紜紀載且臺澎之地南北中前後五路延袤幾二千里危急之秋人多事雜安能一一上陳況自法船禁海電摺難通數月之間無復再生之望又安能一一陳　奏上達　天庭惟部章立案原爲杜絕侵欺查故大學士曾國藩克金陵後奏稱行軍過久用款過多礙難遵照部章造報應請准令實用實銷奉　旨允行在案臣此次行軍未久而奇險百倍前人照部新章實難造報合無仰懇　天恩俯念臺灣遠隔重洋復被禁海行軍籌防顯分二事緩急懸殊敕部准將行軍一歲之間查照收支款目各單先行立案俟銷冊到部以便覈銷截清此項此外自十一年七月朔以後歸入防軍再照新章辦理謹據實

奏陳

軍機大臣奉　旨著照所請該部知道單片併發欽此

造銷法防軍需摺十二年十一月十六日

竊照同治三年七月間欽奉　上諭本年七月起一應軍需凡有例可循者務當遵例支發力求撙節其例所不及有應酌量變通者亦須先行奏咨備案等因欽此嗣准戶部咨行本部議奏軍需善後報銷內外辦法一摺內開光緒九年正月以後各省軍需善後無論何省何物概令一律造册報銷不准再有開單等語於光緒八年十月十五日具奏本日奉　旨依議欽此通行遵辦查臺灣四面環海七省屏藩久爲島族所覬覦法人自恃船堅礮利違約稱兵臣於光緒十年五月間奉　命渡臺督辦軍務其時基隆已泊敵船數艘臺南之安平旗后各口均有法船游弋窺伺陸營單薄水師無船槍械未齊海口未塞軍

情萬分緊急仰蒙　聖主睿慮周詳飭令南北洋閩粵各省調撥援軍籌協餉
銀軍火俾臣得効犬馬之力專事經營寒口沉雷築臺安礮會督各軍團死守
基滬血戰經年仰賴　天威彼族未能逞志十一年四月復修盟好軍始解嚴
臣即札飭糧台將收支各款以光緒十年六月起至十一年六月止彙截一案
確核造銷並將支用各款查照新章應行立案者經臣彙　奏在案茲據總辦
糧臺前貴州藩司沈應奎詳稱督同委員書吏調齊臺南北各營屬請銷各册
詳細勾稽核與台灣從前支給原案及奉部准銷各款相符者分別核准其餘
原案不符及奉部核删者概行駁追收回原款計光緒十年六月起至十一年
六月底止防守軍需報銷舊管接收光緒十年閏五月底存銀四十六萬四千
三百零八兩有奇新收各省關協餉並台灣關稅鹽課貨釐捐輸平餘等銀款
三百六十四萬七千八十三兩有奇當收共銀四百十一萬一千三百九十二

兩有奇開給淮軍援臺弁勇光緒九年以前欠餉銀六千八百三十三兩有奇
應歸淮軍光緒十年報銷又給楚湘淮各軍弁勇新粮隨營長夫工食水勇礮
勇輪船弁勇屯丁隘勇鹽糧隨營員弁水陸練兵新糧公費未成軍以前小口
糧并撤勇行糧教習礮匠醫生工食將士安家行裝陣亡卹賞養傷掩埋購雇
輪船價脚要站書夫工食塡塞口港修建礮臺兵房各工購買外洋軍火製造
旗械火藥及一應雜支共銀三百九十一萬二千八百二十九兩有奇分晰造
册具詳請奏前來臣所設糧臺與行署近在咫尺無論支給何款悉皆親自裁
度當經費支絀之時籌餉難於籌兵何敢稍任虛濫雖有無例可循之資給曾
無未經核實之開支相應　奏懇　天恩俯念臺灣行軍與籌防迥異　敕部
全數准銷以清款項至兵退後賑卹基澎災黎等款銀四萬九千一百一十七
兩有奇並請先行開除遵照部章另行造報以收準支計尚存銀十四萬二千

六百十一兩容俟另歸十一年六月以後善後案內列造報除將總細清册咨
送戶兵工三部核銷外謹開具四柱清單恭呈　御覽
軍機大臣奉　旨該部知道單併發欽此
謹將臺灣全年各項出入款目謹繕清單恭呈
御覽
計開
一部查每月煤價一萬二千餘元每年應得銀十萬數千兩現在經費如何開
支煤斤如何銷售煤價如何作收
查臺地煤務自法人竄擾基隆煤井燬傷無從採取所有官輪取用皆係收買
民煤現擬鳩集股金官商合辦甫購機器尚未開工無利可計惟較前月省
經費銀八千兩

一部查鹽務經　欽差查辦奏稱除津貼成本外收銀亦在十三萬兩內外折
合十七八萬元運費成本實應扣除若干委員中飽如何查禁
查鹽務收款本無定憑須視海市之旺衰成本之貴賤近來惟光緒四年銷數
爲最旺全年可餘番銀十七萬餘元以後漸歸減少至劉璈任內濫薦乾修
自提滷耗所餘公項不過十二三萬元上年法人圍臺運鹽遂絕沿海私曬
太多竟短銷九萬餘石本年經臣釐剔陋規畫歸公款分局委員改歸司事
以節虛糜全年多得盈餘銀五萬餘元以補短銷之數以後如能禁絕私曬
方可盈餘
一部查洋藥釐金臺南北每年正課六八番四十四萬元另繳三萬元歸劉璈
私費現在商人如何包辦私收如何查禁歸公
查洋藥前屆全年連閏包商六八番三十四萬元自上年四月加征六八番十

萬元合共四十四萬元本屆包商黃瑞階等承辦照前數扣閏應勻分四十萬七千元經臣飭將私送劉璈規費三萬元併歸公款統計全年扣閏認繳包價六八番四十三萬七千元以六八折番銀二十九萬七千一百六十兩一部查茶腦釐金全年認繳六八番十三萬七千元並另繳一萬五千元歸劉璈私收現在仍否包辦並私收款項如何查禁歸公

查茶腦並船貨釐金前屆包商陳郁堂全年認繳六八番十三萬七千元本屆林協和承辦願加三千元全年認繳十四萬元並私送劉璈規費一萬三千兩經臣飭令該商加繳二萬元作爲正課統計全年認繳六八番銀十六萬元以六八折共番銀十萬零八千八百兩

再查本年四月初一日起船貨釐金一項奏請免征收百貨出口釐金所包船貨釐金全年應扣除數千元百貨釐金現甫開辦難預定數以現收數月而

論全年除支銷局用一切經費外約可多收銀三四萬兩須俟一年期滿方
可綜核實數
一本年四月起奉准閩省全年協餉銀二十四萬兩
一本年五月起由廈關全年撥解洋稅四成二十萬兩
一滬尾基隆兩口海關每年撥解稅銀約三十一萬兩
一安平旗后兩口海關每年撥解稅銀約十四五萬兩
查上年四口關稅歲約收銀四十五萬兩
統計全臺除正供入款不計外以上各款歲約共入銀一百四十餘萬兩
一全台三十五營月餉全年計需銀一百十三萬二百一十兩六錢
查前件共計三十五營每營除　奏定新章減去長夫八十名每大建月餉銀
二千六百五十二兩二錢小建月餉銀二千五百七十兩四錢六分又遵照

部定新章每營每大建月給柴草銀八十一兩小建月給柴草銀七十八兩三錢以全年勻核計之共應前數

一全台各軍統領官統費長夫全年計需銀一萬三千七百四十兩

查前件各軍統費遵照部定新章統至二千人以上者月給銀一百兩夫十名全台三十五營計統領官九員按章勻攤每營月應支統費銀二十五兩三十五營年應支銀一萬五百兩又長夫九十名年應支銀三千二百四十兩

統計共支前數

一各營洋礮洋槍水雷各教習薪水全年約需銀八千餘兩

一各營三節犒賞全年約需銀三千七百餘兩

台防舊章

一左右翼練兵二營月餉並加給行糧長夫全年約需銀二萬五千三百餘兩

按以下出款甚多因文煩節去而存其大者如此庶後人追想台事得考

其崖略云 陳澹然記

擬撤糧台設善後局仍留沈應奎經理片 十三年四月

再臣准戶部咨開本部具奏核明臺灣出入款目一摺光緒十二年十二月二十五日奉旨依議欽此內開台灣糧台經費並護台勇丁歲需銀八千三百餘兩該撫設立糧台未據專案奏報惟從前督辦軍務自不能不設立糧台現在軍務雖平而行省尚未議定所有收支款項自應仍歸糧台經理應准暫緩裁撤惟該糧台員勇若干薪糧作何支給未經奏咨應俟銷案到時再由臣部比照成案辦理至將來設定行省之後一切收支款項即可由新設藩司辦理屆時應將糧台裁撤每年可省銀八千三百餘兩等因查台灣設立糧臺經臣會同提臣孫開華於十年十二月二十四日附片具奏在案現在定議分省藩

司邵友濂將次到台據辦理糧臺前貴州藩司沈應奎稟請於本年閏四月底截止遵撤糧臺以後收支欵目卽歸藩司經理請假內渡就醫臣伏查沈應奎辦理糧台一切善後釐金鹽務工程籌防淸賦諸大端俱未另開總局雖每年經費八千三百餘兩若照內地各省一事另開一局節省殊多現在藩司邵友濂尙無渡台之期卽便到台台灣新設省分不獨書吏全無亦無辦公住所臣渡台數年因經費支絀非地方至急至要之務不敢浪用一錢所住淡水縣署半係草房近來辦防淸賦撫番悉賴捐輸支給現在捐輸停止分省之後設官分治需款尤煩臣實無所措手擬俟藩司邵友濂到任後將糧台裁撤仿照福建設立善後總局諸務方有會歸所有釐金鹽務並三十五營軍餉仍飭沈應奎會同辦理以免紛歧

光緒十三年閏四月十五日奉 硃批戶部知道欽此

接收台地兩海關片 十三年十月

再查前准吏部咨開福建台灣改設行省會奏一摺奉旨依議欽此計粘單內開台灣旗后滬尾兩海關收稅事宜應改歸巡撫就近監督以一事權嗣後該撫務宜選派廉幹妥員實心經理等因當經咨行遵照在案現准署福州將軍臣古尼音布咨稱本年八月十四日爲洋稅第一百八結屆滿之期自八月十五日第一百九結起所有滬尾打狗二口稅務應即遵照部議由台灣巡撫監督派員接辦以清界限並稱部定新章洋藥稅釐歸關並徵理應另款存儲查臺灣稅釐向歸台地之用所有第一百八結以前滬尾打狗二口稅釐業經隨同關稅銀兩仍行解歸台地歸入海防經費撥用應請會同奏咨以符定案等因前來臣查滬尾打狗二口所徵關稅及洋藥稅釐銀兩係奏明向歸台防經費撥用現在海關既經部議改由臣就近監督自應截清界限于本年八

月十五日第一百九結起由臣派員接辦以專責成謹將該二口關務選派妥員認眞經理並以後按結造報收支事宜仍會同福州將軍查照洋稅定章隨時奏明辦理並洋藥稅釐一併歸入海防經費另行彙案奏報

光緒十三年十月十二日奉　硃批該衙門知道欽此

官辦基隆煤礦片十三年十二月

再查台灣基隆煤務從前每年開支銀十萬兩積成漏卮自法人來犯毀壞煤窰之煤應用曾經商人張學熙稟請承辦於光緒十二年正月經臣附片奏明在案嗣因該礦積水過深張學熙無力購辦機器僅用人力開辦數月虧折本銀數千兩力不能支稟請退辦臣因煤炭係爲船廠機局兵輪要需不能廢棄不辦商同江督曾國荃署船政臣裴蔭森並臺灣各湊本銀二萬兩委派補用知府張士瑜招集商股六萬兩合成本銀十二萬兩於本年正月開局試辦如

有成效再行廣招商股收回官本以期官商輪船來往不至有乏煤之患自春至冬經張士瑜添購機器雇用洋師抽去礦中積水規模已具每日可出煤百噸核計出售價值局用僅可勉支毫無利息推原其故皆由煤炭出礦之後運至基隆海口海濱浪大難用駁船旱道山路千餘里運脚太多非造鐵路以利轉輸煤務不能獲利查礦局官商原本十二萬兩辦理機器工程尙形竭蹶實無力再辦鐵路火車稟請官收另行籌辦免致虧折愈多等情由知府張士瑜具稟前來臣查閩洋官商輪船並船政製造各局專恃基隆煤炭且台南北鐵路辦成更需煤用現在礦工已辦有十分之九以後資本無用增加未便停辦商人惟利是視既知無息可圖自難強令入股應將礦務仍舊由官收回自本月初一日接辦所有商本銀六萬兩並船政原入銀二萬兩暫由台灣於上年捐輸存餘項下籌撥歸還經臣另派洋師瑪體蓀監督工程仿照商辦章程以

除夙弊再由鐵路公司自八斗煤礦分接車路一道直通基隆碼頭以便運售迅速將來全台鐵路告成銷路日廣利息日多仍舊招商接頂縱不能收回原本庶不致全行虧折積久又成漏危於地方商務不無裨益除咨戶部外謹附片具陳

光緒十三年十二月三十日奉　硃批戶部知道欽此

續報十一二兩年籌防善後撫番等款摺十四年九月二十八日

竊查台灣行軍用款自光緒十年六月起至十一年六月止彙案造銷分別奏咨在案惟台灣孤懸海島南洋關鎖防務固未可稍疏澎湖居台廈之衝形勢尤關緊要不能不駐紮重兵訓練防守爲建威懾敵之謀全台勇營除先後裁撤外共留三十五營已將官弁勇兵名餉各數駐紮之區按季造册咨部核查其修建各口礮台添購外洋船械招撫社番一切籌辦情形均經隨時　奏

咨在案茲據台灣善後局司道詳稱台灣籌辦海防善後并招撫諸大端自光緒十一年七月起至十二年十二月底止收支銀數督同員吏詳細勾稽核與例章相符並奉部准銷及　奏咨有案者分別核准其不符者均已核實删除有可節減者亦復釐剔扣追塡還正款計舊管接收光緒十一年六月底流存銀十四萬二千六百一十一兩有奇新收閩省協餉併台灣關稅鹽課貨釐捐輸平餘等款銀二百六十萬三千二百三十九兩有奇管收共銀二百七十四萬五千八百五十一兩有奇開除支給楚湘淮各軍官弁勇夫辦公經費薪糧柴草工食水勇礮勇輪船弁勇屯丁隘勇鹽糧水陸練兵薪糧公費隨營文武員弁及台局員役鹽菜折夫購買外洋軍火輪船價値正站書夫工食修建兵勇營房各工製造旗械軍火工料及一應雜支各款共銀二百六十七萬七千六百五十兩有奇或循照例章或續前支給或恪遵　奏案或購自外洋無例

可循均係實用實銷委無絲毫浮冒應請全數准銷除外實存銀六萬八千二百兩有奇容另歸入光緒十三年善後案內列收造報等情臣覆核無異合無仰懇敕部全數准銷以清款項除將總細清册另行咨送戶兵工三部核銷外謹恭摺具陳

附錄十三十四兩年海防善後撫番收支銀數並開一摺

一舊管十二年底存銀六萬八千二百兩有奇

一新收閩省並各省協餉及台灣關稅鹽課釐金捐輸平餘等款銀四百六十七萬三千八百四十兩有奇

一管收共銀四百七十四萬二千四十一兩有奇

一開除用款銀四百六十八萬七千一百三十三兩有奇

一實存銀五萬四千九百七兩五錢歸次年算

十五年收支銀數另開一摺

一舊管十四年底存銀五萬四千九百七兩五錢

一新收台灣關稅鹽課釐金平餘等款銀二百一十二萬四千五百六十六兩有奇

一管收共銀二百一十七萬九千四百七十三兩有奇

一開除用款共銀二百一十萬七千五百十四兩有奇

一實存銀七萬一千九百五十九兩有奇

以上三年均有另摺清單奏咨在案核與十一年七月初一至十二年底籌防善後撫番收支摺內出用款目一字未更惟十三四兩年收款有閩省及各省協餉十五年已無此項蓋公原奏籌防摺內請協餉五年以後不收協餉故遂截止也因此等摺奏文字差同而一省用款爲疊臣操守所繫故删

二摺而摘其收支款目於此以省煩文此外十六年未及造報以十七年四月已交卸也 陳澹然記

光緒十四年十一月初三日奉 硃批戶部知道單併發欽此

請免陣亡殉難各員短交銀兩摺 十五年五月二十一日

竊照閩省前辦軍務案內陣亡殉難各員應追應賠各款歷經奏奉 諭旨豁免在案茲查臺灣前辦軍務陣亡殉難各員交代未淸應追應賠各款飭據臺灣府查報前臺灣府知府孔昭慈前署臺灣縣知縣高鴻飛前署淡水噶瑪蘭二廳秋曰覲等均以剿匪陣亡共應追賠銀四萬三千九百三十九兩此三員陣亡之後均由前督撫臣奏准 恩卹孔昭慈高鴻飛前在閩疊各任欠款並經奏免在案惟孔昭慈任臺灣府高鴻飛署臺灣縣與秋曰覲前署淡水噶瑪蘭二廳交款均在追賠今司道等憫其陣亡會詳 奏免並聲明應追銀數及

陣亡地方年月日期前來臣查該三員戰亡海外毅魄飄零旅櫬凄凉室家寥落臺疍父老歌泣難忘　國家優卹忠貞無微不至倘以生前官逋貽後人賠繳之憂甚非　朝廷哀隱忠裔至意自應援案請免以廣　皇仁除將清册送部查照外謹會同督臣具奏

光緒十五年六月初七日奉　硃批著照所請該部知道欽此

英商承辦基隆煤礦訂擬合同摺 附合同二件十五年六月二十二日

竊臺灣基隆煤礦自法人毀壞後先經商人張學熙禀請承辦旋以本虧乞退經臣商同南洋大臣曾國荃船政大臣裴蔭森并台灣各湊本銀二萬兩另集商股銀六萬兩共成本銀十二萬兩於光緒十三年正月招股接辦因舊礦產煤不多辦理年餘毫無利息商禀官收臣因閩洋官商輪船並船政製造各局需煤應用欲罷不能基隆礦局已成未便廢棄即於十三年十二月由官收回

另行接辦所有商本及船政官本暫由台灣捐輸存餘項下籌撥歸還飭派洋人瑪體蓀仿照商辦章程辦理先後奏明在案此礦在基隆八斗地方開採年久因法人之亂停歇二年積水過深機器俱毀數年以來添購修復較從前用費更多不料煤質已完開採日絀自光緒十三年十二月改歸官辦迄今年餘綜核出入每月虧折銀三四千兩據洋師察勘非添本銀百萬另開新窰不能獲利臺灣經費支絀官既無本商股豈可再招進退徘徊適有英商范嘉士願集本銀百餘萬來臺承辦由英國駐臺北領事官班德瑞引薦到臣據稱已勘產煤二處另開新窰暫用八斗舊礦先行接開願償八斗煤礦機器官本銀十四萬兩分期清繳詳議章程十一條開送前來臣查臺灣產煤係地方自然之利官辦限於資本不能擴充且積習太深驟難盡革從前歲虧銀十萬兩自臣經理以來糜費雖少每年仍虧銀四五萬兩以臺灣彈丸之地所入不敷所

出不謀補救受累無窮若由該英商承辦不特官本可以收回即以二十年計之可免漏厄百萬關稅并車路運貨轉可得數十萬利源既闢商務更興於地方民生所裨甚巨所議章程十一條臣再三推求亦無後累當派礦務委員張士瑜先立草合同另繕清單恭呈御覽事關中外交涉應請飭下總理衙門會同戶部速議定奪如蒙俞允再由臣令英商畫押承辦是否有當理合恭摺具陳再台北新竹縣轄牛頭山地方舊產煤油曾經前福建撫臣丁日昌奏委道員葉文瀾開採旋以虧本停止現據該英商范嘉士并請開辦事同煤礦一律並由該商另訂合同並乞一併飭發核議

光緒十五年七月初十日奉硃批該衙門議奏單二件併發欽此

英商范嘉士承辦煤礦擬立合同

一由該商延聘勘煤工師來台履勘產煤之區選定兩處作爲開礦之基稟准

開辦該商先在一處興工地方官立限凡離該礦三英里內不准民人挖煤倘界內該商所開煤井未得要領再易新井苟無越界悉聽其便二十年之內全合非該商不准添用機器挖煤如年限未滿第一處煤苗有罄盡之勢即准遷第二處開挖其界限仍照前定倘兩處煤俱挖盡倘未滿二十年亦即停止此外不得再有遷移所挖煤山如係官地不用給租如係民地即秉公酌給地租其租僅按所種禾稻雜糧之値由官代定仿照鐵路章程每方丈給自四角至六角爲止推算倘該商煤礦所挖地洞養氣不通必開小井雖逾界限亦准其開設若所開之處係屬民地應由該商給與租値仍由地方官照前代定設界限之外民人所挖煤洞與該礦有礙應由地方官代爲調停二十年限滿該商應即撤退所有機器價値無論多少與官無涉所安機器或就地變價或折卸運回官不過問

二基隆八斗煤礦機器煤炭房屋即交該商經理將來此煤礦用否悉憑該商自酌不在第一款所指兩處之內倘該商興辦八斗煤礦所有已成之小鐵路火車儘可借用不取租銀其未成至洋海關口之小鐵路該商應照公平納租其租資應即議定日後不准加增並由地方官在洋關邊撥出官地一段爲該商修築馬頭寄屯煤炭之需此地准免地租倘係民地須按年納租仍由官定日後准不加增

三新挖煤礦所需小鐵路由官築成達至大鐵路該商應納大小鐵路載費仿照泰西英美法德各國載價每噸以三十里路計載資約在一角四仙至五角五仙應臨時察看鐵路工本情形隨時酌定倘該商將煤運載大鐵路馬頭儘可通用勿庸納租所選礦基先請地方官議定限期築成小鐵路並定載費若干議定後將來如非該商情願准免加增

四地方官每月應收該商所挖煤炭一千噸其價值照基隆市價八折算還
五該商煤炭除撥給地方官一千噸之外其餘每噸出口應納賦課一角惟民
人所產土煤旣無賦課自可輕價而賣殊礙該商售路應准設立民人釐捐
准照賦稅一體庶無偏枯至該商挖出煤炭照現時應納關稅外所有釐捐
概免
六該商煤礦應蓋夥友工師工匠人等房屋除附近官地勿庸納租外其餘別
處或屯煤或蓋屋如租民地官爲轉租照官價算給該商來台立意極欲與
官民敦睦務得情理之平第相處久遠僱工人等難保不無高抬價值包攬
把持種種情弊官必彈壓保護該商若由中國僱工來台應從其便除工師
督工夥友外其餘均用華民不准僱用外國工人如因礦中工匠衆多稟請
官派弁兵彈壓應如所請飭派倘該商請派弁兵駐防礦中其薪水多寡由

該商按月籌送
七地方官若遣生徒進礦學藝每礦可撥三人該商工師應宜優待所在任其游歷以期學業有臻
八煤在軍裝之列中外倘有戰事該礦應歸中國主政幷由中國保全再由地方官派員駐礦稽查出入如有接濟敵煤查出照公法議究如與英國有戰該商係英國子民應卽暫退若年限未滿事平再行接辦所有礦中屋宇機器等件應由官保護如因退歇虧累該商生意無論多少與中國無涉不敢絲毫索賠若該商情願將此煤礦頂與別國商人接辦應先稟明地方官核准別國商人承充亦應照此章程辦理
九此事一經地方官　奏准該商卽繳規平洋銀二萬兩俟基隆煤礦機器等物交淸馬頭屯煤之所指定洋海關一帶未成小鐵路租賚議定該商卽應

再繳規平洋銀五萬兩其餘應繳七萬兩准照第五款按月應撥煤價內扣
除
十由地方官　奏准始行興辦　奏准後幷由爵撫部院加印以昭信守
十一以上各款該商遵照來台興創煤礦獨握二十年責成重大非挾鉅貲難
以整理地方官准其在英國招股設立公司俾其衆力易舉
光緒十五年五月　日立合同　候補知府張士瑜　英商范嘉士
再者此事原由班署領事官從中商辦幷繙譯合同知見畫押兼請一併畫押
蓋用關防以昭憑信惟中國洋商開礦之事從未辦過此次　奏准由台灣同
該商均有利益如奉　旨不准此件合同應爲廢紙作罷
光　緒　十　五年六月　　日加印
一千八百八十九年七月　　日加印

英商范嘉士承辦油礦擬立合

一由該商工師履勘台灣出產煤油之處先用鋼鑽探明油苗無論成否所用經費均由該商自給與官無涉倘能尋得油源足以開挖油礦稟官准其先在一處興工挖井採油凡離井十英里限內任其取油倘此處煤油顯有罄盡之勢准再遷一處其界限仍照前定如限內該商所挖兩處煤油已完尚未滿十五年亦即停止該商承辦以十五年爲限限內全臺非該商不准用機器採取煤油限滿之日應即撤退所有機器價值無論多少與官無涉該商所安機器或就地變價或折卸運回官不過問

二該商所採煤油應照十取一之例每百擔抽取十擔以爲地基租課此外惟關稅並子口半稅應照條約完納其餘地方釐金以及別項捐輸概予免納

三該商勘定油礦地基除官地不用納租外如係民地即秉公酌給地租其租

僅按所種禾稻雜糧之值由官代定仿照鐵路章程每方丈自四角至六角爲止推算

四新挖油礦所需小鐵路由該商看定基址地方官商同築造以達官道大鐵路該商應納大小鐵路載費仿照泰西英美法德各國載價每噸以三十里路計載貨約在一角四仙至五角五仙總須臨時察看鐵路工本情形方能定擬自此次議定載費之後將來如非該商情願准免加增倘該商將油運載大鐵路馬頭儘可通用勿庸納租

五該商油礦應蓋夥友工師工匠人等房屋以及洗淨煤油機器所除附近礦地如係官地勿庸納租其餘別處或屯油或蓋屋租用民地官代轉租照官價算給該商來台立意極欲與官民敦睦務得情理之平第相處久遠僱工人等難保不無高抬價值包攬把持官必爲之彈壓保護該商若由中國各

埠僱工來台應從其便不准僱用外國工人除工師監工夥友之外其餘均用華民如因礦中工匠衆多稟請官弁帶兵彈壓地方官應如所請飭派倘該商請派弁兵駐防礦中其薪水多寡該商按月籌送

六地方官若遣生徒進礦學藝每油礦可撥三人該商工師應宜優待所在任其游歷以期學業有臻

七煤油雖非軍火倘中外遇有戰事該礦亦應歸中國主政由官派員駐礦稽查出入如有濟敵情事查出照公法議究并由中國保全如與英國有戰該商係英國子民應即暫退若年限未滿事平再行接辦所有礦中屋宇機器等件應由地方官保護如因退歇虧累該商生意無論多少與中國無涉不敢絲毫索賠若該商情願將此油礦頂與別國商人接辦應先稟明地方官核准別國商人承充亦應照此章程辦理

八由地方官　奏準始行興辦　奏准後并由爵撫部院加印以昭信守

九以上各款該商遵照來台興創油礦獨握十五年地方官並准其在英國招股設立公司俾其衆力易舉

光緒十五年五月　　日立合同候補知府張士瑜　英商范嘉士

再者此事原由班署領事官從中商辦並繙譯合同知見畫押兼請一併畫押蓋用關防以昭憑信惟中國洋商開礦之事從未辦過此次　奏准固台灣同該商均有利益如奉　旨不准此件合同應爲廢紙作罷

英國駐箚台北辦理通商事務署領事官班德瑞

光　緒　十　五年六月　　日加印

一千八百八十九年七月　　日加印

海關贏餘指撥鐵路經費片十六年二月

再准戶部咨行籌撥鐵路經費一摺內稱自光緒十六年起臺灣省按年籌銀五萬兩奉　旨依議欽此恭錄咨行並將應解銀兩在何款籌解查明咨復等因據茲善後局詳稱臺灣按年出入各款前經開單奏報本屬出入難敷關稅釐金僅敷軍餉閩省歲協銀四十四萬兩原爲建省分治之需嗣以臺灣鐵路改歸官修自光緒十五年秋先行挪用至清丈後徵收新賦雖較舊額增加現計十四五兩年開支綠營俸餉及撥給淸丈給單經費毫無贏餘實無別款可挪之處惟查海關洋藥釐金奉准部咨本省用款外尚有贏餘儲候部撥可否即就此款籌解詳請覈示前來臣查臺灣辦理海防分治建城剿撫番社添設機器各廠購置輪船需費甚鉅歷年入不敷出庫局一空近以鐵路歸官指撥閩省協餉一切經費竭蹶倍甚於前現雖錢糧增於舊額而俸餉米折額支之外尚須抵除淸丈急需海疆新設省城應用者萬難撙節無可籌撥委屬實情

查海關洋藥釐金前准部咨劃留本省銀二十九萬七千餘兩如有贏餘另儲報撥業將十三十四兩年贏餘數目報明在案現在鐵路要工奉撥之款勢難缺誤應懇天恩俯念海疆新省正在開創之始籌款爲難准將海關洋藥釐金贏餘一款仍留臺灣自光緒十六年起專爲提解部撥鐵路之用倘本年所餘不足五萬兩由臣補足如有餘賸仍截存另儲聽候部撥是否有當謹附片具陳

光緒十六年三月十七日奉　硃批戶部議奏欽此

基隆煤礦仍改歸商片 十六年六月

再臣承准軍機大臣字寄光緒十五年八月初七日奉　上諭本日總理各國事務衙門戶部會奏議駁劉銘傳奏基隆煤礦擬令英商承辦一摺已依議行矣即著按照該衙門所奏慎選賢員破除積習將煤礦各事宜認眞覈實妥爲

經理總在用人得宜自可漸收成效如產煤日絀虧折太多亦應酌量情形另籌辦法等因欽此跪聆之下仰見聖謨周密籌慮精詳莫名欽悚臣查基隆煤礦創由官辦積習太深用委員稍有未當卽不免揑報虛糜用洋人較爲認眞又不免價高費重閩台船政製造局以及各輪船月需煤數千噸又不能停歇不辦上年十月將洋人撤退委派候選知縣黨鳳岡管理一面仍行招商以期接辦黨鳳岡破除情面極力撑持本年正月後漸形起色商人聞風嚮慕稟辦已有數人意皆挪借官本臣概置之現經幫辦全臺撫墾事務通政司副使臣林維源訪招富商候選知府蔡應維雲南候補道馮城勳職員林元勝等情願鳩貲三十萬元與官合辦爲期二十年官一商二仍繳原礦本銀十二萬兩承受礦存房屋機器以十萬元作官本其餘按月繳煤扣除礦務一切事宜由商經營官不過問將來無論贏虧按照成本分三股匀算據蔡成維等稟立章

程前來臣詳加察覈尙屬周詳當經批准定於七月初一日歸商接辦除將所
稟章程咨部外謹附片具陳
光緒十六年七月初九日差弁賫回原摺奉　硃批戶部議奏欽此
遵　旨飭商退辦煤礦並籌議情形摺十六年十月二十三日
竊臣於本年九月十三日承准軍機大臣字寄八月十五日奉　上諭戶部總
理各國事務衙門會奏臺灣煤礦招商承辦章程種種紕繆請敕停辦一摺前
以基隆煤礦劉銘傳與英商訂擬合同辦理粗率當經降旨申飭並諭令愼選
賢員另籌辦法該撫宜如何認眞覈實妥爲經理乃此次所奏僅稱訪招富商
同官合辦迨章程送部後經該衙門會同查覈其辦法種種紕繆所稱可疑者
三必不可行者五實屬抉摘隱微確中情弊此事既經官商合辦自應官爲主
持何以一切事宜悉授權於商人官竟不能過問且章程內既稱各股皆係華

人何以總管礦務轉用洋人顯有冒充影射情事其開挖河道自撤藩籬一節更於海防大有關繫況以特旨敕令另議之件該撫並不奏明請旨輒即議立章程擅行開辦尤非尋常輕率可比劉銘傳著交部議處該撫接奉此旨即將現辦之局趕緊停止不准遷延迴護從來創辦重大事件必應慮及久遠慎之於始不可膠執己見亦不可輕信人言基隆煤礦久無成效該撫務當熟思審慮籌一妥善辦法明晰具奏候旨定奪勿再率意徑行致干重咎戶部會奏摺著抄給閱看欽此仰見　聖恩寬大籌慮周詳莫名欽悚遵即飭令該商蔡應維等於九月二十日退止一面委員接辦臣久在病中精神委頓籌慮恐有未周當飭司道會籌辦法去後玆據藩司沈應奎臺灣道唐景崧詳稱基隆出煤原地方自有之利無奈人工過貴民洞本屬無多一屆農忙半皆停歇閒時開採所出亦微前江督沈葆楨因恐民煤不敷船局應用故奏請於八斗地方由

官開礦歲虧銀十萬兩近年竭力整頓每年亦須虧折四五萬兩委員黨鳳岡辦理數月適值春夏久晴井中積水取乾出煤稍旺每月虧折較少千餘兩現查八斗老井煤炭已於本年六月間告竭僅存一井煤出無多商人蔡應維等稟請集資與官合辦估用洋三十萬元另由暖暖地方開挖新井煤礦利息本微據洋師言外洋新井初開必三年後始可見煤十年後始能獲利艮以礦生地腹佳煤無不深藏非深入數百丈不能窺其奧窔入愈深則費愈重地愈遠則時愈多故西人每辦一礦非籌本金數百萬積歲十餘年不敢妄求獲利非若中國朝開一井夕即求功往往淺嘗輒止也今商人既退官若另開新礦不獨巨款難籌以後逐歲增虧亦難爲繼倘因之停歇不獨船政之煤應用即台灣機器局輪船車路僅恃民煤亦恐不能應手中外商輪往來港滬半由臺灣添煤商務稅釐因之增益福泉沿海船戶運鹽來台裝煤回閩以煤獲利鹽價

因此便宜煤礦停歇商船不過臺灣稅釐必減鹽船無煤回載鹽價必昂明折暗贏所關於稅鹽尤鉅詳考台礦未開鹽昂稅少情勢昭然固不僅輪船製局應用必需海舶添煤商釐增盛已也尤可慮者礦中工匠不下千餘礦事一停流爲盜賊歷年購辦機器礦本銀十餘萬兩亦將棄置莫追並此數端不得不躊躇顧慮司道等悉心籌畫惟有暫仍其舊督令委員嚴絕虛糜認眞經理以濟船政及官輪之需仍隨時察看情形如果出煤日絀虧折日多亦惟有遵照總理衙門前議停採俟籌巨款再圖新礦以闢利源蓋礦伏地中本難懸測卽西國著名礦學亦不能有利無虧也臣詳核司道所籌自係審時度勢可否准照該司道所籌辦理之處伏候 聖裁

光緒十六年十一月十七日奉 硃批該衙門議奏欽此

官辦樟腦硫磺開禁出口片

再臺灣素產樟腦硫磺兩項民間私熬私售每多械爭滋事經內閣侍讀學士
臣林維源道員林朝棟等籌商收歸官辦以助撫番經費要需臣因硫磺向歸
通商委員李彤恩兼辦飭將樟腦硫磺兩項籌議章程以收自然之利旋據李
彤恩等稟稱樟腦一項近來日本出產甚多香港腦價日落若歸官辦每石可
獲利二三元臺產每年約可出腦萬石硫磺一項臺產最佳經前江督沈葆楨
奏請開禁採備官需歷辦舊章每石成本洋一元官買每石價洋三元每年出
產六七千石上等硫磺每年只出千石均解歸官用其次積聚三千餘石官既
不用商禁未開不能出口日久愈積愈多不獨經費虛糜棄置尤爲可惜且香
港年銷日本硫磺至萬餘石運至江南天津一帶民間用之薰炙葵扇草帽蒸
炊餑餑製造爆竹銷路甚多臺灣磺產甚佳奸民私煑販運出洋不一而足以
自採之磺禁不出口既聽日本暢銷又不能禁止奸民私煑若設法經理雖獲

私熬樟腦硫磺兩項民間私煎私售每多械爭滋事歸官收買出售給照出口就目前情形而論每年可獲利三萬餘元以後若能產多銷暢經理得人日漸推廣以自有之財供無窮之用實於　國計民生兩有裨益惟硫磺一項雖經沈葆楨奏請開禁採歸官用尙未准商運出洋應請　旨一體開禁以暢銷路

利無多於撫番經費不無小補等情前來臣查臺灣樟腦硫磺兩項民間私熬

軍機大臣奉　旨著照所請該部知道欽此

附錄官辦樟腦出入數

一十二年十一月起十四年底止共採熬樟腦六十三萬七千觔

一售出洋應六十一萬八千觔得價銀六萬一千五百兩

一除還本銀四萬八千兩又除局用運貲保險等銀八千六百兩餘銀四千六百兩

一十五年正月起年底止共採熬九十五萬三百觔

一售價銀八萬五千五百兩

一除還本銀七萬一千八百兩

一除局用各款銀四千七十兩實餘銀九千六百兩

附錄官辦硫磺出入數

一收舊管存硫磺四十萬四千一百餘斤計成本銀三千七百八十餘兩

一自光緒十二年十一月開辦起至十四年底止共採煎硫磺八十一萬八千三百餘斤成本銀七千六百五十九兩

一管收共存硫磺一百二十二萬二千四百餘斤

一除耗出售八十八萬三百斤得價銀一萬九千九十兩

一除還本並局用餘銀四千三百餘兩

一仍存硫磺二十五萬四百斤
一收舊管存硫磺二十五萬四百斤計本銀二千三百餘兩
一光緒十五年正月起至十二月底止共採煑存硫磺四十一萬五千六百斤成本銀三千八百九十兩
一管收共計六十六萬六千斤
一除耗出售四十萬七千斤得價銀八千八百兩
一除還本並局用實餘銀三千二百兩
一仍存硫磺二十五萬四千斤

以上二款皆歸撫番用訖

按原本分四摺報銷見其文煩又不能不存其事故附錄於此 陳濬然記

創收茶釐片 十七年正月

再查台灣辦理撫墾闢地日廣經費日繁不得不釐剔餉源藉資接濟前當清賦之時內山新闢田園隨時報墾以便升科其高山巨嶺地利宜茶第土薄力微墾民或種或輟因就茶收豐歉量抽撫墾經費包商繳收光緒十三年試辦之初收數未暢十五六兩年每年約可收銀六七萬兩均隨時撥充辦理撫墾之需除按年截數彙入善後案內列收報銷外謹據善後稅釐兩局詳請奏咨

光緒十七年正月二十二日奉　硃批戶部知道欽此

頁數	行數	字數	誤	正	脫	衍
十五	一	廿一下			收	
十四	十九	三	輕	經		
十三	三	廿九	蒼	倉		
六	二十	十二				覆
三	十六	廿下			洋	
三	十四	五六	洋銀	銀洋		
三	十	十六下			洋	
三	八	廿一下			洋	
二	廿二	七下			餘	
二	二十	十四	淶	淋		
廿九	廿二	廿五	成	廳		
廿九	廿一	十三下			爲	
廿八	十四	三四	據茲	茲據		
廿六	十二	十三下			同	
廿六	九後				美國駐箚臺北辦理通商事務署領事官那德瑞	
廿四	十五	十三四	不准	准不		
廿四	七	三十下			設通井氣	
廿三	十三	五	厄	戹		
二十	三	十四	危	戹		
十九	六	廿二	厄	戹		

卷八勘誤表

頁數	行數	字數	誤	正	脫	衍
三十	三	十三	賫	賚		
三十	十一	四	礦	磺		
卌一	十三	二	贏	羸		
卌二	十	廿四	礦	磺		
卌二	二十	五六				洋應
卌四	二	廿九	簿	薄		

請還沈應奎布政使銜片　十年十二月

再已革貴州藩司沈應奎經左宗棠等委派渡台會查團練於十二月十八日潛抵臺畺臣銘傳前在陝西共事年餘知其精明練達久任儲胥歷著成績現值臺灣軍情萬緊餉需竭蹶之時亟賴得力大員綜司會計當經臣等會委該革司總辦全臺糧臺並籌辦捐借事務駐紮彰化統籌畫一庶免南北分歧沈應奎與劉璈亦係至交當可和衷共濟有裨大局查沈應奎於十一月二十二日到澎湖附搭漁船渡海正值法船封海之後嚴緊巡查其船行抵布袋嘴離岸二十餘里突遇法船追至沈應奎當飭將船趕赴淺水法船開礮連擊皆傍船身而過衣衫盡濕臣銘傳族姪劉盛璪與沈應奎後先同渡目擊危險情形沈應奎笑諭在船諸人死生有數堅坐不驚鎮定之操迴非尋常所及此來或

大有造於全臺可否仰懇天恩俯念冒險渡台艱危幾死實與尋常軍營投効

遠殊酌予加恩　賞還布政使銜以示鼓勵之處出自　逾格鴻慈

軍機大臣奉　旨沈應奎獲咎較重著俟有實在勞績再行奏請恩施欽此基

隆法兵全退台北解嚴請獎戰守各員紳摺十一年五月十二日台北府發

竊臣岳斌抵六堵後已於四月十三日將前敵情形附片具奏其時因和議尚

未定局雖暫停戰事彼族修營開路工作不休仍恐狡謀反覆與臣銘傳督率

各軍加意嚴防本月初二日直督李鴻章來電悉於上月二十七日畫押基隆

法營自三月初即陸續搬運輜重上船本月初六日法提督李士卑斯專差送

信至記名提督蘇得勝營約請親到基隆面交被擄華人臣等當令蘇得勝於

初八日前往法將殷勤款送各船皆升中國龍旗並言及臣岳斌所部將士九

百餘人至澎湖一併交還當將被擄船戶百餘人放交蘇得勝等帶回即於初

九日將各營法兵全調下船開往澎湖據云二十日內即由澎湖回越所有臺
北防務一律解嚴臣等於初九日均至基隆安撫百姓察看法營布置先調數
營扼紮基隆前後徐圖修築礮臺一切善後事宜會商舉辦惟自上年六月基
隆開仗以來孤島被圍時將一載封口之後兵餉砲鎗毫無接濟艱危情狀言
之痛心仰蒙 宵旰憂勞廣施方略 勑各省設法救援 頒內帑以勵戰士
詔書所至感泣涕零臣等藉以激勵將士上下一心九月堅持勉支危局疊
據降酋供稱孤拔率兵到基隆後死亡相繼杳無捷音屢向本國請兵請餉法
議院深咎孤酋不應爭基隆煙瘴之荒山喪師縻餉無傷中國徒喪法兵正月
以來無餉接濟二月法兵饑苦異常紛紛降附連日法兵艦譯人密稱停戰後
孤拔意甚怏怏屢梗和議議院斥之上月二十九日於澎湖接電知中法議成
畫押孤酋憤愧痛飲而亡座上一兵酋與之同死法人諱稱醉斃實皆飫死等

情查孤拔自上年八月親將水陸大軍遠侵台北大言一月定取全台法國軍民皆知其說乃竟困於基隆瘴惡之地進有山河之險退無以踐息壤之言坐守一隅喪師糜餉徘徊海上力竭就和自爾無顏返國此次兵端孤拔實爲禍首果係飲酖自殺雖未受 天朝顯戮實足快薄海人心夫豈臣下智力所能及此獨念基隆地方週圍不過三十里終年風雨瘴毒橫生不特內地無此厲鄉卽全台亦無此絕域偶罹沴疫遂與死鄰各將士致身行間不畏死於兵戎惟恐亡於烟瘴曹志忠蘇得勝劉朝祜林朝棟等所部各營防剿經年死傷枕藉彌復忍饑裹創血戰死守於槍林礮雨之中修濠築牆毫無退志俱屬堅忍刻厲死生不渝陳鳴志王詩正聶士成等軍雖到防未久當逆焰猖獗之際冒雨滾營進逼基隆與敵對壘俱係不避艱險慷慨勤王至若地方官紳或捐貲帶勇或辦練助防敵愾同仇深明大義臣岳斌隨帶文武各員適值澎湖失守

冒險渡臺均未忍沒其勞勩除力戰陣亡提督銜記名總兵果勇巴圖魯曾照禮儘先副將劉義高藍翎千總段有升藍翎把總尤運農儘先把總祁文元等已請　交部照陣亡例從優議䘏外謹將異常勞瘁之將領官紳開單請　獎伏候　聖裁

光緒十一年六月初三日奉　上諭楊岳斌劉銘傳孫開華奏台北解嚴請將歷次戰守尤爲出力將弁官紳及籌運出力人員獎勵各摺片劉銘傳駐守台北未能相機決策攻復基隆本屬無功足錄而各營將弁官紳固守要隘歷時甚久迭次接仗亦能竭力抵禦自不能因督師之不力並沒行間効命之勞惟所請獎叙未免過優應量行核減酌予恩施提督蘇得勝著交部從優議叙總兵劉朝祜著以提督記名簡放提督聶士成著以總兵交軍機處記名遇有海疆總兵缺出請旨簡放總兵柳泰和著遇有陝甘總兵缺出請旨簡放副將劉

天雲著交部從優議敘提督劉見榮著以提督交軍機處記名請旨簡放總兵易玉林著以提督交軍機處記名請旨簡放總兵唐仁元廖得勝桂占彪均著賞給一品封典副將談發祥著以總兵記名簡放遊擊蕭清福著免補遊擊以叅將儘先補用叅將鄭洪勝著免補叅將以副將儘先補用都司陳輝煌著免補都司以遊擊儘先補用已革副將武青龍著賞給叅將銜已革花翎四品官銜佐領金福元著銷除永不敘用字樣至單開之提督曹志忠等四員及另片奏保之提督彭楚漢總兵吳鴻源據稱該員等奮勇出力請分別獎勵等語曹志忠楊金龍申道發賀興隆彭楚漢均著交部從優議敘吳鴻源着賞給頭品頂戴郎中林朝棟著以道員不論雙單月遇缺儘先補用道員陳鳴志著以道員歸江蘇候補班遇缺題奏知府方策勳著免補本班以道員改留閩省補用知縣鄭建中著免補本班以直隸州知州仍留閩省歸候補班補用郎中林汝

梅著以道員不論雙單月儘先選用知府陳霞林著免補本班以道員仍留原省歸候補班補用內閣中書潘成淸著以同知不論雙單月遇缺儘先前選用廩生李秉鈞著以縣丞不論雙單月遇缺儘先前選用同知劉勳著免本班以知府仍留閩省歸候補班補用縣丞蔣本鑑黎庶懷均著俟補缺後以知縣仍留原省補用縣丞戴運寅著俟選缺後以知縣歸候補班補用福建布政使沈保靖前長蘆鹽運使額勒精額道員奎俊均着交部從優議敍道員伍廷芳著以道員不論雙單月選用盛宣懷孫欽昂葉文瀾均著交部從優議敍朱福榮胡熠棻均著仍以道員歸候補班補用邵友濂著賞給一品封典龔照瑗著賞戴花翎已革道員裕庚著以知府留閩補用王詩正沈應奎均係已革司道大員左宗棠並未先行奏明輒令赴營本不應給予獎敍姑念該革員等業經渡台不無微勞足錄王詩正着賞給五品頂戴沈應奎著賞給四品頂戴陣亡之

總兵曾照禮副將劉義高千總段有升把總尤運農祁文元等均著交部照陣
亡例從優議䘏該部知道單一件片二件併發欽此
奏獎道員邵友濂龔照瑗片
再台灣孤懸海外法人自恃船堅砲利一意攻圍臣銘傳於上年五月十三日
由京起行二十四日單騎馳抵基隆猝臨強敵閩台軍務廢弛已久以病疲烏
合之師當節制訓練之寇槍礮器械無一敵人不啻驅疲羊以逐狡兎若非
聖主發施方畧南北洋暨粵閩各疆臣力拯孤危大局何堪設想實由李鴻章
曾國荃張之洞設法濟援不遺餘力惟當敵船環擾危急路窮之際運械送信
兌銀非實心任事之員誰敢冒圍入險溯自封口以來至本年二月底運濟械
餉未失絲毫自非承辦各員顧全大局籌畫周詳安能及此查通信兌餉以福
建水師提督彭楚漢差弁次數最多運兵運械以南洋爲最力其次北洋運送

毛瑟槍五千餘桿克虜伯過山礮十六尊協餉二十餘萬廣東運送士乃得槍
五百桿大啣前門槍三千桿協餉十餘萬均當急需之際立救危亡三月以後
張之洞復委員陸續解餉十餘萬運送後門槍三千桿尤見始終如一各疆臣
公忠任事力救孤危在各大臣受　恩深重理宜竭力以分我　皇太后　皇
上宵旰之憂臣等當兵單援絕器乏餉窮四顧重洋決無生路豈料蹉跎今日
尚在人間追念危迫情形不禁感激泣下　朝廷論功行賞自有權衡非微臣
等所敢擅請惟上海道邵友濂江蘇候補道龔照瑗當上年秋冬之際濟械運
兵十餘次前死後繼百折不回卒能將劉朝祜四營聶士成兩營並槍砲水雷
電線等件歷艱險以達重圍且復憂念台危代向南北洋廣東乞師援救義憤
忠情來信皆言隨淚下不啻身在圍中邵友濂與臣銘傳只一面之交尤爲難
得彭楚漢身任提督於餉事呼應不靈獨具忠懇與福建藩司沈保靖前任廈

門道孫欽昂現署廈門道奎俊籌運接濟始終不渝可謂實力實心顧全大局
福建水師提督利勇巴圖魯彭楚漢官職較崇應如何　獎勵之處不敢擅請
邵友濂龔照瑗曾經直督李鴻章請　獎部駁以龔照瑗并戴花翎邵友濂一
品　封典均核與定章不符應令另行奏請等因查該道等忠敢血誠力全危
局其籌運出力非尋常勞績所同實與戰功無異應懇　天恩破格優獎二品
銜江蘇蘇松太道邵友濂擬請　賞給一品封典二品銜江蘇候補道龔照瑗
擬請　賞戴花翎均擬請　賞給頭品頂戴用昭激勸出自　逾格鴻慈所有
籌畫協濟之司道並冒險押運文武各員謹擇尤開單請　獎其餘轉運各員
候咨請各省查明開單彙案請　獎方見有勞並錄同沐　恩施伏乞　聖鑒

請加恩總兵吳鴻源片

再前浙江溫州鎮總兵吳鴻源奉　旨援臺該鎮久經休致冒險渡臺毅然以

逐虜保臺爲已任力雖不逮志實可嘉該鎭所部士勇四營經臣銘傳商請分屯中路防禦海口聯絡民團深資得力惟目前軍事粗平餉項奇絀臺南北士勇不下三十營急應陸續裁撤以節餉需除林朝棟張李成兩營士勇能戰能守仍留辦防外其餘已經臣將台北士勇補發欠餉陸續遣歸台南亦令陳鳴志點驗清查立行裁撤吳鴻源所部士勇是否一律撤裁應俟請旨後欽遵辦理查吳鴻源自廈門率帶一營冒險赴援不避艱苦設防辦練有裨地方應懇天恩酌量加恩以示榮幸

覈減基滬立功將士懇照前單給獎摺十一年十月初六日

竊臣奉光緒十一年八月十九日上諭劉銘傳等奏遵保基滬獲勝立功將士並歷次戰守尤爲出力之援軍練董轉運員弁官紳併案開單請獎一摺軍營保獎人員必須打仗獲勝或扼守要隘等項實在著有勞績方足膺懋賞而

昭激勸此次單開除滬尾接戰出力各員弁應量予獎勵外其王詩正一軍前經臨敵失利吳鴻源一軍留守中路並無戰功該撫等一併彙案其餘各營何項出力亦未詳細聲明是開報既屬籠統保獎復多冒濫殊非覈實之道著劉銘傳會商孫開華將單開員數及所請獎敘嚴行裁汰查明實在異常出力員弁再行悉心覈定分晰開單據實具奏欽此臣跪聆之下仰見　天恩高厚訓示周詳莫名惶悚當卽會商覈減除滬尾接仗各員蒙　恩允准獎勵外其餘各營在基隆者如暖暖大水窟月眉山等戰節經疊次奏報有案論戰功固以滬尾一捷爲最著論勞績則以基隆爲最苦最久最險最難其地瘴烟風雨寒燠不時將士隨臣身臨前敵死於戰陣者十分之一死於瘴疫者十之四五其幸而存者類皆瘴癘鋒鏑餘生恍如再世故基滬保案上年十月臣開華卽飭各營開單請獎臣銘傳方以軍勢孤危無暇及此解嚴後會商覈定其異常出

力各軍每營只准保內外奬各三十人其次分別扣減猥以各營彙併人數較多不克逐名註考故開單時但分各軍各營團練轉運並恐蹈冒濫積習汰減已多現在各軍或早經遣撤或已去臺畺其留臺駐防又或蹉跎病沒臣等覈商再四實不忍更事減除至王詩正臨敵失利吳鴻源並無戰功固不應開單請奬惟當全臺危岌兩將冒險赴援王詩正雖不知兵其將士尙多敢死奈昧於地勢暗於敵情器械不精以致未能獲勝吳鴻源冒險援臺獨蒙　優奬隨帶員弁俱係不避艱危用敢并開請奬臣等痛定思痛既未忍獨厚已軍稜待客軍更不敢稍分畛域儻蒙　聖主垂念各將士冒涉風濤不避艱險躬履孤危烟瘴之鄉　恩施逾格臺灣孤懸海外將來一有戰事仍將求助他山假此鼓舞人心所裨於臺事實大此臣等所不能不爲兩軍陳乞者也惟內有陳鳴志所部士勇兩營當月眉山退守之後該部郎同蘇得勝鄭洪勝立復巷孜口

大水窟八堵尖等處要隘扼守前鋒與敵對壘屢次接仗實屬勞瘁異常應懇
天恩准合前單一并給奬以明賞罰
軍機大臣奉　旨覽奏已悉王詩正吳鴻源部下擬保各員弁著劉銘傳詳加
覈減至王詩正陳鳴志兩軍前單籠統開保此次單內開列釐出四十餘員以
前單覈計尚有一百餘員是否全歸删汰並未聲明殊欠明晰仍著分營逐一
開單具奏其餘所請奬敍各員著該部議奏單同前單併發欽此
請奬洋員片
再上年法船窺犯滬尾李彤恩始議填塞海口各洋商以秋茶上市恫喝阻撓
經淡水關稅務司法來格諭以利害開導多方始得沈船封塞並羈縻引港洋
人不爲法用八月法船開礮攻擊礮臺法來格幫同防禦礮彈所及堅守不搖
本年春間復籌商轟擊法國鐵甲兵船雖因攻具未備奏效殊難而急公助順

之忱實堪嘉尚又基隆海關幫辦洋人鮑邸欒於上年六月法船初犯基隆經
總兵曹志忠邀請與法提督李士卑斯辯論數番密告曹志忠豫備戰事嗣後基
隆退守洋關門前堆煤十餘萬擔鮑邸欒設法保護絲毫未至失遺及回滬防
復同法來格贊助防務相度地勢安設礮基均屬異常出力據台北通商委員
兼管滬尾關稅務協領兜欽等稟請　奏獎前來合無仰懇　天恩將法來格
　賞給二等寶星鮑邸欒傳　旨飭知總理衙門轉飭總稅務司嘉獎以昭激
勸謹附片具陳
軍機大臣奉　旨著照所請該衙門知道欽此
奏雪林文明冤殺十一年
再據道銜兵部郎中林朝棟守備林朝昌稟稱竊朝棟胞叔花翎副將林文明
即朝昌之親父於同治九年爲仇家誣控被委員汲定國冤殺縣堂朝棟祖母

戴氏以衰年命婦羈省候訊十有三年無如衆官相護牽合別情延宕籍制逼
致祖母四番京控奉　旨嚴催終難昭雪光緒七年朝棟見祖母衰病日劇亟
思侍奉回臺又因拖訟多年產傾債積且是時原辦此案之前臺灣道方以京
卿督辦船政爲前督何憲同鄉自知此冤斷難伸雪而各憲又許代胞叔湔雪
謀反重情請旌祖母朝棟量力度勢迫於無何代出遵斷完案而祖母猶靜候
傳質不肯回台病至垂危執朝棟手謂曰吾死不能爲汝叔伸冤汝父殉難汝
忠臣子也終當舍生以成吾志蓋祖母始終不知此案已經朝棟手結也去年
法寇犯臺朝棟與朝昌備貲募勇殺敵前驅惟冀建功報　國以明先叔之冤
不濟則繼之以死仰荷指授機宜幸多斬馘方擬盡殲醜類再瀝下忱乃蒙錄
及纖勞疊加獎勵泣念家世受　國厚恩以忠義相砥礪朝棟父謚剛愍以提
督殉難漳州胞叔文明亦轉戰閩浙間平定台匪今朝棟兄弟勉效微勞猶霑

殊澤而胞叔屢著戰功洊保副將既被無辜之戮且蒙不韙之名飲恨摧心何顏自立天壤再四思維案經朝棟具結久經奏定本難再望平反惟有泣辭本身及朝昌新沐之恩施冀得湔胞叔被汙之名節不得已瀝懇鑒察確情博訪輿論奏請將朝棟朝昌擬保官職概請撤銷追復叔父文明副將原官明叔父被戕之冤慘慰祖母不瞑之羈魂朝棟等必當誓死以報朝廷無任哀悚屏營之至等情臣查副將林文明被委員淩定國冤殺縣堂一案伊母林戴氏四控京都案延不結中經編修何金壽御史吳鴻恩孔憲轂先後入告並有舉人邱敏先等呈請都察院代奏疊奉諭旨限催始於光緒八年間強令該家屬遵斷奏結蓋是時已宕延十有三年林戴氏年逾九旬不勝羈候之苦又因訟凶傾產且牽連案外被誣之林萬得結案無期於是林朝棟慮其祖母衰病遂代林氏赴案遵結此原奏所以聲明告示謀反一語為過當又附片言林

朝棟之爲善於鄉林戴氏之深明大義懇　恩旌表以慰其心其實林戴氏並不知案之已結猶日望仲雪不肯回臺以致死於閩省也臣曩歲家居即聞臺灣有此冤獄及渡台後又備知此案奏結之未得確情去秋寇事方亟餉匱援絕林朝棟偕林文明之子林朝昌自備資財募勇五百血戰前敵艱苦備嘗累戰獲捷經臣論功先後奏保各在案臣復詢訪臺灣紳士林維源陳霞林潘成清等據稱林文明被控多屬虛誣被殺尤爲奇慘林文明胞兄林文察殉髮寇之難林文明亦累著戰功擢至花翎副將今其姪林朝棟其子林朝昌又以募勇殺敵捍衞鄉閭忠義聚於一門慈孝彰於海表林文明獨以從軍血戰退處田間蒙不韙之名含冤地下均爲聯名具稟代懇　奏請昭雪以明是非臣查台灣誣告之風本盛地方官不究反坐富家巨室時以自危林文明賦性粗豪誠不能循循繩墨然其前此控案則半由與伊兄林文察剿辦叛賊戴萬生歛

怨鄉黨遂爲仇家所誣前任督臣訪聞失實疑爲勢豪遂飭台灣鎮道便宜從事林文明被殺之日實係衣冠至縣庭投質衆目共瞻其非露刃登堂率黨拒捕無煩重辨惟事隔多年妄殺之委員既因他案參革督臣之誤辨此案訊結此案者或已物故或已去官牽累既多臣亦無庸再請查辨惟既深知林文明以忠義之門立功之將而妄羅非刑林朝棟林朝昌以世濟之忠而長留隱痛事不同於幹蠱 朝廷賞功之典豈可固辭寃雖等於覆盆鄉里直道之公幸而未泯可否仰懇 天恩俯念林文察死難之忠勇林朝棟等數月戰守之勤勞 准將林文明開復花翎副將原官俾全台士民咸知 朝廷予奪之公明不獨林朝棟兄弟感戴 鴻慈涕泣效命已也臣爲明是非勵忠孝起見是否有當出自 逾格鴻慈

軍機大臣奉 旨林文明一案前據何璟等查明並無寃抑林朝棟情願遵斷

業經奏結林朝棟等募勇助勦著有勞績自應給予獎叙朝廷賞功罰罪各不相蒙所請撤銷保案追復林文明原官之處著毋庸議欽此

按此事爲天下奇寃奏內至爲詳晰文墨吏乃竟拘守成案不肯湔雪以固人心又何怪臺民之俯從異族耶然聞朝棟自割台後舉家改籍朝棟仍服中朝可不謂人傑哉 陳澹然記

奏留李彤恩片 十二年三月

再臣接准前陝甘督臣楊岳斌咨開光緒十一年六月初五日具奏遵旨確查據實覆陳一摺六月二十三日軍機大臣奉旨覽奏均悉李彤恩著即驅逐回籍不准逗遛臺灣朱守謨著即行革職永不叙用該部知道欽此欽遵恭錄咨會到臣旋據李彤恩稟銷各差八月間遵旨回籍嗣因淡水各鄉折毁教堂一案並李彤恩經辦捐輸殊多棘手復經署臺北府知府劉勳紳士廣東

候補道陳霞林等疊次函請李彤恩於十月底來臺立將教案結清捐輸亦辦
理就緒査李彤恩自同治元年到臺至今二十餘年歷辦通商事務遇有中外
交涉大端無不立時完結其才識敏斷勇於任勞臺北紳民共相欽服因臣德
望淺薄不洽同僚累及無辜實深慙歉前陝甘督臣楊岳斌欽差大臣刑部尙
書臣錫珍等先後到臺淡水公正紳士聯名數十人屢爲稟白此中委曲已在
聖明洞鑒之中臣亦何庸再瀆惟李彤恩所辦通商礦磺非熟悉洋務之員
不能接辦數月以來無人可委思維再四惟有仰懇　天恩仍將李彤恩留台
差遣辦理通商並礦磺諸事以免廢弛臣爲通商要務需人起見是否有當伏
乞　聖鑒
光緒十二年三月十七日軍機大臣奉　旨著照所請欽此
擬照南洋成案請獎運台各員摺 十二年四月十八

竊臣接准吏部咨覈議臣等前保台灣轉運餉械人員應照尋常勞績覈議分別准駁開單具奏一案光緒十一年十二月二十五日奉　旨依議欽此咨行前來在部臣愼持名器力杜冒功自應遵照辦理惟台灣孤懸海外轉運艱險較內地殆百倍之當重圍緊急之中海道梗塞不但接濟餉械無路可通即召募通信之人亦無敢應臣與南北洋閩粵各疆臣廣懸重獎俾由民船冒險往來其陷於敵兵壞於風濤者蹕相踵接各員於萬死一生之中閒道接濟幸而得達無不蓬頭徒跣憔悴無復人形臣等接見之餘輒深憫惻各員身嬰絕險抑復何堪凡此情形實爲內地轉輸所未有種種情狀均經節次奏陳旣許優獎於危難之中安忍食前言於事平之後今部臣照尋常覈議自係查按例章不知轉運渡臺艱苦遠殊內地臣身受其惠不能不再事瀝陳查此次軍務凡南洋各處轉運人員曾准照異常勞績請獎由部覈准有案臺灣事同一律而

危險過之合無仰懇　天恩飭部查照除業經覈准張席珍三十員外其餘前單開列各員准照南洋成案按照異常勞績分別覈獎以免向隅伏求　聖鑒

光緒十二年五月初八日軍機大臣奉　旨著照所請該部知道欽此

保陳鳴志片 十二年四月

再現署臺澎道江蘇遇缺題奏候補道陳鳴志自上年五月到任以來整頓地方遣散營勇拿辦哥老會首王春華易子林等銷患未萌辦理俱臻妥洽從前劉璈沽名蠹國視私財如性命用公款如土苴陳鳴志遣散冗員裁併散局破除情面歲節銀四萬餘金該道持躬潔廉辦事勤謹實爲司道中不可多得之員合無仰懇　天恩准將陳鳴志改爲留閩遇缺題奏以資臂助

光緒十二年四月十八日軍機大臣奉　旨著照所請該部知道欽此

統兵大員先後積勞病沒請卹摺 十二年十一月十一日

竊據武毅副營營官提督朱煥明稟報該軍統帶記名提督王貴揚於八月二十三日在營積勞病故又據記名提督劉朝祜稟報該軍代統記名提督唐仁元於十月十四日在義興社營次積勞病故復據宜蘭縣知縣林鳳章埔裏社通判林桂芬先後稟報埔裏社營官副將周鳴聲蘇澳營官副將袁紹從先後在營病故等情臣查記名提督王貴揚唐仁元均以勇目隨臣克復蘇常各府州縣剿辦捻匪馳逐東豫拔充統帶營官王貴揚自陝西撤防後即在保定經大學士臣李鴻章委帶練軍臣渡臺時咨調來臺接統滬尾三營承修滬尾礮臺事事躬親不肯一錢浪費本年四月新竹南河民番仇殺臣因時交夏令將士不便深入內山王貴揚適至淡水請具限十日決告成功即率所部三營並袁紹從一營由南河直逼六蓄番社當時陰雨連綿河溪陡漲王貴揚親率士卒鳧水過溪三道直入內山旬日之間招撫二十餘社查明滋事隘首鍾濬堯

押送新竹縣懲辦番情悅服至今六蓄等社感戴輸忱臣過南河時各番目來見聞其病沒皆感歎吁嗟足見其誠懇過人感孚蠻貊唐仁元於本年三月率隊由三角湧剿撫加九岸各社生番開路三道深入內山五十餘里沿途收撫三十餘社五月杪始振旅而還該營將士受瘴日久死亡獨多已深悼惜唐仁元撫髀奮發於本年八月率隊至義興社遽爾病亡此二員忠勇樸誠身經百戰方冀奏登薦牘儲備將才爲　國家任干城之寄不意受瘴既深積勞過甚先後在營病沒殊痛惜之副將周鳴聲管帶練軍駐防埔裏社會同通判林桂芬招撫生番七十餘社擇番童之聰明者親教讀書生平儉樸自持頗通文理爲不可多得之才副將袁紹從本任龍山營守備臣知其夙負才勇咨調來臺隨同王貴揚並道員方策勳招撫新竹宜蘭生番百餘社駐防蘇澳撫馭翕和番情悅服不料又與周鳴聲先後在營病故憫悼尤深查臣部已故記名提督

周志本在臺病故兩江督臣沈葆楨奏准優卹在案提督王貴揚唐仁元副將
周得聲袁紹從等四將轉戰數省所向有功剿撫生番尤爲勞瘁臣回思舊部
益用愴懷合無仰懇　天恩准照立功後在營積勞病故例　交部從優議卹
以慰忠魂無任悽懇屏營之至
軍機大臣奉　旨王貴揚等均著交部照立功後在營積勞病故例從優議卹
欽此
請留已革都司管輪片
再已革澎湖協右營都司鄭漁上年澎湖失守案內奉　旨革職發往軍台効
力當起解之時適值督臣楊昌濬到澎大閱隨帶橫海兵輪觸礁沉沒人力難
施督臣當查鄭漁素帶兵船熟悉洋面派令起撈橫海機器兩月以來不避艱
險起臥於風濤雪浪之中撈解銅鐵機器多件臣前奏記名提督吳宏洛到澎

辦理海防察知鄭漁辦事勤奮熟悉澎湖情形軍民愛戴禀請可否奏懇隨同
辦防等情臣查鄭漁失守澎湖奉　旨革職發往軍臺原不應據情瀆奏惟上
年澎湖之失鄭漁雖有地方之責臣累到澎湖查察該革員尙無臨敵畏避情
事且臺澎四面皆海一舉一動非輪船不行現在臺灣兵輪日增臣時物色管
駕之才頗難多得鄭漁曾在船政管駕兵船熟習風濤沙綫勤奮耐勞合無仰
懇　天恩俯念臺澎海防緊要兵輪管駕需人可否　准將已革澎湖協都司
鄭漁暫留臺澎差遣以觀後效出自　逾格鴻慈
軍機大臣奉　旨鄭漁著准其暫留臺澎戴罪効力該撫務當隨時察看如不
得力卽奏明仍遵前旨發遣欽此
請卹王郊片
再營務處詳據已故知州王郊家僕王忠禀稱家長花翎升用知府開復留陝

補用直隸州知州王郊安徽懷寗縣人少從銘軍歷保今職本年正月聞台灣
軍務危迫投效來台於二月二十二日行至廈門附平安輪船至泉州載兵東
渡二十六日至台南沙碼碕洋面突遇法船追刼擄入澎湖凌辱萬端家長怒
詈不已法人不明其語置之是夕執王忠手痛哭言已身受　國恩荷劉帥知
遇當此危難不能殺敵捐軀乃爲敵擄有死而已王忠涕泣勸以家長若死誰
顧家室彼時王郊歎諭此際當明大義何能顧念室家明晨法寇來問知我爲
大清官必加凌辱如國體何我死後爾可逃歸告知家中屍骸不必顧問潛於
四更時分乘王忠睡熟自縊殞命次日法人將屍抬埋濠上王忠困守賊中數
月幸得放歸稟請轉詳附奏等情前來臣維王郊遠涉風濤渡臺投效生遭寇
擄死葬濠濱覈其殉難情形實屬深明大義合無仰懇　天恩俯准交部照知
府陣亡例從優議䘏以慰忠魂

軍機大臣奉　旨王郊著照知府陣亡例從優議卹該部知道欽此

道員方策勛病沒請卹片

再辦理營務處道員方策勛帶隊隨同攻剿白阿歪社生番受瘴深重收隊後中道病亡尤深悼惜查方策勛少以書生投効前督辦陝西軍務荊州將軍多隆阿軍營幷隨臣剿辦捻匪轉戰數省功績聿彰洊保二品銜升用道鹽運使銜河南候補知府經臣於光緒十年六月　奏以熟悉軍務辦事勤能調臺差遣時值法人封港冒險潛來檄令總辦全臺營務勞瘁異常解嚴案內保以道員改留閩省補用十一年冬監造基隆礮臺並管健軍營務海濱嚴寒雨多風厲日催工作寒暑不休上年六月調辦宜蘭剿番適當炎夏瘴疫方深水土惡劣方策勳深入內山勦平溪頭小坡塘等十餘社回營後即染瘴癘瀉痢月餘九月初臣督剿中路叛番方策勳復同銘健兩軍由北路進剿白阿歪等社力

疾率隊開路造橋勤能倍至不料瘴疾復作於十一月十四日病亡淡水營次

臣伏查方策勳才兼文武果敢耐勞爲軍營不可多得之選經臣奏調來臺

方期得收臂指之助遽以歷受瘴疫中道遽亡勞苦一生家貧如洗追念三十

年來久同患難心實傷之合無仰懇天恩俯准敕部照軍營立功後病故例

從優議卹以慰忠魂

光緒十三年二月十四日奉硃批方策勳着照軍營立功後病故例從優議

卹該部知道欽此

明保道員陳鳴志片 十三年閏四月

再署臺灣道福建候補道陳鳴志經臣於光緒十一年五月奏保署理臺灣道

唐景崧業已到任該道交卸後檄飭經理全台營務並會辦鹽務釐金清賦

等差查該道自署任以來除弊剔奸整頓兵營吏治拿辦會匪遣散遊兵商同

後山統帶張兆連鳳山統帶陶茂森等招撫生番先後不下十萬人不憚勞怨力洗台南積習夙弊一清其於軍務外交尤爲熟悉持躬廉樸辦事精詳實爲道員中不可多得之選方今外患多憂人才難得臣知之既確不敢壅於上聞可否仰懇　天恩將道員陳鳴志交軍機處存記以備任使出自　逾格鴻慈

光緒十三年閏四月十六日奉　硃批陳鳴志著交軍機處存記欽此

調何嗣琨辦文案片

再臣於光緒十年渡臺之際奏留已革安徽候補道裕庚辦理文案該道公事嫺熟臂助實多不料到臺後溼熱上冲目疾沈重上年五月請假內渡就醫文牘軍書皆臣一人辦理竭蹶萬分時欲訪求品學兼優之才得資贊助未得其人現查有分發補用直隸州何嗣焜江蘇常州府人學識優長講求品節素在

故粵督張樹聲幕內持躬謹飭不事外交直隸總督李鴻章知臣左右無人馳函推薦合無仰懇　天恩俯念微臣一介武夫需員贊佐請　旨飭下江蘇撫臣衛榮光轉飭何嗣琨馳赴臺灣以資臂助謹附片具陳

軍機大臣奉　旨知道了即著該撫咨行江蘇巡撫轉飭何嗣琨馳赴臺灣聽候委用該部知道欽此

請休致臺灣鎮總兵片十四年二月

再台灣鎮標兵餉優厚甲於天下其軍政廢弛亦為天下所無上年八月臣請將屯兵四千併歸總兵調遣以免虛糜將來稽發屯糧認眞操練必得樸勤忠實之員方能勝任現在署總兵萬國本駐防臺南實心辦事勤苦耐勞軍民交頌如能假以歲月或冀挽回積習以整戎規查本任總兵吳光亮人尙樸厚惟於操防器械不知講求暮氣太深難期振作擬請　旨開去臺灣鎮缺　飭令

到京另候簡用抑或　准予原品休致出自　鴻施臣爲愼重海疆總兵要缺整頓綠營起見是否有當伏乞　聖裁

光緒十四年二月二十二日奉　旨留中欽此

按吳光亮後以　覃恩呈乞公奏還原官公念其久著戰功奏請開復降調其無適莫如此陳澹然記

台灣水土惡劣知縣員缺請飭部暫寬例章變通補署摺十四年五月二十日

竊據布政使邵友濂詳稱台灣知縣一班本年春季病沒數人三次請調閩員僅來李承緒一人近又病沒續調實缺兩員尚未到台查台地煙瘴橫生水土惡劣兩年閒病沒廳縣十餘員奉調之員聞風裹足各縣懸缺未補至八九缺之多現據代理鳳山縣知縣吳元韜稟報病勢沈危急需委員代理値此清丈甫竣給單升科在在均關緊要台地竟無候補人員可以委署除再遴選閩省

人員另請咨調外詳請速核辦理等情臣查台灣現辦給單升料正當喫緊全在委用得人無如知縣一官照章咨調閩省重洋遠隔呼應不靈加以水土惡劣人人視爲畏途近年所用清丈人員頗有實力耐勞熟悉地方情形堪勝繁劇之任者輒以格於成例不容假以事權棄置殊爲可惜是合例者無人可用可用者又不能合例徒使地方久懸要缺遴委無人未免貽誤伏查台灣添改廳縣暫准不拘資格變通酌補或尙可行原設各縣本難援照辦理惟現值清丈升科之際非熟悉情形能耐勞苦之員不堪委用況閩來人少現無候補可委之員可否仰懇　天恩俯念台省地方緊要稍寬例章或俟省城完工或以十年爲限暫准不拘資格一體變通酌量補署以求治安　飭部速行核議

光緒十四年六月十二日奉　硃批吏部速議具奏欽此

奏請林維源幫辦全台撫墾事務片 十四年十二月

再太常寺少卿臣林維源奉　旨幫辦台北撫墾事務自光緒十二年四月间籍開辦以來墾闢新舊荒埔至七萬餘畝業經淡水縣丈量三萬餘畝一律升科其餘俟三年後陸續升科納賦此外台北沿山番地種茶開田已無曠土其次皆山高土瘠招墾綦難查全台生番全行歸化僅賸新竹內山數社仍自負隅現經臣飭派都司鄭有勤統帶所部隘勇並就近化番相機勦撫不日當可告竣惟撫番必資開墾否則莫由化其獉狉化番久與民居交易婚姻乃知人世衣食倫常之樂其嗜殺之性自將默化潛移現在中路暨後山一帶曠土尚多亟須招墾非有勤實大員督率實濟艮難林維源篤實忠勤感激圖報台北已徵成效自當推廣全台擬懇　天恩飭派幫辦全台撫墾事務不獨臣得資指臂之助實於全臺治化裨益無疆

光緒十四年十二月二十一日奉　上諭太常寺少卿林維源著幫辦全臺開

墾撫番事務欽此

請緩揀發知縣員缺由閩咨補片 十五年二月

再欽奉　諭旨臺灣缺員應請揀發一節飭即酌覈具奏等因原片謂從前未聞缺員何以今竟若斯之甚不知今日之台灣安可與從前同語自開辦撫墾清丈以來頭緒紛繁規畫鉤稽在在須躬親其事偶稍違誤臣即叅刻隨之此公事之難一也自清丈改條鞭辦法舉凡平餘火耗涓滴歸公視縣缺之簡繁分津貼之多寡雖昔稱優缺今則無能獨獲奇贏此缺分之苦二也台灣分省案內凡咨調補署差委各員倘因記過撤差知照閩垣一律停委偶經乖謬廢棄以終此考覈之嚴三也況閩員雖多眞辦事之才亦寡果爲幹練非居要缺即處要差甚或迎養老親在閩不能東渡本年夏委用需人咨調閩省實缺數員均須理清交代抵台倘待需時不得不於奏留人員中酌量試署如果人地

相得再令補捐離本省以符定章此固勉圖本屬權宜非敢故違成例也甘肅候補知縣高光斗江蘇候補知縣朱公純或在台有年或曾權劇邑破格擢用方冀得人然高光斗一經被案立予撤參既不敢以奏保在前曲爲迴護更不敢以相知有素稍事瞻狥論者疑爲信用私人殆未知臣因地求才隨委隨撤毫無成見也至揀發一節台地皆邊要之缺自應請揀曾任實缺人員然所揀合宜固多裨賴萬一人地不宜或水土不服既由請揀固未能咨回閩省又未便徙而之他遷就因仍吏治安能就理臣悉心酌議臺灣孤懸海外缺數無多揀發人員似可不妨緩議至現在應補各缺仍當函商督臣由閩咨調請補是否有當伏候聖裁

光緒十五年二月十二日奉　硃批知道了欽此

奏保紳士片十五年二月

再據代理彰化縣知縣朱公純稟稱光緒十四年秋間土匪施九段圍攻縣城四鄉盜賊竊發城南有李碰戕害提督朱煥明城北有蔡芳聽受施逆號召糾合三十六莊於甲溪阻截援軍獨賴在籍郎中蔡占鼇於官軍進援之日幫同解散三十六莊立將該族匪蔡芳拿送正法洵爲公爾忘私又據署嘉義縣知縣包容署嘉義營參將陳宗凱稟稱嘉義毘連彰化當土匪肆擾之際前署知縣羅建祥奉文交卸新任未到人心惶惑一夕數驚在籍工部主事林啓東聲望夙孚孝友素著會合陳宗凱辦理團防曉諭順逆約會各鄉聯莊緝匪民心乃安彰匪亦未敢南竄實賴林啓東保衞之功各等情先後稟請保奬前來臣查蔡占鼇幫同官軍解散脅從且能拏獲同族匪首蔡芳送官懲辦實屬不避嫌怨尙義急公林啓東孝友素著品學俱優臨亂倡團地方得以安謐於台灣民氣尤爲難得觀其效忠守正保衞鄉閭實堪爲地方表率其勞績不下於軍

功分部郎中蔡占鼇可否　賞加道銜工部主事林啓東可否　賞加五品銜
並均請　賞戴花翎俾昭激勸再匪首王煥在逃經臣奏明緝拿在案今籍紳
工部主事徐德欽獨誘王煥至牛欄莊報知營縣會同拿獲查台紳多通匪類
互相黨援已成風氣徐德欽獨能不避怨仇誘拿匪首應請一併優叙　賞加
五品銜幷賞戴花翎俾台紳咸知觀感伏乞　聖裁

開復藩司片十五年閏四月

再前貴州藩司沈應奎於光緒十年十一月冒險渡台正値事機萬緊之時南
北軍餉告竭之際經臣奏派辦理糧台該前司於無可羅掘之中分催各縣捐
款並查出奸商匿報洋藥釐金六萬餘元其時月需軍餉三十萬兩臣在前敵
後路籌畫接濟全賴該前司設法支持勉保危局解嚴後遣撤客軍士勇四十
餘營補發餉需款虧尤鉅僅恃故大學士左宗棠解到所借洋款五十萬兩至

十一年冬季台南北道府各庫一空糧台存款不敷一月之用情勢岌岌該前司慘淡經營嚴催捐款以濟急需一面整頓鹽務釐金停不急之需除中飽之弊實力實心任勞任怨會計精密事事躬親全台百廢俱與辦防清賦撫番諸大端一時併舉得以支持至今日者沈應奎一人之力也現在糧台裁撤捐輸已停該前司心力俱瘁臣撫今追昔不敢沒其勤勞查近時各省司道中辦事精勤者有之持躬廉正者有之若如沈應奎之實力實心不避勞怨實罕其人臣統兵數十年仰仗天威差幸獲立寸功者惟賞罰無私用人不分畛域毀譽一出至公除辦理捐輸出力浙江候補知府李彤恩並道府廳縣暫行記奬外開復銜翎已革貴州藩司沈應奎辦理糧台捐輸出力勞苦功多可否仰懇天恩開復原官以示鼓勵人才之處出自逾格鴻施

光緒十三年閏四月十五日奉硃批沈應奎著准其開復原官餘依議該部

知道欽此

再福建布政使張夢元由台道擢任公劾劉璈疏稱其方正清廉一塵不染及夢元因事降留公復奏言台防重要賴閩協餉五年夢元深知台事艱難按月設法騰挪五年以來絕無遲誤每年二十萬未欠絲毫五年已收百萬故臣得藉茲假手設防而外更圖清賦撫番今夢元因事降三級留任可否仰懇　天恩准其開復　詔許之故節其詞而附於此以見賢帥無微不報之義云 陳澹然記

奏請沈應奎會同藩司辦理清賦片

再臺灣新賦現經臣　奏請展限所有給單徵糧正在繁緊之際自署藩司沈應奎接任以來切實督催辦理日臻起色恭閱邸鈔六月十三日奉　上諭福建臺灣布政使著唐德標補授等因唐德標係臣同鄉至交忠謹廉樸久於度

支仰蒙　聖明調任台灣臣尤得資臂助惟値此淸賦之時恐於地方情形未能熟悉該司到任似應仍令沈應奎會同一手經理以期迅速報竣臣查沈應奎優於綜核任事實心在台多年不避勞怨若能稍寬時日假以事權於海疆新設省治裨益實非淺鮮臣爲地方用人起見謹附片密陳

光緒十五年六月三十日奉　硃批知道了欽此

遵保剿辦埤南叛番彰化土匪并歷年剿撫肅淸各員弁摺十五年六月初四日

竊臣前於各路生番歸化並陳開山剿撫情形請獎出力官紳案內聲明其餘出力將士擬俟全台生番一律歸化彙案請獎於光緒十二年四月十八日具奏五月初八日奉　上諭著照所議辦理等因欽此溯自十一年十二月臣於督兵克服中北兩路生番請獎在事出力員弁案內聲明其餘出力將士彙案請獎又於中北兩路化番滋事先後剿復案內聲明林朝棟李定明朱煥明余

應璜等軍尤爲出力將士由臣分別記奬十四年九月初二日　奏官軍攻克
後山呂家望番社並北路接仗獲勝一案請將其餘出力各員弁請奬十四年
九月二十四日　奏彰化土匪搶刼鹽館圍攻城池先後勦平一案請將其餘
出力官紳員弁暨入呂家望番社案內擇尤請奬十五年二月十三日奏全台
生番一律歸化逆首就擒請奬出力人員一案請將歷年剿撫各軍出力員弁
並各局撫墾委員擇尤彙保均奉　諭旨允准通行遵照各在案伏查台灣生
番梗化殺人橫亙南北久爲地方大患自原任兩江督臣沈葆楨創議開山撫
番光緒十一年臣渡台後察勘地勢番情奏明分別剿撫沿山內外民番毗連
奸宄交通藉番地爲盜藪其深山密箐生番不時竊發防不勝防而又習與人
殊嗜殺成性屢服屢叛化導幾窮臣於十二年冬督兵深入內山雖兵威頗振
彌知從事之難竊幸紳民一心將士効命每於臣奏奉　恩旨准予奬勵無不

踴躍前驅埤南呂家望之役叛番與彰匪鉤結接踵叛亂震動全台兩月蕩平
得乘兵威士氣剿撫北路未服諸番相率歸化遂蕆全功自十一年舉辦撫番
以來年年入山剿辦大小百餘戰將弁兵勇傷亡數千染瘴病亡數更倍此然
奮發之氣歷久不衰忠勇之誠因危愈激仰仗　聖主鴻謨德威並用卒使亘
古不通之境軌路同遵窮荒梗化之區　聲教咸訖諸將吏委身瘴癘鑿險縋
幽困苦艱危迴非平原接仗軍情可比疊蒙　恩准獎勵亟應及時甄錄以勸
將來查台灣原有三十五營分布要隘互相防剿自呂家望社及彰化變端繼
作後山添募三營前山添募四營十二哨通計四十三營加以隨營辦理撫墾
暨分段駐紮各局人員閱時四年彙案六次同屬異常勞績迭著優勞謹遵
恩旨擇尤保獎每營內外獎不得過四十人其承辦撫墾各員隨營併計未經
深入接仗者概予删除不敢稍涉冒濫除武職千總以下例咨兵部核獎外謹

具擬保員弁清單恭呈　御覽合無仰懇　天恩俯念各員弁海外從軍不避瘴癘異常出力准予從優照奬出自　逾格鴻施謹會同閩浙總督臣卞寶第幫辦全臺撫墾事務太常寺少卿臣林維源恭摺具奏

光緒十五年六月十八日奉　硃批該部議奏單二件併發欽此

請仍寬新設各官補署及留補在台各員片十五年六月

再臣前准部覆臺灣要缺知縣一項暫准不論資格一體酌量請補俟三年期滿仍照定例辦理新設知縣各缺先准酌量補署一次其變通章程行令察看定限奏明等因查台灣當此行省初開百端創始吏才難得不能不因地擇人實爲目前第一要義誠恐格於成例棄置人材臣前奏所以有變通之請查舊設知縣要缺既准部議變通補署三年屆時能否仍循定例應否展期自當再行察酌惟新設各缺不特當此草創經營猝難辦理而地居番界煙瘴尤多人

地既貴相宜變通之期似不能不從寬展限應請仍照前議限以十年俾資治理據署台灣布政使沈應奎具詳前來謹附片具陳伏乞　聖鑒再現在台地各差大都借材異地一俟變通限滿各員在台效用將無補缺之期似不足以昭平允所有中簡廳縣及佐雜各缺可否仿照一咨一留章程在內地調補一次就台差委人員調補一次以免向隅是否可行併請　飭部核覆

光緒十五年六月初十日奉　硃批吏部議奏欽此

總兵留辦海防暫緩赴任摺十五年十二月十五日

竊准閩浙督臣咨稱光緒十五年四月十三日內閣奉　上諭浙江處州鎮總兵員缺著竇如田補授欽此查竇如田先經臣於光緒十四年八月間咨調到臺委令統領銘字中軍三營駐防基隆海口茲荷補授處州鎮總兵理應入都陛見赴任惟查基隆海口爲全台第一門戶關係緊要竇如田練習基隆形

勢督飭并勇講求操防深資得力現在辦理礮台工程未完未便遽易他員合無仰懇　天恩俯准寶如田暫緩赴任仍留臺灣辦理防營俾臣得收指臂之助出自　逾格鴻慈

光緒十六年二月初十日奉　硃批著照所請兵部知道欽此十六年二月初六月

臺灣歷剿叛番并彰化土匪保案請保武職摺

竊准兵部咨行遵　旨議奏一摺內稱福建臺灣巡撫劉銘傳等奏彙保勦辦埤南叛番彰化土匪並歷年剿撫肅清各路番社尤爲出力員弁官紳併案開單請奬一摺光緒十五年六月十八日奉　硃批該部議奏單二件併發欽此欽遵到部除文職應由吏部辦理外謹按定章悉心覈議分別准駁等因於光緒十五年九月初三日具奏奉　旨依議欽此欽遵鈔錄原奏淸單並將千總以下另行鈔單先後咨行到臣伏查臺灣自光緒十一年辦理番務剿撫兼施

屢服屢叛各軍節次分路剿辦如蘇魯馬那邦大埧白茆呂家望京孩兒各役戰功尤爲昭著歷次擒拿番目匪首攻奪卡碉不可勝計如埤南被圍十五日彰化被圍七日則皆叛番土匪交亂震動全臺一切接仗獲勝守城解圍各情形經臣節次奏報在案　國家獎勵戰士優定章程克復城池擒斬要逆首先出力人員准保越級其次及攻堅奪壘殲擒逆匪准保免補免選儘先遇缺即補等班又軍營戰功卓著准保提督總兵及提督銜頭品頂戴奮勇殺賊戰功卓著者准保翎枝誠以軍功勞績迥異尋常獎賞優異疆埸之士感激奮功胥在乎此臺灣剿辦生番前後五年之久大小百餘戰各軍所向克捷不得謂非戰功卓著槍林礮雨之中攻奪卡隘不得謂非奮勇擒獲匪首番目不得謂非擒斬要逆巢深險石壘堅固精銳傷亡歷奏有案不得謂非攻堅奪壘埤南廳治彰化縣城守禦解圍同屬存城之績尤不得謂非克復可比况烏道蠶叢之

境煙瘴荆棘之鄉營帳難施資糧不繼士卒暴露凍餓疾病死亡數千其戰勝攻取之難較諸內地接仗情形不啻天壤臣於各軍出力將領業經歷次隨摺奏蒙

恩獎其餘在事員弁時逾五年彙案六次人數較多先將出力稍次各員一律刪汰擇其戰功最著効力最久者開單列保實屬軍營異常勞績覈與章程相符委無冒濫若如部議各案隨摺所保員弁按照異常勞績覈獎其彙保員弁不得援照優獎辦理是功同賞異斷不足示公平現准吏部咨查文職請獎各員已照異常勞績覈准在案武職各員本同一案未便兩歧除盧開玉楊興隆孫得勝三員業經兵部覈准無庸重列外合將總兵蘇得勝等三百三十五員分晰勞績籲懇

天恩俯准飭部仍照原保階分別給獎以昭公允而免向隅至千總以下履歷均已隨案造送並請飭照原保給獎俾資鼓勵臣軍法素嚴苟誤戎機雖統將必殺不加厚賞何以服人愚戇微忱伏求

慈鑒

光緒十六年閏二月二十五日奉　硃批兵部議奏單併發欽此

奏請剿撫番社出力人員應照異常勞績核奬片

再准吏部議復臺灣保奬歷年剿撫番社出力人員案內聲明以後民番再有構釁派兵剿辦應照尋常勞績覈奬等因臣查臺灣生番綿亙南北數年來剿撫兼施雖次第歸撫其殺人積習已二百餘年豈一時所能變化以後難保無滋事之虞卽不能無剿辦用兵之舉臣於南北番歸化後仍令各軍加意嚴防誠知其蠢然無知生性反覆非恩可結非理可明不過暫時羈縻逐漸誘導非一撫之後竟能永遠無事也查生番深居內山習於戰鬬槍法極精地險無路草木叢雜戰陣之事攻堅最難仰攻尤難疊次用兵傷折將士並艱難情形均經奏報在案溯查前大學士福康安兩江督臣沈葆楨等剿辦番社以來或斬番數人或剿平一社在事各員無不照異常勞績奬擢優加原海外瘴鄉將士

履危冒險艱苦之狀非身歷其境不知其難決非內地土匪與滇粵苗猺可比
以後台灣剿辦番務擬懇仍照異常勞績覈獎以明賞罰而厲戎行一俟治山
撤防再遵部章辦理臣爲海疆新闢地方鼓勵將士起見謹附片陳乞　聖鑒
飭部查照施行
光緒十六年閏二月二十五日奉　硃批該部議奏欽此
密保沈應奎程起鶚片十六年三月
再台灣民情強悍土豪把持清丈升科事事草創較之內地辦理尤難臣自光
緒十二年四月奏請開辦以來其中雖有彰化之變嘉義之訛卒能三年竣事
臣不過舉其大綱實皆署藩司沈應奎在任候補道調署台灣府知府程起鶚
二人之力此二員才識練達品行端廉辦事實心任勞任怨實爲近時司道中
不可多得之員　皇上親政伊始訪求人才臣知之既深不敢不上塵　天鑒

謹附片具陳

光緒十六年三月二十八日差弁遞回原片奉　硃批知道了欽此

請建劉朝帶傅德柯專祠片

再查宜蘭防軍統帶副將劉朝帶上年進山開路中伏陣亡當派傅德柯接統該軍此次會同各軍剿辦南澳番社又復力戰陣亡業將該副將等死事情形經臣先後具　奏請照總兵例從優議卹在案茲據宜蘭紳民前甘肅河州知州李望洋等稟稱劉朝帶督軍開路傅柯德帶隊勦番並屬忠勇性成不避艱險爲民捍患功德難忘懇請奏建專祠用伸報享稟由宜蘭縣詳請具奏前來合無仰懇　天恩俯念副將劉朝帶傅德柯先後陣亡並員弁勇丁不下三百人情形慘烈准在宜蘭縣死事地方特建專祠由官春秋致祭以彰忠烈謹附片具陳

光緒十六年三月十七日奉　硃批著照所請該部知道欽此

奏保張兆連將才片 十六年

再查臣渡台以來隨帶記名提鎭二十餘員先後死亡已盡將才難得感悼不可爲懷惟查有記名提督張兆連始經帶兵駐防福建嗣調台灣勦辦番社疊著戰功現在督帶後山防營撫番開墾實力操防功效甚著該提督久駐後山煙瘴之地始終勤愼辦事實心曉暢戎機講求訓練爲提鎭中不可多得之員倘蒙　聖恩簡擢予以事權必能肅新軍政鎭撫地方不致有辜委任

光緒十六年十月初一日奉　硃批張兆連著軍機處存記欽此

按公參劉璈摺內張兆連進身頗卑公獨察其才力爲保奏此其所以能得人死力也 陳澹然記

總兵在台病故請卹摺 十六年八月二十九日

竊據都司蘇緒謨稟報統領健字全軍記名提督福建建寧鎮總兵蘇得勝屢以從征內山感受瘴癘積勞成疾八月十九日在營病故臣查蘇得勝籍隸安徽合肥縣自咸豐六年投効臣軍由哨長擢至營官隨同轉戰江蘇浙江山東湖北等省歷受重傷克復十餘城平定髮捻各匪洊保提督調防直隸陝西甘肅等省修築江蘇吳淞口礮臺光緒十年經臣飭調臺灣委帶健字等營疊與法人血戰奪回基隆礮台防剿經年惡戰苦守停戰之後親赴法船與法國提督李士卑斯面交俘虜臺北解嚴奉旨補授福建建寧鎮總兵仍留台灣防次迭次入山剿辦生番駐防滬尾海口該總兵忠勇素著持躬謹廉勤樸耐勞毫無嗜好感荷聖恩高厚戰輒以死自期近年統領偏師講求訓練海疆防務臂助良深方期獨任巖疆爲國家干城之選不料感受瘴癘勞疾侵尋良將傷亡殊深悼惜合無仰懇天恩准將蘇得勝照提督軍營積勞病故例從

優議卹以勵忠勤至該總兵卓著戰功以死勤事法人之役功在海疆台北人
民至今感慕可否准於台北府城建立專祠暨入祀原籍及立功地方昭忠祠
並將生平戰績　宣付國史館立傳之處出自　逾格恩施非微臣所敢擅請
再查蘇得勝繼妻徐氏年二十五歲痛夫情切絶食以殉距其夫亡纔五日忠
節萃於一門合併請　旌以光泉壤再統領銘字中軍記名提督劉朝祜以軍
功隨臣轉戰江蘇浙江湖北山東等省蕩平髮捻洊保總兵光緒十年自江陰
率帶銘軍三營援台於滬尾獲勝案內荷蒙　特恩賞賚並加提督銜旋因台
北解圍奉　旨以提督　記名簡放統領銘軍剿撫生番奏蒙優敘十二年冬
調駐基隆修築礮臺不時抽隊剿番受瘴深重於十四年七月病沒軍營查該
提督久從軍旅勤奮不啻少年年來渥荷　恩施尤矢竭忠圖報詎以積勞受
瘴遽爾病亡應請　飭部一併從優議卹以厲將士報　國之忱

光緒十六年十月初一日奉　硃批蘇得勝着照原官從優議卹准於台北府城建立專祠入祀原籍並立功省分昭忠祠生平戰績宣付史館立傳伊妻徐氏以死殉夫准其旌表劉朝祜韓振基均照原官從優議卹該部知道欽此

卷九勘誤表

頁數	行數	字數	誤	正	脫	衍
一	十四	三十				基
一	十五	一上			基	
二	十九	六	裹	裏		
四	十八	三	發	廣		
四	十九	廿六下			運兵	
八	二	十四下			斯	
八	九	七下			片	
九	十一	四下			戴	
十五	二十	三十下			現在實缺臺灣道	
十八	十六	廿七	刻	劾		
廿四	廿一	四下			番	
廿五	九	二十下			官	
廿六	二	廿九	治	沿		
廿六	十八	十六七	柯德	德柯		

奏參朱守謨片 十一年正月

再臣銘傳由京渡台道經上海倉猝啓行文武隨員甚少適有記名道朱守謨懇隨東渡六月十五日法攻基隆礮台臣赴前敵後路無人當委朱守謨辦理營務轉運一切會同府縣彈壓地方知其素昧戎機不令攙越月給薪費銀一百五十兩稍慰其私該道素性奢侈揮金如土未及一月卽稟稱薪費不敷火食用度月需銀三百餘兩聲明實報實銷不能限制當經批駁月增公費銀五十兩旋卽請歸語多不遜因見台軍危迫規避敵鋒臣因其宦氣過深留之轉累准其給假適値河南知府方策勛冒險渡台當以營務屬之自六月半後臣在前敵軍營所住獅頭山草房濕地日日風雨困苦不堪該道端居台北府城尙自盛修公館據台北知府陳星聚詳稱擅用府庫銀二百餘兩並未報銷滬

尾通商委員浙江知府李彤恩素有幹才勇於任事臣委兼辦滬尾營務監修礮臺辦理沈船塞口各事李彤恩堅辭薪水辦事認眞臣應稍爲優視該道憤甚嫉之如仇遇事齟齬已非一日適值八月十三日法礮環攻基隆退守該道遂造言傾陷徧告紳民謂基隆未敗忽退皆李彤恩得銀數十萬賣於法人城廂紳民一時譁譟及至二十日滬尾之捷紳民始各恍然深悟不撤基隆滬尾必陷滬尾不保臺北必亡浮言始息該道自知詐破未可久安當時滬尾商輪二隻尙自往來乃不由滬尾乘輪特繞臺南招搖播弄復至福州省城左宗棠楊昌濬正盼臺音聽該道一面之詞不能無惑於基隆之退楊昌濬先後派員渡台細訪當能盡得其詳查朱守謨臨危乞假規避敵鋒又復造言生事搖惑軍民尤屬故違軍令更於撤差之後沿路招搖逗留福州鑽營差委肆口讒謗計敗戎機實非尋常造謠可比應請旨將道員朱守謨革職永不敘用以示

薄懲謹附片具叅伏乞　聖鑒

光緒十一年二月初七日奉　上諭前據左宗棠奏叅知府李彤恩不審敵情虛詞搖惑以致基隆被踞當降旨將該員革職交楊岳斌查辦茲據劉銘傳奏道員朱守謨規避鑽營造言傾陷各情與左宗棠前奏大相逕庭必須澈底查明以昭是非之公道員朱守謨於軍務吃緊之時輒敢擅用公款乞假規避殊屬荒謬著卽行革職至所叅該員招搖播弄及傾陷李彤恩各節如果屬實厥罪更重非永不叙用所能蔽辜著楊岳斌卽將朱守謨飭提赴臺歸入前案秉公研究孰是孰非務得確情奏明嚴行懲辦不准稍涉偏私原摺片均著鈔給閱看將此由五百里諭令知之欽此

按公用人最稱嚴覈朱守謨紈袴積習妄請從軍中道棄捐遂生謠謗首以基隆之退誣李彤恩得銀數十萬撼李卽以撼公遂釀台民譁變繼復走台

南以結劉璈居福州以搖楊左竟致左參李彤恩以功獲罪劉璈霸捐措餉煽法嚴封內外交乘直欲致公於死偶一嚴劾湘人乃復持之論者轉謂湘淮不和借端報復迹其原始皆自朱守謨一人啟之惜乎公素嚴軍法不能於朱守謨造謗李彤恩賣退基隆台人大譁之後以搖動軍心斬之也

嚴劾劉璈摺 十一年五月二十六日

竊臣於本月十三日將奸商吞匿鼇金道員通同作弊業經撤任奏報在案查台澎道劉璈到任以來全台餉需軍務一手把持既總台澎營務又統台南各軍宜如何整頓操防統籌全局台南軍務自故江督沈葆楨渡台後始行設防練兵劉璈履台數年不但台北澎湖毫無布置即台南安平旗后兩口除沈葆楨前築礮臺外竟未添一營壘築一礮台每年鉅款虛糜未購一精利槍礮臺南各軍不聞操練徒藉提截曠以掩虛冒致各營空額日多是軍務之壞自劉

璈始罪一全臺鹽務經前臺澎道夏獻綸極籌整頓歲除鹽本津貼運費外尚得洋銀十七八萬元劉璈抵任後任用私人互爲奸利每年僅收十二三萬元是鹽務之壞自劉璈始罪二全臺洋藥幷茶腦釐金自前任臺澎道張夢元歸商包辦夢元方正清廉一塵不染故收數日多聞劉璈抵任後每年除正稅外洋藥釐金私得洋銀三萬元茶腦私得洋銀一萬元是釐金之壞自劉璈始罪三臺北煤務自開辦不得其人固多虧折然聞從前每年月用經費銀四五千兩自劉璈接辦後每月用銀六千兩嗣又增至八千兩遂致虧折不可勝窮是礦務之壞自劉璈始罪四臺道主治全臺察吏安民本其專責訪聞劉璈到任後全臺候補謀差視財帛之重輕定差缺之優劣財多交厚優差之後更以優繼之惟利是圖何暇更言吏治以致地方命盜巨案日積月累從未獲一正兇是吏治之壞自劉璈始罪五是數者據前嘉義知縣張星鍔揭稱該道歲吞銀

五十萬兩臣逐款訪查除糧臺歸該道督辦自用自銷無從稽查外所有營務
鹽務釐金煤務四大端歲侵銀約二十萬兩雖未能盡得其實然闔臺上下無
不周知前督臣何璟屢派專員渡臺訪查逢人輒告而贍徇隱忍不肯直發其
奸該道所恃既堅愈形跋扈獨行獨斷旁若無人與何璟文牘齟齬盡刻成書
以形其短布散各省莫敢誰何然此猶爲前事也及臣到臺一年臺南軍務如
募勇造械動用公款以及地方委差委缺該道從未請示候批輒行自辦凡所
稟詳偶經批駁彼輒置之上年九月底曾自行發摺奏事附片請將澎湖一島
幷臺灣後山棄於德國並奏該道係奉　旨辦理臺南軍防言外不歸節制據
報繕摺入都不知曾否上邀　聖覽其摺稿已行刊刻布散全臺詳報本省幷
南北洋廣東在案然此雖違節制猶爲罪之小者則請舉其大者言之自上年
八月十三日基隆退守之後臺北餉需奇絀該道不獨絲毫不濟忽於八月二

十日咨行署提臣孫開華曹志忠等據稱臺北十二營俱至六月十六日起加足夫價一百九十二人當經臣商將孫開華三營自七月初一日起支其餘均自八月初一日起支該道明知臺北無餉意在誘脅各營譁潰使敵得乘我之危其時幸得滬尾關報解稅銀五萬兩復得臺北府庫積存銀十餘萬兩勉強支持十月初仰蒙　聖主軫念臺危嚴飭各省接濟兵械餉項源源而來幸得稍安危局萬一無此數者臣不死於敵且死於譟餉之兵全台豈堪設想耸各軍以圖內亂其大罪一也初九十月間法雖封口并未嚴查我軍猶得用民船偷渡該道見台北餉械尚能轉運獨於十一月初照會英領謂法人封口廢弛法遂於十五日重行禁口擄船殺人斷絕臺運此時危急臣已誓不復生設非　聖明在上嚴飭各省速濟援師臣豈復能見天日激強敵以絕台援其大罪二也尤可駭者十月底該道詳報派捐全臺二百萬并未分飭舉行卽報捐款

已收軍火亦經購運全臺軍餉足恃詳請左宗棠楊昌濬與臣奏咨斷朝廷拯救之心絕各省濟援之路奸謀險惡反覆欺矇不致臣於死地不止誣朝廷以陷督師其大罪三也尤有陳者據江蘇候補道陳鳴志面稱上年臘月底奉督臣楊昌濬委赴臺灣府查存庫款據呈淸摺道府兩庫結自上年六月起至十一月止舊存新收共銀一百零九萬兩尙有提存兵餉截曠幷購存稻穀三項銀二十餘萬除滬尾關稅台北釐金鹽課項下由臺北提用剔除十二萬拨解臺北餉銀七萬兩另由該道提存彰化嘉義十五萬統計六月至十一月臺南尙存銀一百萬兩等情乃該道至十一月底卽報台南餉竭立有潰裂之虞如果無餉其冒濫曷可勝言如果有餉藉口截留臺北協餉不發其險惡更不可測査臺北自上年六月初一日起至本年五月底止統計兵餉賞號雜款並補發各營欠餉一年之久共計用銀尙不及百萬臺南據報各營餉項四十

五日一關何以六閱月卽用百餘萬之多其爲稽餉滋濆不問可知設非臣與
沈應奎等設法騰挪勉將饑軍拯救將全臺數千萬居民不死於強敵且死於
內亂之饑軍思之令人心悸擁巨餉以速軍變其大罪四也查該道所設支應
局自用自銷或以少報多或藉名開支其中不無浮冒應卽逐款核對以杜侵
吞臣於劉璈撤任後卽委員會同道府將臺南支應局並鹽務煤務釐金各項
帳目案牘分別查封聽候核算惟該道情罪重大應請旨先行革職並請
特派淸正大員渡臺逐款查辦以肅綱紀而儆奸貪所有該道劣蹟多端不勝
枚舉謹將訪查營務鹽務釐金礦務數大端開單臚列恭摺具參伏求聖鑒
一訪查臺南三十營湘軍月餉由管帶幫帶各具印領勒寫銀二千九百四十
餘兩除例少勇百人繳歸劉璈外另打空額截曠銀多少不一每營定章長夫
一百九十二人照數請領後須繳還夫價銀三百八十兩內有管帶幫帶如副

將姚秀芳等每月由劉璈酌給薪水數十兩兵餉由劉璈內帳房給發所有公費夫價空額均歸劉璈名曰包營

一訪查臺南鎮海等營自光緒十年起至十年底止每勇月提存餉銀二兩臺灣烟瘴之地疫癘時作勇丁病故所提存餉概不給支即有家屬來領又以箕斗不對年貌不符留難不發告假則分文不給勇丁多棄餉而逃各營空額概不令補空餉提爲截曠如各營添補一勇雖隔數百里皆須至道署驗看箕斗留難萬分嗣後各營空額無一添補上年五六月間竟有空勇至三百餘人者

一臺南三十營管帶幫帶多係劉璈親戚門生如鎮海後營係其第二妾舅李德福管帶以把總冒充都司岳右營係其妾舅李立綱管帶虧欠公款改歸遊擊黃瑞清管帶彌補并送李立綱洋銀五百元另提空額十餘人歸劉璈內帳房作爲道署用人工價提督高登玉派充分統自帶兩營岳後營餉歸高登玉

領交劉璈給發營官薪水公費夫價均歸劉璈入私

一訪查新募仁義禮智信五營土勇營官內有本地富紳林文欽吳朝陽皆係劉璈門生正副哨官俱係岳州臨湘人多係劉璈親戚並無一官副將張福勝張兆連各進一女俱委統領幷聞己革嘉義營守備蔣復勝幼女被劉璈誘入衙內逼姦蔣復勝憤疾而死

一訪查臺南水勇多係佐雜管帶名曰調濟每百人只二三十人屯軍每百人只三四十人有魚團費有團練費自十年四月起凡百姓家有千金者月捐洋四元怨聲載道

一訪查十年正月劉璈札委次子劉濟南爲行營營務處赴湖南岳州招募岳軍等營由招商局代雇廣利等船裝兵渡臺每勇船價水脚聞用洋八九元劉璈捏報用洋十三四元招商局有帳可稽幷浮開口糧等項共虛冒銀萬餘兩

一訪查全臺鹽務自前任臺澎道夏獻綸整頓以後每年銷鹽三十六七萬共得價洋銀四十餘萬元除津貼運費成本外尙得洋十七八萬元自劉璈抵任後每年僅得十二三萬元其總局弊端無從查考全臺差使以鹽務爲最優劉璈每局添派幫辦一人每鹽百斤抽提一斤劉璈入私從前正辦幫辦俱用親戚本家妾父妾舅後經前督臣何璟查出逐名開單驅逐有案可稽劉璈始將正辦改委本省候補人員幫辦仍用私人凡鹽局委員出息一千兩者提出四成分歸幫辦有親戚文案掛名幫辦者有到局幫辦者聞各幫辦由劉璈酌給薪水所提四成均歸劉璈私收劉璈妾舅李德福既已管帶鎭海後營又兼辦鳳山鹽務總館委員劉伯卿係劉璈姪孫又兼瀨北場委員麥蕘鹽館委員楊玉臣係劉璈妻姪鹽水港鹽館委員龔若成係劉璈姻姪梧棲鹽館委員孟秀山係劉璈第五妾父已回甘肅中衞縣該館課銀歸劉璈代爲收解大甲鹽館

委員林鑄由福州買女進獻特委優差鹿港鹽幫辦委員丁少杜瀨南場委員李順卿俱係劉璈親戚牒仔脚鹽館委員江道成係劉璈第四妾兄又兼岳右營幫帶文案王秋澄兼管阿公店鹽館另屬人頂名府城西門外新街鹽館府城內嶺後街鹽館均係劉璈自辦

一訪查基隆煤務自光緒七年以前歸現任澎湖廳鄭膺杰總辦每月動用經費銀四五千兩均歸臺灣道批撥如賣煤敷用即不請領經費自劉璈到任後於八年更易新章凡賣煤價銀俱繳歸劉璈衙門月發經費銀六千兩後又增至八千兩煤務本有外國煤師劉璈恐其走漏風聲託言薪水太大稟請裁撤另派煤務學生張金生爲煤師節省經費復又加添委員司事二十餘人半係劉璈私人較前經費更大據煤務司事工頭面稱歷年挖煤約略數目每日至少挖煤三千石統計一月可挖煤九萬石上等爲官炭中等爲總炭下等爲粉

炭一月可挖煤九萬石官總粉各三萬石官炭歸船政收用每百石價洋二十
四元總炭就地賣於洋商或本國商人每百石價洋十六元粉炭每百石價洋
三元核計一月可賣煤價一萬二千餘元據查煤務每月用帳薪水工價雜支
共用銀七千兩劉璈摺開每月動用經費銀八千兩不知所賣煤價收歸何人
查基隆附近民礦挖煤由煤務委員收買官炭每石價洋十六元總炭價洋十
二元該委員轉賣船政商人於中取利然此係委員作弊至劉璈如何侵吞須
俟調到善後局劉璈歷年報銷并提楊崇銓鄭膺杰訊究方能水落石出臣於
上年六月曾委揀選知縣汪望賡提查煤務出入細帳楊崇銓匿不肯交僅提
到該局月報大畧即就所呈帳目核計煤務亦無虧折
一訪查臺北洋藥釐金由前任臺澎道張夢元於光緒六年議歸商人薛樹華
包辦彼時每箱洋藥僅收釐銀六十元薛樹華每年認繳七二番銀五萬元七

年劉璈到任更改新章每大土一箱改征銀九十六兩小土一箱改征銀八十兩仍歸薛樹華包辦共八月認繳六八重番銀一十四萬元另繳一萬元歸劉璈私收臺南係商人王青雲陳悅周等包辦每年除繳正課六八番洋二十三萬元另繳銀洋二萬元歸劉璈私收查臺北市間向用七二重番銀張夢元任內收釐繳課俱以七二番銀繳納劉璈接辦即改收六八重番銀祇就臺北薛樹華包辦凡八月而論短征銀五千六百兩臺南向用六八重番銀不在此內

一訪查臺北茶腦船貨釐金於光緒八年三月經劉璈議招董事衞伊才張慶雲等包辦全年認繳六七番銀十三萬零五十四元另繳番銀一萬元歸劉璈私收九年係歸陳魯齋陳同愚等包辦十年係歸傅政鄭昭包辦本年二月尚未開口即經劉璈另招本包洋藥釐金商人陳郁堂等加價包辦全年認繳六八番銀十三萬七千元聞另繳洋一萬五千元歸劉璈私收查臺北從前官辦

征收茶釐向照市間行用七二重番銀完納劉璈議歸商辦遂改以六八重番銀繳課計每年短征銀五千二百兩現在征收茶釐概收七二重番銀可証

密保陳鳴志署臺道片

再劉璈經臣奏叅革職臺澎道缺應即請旨簡放惟查臺灣自劉璈到任後官貪軍冒流弊已深非廉明忠實之員不可振挽上年臣奏保江蘇候補道龔照瑗堪勝此任奉旨龔照瑗着飭赴臺灣交劉銘傳委用欽此比因海道阻塞龔照瑗經臣并南北洋委在上海專理轉運現接兩江督臣曾國荃來函謂龔照瑗尚有製造局交代并購辦軍械帳未結一時難令渡臺囑臣奏請仍留上海暫辦轉運臣因龔照瑗暫難渡臺臺澎道缺已委江蘇候補道陳鳴志署理查臺南全係湘勇其廢弛虛冒積弊已深一時未能概遣所有營官統領固多劉璈私暱其中不無可用之才陳鳴志籍隸湖南查察較易且軍務熟悉謹

幹廉明奉委時力任除姦剔弊果能不避嫌怨不獨挽回積習且可查明虛冒以便省款辦防臣無黨無私惟期舉賢用才有裨　國事合無仰懇　天恩將台澎道缺暫緩　簡放待至三五月後或陳鳴志辦有實效或龔照瑗事竣渡台再行請　旨定奪謹附片密陳

光緒十一年六月十三日軍機大臣密寄奉　上諭據劉銘傳奏臺灣道劉璈貪汚狡詐劣蹟多端開單列款請革職查辦一摺劉璈著卽行革職拏問交劉銘傳派員妥爲看守聽候欽派大臣到閩查辦所有該革員任所貲財著該撫遴派廉幹委員嚴密查抄毋任寄頓隱匿另片奏台灣道缺暫委陳鳴志署理期挽積習等語著依議行欽此

澎湖法兵退去查明失守各員分別處分摺十一年六月十七日

竊臣等於本月初六日派記名提督吳宏洛乘萬年青輪船往察澎湖十四日

還至淡水據稱李士卑斯於初九日接到撤兵國書十二日開船出口并知會吳宏洛由香港法船轉電總署奏　聞想邀　聖鑒查澎湖本年二月十二日法船到境十五日失守情形已經督辦福建軍務大學士臣左宗棠閩浙督臣楊昌濬會奏在案其時臣岳斌在臺南派探回稱二十二日有法船六隻泊在珠水烏坎開邊海面十三日六隻內分一大船泊近蒔裏澳三船駛至媽宫西嶼二船至觀音亭後齊開大礮縱橫轟擊統領前路各軍代理澎湖副將周善初管帶練軍澎湖都司鄭漁出隊抵禦各礮臺亦開礮還攻經法兵將四角山觀音亭等處礮臺及媽宫協署街道營房一律轟毀周善初等不能抵敵退往大城北去十四日早敵將泊蒔裏澳大船近岸渡兵三百餘人登岸攻撲珠母水澳管帶綏靖副中營副將陳得勝率隊相持未久即退敵亦未追十五日早法兵八九百人復由雙頭跨登岸徑至大城山下周善初率管帶綏靖前營守

備馮楚燊接仗勢不能支陳得勝帶隊來援手骸受傷乃退周善初又調管帶德義中營同知關鎭岳管帶德義後營通判梁岳英來援均難抵禦關鎭岳爲飛彈中傷周善初馮楚燊關鎭岳梁岳英鄭漁等一齊退往赤嵌北山澎湖遂失澎湖通判鄭膺杰前報募勇四百人防守及法人攻澎三日不聞其勇抵禦何處地方失守告有應得周善初鄭膺杰二員應請旨卽行革職鄭膺杰尙有煤務經手事件由臣銘傳撤任查辦梁岳英鄭漁馮楚燊均請一併革職同知關鎭岳副將陳得勝均經帶傷應請加恩免予處分陣亡官勇查明奏請賜卹以慰忠魂惟澎湖一島地處孤危面面受敵既無得力礮台礮位又無兵輪水雷臣銘傳上年秋冬屢接周善初等來稟請發大礮水雷愧無以應十月底臺澎道劉璈卽無餉項接濟澎軍經臣咨請督臣楊昌濬撥款接濟幷請督臣運送礮雷未接咨覆劉璈申報至香港購買水雷至東洋購買大礮臣

批令趕布澎湖亦無稟覆周善初等失守地方原有應得之咎惟臣銘傳督辦
台防不能預爲籌設且不能保守基隆旣叅該廳協等失守若不一并處分何
以服諸將之心應請旨將臣銘傳交部從嚴議處以肅軍政
光緒十一年七月十六日奉上諭左宗棠等奏查明澎湖失事員弁請旨分
別懲處一摺覽奏均悉此次澎湖失事該文武未能竭力固守致被法兵攻陷
實屬咎無可辭據奏該處向無城郭與失守城池者有間雖係實情惟所擬分
別懲處尙覺過輕副將周善初通判鄭膺杰均著革職發往黑龍江効力贖罪
通判梁岳英都司鄭漁守備馮楚淼均著革職發往軍台効力贖罪同知關鎭
岳副將陳得勝守備梁璟夫均著交部議處楊昌濬劉銘傳均有地方之責惟
劉銘傳困守台北鞭長莫及自應稍予區別楊昌濬著交部嚴加議處劉銘傳
著交部議處左宗棠穆圖善辦理該省軍務未能援應均著交部察議楊岳斌

於澎湖失事之時先經催令渡台自難兼顧所請議處着加恩寬免欽此

道員攻剿已撫番社請旨懲辦副將摺十一年七月十七日台北府發

竊臣於本年四月二十三日接前台灣道劉璈詳稱南路界侷生番山路梗塞曾飭屯營管帶官潘高陞調和番衆招近社生番百人安輯屯營藉資聯布惟地居險遠兵力本單而生番嗜殺不問官民弁勇稍有嫌隙動肆兇殘本年四月初八日據柴裏屯隊目潘貴生等稟報以率芒七家山兩社番互殺三人潘高陞未能伸理以致屯兵潘清復被率芒社番仇殺潘高陞僅令葬埋番情兇悍請飭添棚協守等情查此案先據潘高陞稟稱董底社突來生番十餘人到卡傷斃七家山番兵加隆飽一名該同社番兵持鏢拚救亦殺董底社生番二人該社番到營無故殺人應請剿洗等情當批董底社番共有若干可否盡誅抑兇惡僅此十數人該社離大路若干里有無頭人管束應否擇尤懲創目下

法防未鬆務須出以審愼應由地方官查明稟奪在案據稟前情如果盡實潘
高陞殊屬乖方隨飭管帶田豐年率兵馳往查復嚴辦去後本月十三日據潘
高陞呈報董底社與率芒社大同坳等社百餘番本月初十夜圍攻該營碉堡
百長楊元擘死拒對擊互有損傷適飛虎營餉員蕭順喜等四十餘人道過見
番圍攻赴援番始敗退乃生番沿途埋伏竟殺斃蕭順喜等四人屯兵四人客
商四人哨長屯兵受傷七人防堡被焚軍裝被搶請派數營剿洗等情到道查
該番招撫經年一旦竊發焚燬防堡傷斃官兵實屬異常頑梗自須查明剿辦
藉儆效尤當經移請分統方春發率部督辦暨後路統領張兆連帶隊出山會
督潘高陞剿撫兼施查明分辦至潘高陞辦理不善容再詳請撤參等情前來
臣查董底率芒兩社番早經就撫內外相安何以突殺多人當有別故飭道先
委確查果係無故殺人再行分別拿辦不得張大其辭派兵合剿如有擅殺無

辜惟道是問旋接劉璈四月二十九日來詳准方春發移稱該番恃強反叛非
嚴剿不安現擬三路進剿二十四日三路各營均抵率芒社焚燒兇巢數百間
該番抵死回救我軍奮力迎戰殺傷番衆甚多該番勢窮逃竄追奔三十餘里
始各收軍會剿各員均請記名彙奬等因到道查率芒董底兩社叛番滋事原
擬剿撫兼施俾知懲儆乃該番愍不畏法抗拒官軍實屬始終頑梗經此會勦
難保不鋌險負嵎應仍由方春發相機辦理若僅燬其番社聽其避逃則我軍
一去彼仍伺殺不能不派營搜勦爲懲一儆百之謀如果悔罪輸誠仍當脅從
罔治等情臣覆加詳核該社番非盜非叛種類繁多久經受撫此次因何兇殺
自應查明起衅勒社交兇如抗不遵再行進剿番事在示威懷德該道等不分
良莠卽將兩社焚燬殺傷多人鋪張戰功殊深怪詫當委道員陳鳴志副將戴
秉綱先後赴三條崙查明起衅有無迎拒官兵及現在是否安撫情形六月十

七日接據陳鳴志稟以現奉札署臺道三條崙番案已委埤南同知吳本杰查覆據稱親至東港水底寮一帶明察番情緣駐三條崙南路屯營潘高陞招各生番充勇本年三月十五日分防七家山番勇兩人下山汲水被生番殺死一人割去首級一番勇跟蹤追覓見伺殺者行入率芒董底當報本營官潘高陞傳率董兩社番目赴營與七家山番勇質對十八日率董兩社並七家山番數十人同赴屯營爭辨不決於是兩番械鬬七家山死者一人屯勇憤恨幫同擊殺率董番二人內一人爲番目古溜之子是時潘高陞倉皇失措不置一詞率董兩番憤恨而返由是沿途伺殺行人戒嚴二十八日遂有殺死遞文屯勇潘清一事隊目潘貴生控之潘高陞僅令葬埋置之不問前台灣道劉璈委管帶田豐年往查率董兩番益憤四月初十夜復聚番衆百餘人圍攻歸化門十一日岳左營幫帶劉玉山蕭順喜飛虎後營哨弁曾起成及商人挑夫等四十餘

人道經歸化見番衆圍攻羣呼叱之番等驚而走去蕭順喜等亦即就道以行不料番等伏於道左鎗殺蕭順喜等十二人斷其首級復焚毀歸化門老社場營堡潘高陞請兵入救劉道遂調方春發統領各營相機剿撫四月二十四日各營分兩道進兵二十六日大兵行至率芒董底生番居高臨下鎗傷屯長練勇數人官軍即燬兩社房屋三百餘間始行收隊各營復進紮率芒後山兩社始乞輸誠呈繳蕭順喜等首級七個縛送兇番六人在坊藔巡檢衙門訊供各營亦即於五月二十一日收隊此剿辦社番并現在安撫之實情也職道查此案當以該番滋事應否調兵剿辦有無拒敵官軍及現在如何安撫爲斷吳丞所查各節似係實在情形所送兇番大光等六人現已解府訊供如屬正兇情眞罪當擬即由道覆訊明確立正典刑等情又據副將戴秉綱查覆大略相同惟稟中叙及率芒董底兩社番與七家山番爭鬭潘高陞不能從中議斷反助

七家山番殺斃率芒番兩人又將七家山兇番兩人解臺道審辦劉璈不論法律反犒賞紅布酒飯釋回是以率董兩社番忿恨愈深激成圍攻歸化門屯營之變尤爲此案辦理失當之大關臣按各員查復三月十八日潘高陞令傳番目到營率底兩社番遵到與七家山番對質其非梗頑不化可知潘高陞不能伸理反縱勇偏助七家山番又率請派兵釀成巨禍劉璈初詳猶是委查之語乃不待查覆遽爾調派大兵分途痛剿率芒董底兩社數百家同遭焚掠良莠不分尤爲慘毒陳鳴志面稱兩社男女千餘人飢苦異常嗷嗷待斃業經量爲撫恤所交兇番臣現飭陳鳴志督同台灣府悉心研鞫果係殺害官軍罪無可赦卽行正法惟劉璈輕信方春發焚殺已撫社番潘高陞辦理乖方激成巨禍均應嚴懲除劉璈貪劣臣已專摺奏參外副將潘高陞擬請旨革職發往軍台以示儆戒

按劉璈濫勦已撫之番其禍始於潘高陞成於方春發非春發移稱該番反叛非嚴勦勢難收服其禍尙未必若是之烈要以潘爲首禍故劾之陳澹然記

光緒十一年八月十四日奉　上諭劉銘傳奏臺灣南路率芒董底兩番社與七家山番械鬬副將潘高陞不爲伸理縱勇袒助七家山番致兩社聚衆滋事劉璈不待查覆率行調兵進勦致兩番社良莠不分同遭焚掠請旨將潘高陞懲辦等語率芒董底番社前已受撫此次與七家山番仇殺自應設法解散何得率行攻勦慘及無辜既據兩番社悔罪投誠卽著劉銘傳飭屬妥爲彈壓勿任再滋事端其被難番衆酌加撫恤交出兇番是否的係正兇訊明分別究辦除劉璈已另案革職查辦外潘高陞辦理乖方實屬罪有應得著卽革職發往軍前効力以示懲儆欽此

奏叅林文欽等片

再中路通宵大甲兩海口曾經前任台澎道劉璈調派彰化紳士候選同知林文欽廣東候補同知吳朝陽各帶土勇一營分紮防守林文欽等於上年十一月募勇成軍至台南駐防劉璈申報各該營俱照楚軍坐糧章程每勇每月口糧銀三兩六錢每營只長夫八十名夫價每名每月二兩四錢本年經吳鴻源咨調至中路協防劉璈申報改照行糧章程每勇每月口糧銀四兩二錢添足長夫一百九十人俱照每名每月三兩發給臣查林文欽吳朝陽俱係彰化富紳所帶彰化土勇何以出防台南口糧尙輕調防本鄉口糧轉重深爲詫異五月初十日札飭記名提督王貴揚知府丁達意分路點裁據報王貴揚所點吳朝陽土勇一營空勇十八人全營無一長夫夫價亦未發給丁達意所點林文欽一營空勇四十九人亦無長夫官長僅見前哨哨官林文欽并各哨弁均不在營當經檄令遣散飭令林文欽等來轅聽候查辦當飭沈應奎會同方策勳

審問林文欽吳朝陽各供短勇丁扣發夫價與點冊相符若照侵餉定律重吿
難寬惟訪聞該紳等均係安分富戶帶勇既非其才亦非所願林文欽不能成
文係劉璈新進附生吳朝陽之子亦拜劉璈門下劉璈貪汚不法誅不勝誅應
無庸再事搜求以免株累查林文欽自上年十一月成軍至本年五月底止共
領餉銀一萬六千一百餘兩吳朝陽自上年十二月成軍至本年五月底止共
領餉銀一萬二千八百餘兩吳朝陽尙知悔畏稟繳本年三個月行糧銀八千
兩懇求寬宥林文欽年少無知視空勇侵餉擅離軍營爲細故不肯認吿經沈
應奎等詳報前來臣查林文欽與林朝棟親堂叔姪林朝棟家道中落尙肯急
公好義備貲募勇出力禦寇林文欽爲彰化第一巨富縱不如林朝棟之仗義
急公乃經劉璈檄令帶勇竟敢空少勇數夫數擅自離營理應從嚴參辦惟聞
該紳係劉璈勒令帶勇素昧軍營規制於尋常軍營侵冒不同應請　旨將同

知林文欽即行革職勒令將所侵餉項銀一萬六千餘兩全數繳還以示薄儆
至吳朝陽家資稍薄既據稟繳三月行糧銀八千兩應懇　天恩免予參革臣
爲鄭重軍餉起見謹附片具陳
軍機大臣奉　旨林文欽著即革職核明該營空少勇數夫數餉銀若干勒令
呈繳餘依議該部知道欽此
迭平土匪請獎官紳摺　十二年三月初四日
竊照台灣孤峙海外山谷阻深素爲盜賊逋逃淵藪而彰嘉尤甚法事粗定臣
即令臺鎮章高元駐防彰嘉交界之處鎮攝中權外盜稍知歛迹惟嘉境土匪
擁衆橫行其大者曰顏擺彩莊芋薛國鼇吳全印等爲最著此外著名土棍尚
有一百四十餘人地方逼近海濱彌望竹圍類皆匪黨踞藏之所其五間厝莊
及下潭竹圍角帶圍等莊著名匪黨皆十數年搶刦縱横控案山積匪首顏擺

彩等每窩聚於角帶圍莊翁呆家中十餘年來地方官莫敢過問經臣迭飭營縣設法嚴拿殊難緝獲茲據嘉義令羅建祥稟稱飭役探明匪迹五月十一日黎明會同練營乘匪不備襲入角帶圍顏擺彩等開槍拒捕當經督練猛攻死傷十數匪捕獲翁銓等五人訊明由臣批飭分別懲辦惟顏擺彩獨率黨血戰而逃復飭趕拿顏擺彩等務獲未幾羅建祥復稟據佳里興巡檢陳炳稟稱九月二十三日黎明聞五閒厝莊一帶槍聲大震疑爲居民械鬬當即會同練營哨弁周世英帶兵馳往查係頂潭下潭等八莊見顏擺彩潛返窩巢經練紳招集各莊壯丁前往圍襲顏擺彩放槍死拒被壯丁襲破其宅擒斬一人顏擺彩復率衆他徙追奔逐北相持竟日兵壯多死傷及暮始行退散羅建祥得報後急會練兵馳往鹽水港聯合各莊丁設法兜拿稟請添派營勇會拿等情臣當檄飭章高元以礮隊一營移駐嘉義督率練軍會同嘉義縣嚴密緝拿十一月

初四日復據章高元羅建祥稟稱嘉邑轄內魚寮莊有巨匪陳註結黨橫行恣
意剽擄此次顏擺彩藏匿其家見官軍嚴捕謀集黨羽樹旗抗拒練營管帶王
九齡率勇四十餘人直抵陳註家中捕獲顏擺彩陳註及同住匪夥八人正在
押解起行不料該黨膽敢鳴鑼集衆數百人各執鎗械圍毆奪犯王九齡用鎗
血戰因衆寡不敵所獲匪犯均被奪去兵勇傷者十餘人幸得北港練兵聞信
急援王九齡始行脫圍并請以後如有獲到重大案犯訊得確供擬卽由台灣
鎭恭請　王命就地正法以昭烱戒等情臣因土匪橫行拒捕毆官被拿奪脫
實屬不成事體營官王九齡雖因衆寡不敵究係辦理不善當卽摘去翎頂勒
限兩個月務拿顏擺彩陳註等到案並批准以後獲到要犯如果訊明情眞罪
當卽行循照向章由臺灣鎭總兵章高元恭請　王命立時正法去後疊據羅
建祥稟先後捕獲巨匪李大樹等凡七人皆經訊明正法而顏陳二賊終未弋

獲十二月十六日章高元羅建祥復稟稱魚藔莊距城遼遠匪黨出沒近益滋
多今顏陳二賊拒捕傷官必另有爲首主謀之人非得渠魁不能剿辦當經分
飭守備龍殿颺同知陳熙年都司劉全等轉飭魚藔近地二十五莊各頭人族
長飭令約束莊衆子弟毋得助匪一面購獲匪徒陳劉著等分別囚繫羅建祥
督率礮隊由撲仔脚俯攻而下參將丁映昇率礮隊自北港仰攻而上參將周
士得率營兵百人伏於匪莊左側王九齡率練軍百人伏於匪莊之右以備截
拿章高元自率親兵爲之策應十二月初九夜潛至魚藔質明官軍四集匪衆
大驚不及抗拒紛紛逃竄當獲匪徒陳澈陳春張勇等二十八人搜獲洋鎗火
藥刀械多件因即馳馬踏勘該莊四面符圍溝深菁密皆陳詿之父陳江訓所
築陳江訓前爲莊長創立小刀會勾結徒黨搶殺嘉義間與顏擺彩等互相呼
應該莊既拔所有奪犯傷官諸匪黨悉數擒獲匪巢亦立即焚燬惟顏陳二匪

復經逃竄等情十二月三十日復據章高元稟報探明顏擺彩潛入布嶼保巳派兵圍攻捕獲經羅建祥審訊據供集衆五六百人縱橫於臺嘉彰三屬之間搶虜十三年所獲財物不可勝記其他勒贖金斃人命姦婦女拒官軍則固吾儕事業不必多問語次談笑從容若不知身嬰巨辟臣當批飭就地梟示居民聞之莫不稱快該黨陳澈等搶掠傷官者亦經正法其除罪應遣流者已按照臺章分別鎖礅年滿察釋此剿辦嘉義土匪之情形也嘉彰兩縣轄境遼闊藪盜實冠全台彰化之南投地方與番境接攘匪首許添丁王烏毛陳亮等聚衆百數十人四出搶掠刼財虜人控案疊出縣令蔡麟祥稟請派兵會捕臣檄飭澎湖協副將蘇吉良帶勇會縣往拿該匪等胆敢開槍拒捕經該文武當場格斃陳亮王烏毛二名獨許添丁率衆逃去當將匪巢拆毀旋經該匪堂兄許國將許添丁拿獲解縣訊明正法十二月二十日蔡麟祥復稟稱本月十二日既

夕據童生黃玉衡赴縣喊稱伊平日讀書不與外事族人因其直舉爲總理令晨有㴥底莊同族黃敏黃汶丁兄弟三人挾忿糾黨七八十人各執槍械闖入伊家強擄服物放火焚廬舉家驚惶逃走黃玉衡拆窗逃出徧體火燒傷幼子黃尙工人黃川黃鄙等俱受重傷並將伊長子黃坤元次子黃坤連擄去莊衆鳴鑼出救該匪等放槍拒敵衆莫敢前現匪等尙踞黃敏竹圍中不去哀乞救護拏辦等情蔡麟祥訊問挾忿緣由據供黃敏兄弟三人皆其族姪素以搶掠爲生族衆曾擬送官懲辦因其房衆強悍深懼報復未敢下手去冬黃敏等截奪鄰莊過路猪十餘隻失主投告黃玉衡黃玉衡充當總理不得不秉公管束當卽嚴斥黃敏等不應平空攔截他人猪隻勒令交還黃敏堅執不許黃玉衡反畏其凶虐啇與武生黃朝淸備銀十二元婉言贖還失主未幾黃敏妻子病死藉口玉衡開圳灌田衝犯煞氣致斃伊妻勒索出銀償命黃玉衡忿恨不允

遂卽糾衆搶擄蔡麟祥懼傷其二子急請彰化統領柳泰和遣派副將吳西元
遊擊陶金魁副將周鳴聲各率兵勇於十四日黎明至湳底庄相機剿捕黃敏
等見官兵已到堵塞圍門極力抗拒仍堅閉黃玉衡兩子不放黃玉衡所居之
埤脚莊去湳底莊只二百餘步居宅十數間皆被焚毀蔡麟祥等一面令兵勇
暫堵湳底莊外傳集該莊五房頭人黃玉有等並總理黃木火諭令先向黃敏
兄弟剴切開導令官兵已至莊外若速釋黃玉衡兩兒或可格外施恩木火等
往返十數次涕泣開導黃敏兄弟抗不釋放復縛兩兒於籬下以刀置頸上喝
以官若攻我當先斬汝呼號慘絕耳不忍聞將士皆痛憤請速入剿捕蔡麟祥
流涕諭以兵入則二子必死不若暫且容忍復令舉人黃玉書三次往諭反覆
譬曉卒不釋放蔡麟祥等察其情形該匪意在先挾兩兒以爲抗拒遷延至夜
則卽走逃而二子必終無下落適黃玉衡亦痛忿不堪跽請不顧二子願速剿

辦以絕禍根黃氏諸族長亦然蔡麟祥等不得已乃合將士一鼓而進居民亦相助攻擊該莊竹圍甚堅匪又縱槍抗擊莫克先登遊擊陶金魁獨率死士十餘人鳧水越溝砍破竹圍諸軍遝入賊勢不支當即格殺積匪曹猫倉黃敏兄弟七人生擒二名搜獲槍刀二十餘具各匪紛紛逃竄一面追拿一面將匪巢折毀黃玉衡二子年方幼稚圍破之時賊因兇懼砍其頸不殊幸保無恙此剿辦彰化土匪之情形也署台灣道陳鳴志拿獲哥老會匪首王春華易子林二人鳳山淡水兩縣先後拿獲糾搶重犯九人均經臣覆覈情眞罪當一併批准正法梟示以竦凶殘伏查臺灣民情梟悍嘉義彰化兩縣伏莽尤多歷年搶殺拒捕未獲一人土匪橫行晤無天日地方官因循日久民玩益殘若不雷厲風行日久且生內亂臣竊念自古禦外必先靖內內不靖則根本易搖一有外憂勢且不攻而自靡故自去夏法兵去後臣即嚴飭各地方官凊結訟爭嚴拿土

匪申明賞罰不准遠延搶刼巨案有犯必懲如有匿報及辦理因循非叅即撤
現署嘉義縣同知羅建祥署彰化縣通判蔡麟祥均係蒞官未久俱能奮激圖
功羅建祥四月到官清理積案一百五十餘起拿獲積年巨匪四十餘人闔邑
紳民翕然稱頌蔡麟祥於許添丁黃敏聚衆搶殺急切難圖之巨案立行捕滅
妥速異常該二員勤能果斷奮發有爲合無仰懇　天恩將知府銜福建試用
同知羅建祥補用同知試用通判蔡麟祥均請　交部從優議叙已革總兵王
九齡擬請開復總兵銜參將丁映昇擬請開復原官候選教諭張步蟾擬請
賞加中書銜廪生黃星華擬請以訓導歸部選用臣爲整頓地方鼓勵人才起
見是否有當出自　逾格鴻慈
光緒十二年四月十八日軍機大臣奉　旨覽奏均悉羅建祥等均著照所請
獎勵該部知道欽此

再封摺間據署台灣鎭章高元稟報偵知匪首吳金印於二月二十四日潛回巢穴立卽密派礮營營官丁映昇練軍管帶王九齡嘉義營參將周士得等各帶兵勇百人會商羅建祥派令署笨港縣丞吳承哲星夜馳往店子口地方五鼓時行抵吳金印住宅丁映昇王九齡率勇先自籬隙潛進園牆分兵兜圍奪門入室章高元率隊繼至當獲吳金印暨匪黨七人搜出抬槍洋槍多件並交嘉義縣收審等情臣查吳金印頗有家貲甘爲匪類歷犯拒捕搶殺重案恃其圍堅黨衆官不能辦遂至橫行無忌莫敢誰何以致地方窮民窩匪以分贓富民結匪以自衛械鬬搶殺視爲故常若非嚴拿重辦以絕萌芽積久且成巨禍嘉義土匪以顏擺彩莊芊薛國瑍吳金印四人爲羣盜之魁除莊芊業於上年經林朝棟收充該營哨官在營病歿薛國瑍經章高元於本年正月十五夜率隊圍拿破其窠巢在逃未獲外顏擺彩吳金印均經先後拿獲實足以彰　國

法而快人心謹附片具陳　伏乞　聖鑒

軍機大臣奉　旨知道了仍著嚴緝薛國琡務獲究辦毋任漏網欽此

㕘記名提督方春發剋扣餉銀片

再駐防鳳山統帶鎮海前軍三營記名提督方春發經臣訪聞侵扣餉項營伍廢弛密飭署台灣道陳鳴志就近密查并派差弁馳往確訪現據陳鳴志稟稱委員查明方春發營中餉項自本年三月起每日止發勇丁伙食錢八十文至今未發大餉仍照甘肅章程俟銷差時再行全發一勇病沒應發燒埋銀五兩並不照章發足遇有故勇欠存口糧親屬具領該提督亦始終不給並信用已革甘肅知縣陳海春由內地販運烟土多斤聽其在營賫膏賣歸勇吸按月扣餉抵銷以至營伍廢弛等情并查明管帶鎮海前軍右營總兵桂占彪亦有減發燒埋銀兩及扣發故勇存餉情事具覆前來臣伏查方春發桂占彪均以提

鎭大員充當統領營官駐紮鳳山旗后海口宜如何認眞操防方副委任乃竟敢尅扣餉項並減發燒埋廢弛營伍若不參辦何以肅軍政而飭紀綱除將方春發等即行撤委另派前陝西榆林鎭副將陶茂森副將江南通州營遊擊余德昌分別統帶外應請旨將記名提督方春發即行革職總兵桂占彪以遊擊降補以肅軍政

光緒十二年九月初五日軍機大臣奉　上諭劉銘傳奏提鎭大員尅扣餉銀請旨革職降補等語記名提督方春發統帶鎭海前軍三營於營中應發各項餉銀或不照章發足或竟始終不發並信用已革知縣陳海春販運煙土聽在營各勇吸食按月扣餉抵銷以致營伍廢弛又總兵桂占彪管帶前軍右營亦有減發銀兩扣發存餉等情似此尅扣軍餉紊亂營規實屬大干法紀該撫僅請革職降補殊屬輕縱方春發桂占彪均著先行革職交該撫親提嚴訊將應

得罪名按律定擬具奏其尅扣欠發各款仍著查明確數勒限嚴追不得稍涉含混該部知道欽此

叅記名提都柳泰和營伍廢弛片

再記名提督柳泰和統帶春字三營駐防中路臣訪聞該軍勇數不足密派差弁逐哨訪查八月初適有蘇魯等社叛番滋事林朝棟稟調會剿林朝棟駐紮大陂山嶺屹然不動該提督退紮大坪相距番境二十餘里時被生番抄刦傷亡勇夫至百餘名之多臣至罩蘭後查悉該軍勇糧空額營伍廢弛立將該提督並副營營官陶廷樑一併撤委另派提都督李定明接統其軍近來軍營積習侵呑虛冒視爲故常若不切實懲辦不能挽回積習除春營營官李惟義自告奮勇攻破蘇魯社石卡暫行留營以觀後効外相應請 旨將記名提督柳泰和先行革職撤銷勇號由臣查明空勇若干有無侵呑餉項再行陳請發

落其副營營官參將陶廷樑臨陣不力營伍廢弛應請即行革職以肅軍政

軍機大臣奉　旨柳泰和著革職撤銷勇號由該撫查明有無侵吞餉項奏明辦理陶廷樑著即行革職欽此

奏參羅建祥摺十四年九月初二日

竊照台灣舉辦清賦經臣奏請明定賞罰在案各縣令宜如何悉心經釐以副委任查署嘉義縣羅建祥初覺精明強幹自上年捐升知府仍留署任後即膜視民生既不坐堂訊案亦不巡緝各鄉搶殺重案無月不十數起未據報獲一人訊結一案聲名狼藉民怨沸騰其於清丈一事首報丈訖升科臣固未敢深信隨時訪查督責羅建祥專恃狡辯矢口不移稟稱實在辦竣毫無虛僞而人言藉藉俱謂其粉飾欺朦直至委員復丈始知該縣田多未勘盡屬空言經費虛糜要公坐誤尤且膜視民命政務廢弛未便寬縱代理鳳山縣知縣候補通

判吳元韜承辦該縣清丈亦多蒙飾據查因病貽誤尚非羅建祥始終有心欺飾可比惟所糜經費至二萬三千餘兩自應分別重輕除將該署令等先後撤任並催接任各員速行補丈外應請旨將羅建祥即行革職由台灣道派員押交淡水縣看管聽候查辦用過清丈經費先行勒令全數繳賠並請將吳元韜暫行革職用過清丈經費勒繳一半仍著隨同清丈俟丈務報竣繳清經費後如果尚知愧悔出力再由臣奏請開復原官以儆奸邪而昭公允

光緒十四年九月二十六日奉　上諭劉銘傳奏特參貽誤要公各員請旨懲辦一摺福建台灣署理嘉義縣知縣試用知府羅建祥勘丈田畝朦混欺飾並膜視民命廢弛公事著即行革職聽候查辦代理鳳山縣知縣候補通判吳元韜承辦清丈敷衍粉飾著暫行革職仍責令隨同勘丈以觀後效該二員均有虛糜經費情事著分別勒令賠繳毋任延欠餘著照所議辦理該部知道欽此

革降參將都司片

再淡水至宜蘭縣城經臣於上年派兵開道中有番境數十里素無人煙因飭淡水縣於平林尾樟谷坑摩壁潭倒吊子四堵等處地方修蓋草屋卡房五處檄飭艋舺營參將張欣在艋舺宜蘭兩營內選兵四十人派弁帶往駐防保護行旅並照練軍章程加給口糧在案數月以來經臣訪聞此路防兵數多不足曾經面飭參將張欣派弁查看旋據稱五處防兵並無缺少復經臣委員密查據稱所過一路僅平林尾四堵兩處各有兵十人樟谷坑無兵往駐本月始有二兵到防並雇三民人爲之頂替其餘摩壁潭倒吊子兩處仍舊無兵臣查台灣自裁兵加餉以後綠營兵餉已與內地逈殊練餉再加幾與勇營無異養一兵不得一兵之用安有天良乃於派防道路兵丁四十人僅用二十所防五處僅止兩處有兵竟敢於耳目相近之區欺朦隱飾以少報多冒領加餉實屬藐

玩戎規噶瑪蘭都司李長青應派防兵二十人僅止十人住防四堵餘無一兵
平時營伍廢弛已可概見若不一並叅辦何以肅軍政而重餉需相應請　旨
將艋舺營叅將張欣即行革職噶瑪蘭都司李長青以千總降補以儆欺冒而
杜侵漁
軍機大臣奉　旨張欣著即行革職李長青著以千總降補餘依議兵部知道
欽此
彰匪圍城刦館派兵剿平摺十四九月二十四日
竊本年六月間後山番變臺南北各軍分調赴剿台民浮動謠煽紛來適嘉義
鄉民械鬬不休更致訛言紛起臣飛飭統帶武毅軍提督朱煥明自彰化帶勇
三百人前往督同所部駐防嘉義營官朱家齊拿辦積匪數人地方始行安輯
惟嘉彰沿海一帶民貧而悍一夫倡辟萬衆蜂從八月杪據彰化縣電稱盜刦

鹿港鹽館衆至數百聲言尅日攻城當時中路祇朱煥明一軍調訪嘉義留彰防勇無多而道員林朝棟三營且分布內山相隔甚遠臣當飛檄林朝棟調出五百人屯紮彰化九月初一日續據彰化縣電稱土匪愈聚愈衆不下數千圍攻縣城電線俱遭毀斷臣急飭林朝棟自胡蘆墩星夜入援並飭駐防基隆總兵竇如田帶銘軍三營都司鄭有勤抽帶隘勇五百均自後壠至大甲會援兩軍當癘疫之後病勇過多台南各軍又遠在埤南之地台灣道唐景崧稟募土勇一營臣復電商督臣自閩派撥福甯鎮總兵曹志忠四營乘輪助剿並飛調澎湖鎮總兵宏洛各台灣鎮總兵萬國本分回台南北以待會師初五日竇如田等稟稱新竹彰化交界地方土匪乘機搶劫文報不通署彰化縣知縣李嘉棠間道告急據稱賊踞東門外八卦山分道攻城勢洶莫測當募粵勇二百會同棟字正營幫帶林超拔北路中營署都司葉永輝協力嚴禦並飭已革都司

洪磐安招義勇二百助守登陣初一日朱煥明自嘉義得報督隊急援所帶僅
三百人距城三十里衆賊環困身受重傷血戰竟日離城數里槍彈俱窮并勇
傷亡過半其餘奔入城中朱煥明行至白沙坑血戰陣亡接林朝棟初八日稟
報添募土勇千人招集練勇八百偃旗息鼓步步爲營紮至距北門里許之市
仔尾是夕賊衆四面攻城各擁竹梯城上槍礮抵轟賊鋒稍却林朝棟乘其無
備於五鼓間親督林福濬分路突攻副將余保元把總林青雲兩面接應城內
林超拔亦開城夾擊賊乃大奔生獲賊匪六人陣斬十七級立解城圍乘勢奪
還八卦山要隘李嘉棠飭令洪磐安等督率諸勇奪馬祖廟番社口各莊抵暮
始收軍而返當查彰化匪首施九段王煥嘉義匪首李逢楊中城等糾合餘黨
三千餘人屯聚西南角去城不及十里林朝棟等分兵扼險整隊前驅十一日
李嘉棠專守縣城林朝棟督帶各營出城攻剿先派洪磐安等率練勇分剿南

路湳尾大岸頭等莊之賊知縣龍贊綱等率粤勇分剿中路頂崙平等莊之賊北路磚仔窰及中路平和厝兩莊尤爲賊勢注重之區匪悍鎗多渠魁俱聚於此林文榮率領棟字後營攻取磚仔窰已革甘肅知縣張紀南率隊策應林福濬率領棟字前營攻取中路由三塊厝攻至平和厝等莊文童林朝瑞隨同林超拔帶隊策應賊首王煥屯駐平和厝出圍接仗鎗彈如雨死戰不休林朝棟督令林超拔向北包抄並令佘保元由後掩襲環戰兩時之久陣斬兇鋒鄭心丁一名散匪三名奪獲僞旗僞令多件哨官鄭以金異常奮勇首先衝殺該匪力始不支棄莊奔潰磚仔窰亦經林文榮同時攻破各營乘勝連破竹栅二十一處陣斬匪首四十一級生擒八人隨時梟示奪獲竹梯籐牌諸械無算我軍受傷十七人餘賊奔潰西去此彰化解圍及攻勦獲勝之情形也竇如田鄭有勤兩軍初七日至大甲初八日聞報城圍已解遂會同牛馬頭紳士解散鹿港

以東脅從三十六莊十三日帶隊到彰吳宏洛曹志忠與開復藩司沈應奎亦先後馳抵彰化萬國本駐紮嘉義待命會師臣令沈應奎會商吳宏洛等乘勢剿辦務獲匪首解散脅從以安良善旋據電稱探明匪首施九段王煥等屯聚該匪所居之鏡水莊黨羽祇數百人二十三日黎明吳宏洛督帶所部并銘軍土勇分三路往攻及至該莊匪已逃遁現經沈應奎出賞購拿所有脅從全行解散地方安謐如常惟據鹿港紳士進士蔡得芳并各堡紳士來彰訴稱彰化縣知縣李嘉棠性情剛愎不洽輿情且丈田不公任聽委員需索因失民心初一日賊衆圍城不足千人兩三日間煽惑沿海百餘莊叛民竟至五六千人若非援救迅速地方不堪設想請速更換等情臣查署彰化縣知縣李嘉棠辦事粗率紳民嘖有煩言藩司邵友濂屢請調換因地方煩劇一時擇人未定現在業經撤委雖該署令此次守城尚能堅定其在任有無實在劣蹟功過能否相

抵已由臣檄飭沈應奎詳細查辦既係丈田不公聽委需索臣不敢因原保在
先稍存迴護應請　旨飭部先將署彰化縣知縣李嘉棠清賦保案撤銷聽候
查辦彰化城垣低薄守禦殊難道員林朝棟未及旬日破賊解圍大局以定實
屬忠勇血誠不顧嫌怨慷慨任俠仗義急公擬懇　天恩將二品頂戴候選道
林朝棟　賞穿黃馬褂以示優異其餘戰守出力之官紳將弁可否准由臣彙
入攻克呂家望番社案內擇尤請奬之處出自　逾格鴻施統帶武毅軍記名
提督朱煥明急於赴救力戰陣亡徧體傷殘異常慘烈擬懇　天恩俯准於彰
化縣城建立專祠　飭部照陣亡例從優議卹以慰忠魂此外勇弁傷亡再行
查明奏咨請卹
光緒十四年十一月初十日內閣鈔出十月十七日奉　上諭劉銘傳奏彰化
土匪搶刼鹽館圍攻城池先後剿平一摺本年八月鹿港鹽館土匪搶刦并攻

圍彰化縣城經劉銘傳派令朱煥明林朝棟等分路進剿立解城圍幷連砍竹
圍二十一處斬獲多名脅從全行解散地方安謐如常辦理尙爲迅速候選道
林朝棟著賞穿黃馬褂其餘出力官紳將弁著彙入呂家望番社案內擇優請
獎陣亡之記名提督朱煥明力戰捐軀深堪憫惻著照陣亡例從優議䘏幷加
恩准於彰化縣城建立專祠以彰忠藎署彰化縣知縣李嘉棠辦事粗率不協
輿情著撤銷淸賦保案仍交劉銘傳認眞查辦逸匪施九段王煥等仍飭派出
各軍嚴拿務獲毋任漏網以靖地方餘著照所議辦理該部知道欽此
查明知縣功過幷官紳比匪情形摺 十四年十一月初六日
竊臣奏報彰化土匪搶刦鹽舘圍攻城池先後派兵剿平一案匪首施九段王
煥等在逃未獲經臣嚴飭購拏幷以署令李嘉棠有丈田不公任聽委員需索
情事請旨撤銷淸賦保案一面撤任並飭開復布政使沈應奎確查旋據復

稱李嘉棠自到彰化因民氣強悍欲以嚴刑峻法遏抑其風詞訟多意爲斷結未能悉得其平輿情因而不洽承辦清丈事務委員各帶書役赴鄉查無需索實據惟於八月中旬逆匪偏張揭帖勢岌可危李嘉棠壅不上聞未免貽誤並據另稟匪犯施九段等輾轉潛逃經鹿港營遊擊鄭榮紳士訓導施家珍廩生施藻修等具限拏交撤兵後託詞軟抗顯係有心庇護未便姑容請即一體条革各等語又據李嘉棠來轅具稟奉飭丈田清賦各堡皆踴躍輸將完納新糧均願自封投櫃惟港鹿一堡紳士疊催疊抗施九段等謀爲不軌先經訪聞飭拿因鄭榮施家珍等力保其爲善人斷無不法情事八月十九日因公繞道施九段所居之鏡水莊觀其動靜該官紳猶爲包庇九月初一匪衆圍城施家珍等函約在城紳士廩生吳景韓教官周長庚會於馬興莊請將丈田圖册送至賊營燒毀𢽾舘圍城各犯辦理從輕城圍可解當經堅斥不行解圍後沈應奎

吳宏洛等到彰諭令該紳等交出首犯免查通匪各情該紳等先行通告鏡水莊賊匪令其遠颺然後請兵進剿至則僅存空屋數椽施九叚王煥平日均非匪人素在鹿港生理何故圍城挾官焚毀丈田圖册顯係施家珍等主使惟先前不能防範告實難辭等情臣查鹿港施姓族大丁多訓導施家珍廩生施藻修及前廣東新興縣蔡德芳等向來把持公事先因稟留署同知蔡嘉榖經臣痛加批斥怨忿已多上年全台開辦百貨釐金南北各屬商民一律遵辦惟鹿港軟抗一年此次清丈完糧各縣皆一律遵辦獨鹿港一堡復敢抗違查施九段王煥等平日俱非匪類素受施家珍等驅使竟敢逆謀圍城戕害提督大員肆爲悖逆李嘉棠疏於防範雖據查無任委需索及別項劣跡實憑但於該匪謀逆先已探知並不據實稟報刦舘圍城之後仍不稟明匪首名目暨起事緣由直至臣以是否該署縣激變根查始據瀝陳施家珍等主使謀逆是其於此

事未發之先徇隱欺矇貽誤實非淺鮮僅予撤銷保案未足蔽辜李嘉棠應請即行革職以示懲儆鹿港營遊擊鄭榮附和施家珍等庇護逆匪且於軍火到防被刦事前既不防範事後亦不追查並不稟報搶匪名姓應請一併革職仍俟匪犯九施段等拿獲訊明該遊擊有無勾通情事再行核辦訓導施家珍廩生施藻修主使施九段等抗官謀逆圍城戕官應請分別斥革嚴拿訊辦前廣東新興縣知縣蔡德芳本應一併叅革姑念年老迂疏不通世務事由施家珍等指使應請暫免置議勒令具限完糧如仍抗延再行參辦以示區別

光緒十四年十二月初三日奉　硃批李嘉棠鄭榮均著即行革職施家珍施藻修著分別斥革拿辦餘依議該部知道欽此

參遊擊鄭有勤等請革職正法片

再統帶台北隘勇營遊擊鄭有勤初尚勤奮自上年全台生番歸化後該遊擊

侈功懶惰營伍廢弛該軍營務處保留江蘇補用知縣徐石麒已革縣丞淩雲
營官守備張安珍等慫恿爲奸同惡相濟上年八月間竹頭角等社番潛出殺
人經撫墾局查明勒令各該社番目交出兇手鄭有勤膽敢私行釋放九月間
隘勇被殺至四十餘人張安珍疏防失卡亦不稟究及大兵進剿時該軍遷延
不進視若泛常經臣撤差查辦委驗所部隘勇竟以墾民三百人冒充勇數侵
吞糧餉實屬目無軍法除已革縣丞淩雲現經遠逃俟拿獲到案再行訊辦外
遊擊鄭有勤守備張安珍侵冒餉銀故違軍令均請革職正法以肅軍威保留
江蘇補用知縣徐石麒並請革職永不敍用

光緒十六年二月二十二日奉　上諭劉銘傳奏剿辦台北內山番社情形一
摺上年九月間宜蘭兇番戕害官弁經劉銘傳派總兵吳宏洛等督隊進剿於
十二月間疊毀白阿歪等社各番恐怖將爲首兇番有敏阿歪等捆送求撫訊

明正法所有加九岸叛番據稱此次剿辦暫知歛跡該撫仍當妥爲鎭撫毋稍大意其南澳九兇社現經該撫親往督勦即著嚴飭各將領詳審地方番情大加懲創以儆凶頑仍將剿辦情形隨時奏聞另片奏帶兵官侵冒餉銀故違軍令並營務處委員慫恿爲奸等語遊擊鄭有勤守備張安珍均著革職即行正法江蘇補用知縣徐石麒著革職永不敘用已革縣丞凌雲俟拿獲到案訊明懲辦該部知道將此由四百里諭令知之欽此

卷十勘誤表

頁數	行數	字數	誤	正	脫	衍
二	二	廿六	思	恩		
三	九	卅下			缺	
五	十	十五	打	扣		
五	廿一	六下			代爲	
七	一	十八下			館	
七	十六	十九下			百	
十二	十六	一	傅	傳		
十三	十一	廿一下			歸	
十五	一	十一下			少	
十五	十一	十一	味	昧		
十五	二十	十三	芓	芋		
十五	十二	十八	全	金		
十七	九	十六	符	竹		
十七	十六	廿二	除	餘		
十八	十七	七	合	今		
十八	廿一	八	鱗	麟		
十九	十五	三	翁	翕		
二十	十一	六	竄	竄		
廿一	十四	五	都	督		
廿一	十九	十七				都

頁數	行數	字數	誤	正	脫	衍
廿一	廿一	五				攻
廿一	廿一	十一	卞	卡		
廿二	十六	一	蹈	韜		
廿三	廿二	十五	辟	孳		
廿四	八	五下			吳	
廿四	八	八				各
廿四	十七	十七	余	余		
廿四	十九	十九下			分	
廿五	三	八	宇	字		
廿五	五	三				帶
廿五	五	十	燠	煥		
廿六	六	三十	各	名		
廿八	四	四五	九施	施九		